홍이섭의 삶과 역사학

母岳史川 제1집

홍이섭의 삶과 역사학

원 유 한 엮음

도서출판 혜안

『무악사천(毋岳史川)』 제1집을 펴내면서

　구산(龜山) : 그러니까, 오늘 구천(龜泉)이 연락도 없이 갑자기 찾아온 이유가 『홍이섭의 삶과 역사학』을 『무악사천』 제1집을 펴내게 되었다는 사실을 알리려는 데 있단 말이지. 참으로 축하하지 않을 수 없는 크나큰 경사가 났군 그래. 이로써 무악실학회는 『실학사상연구』와 『무악실학회총서』를 간행한 데 이어 이번에 『무악사천』 제1집을 펴내게 되었으니, 학술 연구회로서의 면모랄까, 기반은 갖추게 되었다 할 수 있을 것 같네. 지금도 가만히 눈을 감고 무악실학회가 걸어온 10년간의 역사(?)를 돌이켜보면 다음과 같은 일들이 주마등처럼 머리 속을 스쳐가고 있다네.

　"무악실학회는 1974년 3월 4일에 타계한 홍이섭 선생(1914~1974)의 학은을 입은 제자 8명에 의해 1985년 말 연무회(延無會)란 이름으로 세상에 태어났고, 학회를 만들게 된 뜻이 홍 선생을 추모하면서 회원 상호간에 친목을 도모하는 한편 학문을 연구 토론하고 선생의 학풍 내지 학문전통을 계승하려는 데 있었고, 그 동안 여러 차례에 걸쳐 학술발표회 및 친목모임을 가지는 동시에 홍 선생 16주기를 맞는 1990년 3월에 『실학사상연구』를 창간하여 6집까지 간행했고, 1992년 4월에 창간된 『무악실학회총서』는 모두 4집이 나왔고, 특히 1990년 4월 7일 『실학사상연구』 창간호를 홍 선생 산소에, 그리고 1995년 9월 7일 용재 백낙준 박사 탄신 백주년과 10주기 기념 특집으로 펴낸 『실학사상연구』 5·6합집을 용재 선생 산소에 봉정할 때 느꼈던 진한 감동이랄까, 그 감회 ……. 여기에 더해 1995년 말에는, 그러니까 홍 선생 21주기와 무악실학회 창립 10주년이 되는 금년 말에는 『무악사천』 제1집으로 『홍이섭의 삶과 역사학』을 펴내게 되었다니…….”

구천 : 무악실학회를 만들어 오늘에 이르기까지 10년간의 역정을 되돌아볼 때, 제가 느끼는 감회 역시 적지 않답니다. 더구나 일찍부터 선생님과 제가 관심을 가지고 꾸준히 준비해 오던 『홍이섭의 삶과 역사학』을 『무악사천』 제1집으로 펴내게 되었다는 점에 생각이 미칠 때…….

구산 : 돌이켜 생각해보면, 우리가 홍 선생의 삶과 역사학에 관한 각계 인사들의 글을 모아 책으로 엮어 보아야겠다는 생각을 가지게 된 것은 1978년 5월경으로 기억되는데……. 그러니까 조선왕조 때 봉수대(烽燧臺)가 있었다는 은평구 구산동 뒷산인 구산(龜山)에 올라 인생·학문·종교 등에 관한 방담(放談)을 나누는 자리에서 그 문제가 제기되었던 것으로 기억하고 있지. 바로 그 자리에서 원 군과 나는 홍이섭 선생의 호를 구암(龜巖)이라 지어드리기로 하는 한편, 원 군이 산 이름을 따서 내 호를 구산이라 짓고 나는 원 군의 호를 구천으로 지어주었던 것이지.

구천 : 그런데 제가 게으른 탓으로 17년이란 기나긴 세월이 흐른 오늘에서야 『무악사천』 제1집으로 『홍이섭의 삶과 역사학』을 펴내게 되었으니, 오로지 송구스럽게 생각하고 있을 따름입니다.

구산 : 뭘, 그처럼 송구스럽게까지 생각할 필요가 있을라구. 좀 늦게라도 책이 출간되었다는 사실 자체에 중요한 의미가 있다고 보아야 할 일이지. 그러니, 우선 『홍이섭의 삶과 역사학』의 구성 내용이라도 대강 소개해 주었으면 고맙겠네. 그 책의 내용은 5부로 구성되어 있다는 말을 언뜻 들었던 것 같네만.

구천 : 선생님 말씀처럼 5부로 되어 있는데, 그 제1부 「홍이섭 선생의 역사학」에는 역사학자, 철학자, 문학평론가, 언론인 등 각계 인사들이 선생님의 역사학에 관해 쓴 글들이 수록되어 있습니다. 그곳에 실린 글들은 홍 선생님의 역사 이해 시각, 역사관, 역사 평가 인식방법, 연구 경향과 연구 업적 등은 물론 선생님의 역사학이 한국 사학사에 점하는 위치를 이해하는 데 도움이 되리라고 생각합니다.

제2부 「홍이섭 선생을 추모하며」에는 역사학자, 친구, 가족, 제자와 시인 및

언론인 등이 쓴 추모의 글 19편이 수록되어 있습니다. 이 추모의 글들은 선생님의 우정, 가족과 제자에 대한 사랑, 학문 연구와 교육 활동, 인생관과 생활철학 등 역사학자이자 교수로서의 선생님의 삶을 이해하는 데 도움이 되리라고 생각합니다.

제3부 「홍이섭 사학의 뿌리」에는 홍 선생님의 역사학에는 물론 인생관에 영향을 주었던 박은식, 신채호, 정인보, 문일평, 최현배, 백낙준 선생님들과 부친 홍병선 목사님의 역사의식 내지 역사에 관해 쓴 글 9편이 수록되어 있습니다. 주로 홍 선생님 자신이 쓰신 이 글들은 선생님의 민족사학이 형성된 배경이랄까, 연원을 이해하는 데 도움이 되리라고 생각합니다.

제4부 「홍이섭 선생의 말과 글」에는 선생님의 좌담문, 강연문, 논설 및 연보 등 14편의 글이 수록되어 있습니다. 이상 사론 중심의 글들을 통해 주체적 민족사관에 기반을 둔 홍 선생님의 역사인식론 및 역사교육 방법론의 실상을 이해하는 데 도움이 될 것으로 생각합니다.

제5부 「무악실학회」에는 구산 선생님이 앞에서 말씀하셨던 것처럼 1985년 말에 무악실학회가 구성된 경위와 그 이후 10년 동안의 학회 활동에 관한 글 9편이 수록되어 있습니다. 이같은 글들을 통해 홍 선생님 역사학의 성장 발전 과정과 정인보, 백낙준, 최현배 선생님으로부터 홍 선생님으로 이어지는 무악의 민족사학 내지 국학 전통의 흐름을 이해하는 데 도움이 되리라고 생각합니다.

구산 : 구천이 열심히 설명해준 덕분에 『무악사천』 제1집, 그러니까 『홍이섭의 삶과 역사학』의 구성 내용을 대강은 짐작할 수 있을 것 같네. 돌이켜볼 때, 구천과 내가 홍 선생 타계 이후 꽤 오랜 세월 동안 선생을 추모하는 뜻으로 쓴 각계 인사들의 글을 모아왔다는 생각이 드는군 그래. 또한 우리 함께 어렵사리 찾은 글을 읽고 또 읽는 장소가 바로 홍 선생을 추모하는 자리가 되었지. 그들의 글을 통해 홍 선생 학덕의 짙은 유향(遺香)을 확인할 수도 있었고…….

구천 : 특히 철학자, 문학평론가, 시인, 언론인 등 역사학자가 아닌 각계 인사들이 홍 선생님의 삶과 역사학을 높이 평가한 글들을 찾아 읽을 때마다 느꼈던 기쁨과 감격은 지금도 잊을 수가 없답니다. 홍 선생님이 타계하시고 20년이

지난 시기에, 한 시인이 선생님을 '천직으로서의 교수'상으로 기리며 쓴 글을 아주 우연한 기회에 읽으며 느꼈던 감동이 그 대표적 사례라 할 것입니다.

구산 : 한편, 『홍이섭의 삶과 역사학』이 『무악사천』 제1집으로 간행되기까지에는 각계 인사들로부터 적지 않은 도움이 있었던 것으로 알고 있는데, 이 계제에 도움을 받은 여러분께 감사의 뜻을 전하는 것이 좋을 것 같다는 생각이 드는군 그래.

구천 : 저 역시 여러분의 도움에 감사의 뜻을 표하는 것이 마땅한 줄로 알고 있습니다. 그래서, 먼저 지난날 신문이나 각종 잡지에 홍이섭 선생님을 추모하는 글을 쓰신 여러분께 감사를 드리고, 그 글들을 『무악사천』에 옮겨싣게 된 것을 기쁘게 생각하고 있습니다. 그리고 1975년 외솔회가 펴낸 『나라사랑 – 홍이섭 선생 특집』 18호에 수록된 홍 선생님 추모글 여러 편을 옮겨싣게 된 것을 기쁘고, 또한 뜻깊게 생각하지 않을 수가 없습니다.

구산 : 홍 선생과 외솔 최현배 선생님과는 각별한 사제 관계였었기에 더욱 뜻깊고 기쁨이 더 크게 느껴졌을 것으로 짐작되는군. 사실 홍 선생은 외솔회 초대이사장으로서 『나라사랑』 간행 계획을 세우고 추진하는 데 적극 참여하던 중 타계하셨으니까. 그리하여 타계하신 이듬해에 『나라사랑』 18호를 홍 선생 추모 특집으로 펴내게 되었던 것이고.

구천 : 그리고 특히 『무악사천』 제1집의 간행에 적극적인 도움을 준 혜안 출판사 오일주 사장께 감사의 뜻을 전하지 않을 수가 없습니다. 사실상, 오 사장은 『무악사천』 제1집의 내용 중 제1·3·4부에 수록할 글들을 선정하고 책을 편집하는 일에서부터 홍 선생님의 글 중 난해한 부분을 정리, 윤문하는 일까지 전담하다시피 했으니까요. 아마도 무악 동문 오 사장의 그 같은 적극적인 도움이 없었더라면 이 책의 간행이 불가능했을지도 모릅니다. 한편 책을 출판하는 과정에서 오 사장을 도와 윤문과 교정 작업에 참여했던 혜안 출판사의 양상모, 김태규, 김현숙 군 등 무악 동문들과 동국대학교 대학원생 강승호, 이미란 학생 등에게도 고맙다는 뜻을 전하고 싶습니다.

구산 : 이제 우리 이야기를 끝낼 무렵이 다 된 것 같군. 그렇더라도 내가 꼭 하고 넘어가야 할 말이 있다네. 다름 아니라 무악실학회가 『실학사상연구』와

『무악실학회총서』에 이어 이번에 『무악사천』 제1집을 간행하게 되면 정인보, 백낙준 선생으로부터 발원한 무악사천의 폭을 크게 넓힌 홍 선생의 삶과 역사학의 실상을 이해하는 데 도움이 될 것이란 말을 해두고 싶다는 것일세. 또한 그렇게 될 때 무악사전(毋岳史田)에서 역사학을 배우고 삶의 지혜를 갈고 닦은 무악사학도들의 사안(史眼)은 더욱 밝아지고 자긍심은 한층 더 커질 것으로 믿고 있네.

마지막으로 한 마디 더 덧붙여 두어야만 할 말이 있네. 만일 무악실학회가 앞으로 한가지 더 해야 할 일이 있다면, 구천은 어떠한 일을 하는 것이 바람직스럽다 생각하고 있는지. 나의 좁은 소견으로는 '무악실학상' 제도를 하나 마련했으면 좋을 것 같다는 생각이 드는군. 그 일이 꼭 어느 시기에 이루어지게 되리라고 다짐할 수는 없겠지만.

구천 : '무악실학상' 제정에 대한 선생님의 구상에 대해서는 저 역시 전적으로 동감입니다. 그 꿈이 바람직한 것이라면 언젠가는 실현될 수 있다는 확신을 가지고 그 일을 위해 최선을 다해야 할 것이구요. 『실학사상연구』 창간사 마지막 부분의 다음과 같은 내용을 상기하면서……

"시작이 반이라는 속담이 있다. 그리하여 우리 회원들은 뜻과 정열만으로 『실학사상연구』를 펴내기로 결심할 수 있었다. 또한 '원어협곡 이성천지해(源於峽谷 而成川至海)'라는 문구가 있는 것을 알고 있다. 그러하기에 우리들은 미래의 꿈만을 향해 오늘의 미숙을 무릅쓰고 학회지를 펴낼 용기를 가질 수 있었다. 그리고 오로지……."

구산 : "그리고 오로지……" 어찌하겠다는 말인가? 오로지, 무악사천이 사해(史海)에 이르기까지 앞만 보고 뚜벅뚜벅 황소 걸음으로 정진할 뿐이라는 것이겠지. 또한 그와 같은 우리들의 자세가 하늘나라에 계실 구암 선생님이 염원하는 바일 것이겠고.

1995년 12월 10일　원유한

차례

『무악사천(毋岳史川)』제1집을 펴내면서 · 5

제1부 홍이섭 선생의 역사학

김철준, 홍이섭 사학의 성격 · 17
손보기, 사료 비판과 역사 정신 – 특히 식민사관과 민족사관 · 26
천관우, 홍이섭 선생의 사학 – 실학·독립 운동사 정리의 선구 · 33
박종홍, 한국 근대 사회사상사 연구 · 36
전상운, 『조선과학사』에서 본 한국과학사 · 47
문중량, 한국과학기술사의 종합적 체계화의 첫 시도 · 63
염무웅, 역사의식과 문학 · 77
하현강, 홍이섭 · 88
원유한, 홍이섭 선생의 역사학 · 101
홍주희, 홍이섭 선생님의 역사관 · 117

제2부 홍이섭 선생을 추모하며

김철준, 홍이섭 선생 영전에 · 125
경향신문, 민족사학의 큰 별……홍이섭 박사의 일생 · 127
전상운, 홍이섭 박사를 애도함 · 129
하현강, 고 홍이섭 박사를 애도함 · 131
이종영, 홍이섭 선생 추념 · 133

윤사순, 역사의식과 생애 - 홍이섭 선생을 추모하면서 ·136
고 은, 천직으로서의 교수 ·139
황원구, 선생의 생활 주변 - 제자로서 본 홍이섭 선생 ·142
원유한, 가르침을 받던 지난날의 회고 ·148
신성욱, 한국사상사 방법론과 홍 선생과 나 ·154
최영해, 홍이섭과 나 - 반세기를 이어온 우애 ·160
홍재영, 학문과 책과 가족, 그리고 민족정신 ·170
원유한, 『나라사랑 - 홍이섭 선생 특집호』 18집의 목차 ·175
최기준, 『한국근대사』 발문 ·178
최기준, 『한국정신사 서설』 발문 ·180
연세동문회보, 『홍이섭전집』 곧 출간 ·182
황원구, 『홍이섭전집』 서 ·185
천관우, 홍이섭 선생 비문 ·188
황원구, 홍이섭 선생 흉상명(胸像銘) ·190

제3부 홍이섭 사학의 뿌리

원유한, 홍병선 목사의 생애 ·195
전택부, Y.M.C.A.와 더불어 산 야인 ·205
  - 고 목양 홍병선 목사
홍이섭, 박은식 선생과 독립투쟁사 - 사학자로서의 백암 선생 ·208
홍이섭, 단재 신채호 ·216
  - 일본의 압정하에서 민족정기를 부르짖은 사관
홍이섭, 위당 정인보 - 『조선의 얼』은 우리 민족사의 봉화 ·228
홍이섭, 호암 문일평 - 한국사인식의 새로운 전기를 마련 ·239
홍이섭, 조선민족 갱생의 도 - 1930년대 정신사의 한 자료 ·251
홍이섭, 용재 백낙준 박사와 한국 교육 ·259
원유한, 용재 선생의 홍이섭 선생에 대한 회상 ·267

제4부 홍이섭 선생의 말과 글

대 담, 인물로 본 한국사 ·273
홍이섭,『나라사랑』간행계획 초안 ·288
홍이섭, 고종시대의 조선사회 ·292
홍이섭, 구한말 국사교육과 민족의식 ·304
홍이섭, 식민지적 사관의 극복 – 민족의식의 확립과 관련하여 ·327
홍이섭, 민족사학의 과제 ·342
홍이섭, 민족자주사관의 확립 – 한국사의 새 관점 ·357
홍이섭, 민족사관의 문제점 – 한국사의 체계화에의 노력 ·366
홍이섭, 한국사관 정립의 가능성 ·374
홍이섭, 역사와 교육 ·389
홍이섭, 역사학을 공부하는 학생에게 ·403
홍이섭,『조선과학사』서문 ·409
홍이섭,『정약용의 정치·경제사상 연구』서문 ·413
홍이섭 선생의 연보 ·417

제5부 무악실학회

원유한, 홍이섭 선생의 제자들 '무악실학회' 구성 ·425
원유한,『실학사상연구』창간호를 펴내면서 ·432
원유한,『무악실학회총서』창간호를 펴내면서 ·434
원유한,『무악실학회총서』제2집을 펴내면서 ·436
원유한,『무악실학회총서』제3집을 펴내면서 ·438
원유한,『무악실학회총서』제4집을 펴내면서 ·440
원유한,『백낙준 박사 탄생 100주년 기념호』를 펴내면서 ·443
백낙준 박사 탄생 100주년 기념논문집 봉정식 ·449
원유한, 한국 실학사상 발전 이해를 위한 일 시론 ·451
   – 실학자의 화폐경제사상 발전을 중심으로

제1부 홍이섭 선생의 역사학

홍이섭 사학의 성격

김 철 준

1.

　고 홍이섭 박사의 사학은 다른 학자와 비교하여 그 연구 범위가 넓을 뿐만 아니라, 일반 교양 잡지와 신문에 역사 관계 논설, 특히 민족사의 주체적인 인식을 강조한 글을 많이 썼다 하여 계몽사학의 계통을 끄는 것이라고 볼지도 모른다. 그의 논설의 주제가 같은 점이 있는 것은 오늘날 우리 민족이 처한 국제 관계가 계몽사학이 일어나던 시기와 유사하고, 또한 그 때에 제기는 되었으나 오늘날까지 해결되지 못한 민족사의 근본 문제들을 그의 사학이 다시 제기함에서 오는 것이요, 그의 역사 인식 방법이라든가 그 인식의 시대적인 성격은 계몽사학은 물론 문헌고증학보다도 앞서고 있는 것이다. 홍이섭의 사학은 민족이 당면한 문제들을 회피함이 없이 정면으로, 그리고 근본적으로 해결하자는 태도를 견지함에 있어서 고군분투한 사학이라고 하겠다. 그리하여 이러한 자기 주장에 대립하고 있던 일본 사학의 영향하에서 성립한 문헌고증학과 대결하려는 의지와 문헌고증학의 결함을 극복할 수 있는 정신 기반을 발견하려는 노력이 어느 연구에 있어서나 일관하여 나타나고 있었음을 본다.
　우리나라의 근대사학사를 돌이켜보건대, 한말 개화 혁신과 구국 독립을 부르짖던 당시에 계몽사학이 일어나서 백암 박은식, 단재 신채호, 육당 최남선 등이 등장하였다. 이 가운데서 단재는 망명 생활중에 그 학문 활동이 여의치 못하였으나, 전통 문화에 대한 강한 비판을 가하면서도 민족 문화의 전통이 가지는 문화 능력에 대한 강한 신뢰를 가질 수 있는 인식 기준을 설정함으로써 한국 근대사학이 성립할 수 있는 정신 기반을 마련하였다. 한편 국내에서 보다 오랫동안 활동을 계속한 육당은 계몽사학의 활동을 하였으나, 그것은 일본의 침략에 대항할 수 있는 정신세계를 발견하지 못하고 식민지 근대화 파동에 휩쓸리고 만 것이었다.

  그 다음 일본이 한국 지배를 굳히기 위한 사업으로서 1925년 조선사 편수회를 설립시키고, 1926년에 경성제국대학을 건립하면서부터는 일본사학의 영향을 받은 문헌고증학풍의 사학이 이 땅에 등장하게 되었다. 이 문헌고증학은 자료를 정리하는 이상의 결과를 가져올 수는 없는 것이며, 전통 문화의 이해와 그것의 근대적 발전을 기도한 것이 아니라, 본질적으로 전통 문화의 해체와 식민지 근대화에로의 개편을 목적으로 한 것이었다. 1930년대에 들어서면서 계몽사학의 한계성도 나타나게 되고, 위에서 말한 것과 같은 문헌고증학의 성격도 이해할 수 있게 됨에 따라 이러한 차원을 뛰어넘어 역사의 이해 기반을 확대할 수 있는 새로운 인식 방법에 대한 모색이 일어나지 않을 수 없게 되었다. 이러한 때에 등장한 것이 백남운(白南雲)의 사회경제사학 방법과 손진태(孫晉泰)의 민족학적 인식 방법, 고유섭(高裕燮)의 미술사적 인식 등이었다. 그러나 1930년대에 와서 나타난 여러 학풍들의 활동 상황이나 그 기반을 살펴보면, 개화 혁신과 구국 독립을 주된 이데올로기로 하면서 등장하였던 계몽사학도 그 주동적 인물의 대부분이 국외로 망명하든가 사망하고, 그 반면 식민지 문화가 침투하는 농도만 더해감에 따라 점차 그 기세를 잃어 가고 있었다. 사실 1920년에 창간된 『조선일보』・『동아일보』와 잡지류에 글을 싣는 정도에 그치게 된 것이었다. 그리고 문헌고증학은 앞에서 말한 바와 같이 조선사 편수회와 경성제대라는 학문을 배타적으로 독점하는 기반을 마련하면서 식민지사관을 확립함에 주력하고 있었다. 그 다음 1920년 이후부터 전개된 사회주의운동에 호응하는 사회경제사학도 당시의 학계에 충격적인 영향을 주었으나, 자기 분야에 있어서의 자료 검토도 충분하지 못하였을 뿐만 아니라, 그럴 만한 정신적 여유와 학문적인 능력도 없었던 까닭으로 겨우 문헌고증학이 마련한 자료 인식의 범위 안에 서서 그와는 반대되는 이해 체계를 내세우는 데 그쳤다는 한계성을 갖고 있었던 것이다.

　손진태의 민족학적 인식 방법이라 하는 것은 소박한 것이나마 이미 육당의 계몽사학에서도 시도되었던 것인데, 이 때에 와서 육당의 수준보다는 전진한 것이고 세련된 것에 도달할 수는 있었다고 하더라도 오늘날에 와서 보면 민족학의 싹에 지나지 않는 것이다. 그리고 그 민족학적 인식도 당시의 일본 학자들에 의한 한국 민속 조사와 구분되는 학적 기반을 따로 마련한 것이 못 되었고, 또 마련할 수도 없었던 상황에 있었다. 고유섭의 미술사적 인식도 1916년의 고적 조사위원회의 설치 이래 마련된 일본 학자들의 연구업적 안에서 성장할 수밖에 없었던 것이었다. 이러한 것들이 비록 장래의 독자적인 자기 분야를 전망하면서 나타난 방법적 전진이라 할지라도, 크게 보아서 일본의 문헌고증학을 중심 지주로 하는 사학이 닦아 놓은 그 기반 안에서 성장한 데서 오는 한계성을 갖고 있는 것이었다. 불교사학 분야에서 나타난 이능화(李能和)의 『조선불교통사』도 자료를 많이 수집하는 정도에 그쳤을 뿐만 아니라, 그것도 한국 불교의 분열을 주장하던 일인의 후원을 받아서 출판될 수 있었고, 그러한 까닭에 총독부의 불교정책을 대변하는 서술까지 붙였던 것이었다. 이러한 상황하에서는 손·고 양씨의 새로운 인식의 방법적 시도가 뿌리박을 만한 기반을 발견하기 어려웠던 것이며, 방법 자체로서의 성장도 불가능하였다. 그 당시의 일인 학자들은 이능화의 예에서뿐만 아니어서 한국의 유학이나 한문학을 연구하기 위해 노론·소론·남인 계통의 한학자들을 분열·조종하면서 이용하던 상태이었다. 어떠한 학문에 있어서의 어떠한 새로운 인식도 새로운 것으로서 성립하려면 위에서 말한 것과 같은 시대적 제약을 극복하는 것이 선결문제일 뿐만 아니라, 그 극복 과정과 그 투쟁 과정 자체가 새로운 인식의 성립 과정임에도 불구하고 여러 가지 원인에서 오는 것이지만, 불행하게도 우리에게는 그러한 정당하고도 정확한 과정을 밟은 경험이 많지 못하였다. 그리고 이 선결적인 문제는 그 당시에도 해결하지 못하였을 뿐만 아니라, 해방 후에 와서도 해결하지 못하고 자기 모순에 허덕이고 있는 형편이다. 이러한 시대적 상황에 대한 정확한 이해는 홍이섭 사학의 성격을 파악함에 도움이 될 것이다.

2.

홍이섭 박사의 가계는 중인 집안으로, 1914년에 홍병선(洪秉璇) 씨의 장남으로 태어났다. 부친은 기독교 목사인 한편, 한국에서는 처음으로 농촌 협동조합 운동을 전개한 이였다. 그는 친모를 일찍 여의고 계모 아래서 자라나게 되었다. 이러한 가정환경은 뒷날 그의 인생관 내지 사관 형성에 많은 제약을 준 것 같다. 그는 외유내강한 성격의 소유자이었으나, 어떤 때에는 다정다감한 면을 보여주는가 하면 사리 판단이 명쾌하였으며, 신변 안위에 대해서는 지나치게 민감한가 하면 주요한 일에는 결단을 서슴지 않는 서로 모순되는 양면적 성격을 같이 갖고 있었다.

그는 배재 중학 시절에 한뫼 이윤재의 훈도를 받다가 연희전문에 진학하였으니, 그 때의 연희 교수진에는 용재 백낙준, 위당 정인보, 외솔 최현배 등의 석학들이 있었고, 이들보다 한 세대 낮은 이로 백남운과 손진태가 있었다. 아마 용재는 서양사와 교회사를, 위당은 조선의 얼과 실학을, 외솔은 교육학과 한글갈을, 백남운은 유물사관에 입각한 역사 해석을, 손진태는 동양사와 민족학을 강의를 통해서 가르쳤을 것이다.

서로 성격이 너무나도 다른 이들의 학문이나 강의는 명강의임에는 틀림없었으나, 그것은 그분들의 각자의 입장에 서서의 인식이었고, 계통이 서로 다른 문제를 저마다 제기하는 성질을 가진 것이지 그 이상의 것이 될 수 없었다는 점을 기억할 필요가 있다. 이와 같이 각 분야별 문제 제기가 통합된 것으로 정리될 수 있는 지성의 공동 광장이 성립되지 않는다면, 아무리 특색있는 인식이라 하더라도 민족 문화의 장래의 방향을 가늠하는 철학으로는 성립할 수 없는 것이다. 당시에 있어서 지도층이나 학생들이나 간에 민족이 일제의 착취와 지배를 당하는 현실을 인식하고 이에 반항하지 않을 수 없는 것이 유일의 철학이 되었고, 이것만으로도 학생들로 하여금 스스로 살아 나아갈 용기를 줄 수 있었던 것이었다. 이러한 신념의 대부분이 엄밀하게 말하여 한국 교수들의 근대적인 학문 기반이 확립됨에서 온 것이 아니라, 중세 이전에 축적된 전통 문화가 갖는 문화 역량에 대한 자신에서 오는 것이었다.

그러나 전통 문화에 대한 신념을 가지는 것도 각 시대마다 새로운 문화를 창조하는 활동이 있을 때 가능한 것으로, 전통 문화의 역량을 증가시키는 문화 활동이 지속되지 못할 때에는 진정한 근대화와 식민지 근대화도 구분할 수 없는 암흑의 상태로 떨어지고 마는 것이다. 이 때에 와서는 그 전 시기처럼 분야별의 문제 제기로써 민족 문제의 해결을 바라는 착각도 가질 수가 없었고, 그러한 것의 의미까지도 깨닫지 못하게 되는 것이다. 그가 연전을 졸업하고 난 뒤인 1940년대가 바로 그러한 시대였다. 앞서 그가 받은 교육의 성격이 어떤 것이라는 것을 말하였거니와, 그러한 교육은 민족 문제를 해결할 수 있는 철학을 제시하지 못하였으나, 그 철학을 찾는 방향을 생각케 하는 능력은 준 것 같고, 사실 당시의 상황을 판단하는 데 있어서 상당히 탄력성을 갖게 하여 그로 하여금 1940년대뿐만 아니라, 해방 후 혼란의 계속이라고 볼 수 있는 1950년대까지도 인생을 살아 나가는 용기와 지혜를 갖게 하였던 것으로 보인다. 어떤 때에는 한국의 교회사 인식을 통하여 외세의 침략 과정이나 근대 정신적 의식의 성장 과정을 이해하게 되고, 어떤 때에는 조선의 얼이나 민족 문화 존속의 최후의 보루인 국어의 힘에 기대기도 하고, 어떤 때에는 그가 갖는 경제사적 지식으로써 식민지시대의 실태를 보다 구체적으로 이해할 수 있었을 것이다. 이와 같은 사상적 탄력성은 당시의 일본 관공립 대학의 교육에서는 찾아볼 수 없는 것이어서, 이것이 있었기에 장차 그로 하여금 식민지 근대화의 체질을 비판할 수 있는 능력을 갖게 하였다고 하겠다.

다시 말하면, 학생 시절뿐만 아니라 1940년대 이후에 와서도 그러한 상이한 인식 계통 사이에서 방황하였던 자체가 의미가 있었던 것으로 보인다. 왜냐하면 학창 시절에 상이한 여러 계통의 인식을 받았다는 것 자체가 그 뒤에 와서 그것들을 통합하여 한 차원이 높은 것에 도달할 수 있는 가능성을 내포하는 것을 말하기 때문이다. 뿐만 아니라 그 방황은 각기 다른 인식 조류에 있는 인사들과의 넓은 접촉을 통해서 각 계통이 저마다 다르게 갖는 시대적 경험과 문제 의식을 폭넓게 이해할 수 있었다는 장점이 있었고, 이것으로 말미암아 1930년대와 1940년대의 역사 경험에 대한 가장 심화된 인식을 갖기에 이르렀다는 점을 유의해야 할 것이다. 1930년대와 1940년대의 역사 체험에 대한 정확한 인식

능력의 소유 여부는 식민지 체질의 농도 여하에 달려 있는 것이다. 그리고 1940년대 이후 오늘날까지의 역사 인식 능력까지도 좌우하는 것이며, 이것이 야말로 민족이 체험한 문화 전통에 대한 피상적 이해와 체험적 인식과의 차이를 낳게 하는 것이고, 나아가서는 오늘날의 한국 사학자들의 각기 사관의 성격을 결정짓는 주요한 요인이 되었음을 인정하지 않을 수 없는 것이다.

3.

1944년에 그의 첫 저서 『조선과학사』가 출판되었다. 그의 나이 31세로서 전혀 미개척 분야의 자료를 정리하여 한국과학사 연구의 제일보를 내디디게 한 것이 얼마나 큰 공인가를 새삼스레 말할 필요는 없다. 그런데 이 연구가 이루어진 것은 해방 전 여러 가지 생활 조건이 가장 어려웠던 시기이며, 그 동안 부인의 내조의 공이 대단히 컸던 것으로 듣고 있다. 그의 연구는 주로 이곳 저곳의 도서관 출입에서 이루어지는데, 그 동안 그의 자료 섭렵의 범위는 넓어 과학사와 근세사 분야의 박식은 이 때에 이루어진 것이었다. 그러나 그가 그와 같이 박식하면서도 문장이 경직되어 여유가 없고 난해한 것은 두 가지 원인에서 온 것 같다. 하나는 여유 없는 생활 속에서도 학문에 대한 집념으로 그의 고난의 역정이 계속되는 가운데 형성된 강박 관념에서 오는 것이요, 다른 하나는 앞서 말한 바와 같이 학창 시절에 받은 학문 수업이 단일 계통으로 정리된 것이 아닌 상이한 계통의 무질서한 축적이어서 그것들은 자기 차원에서 통합이 아직 이루어지지 않았던 것에서 온다고 본다.

생각하면, 근대 문화에 대한 통합적 이해 기준의 미성립은 그 개인의 문제일 뿐만 아니라 이 나라 전 지식계급의 문제인데, 그는 이러한 자기 자신이나 당시 문화계의 결함을 의식하면서도 그것을 위장하려고 하지 않았고 개의하지도 않았다. 그리하여 그 때마다 느끼는 것, 그 때마다 필요한 인식이라고 인정되는 것은 어떠한 계통의 인식이건 정리하지 않은 채로 절박한 감정에 지배되어 그대로 발표해 버리고 있었다. 이러한 습성이 그의 활동의 상당 부분을 계몽적 범주에 머무르게 한 주요한 원인이 되었던 것이다. 긴급한 현실적 요구에는 외면한 채 학문적으로 정리하는 것만을 내세우는 자체가 당시의 상황에서는 자기 위장이나 자기 도피에 지나지 않는다고 믿은 것 같다. 사실 따지고 보면 1945년 이후 그와 같은 여러 계통의 인식의 방황에서 벗어날 수 있었던 역사학자는 없었다. 만약 있었다면 그들은 역사학자가 아니든가 무식하든가 둘 중의 하나일 것이다. 해방 후 민족의 전통이 밖으로는 남북 양면에서 들어오는 외세와 상충을 일으킴에서 안으로는 식민지 체질의 극복이냐 그것의 재생산이냐를 결정하는 진통을 겪고 있을 때, 아무런 사상적 혼란이나 고민을 진실로 경험하지 않는 사람은 역사학자로서의 자격이 우선 없는 것으로 보지 않을 수 없다. 그러한 고민을 경험하지 않아도 좋았던 사람은 바보의 원만성과 상식적인 인식으로써도 행복할 수 있었던 사람들뿐이다. 그렇지 않으면 역사학이란 가위와 풀만으로 가능하다고 믿은 사람이든가, 또는 그 때마다 유행하는 외래 사조에서 오는 인식 방법을 가져다가 피상적인 이해를 시도하는 것으로 만족할 수 있었던 사람들뿐일 것이다.

우리들의 역사학자가 경험하지 않을 수 없었던 그러한 고뇌가 6·25사변 뒤에는 일시 체념의 형태로 수습되는 듯하였으나, 그는 국제 정세가 어떻게 변화하며 이것을 강대국들이 어떻게 변화시키려 하느냐에 신경을 썼고, 뒤이어 4·19와 5·16, 한일협상이란 변전이 일어난 뒤부터는 백암과 단재의 사학의 재평가를 역설하기 시작하였다. 그러한 주장과 역설이 그에게 있어서 또는 오늘날의 한국사학에 있어서 무엇을 의미하는 것이었는가를 다시 생각해 볼 필요가 있다.

그는 학술원 회원이었고 국사편찬위원회 위원, 세종대왕 기념사업회 이사, 독립운동사 편찬위원회 위원 등으로 있으면서 많은 일에 참여하였다. 그가 이러한 일들을 위해 회의에 참석할 때마다 불유쾌한 일을 당한 적이 많았던 것 같다. 어떤 때에는 그 회의 경과를 이야기하면서 남을 비난하기보다는 자조하는 표정을 짓는 때가 많았다. 10여 년 전에는 자신까지 포함하여 50대 이상은 모두 죽어야 문화계의 움직임이 바로잡힌다고 말한 적이 있어 지금까지 잊혀지지 않는다. 이 말은 물론 어떤 시사를 주기 위한 것이고 풍자를 곁들인 것이지만, 과연 그렇게 될 수가 있을까? 그 당시의 40대뿐만 아니라, 오늘날의 40대는 다 건전하고 그가 싫어하는 요소가 없을 수 있을까? 또 그 자신이 그것을 믿어서 한 말일까? 그렇지는 않았을 것이다. 생각하건대 지식인이나 학자란 사람들이 안으로는 지식인의 자세를 잃어버리고 학문의 혁신을 위한 노력을 하기보다는 없는 권위만 주장하고, 밖으로는 급격한 국제 정세의 변전에 대한 정확한 인식이 없었으며, 또 인식의 필요성도 느끼지 못하는 식민지 체질에서 오는 그들의 사상적 무능력을 증오하였고, 그 무능력이 학계에서나 전 문화계에서 무능력의 세력권까지 형성하려 하는 것을 보다 못하여 공격한 말일 것이다.

사학계에 있어서도 기성인들은 자신들이 갖고 있는 식민지 문화의 체질에 대하여 반성할 만한 철학도 없었던 까닭으로 한국사학이 당면한 기본적인 과제를 인식할 수 없었고, 사학 정신이 결여된 사학을 논하고 기껏해야 일제 영향하에서 성립된 문헌고증학에서 나온 학설이나 가지고 과학적이라고 주장하는 정신적 유치성에는 참지 못하고 울분을 터뜨린 것이 한두 번이 아니었다. 그의 눈에는 한국 문화의 현단계가 가지는 이러한 한계성은 식민지 체질 그것에서 온 것이었고, 근대에로의 전환 과정에 있어서 일국의 문화와 사회를 경영한 경험을 갖지 못한 것에서 오며, 그러한 경험의 결여는 곧 중세적 족벌 감정이나 지방별 감정의 청산까지도 불가능하게 하는 것이라고 생각된 것 같다.

우리는 여기에서 그가 연희 학창시절에 받은 교육을 다시 돌이켜볼 필요가 있다고 생각한다. 그 때의 입장과 계통이 다른 강의들은 각기 다른 입장에서 인식한 자기 문제 제기의 성격을 가진 것이지 상이한 문화 요소들을 통합할 수 있고 그 문화 요소 간의 연관 관계를 파악하여 문화 운동을 통일적으로 추진할 능력이나 전 민족의 문제를 해결할 능력과 철학이 있어서 한 것이 아니었다고 앞서 지적한 것을 상기할 것이다. 그는 사회에 나와 강의에서 받은 대로 여러 계통으로 인식해 보고 실제적인 문화 활동이나 학문 활동에 있어서 여러 가지로 시험하여 본 것 같았다. 그러나 한국 사회 전체가 민족 문화의 공동 광장을 마련하지 못할 때에는 그것들이 아무런 의미를 갖지 못한다는 것을 확인할 수밖에 없었으며, 확대된 문화 기반을 마련하지 못할 때 필연적으로 나타나는 것은 우리가 지금 당면하여 경험하는 바와 같은 새로운 형태로서의 각 계통의 인식들의 대립이요, 새로운 형태로서의 식민지 체질의 재생산이라는 점을 뼈저리게 인식한 것으로 안다. 이와 같은 재생산은 50대 이상이 모두 죽어도 막을 수 없는 것이었다. 그는 한국문화에 있어서 끈질기게 새로운 체질의 성립을 막고 있는 식민지 체질을 규명하기 위해 더러운 체질에서의 부활과 문화의 재창조를 위한 새로운 방향을 찾기 위하여 식민지시대사와 식민지시대 정신사를 이해하는 논문들을 쓰고 있었다. 그리고 이 시대의 사료적 검토를 확대하기 위해 염상섭이나, 나도향, 채만식의 작품들까지 논함에 이르렀다. 그뿐만 아니라, 근년에 와서는 현상학이나 지식 사회학 분야의 이해를 가지면서 식민지 체질의 측정 기준을 찾고자 노력하고 있었다. 그의 『조선과학사』는 덮어 두고라도 때에 따라 필요하면 어느 시대 어느 분야를 막론하고 폭넓은 이해를 가지면서 항상 식민지 체질에서의 탈피와 민족사에 대한 주체적 인식의 확립을 위해 노력하고 있었다. 이러한 방향의 노력은 그로 하여금 저절로 식민지시대의 연구로 들어가게 한 것이고, 이 연구에서 스스로 기약하는 바가 또한 컸던 것이나 그 뜻을 이루지 못하고 말았다. 이러한 것을 일러서 하늘의 뜻은 헤아리기 어렵다고 하는 것이다! 참으로 애석한 일이다.

(『나라사랑』 18, 1975)

사료 비판과 역사 정신

— 특히 식민사관과 민족사관 —

손 보 기

1.

　홍이섭 님은 누구보다도 뛰어난 민중 속의 역사가였다. 그분은 직접 자기 자신의 실천을 통해서 역사의식을 펴고 심은 역사가요, 비판 정신이 뚜렷하여 언제나 대중의 벗이었으며, 시대 정신을 찾아서 시대의 핵심을 잡아낸 학자였다.
　많은 강연회와 좌담회 및 편집 회의에 초청되어 해박한 지식을 토대로 하면서 투철한 역사 정신을 대중 속에 심었다. 그 밖에 많은 문화 관계 회의에서도 홍 선생의 발언은 언제든지 민족의 등불 구실을 하였고, 일제 식민지 치하에서 이지러졌던 민족의 영상을 수정하게 하였다. 언제나 넓은 지식으로 무슨 문제든지 제기되는 즉시 그 해답을 가질 만큼 다재했고, 무엇이든지 해석을 내릴 수 있을 만큼 다능했었던 분이었다.
　호암 문일평 선생, 위당 정인보 선생의 가르치심을 고등 보통학교와 전문학교 시절에 받고 감화된 바 컸으며, 역사정신 속에 담겨 있는 비판정신은 단재 신채호 선생과 백암 박은식 선생에게서 이어받아 발전시킨 것으로 보인다. 일제의 침략정책에 타협하지 않는 투철한 정신과 그들이 세워 놓은 왜곡된 사관을 파괴하려는 냉철한 의지는 외솔 최현배 선생에게서 배운 것으로 생각된다. 그릇된 사관이나 관찰, 표현에 대해 즉석에서 서슴지 않고 반론을 펴고 신랄한 비판을 하는 점은 아마 선생의 아버님에게서 본받은 것으로 생각된다.

나아가서 식민사관을 쳐부수고 민족사관을 심으려는 데는 때와 곳을 가리지 않고 나가서 강연하고 대담하고 토론하고 설득하며, 신문·잡지의 매개를 통하여 계몽한 그 실천력과 학문의 해박함은 다산 정약용을 본받은 것으로 볼 수 있다.

이와같이 훌륭한 여러 학자들의 좋은 점을 함께 갖춘 학자요 교수였기 때문에 그의 역사정신의 바탕은 굳건하며 또한 넓은 것이다.

2.

홍이섭 님은 여러 가지 다양한 면을 지닌 학자였기 때문에 그의 저술 업적은 아래와 같이 나눌 수 있다.
1) 조선과학사에 관한 연구
2) 다산 정약용 및 실학에 관한 연구
3) 천주교사 연구
4) 식민치하의 민족사 연구
5) 식민치하의 한국정신사 연구
6) 한국외교사에 관한 연구
7) 외국인의 한국 연구에 대한 연구
8) 문학작품을 통한 1920~30년대 정신 및 식민지 현실의 연구

이 가운데서 일곱번째의 외국인의 한국 연구에 관한 것은 직접 개척하여 만들어 놓은 한 분야였다. 이 분야는 한국의 역사를 객관화하여 보고자 하는 노력에서 이루어진 성과였다.

가장 힘들어서 개척하려던 분야는 민족의 역사의식에 관한 것이었다. 그런데 초기에 『조선과학사』를 펴낸 것은 일제의 탄압 아래에서 일제의 탄압(검열)을 피할 수 있는 소재를 고를 수밖에 없었던 식민지 현실 속에서 이루어진 것이다. 이 책은 한국 민족의 우수한 과학을 밝히려는 것으로서 단순한 최초의 과학사로만 볼 것이 아니라, 일제 탄압에 대한 하나의 자기 저항 운동으로 보

아야 할 것이다. 왜냐하면 제대로 할 수 없는 상황에서 과학발전을 통해서 민족사를 민족에게 알리려는 노력의 결정이 이 저서로서 나타났기 때문이다. 해방이 되면서 역사의 연구가 구애를 받지 않게 되자 한국과 외국과의 교섭 관계를 유의하여 집필하였는데, 해방과 더불어 독립국가로서의 외교관계를 맺는 데 역사에 있어서의 배경과 근거를 찾아내려는 의도이었던 것으로 추측된다.

그러나 한국의 현실은 혼미하였고 일제의 잔재를 완전히 씻어버리지 못한 채 6·25를 맞았으며, 부패가 심각하여지는 상황 속에서 나라를 구할 길은 역사의식 속에서 찾아야 한다는 것을 깨달은 것으로 보인다.

이러한 좌표 아래에서 정약용의 연구는 진행되었고, 그 실천을 위하여 연구한 것이 실학의 중요성을 부르짖게 한 것이다. 이러한 사상에서 출발한 것이 『목민심서』를 국민에게 읽히자는 것이었고, 그러기 위해서는 전통 사회에서 시작하여 일제 치하에 더욱 고질화되고 다른 민족의 탄압 아래에서 받던 학대를 없애야 한다는 신념을 1950년대 이후 1960년대에 들어서면서 더욱 굳혔고 절실하게 느꼈던 것이다. 이러한 배경 아래에서 정다산 연구에 더욱 더 많은 노력을 경주하게 되었던 것이다. 이같이 국가 정치를 역사 정신 속에서 고치게 하도록 노력한 것은 곧 그분의 역사 정신에서 출발한 실천 의욕이라 하겠다.

3.

무엇보다도 가장 힘을 기울였던 것은 민족사관의 수립이었다. 19세기 후반부터 일인들의 식민사관의 조작과 민족의식의 말살정책에 의하여 우리의 역사의식이 이지러지고 흐려졌던 현실 속에서 식민사관에 춤추던 잔재가 남아 있는 것을 씻어야 한다는 문제에 당면하였다. 민족사관이 없이는 올바른 역사의 영상이 사라져 갈 수밖에 없다는 것을 뼈저리게 느꼈던 것이다. 당시의 현실에서는 일제 식민지 교육에 젖어 식민사관을 추종하는 자들이 사회에서 지도자의 구실을 하였다. 이러한 현실이 이 문제의 중요성을 인식하는 데 크게 작용했을 것이다.

일인들의 자료가 비판없이 이용되고 일인 어용학자들이 조작한 역사 인식을 그대로 믿고 전해지는 현실에서 이 문제에의 관심이 더욱 커졌음이 틀림없을 것이다. 이 분야에 있어서는 그 연구가 곧 민족의 생사 문제와도 연결되는 문제라 생각하였다. 따라서 이 분야의 연구에서는 제대로의 자료가 빈곤하고 일인들의 그릇된 자료가 많았으므로 먼저 방법과 과제 등의 문제를 설정하는 데 노력을 쏟았다.

사료를 다루는 데 있어서 자료의 저자에 관한 것을 따져야 하는데, 먼저 저자의 국적·사상·배경·의도 등을 따진 다음 그 사료가 씌어진 나라·장소·배경·시대 상황 등을 밝히고, 그 사료가 씌어지게 된 뜻을 가늠하여 그 사료의 가치를 먼저 따지고서야 평가하여야 한다는 것이다. 이른바 역사에 있어서의 주관 비평을 시도한 것이다.

사학도들이 흔히 사료 자체에 대한 비판을 게을리하고 내용을 인용하는 데 성급하여 남이 보지 못한 사료, 특히 총독부의 비밀 문서 등을 발견하면 충분한 신빙성이라도 있는 것처럼 인용하고 있는 태도를 경계하였다. 때로는 일인이 남긴 글에 말려들어 그 자료 속에 파묻히고, 그를 이용하여 쓰는 글의 주인공이 어느 나라 사람이었는지, 또는 누구를 위하여 글을 쓰는 것인지도 인식하지 못하고 있는 경우를 발견하였다.

그는 이러한 것이 곧 식민사관에서 온다고 지적하고, 후학에게 오류를 범하지 않도록 식민사관이라는 말을 고안해냈다. 또한 일인들이나 그들의 사관을 비판없이 따라서 좇는 국적을 잃은 사람들을 통탄하였다. 이러한 사관을 극복하여 세워져야 할 사관을 민족사관이라는 낱말로 나타냈다. 요사이 우리가 흔히 쓰는 '식민사관의 극복과 민족사관의 확립'이라는 말은 그분이 처음 쓰기 시작하였고, 일생 동안 추구하던 과제이었다고 하겠다.

이러한 작업을 위하여 단재 신채호 선생과 백암 박은식 선생의 사관을 찾아서 강조한 것도 이분의 공이 아닐 수 없다. 홍 선생에 의하면 다른 문제도 그렇지만, 특히 20세기의 많은 문헌은 준엄한 비판을 받아야 할 것이라고 했다.

이러한 상황 아래서 이 시기의 문헌은 첫째로, 역사 비판, 즉 문헌의 형성과 제작·간행 연대에 따른 시대와 사회 조건의 분석·비판을 거쳐야 하며, 둘째로 보고자·저자·작자의 사상의 거점과 집필 당시의 역사 조건, 국적·민족의 구분, 지배·피지배 관계에 서서 정신 관계·용어 문제 등의 비판을 거쳐야 한다는 방법론을 제시하였다. 이러한 방법을 거치지 않은 '연구'가 나오고 식민사관에 물든 생각이 아직도 가시지 않고 횡행하는 것을 볼 때에는 몇 번이고 식민치하에서 교육을 받은 사람들은 모조리 죽어야 고쳐질 것인가 하는 우려도 자주 표시하였다. 이러한 방법론을 역사에 도입하는 것은 새로운 것 중의 하나였고, 후학의 규범이 되었다.

그분이 남기고 간 수많은 귀중한 업적 중에서도 그는 일제 침략 아래 식민치하에서의 한국사의 이해 방법, 이 시기의 정신사의 과제, 한국 현대정신사의 과제 등을 저술하였는데, 이는 후세에도 빛나는 저술이라 할 것이다. 한편, 적극 자료로서 사료가 빈곤한 이 시기의 정신사의 재구성을 당시의 문학작품에서 찾는 데 노력하였다. 이러한 시도는 아무도 일찍이 꿈꾸지 못한 바이었다. 앞으로 제대로의 역사를 밝히고 파악하는 데 필요한 방법과 아울러 핵심이 되는 문제를 제시하기도 하였다. 이같이 정신사를 찾는 것은 곧 민족사학을 굳건히 세우는 일이었다. 그분이 늘 방법론과 과제를 문제로 삼은 것은 일제의 침략이 민족의 인식을 뒤흔들려 했고, 식민사관으로 세뇌시킨 엄연한 자국을 어떻게 하면 씻고 올바른 인식으로 돌리느냐 하는 민족의 사명을 스스로 지고 나서 그것을 실천으로 옮긴 까닭이다. 그분이 강연과 좌담회에 반드시 초청되고 또 초청을 거절하지 않고 나가서 말한 것은 이러한 민족사관, 즉 민족을 주체로 하는 올바른 사고를 일으키려는 데 뜻이 있었고, 이러한 의식이 뜻있는 사람들을 감동시켰기 때문이다. 즉, 민족을 토대로 하는 역사의식을 길러주려는 적극 의도를 가지고 있었다. 어떠한 강연회나 좌담회나 그분이 말한 곳에는 바로 민족의 양심이 빛났고, 그분의 해박한 지식과 투철한 사료 비판 정신은 민족사의 과거를 분석하고 현실을 이해시키는 데 언제고 서민 편에 섰던 것이다. 누구나 만나고 누구에게나 역사정신을 심어 줄 수 있는 분이었다.

4.

　몇 해 전에 홍이섭 님은 이러한 작업을 하기 위하여 커다란 계획을 하였었다. 『조선총독부 통계연보』와 『시정연보』에 각각 비판과 해설을 붙인 주해본을 간행하려는 것이었다. 이들의 통계는 일인들이 조작하였던 것으로 그것을 올바르게 해석함으로써 비판없이 이용되는 것을 막자는 것이다. 이들 유일한 통계 자료는 모두가 식민사관의 종들에 의하여 편찬되었기 때문이다. 이들에 대한 세밀한 주석과 그 분석·비판을 각 통계연보와 시정연보에 붙여서 낸다면 많은 사람들이 올바로 이용할 수 있게 된다는 것이다. 이 힘드는 사업은 그분이 연세대학교 동방학연구소의 소장으로 재직시에 계획을 세웠던 것이다. 그분에 의하면 이 계획은 시간을 다투어 간행해야 할 것이었다. 우리나라 학자 중에서 연보의 앞에 약 100여 면에 걸쳐 올바른 분석·비판을 하여 해설을 쓸 수 있는 분의 수는 제한되어 있기에 서둘러야 한다는 것이다. 그러나 학교 당국의 예산 문제로 그 계획은 무너지고 말았다. 홍 선생이 가신 오늘 과연 누가 이 작업을 할 수 있을 것인가?

　그 후 얼마 안 되어 괴상한 일이 있었다. 일본의 모 문화단체가 한국의 교수들을 주말여행식으로 일본으로 데려가 한국사·한국 문화에 관한 강의를 하게 하는 계획이 진행되고 있었던 것이다. 교수들이 모르는 사이에 제목도 정해지고 계획된 일이었다. 이 계획에 대하여 아연실색하고 "교수직도 못하게 되었다"고 말한 당시의 선생의 표정을 필자는 잊을 수가 없다. 그분은 민족사관이 서지도 않은 현실에서 우리의 역사를 일인 정객들에게 강의하게 하고, 어느 대학의 분교를 일본에 만든다는 식의 계획을 추진시키는 사람들이 우스꽝스럽다는 것보다는 일본의 식민사관을 고정시키자는 의도에 놀아나는 행위로 볼 수밖에 없는 것이 슬펐던 탓이리라. 그 계획이 저지되게 된 것을 들었을 때의 선생의 표정도 필자의 눈에 선하다.

　앞에서도 말했듯이 홍이섭 님은 이러한 식민사관의 고정화를 파괴하고 민족사관을 수립하려는 데 있어서 가장 기초가 되는 것이 사료의 비판에 있다고 보았다. 이 시기의 사료로 남은 것은 식민사관에서 이루어진 것이 많은데, 그들에서는 주체인 인간을 무시하고 인간을 잃어버린 역사가 되는 것이고, 식민정책에 대응해 나타나는 민족문제는 감정으로 돌려서 소외시키는 방법으로 식민사관을 오히려 객관화된 사관으로 보려는 무리들을 증오하였다. 선생은 민족사관이 성립될 수 없다고 하거나, 국수주의에 빠진 사람들이라고 비난하는 사람들을 비난하였다. 일제 침략 아래에 놓였던 식민지에서 식민사관이 강요되고, 민족을 주체로 하는 역사가 씌어질 수 없었던 현실 속에서 그릇된 역사정신을 가졌거나 또는 그릇된 역사의식으로 물들었던 사람들이 있다면 그들의 조국은 어디인가 하는 문제가 생긴다.

 민족사관이라는 말은 역사과학을 바탕으로 하는 역사의 개념 설정이 불가능하다고 하는 이가 있을지 모르지만, 모든 민족이나 국가의 역사는 그 민족이나 국가를 주체로 하는 역사를 서술하고 있는 것이 사실이다. 또 그렇지 않은 역사서술이 어디 있는가? 이것이 홍이섭 님의 민족사관의 주장이었다고 보며, 또 그의 역사정신이었다고 하겠다.

(『나라사랑』 18, 1975)

홍이섭 선생의 사학
— 실학·독립 운동사 정리의 선구 —

천 관 우

올 겨울에 회갑이 되실 아직 많지 않은 춘추에 홍이섭 선생께서 불의의 사고로 가셨다. 선생께서 꼭 마무리지어 놓으셨어야 할 한국사학상의 굵직한 문제들이 한두 가지가 아니었는데, 이제 이 한인들 무슨 소용이 있겠는가.

그러나 그 많지 않은 춘추에 선생께서 남기고 가신 일도 참으로 크다. 아니, 전후의 한국사학계에서 공동의 관심사가 된 여러 중요한 문제의 대부분이 선생의 계발에서 이루어졌으며, 혹은 선생께서 손수 개척하신 것이었음을 새삼스럽게 돌이켜 보는 것이다.

선생은 해방 직전에 이미 『조선과학사』에서 전인미도(前人未到)의 황지(荒地)에 낫을 대시어 사계(斯界)에 뚜렷한 위치를 차지하고 계셨지만, 우리는 어쩐지 전후를 대표하는 사가로서의 이분에게서 더욱 그리움을 느끼게 된다.

지금은 우람한 거목이 된 '역사학회'가 처음 피란 수도 부산에서 발족하였을 때, 우리 소장학도들은 선생을 초대 회장으로 모셨다. 후진들의 이러한 청을 마다하지 않는 젊음이 선생에게는 평생토록 변치 않으신 재산이었다.

선생의 박사학위논문인 『정약용의 정치·경제사상 연구』는 조선후기 실학사상의 최고봉인 다산을 그 경세학(經世學)의 면에서 처음으로 유감없이 분석·종합하여 이 방면 연구에 길이 남을 이정표로 되어 있는 것은 다 아는 일이다.

또 선생은 실학에 밀접히 관련되는 서학에도 많은 역작을 남기시고, 아마도 거기에서 연유했을 한국관계 서양문헌 들의 발견·소개는 오늘날까지도 가히 선생의 독보(獨步)라고 할 수 있다. 그러나 선생께서 실학 방면에 남기신 공헌은 비단 이러한 개별 업적에만 있는 것이 아니다. 항상 자랑으로 여기시던 선생의 선사(先師) 위당·호암 같은 분들에 의하여 시작된 전전의 실학 연구를 전후의 그것으로 연결시켜, 아니 연결이라기보다도 전후에 이것을 재출발시켜, 실학사상사를 전후 한국사학 최대의 수확의 하나로 성장케 하는 중대한 사명을 선생께서 몸소 감당하신 것이다.

선생의 평생 학문에서 잔 가지들을 치고 굵은 가지만을 남기는 무단(武斷)을 감행한다면, 그 한쪽 가지는 실학사상사요, 또 한쪽 가지는 한말 의병에서 비롯하는 항일독립운동사가 아니었을까 한다. 독립운동사에 관한 선생의 수많은 업적은 불행히도 아직 전서(專書)로 세상에 행해지지는 않고 있지만, 한국사학에서 전후(戰後)가 아니고는 아니 된 이 방면에 학문으로 선구를 하신 것이 바로 선생이시었다.

실학사상사와 항일독립운동사의 두 굵은 가지가 뻗어나간 그 기간(基幹)은 바로 선생께서 즐겨 쓰시던 용어대로 한국 '정신사'에 있지 않았을까 한다. 민족사·민족사관, 요즘은 누구나 안이하게 많이 말들을 하지만, 선생께서는 이것을 정신사의 바탕에서 구성하기 위해 끝내 쉬지 않으셨고, 끝내 그것을 완성된 형태로 후진들에게 물려주시지 않고 가셨다. 단재사학·백암사학을 발굴해 낸 것도 선생이시었다. 한국의 '정신사'와 민족사관을, 그리고 선생께서 언제나 놓지 않으시던 '근대'의 안목에서 그것을 추구하시는 가운데 선생은 단재·백암을 붙드신 것이다.

사관의 빈곤이란 말이 자주 귀를 울린다. 철학자 아닌 역사학자의 경우 사관을 사관의 이름으로 체계화하여 설명하지 않고 역사서술에서 자연히 드러나게 하는 것이 보통이지만, 선생도 역시 그분의 사관을 사관의 이름으로 말씀하시지는 않았다. 그러나 선생은 우리 한국사학계에서 뚜렷한 사관을 지닌 몇 안 되는 분 가운데 한 분이시었다. 선생의 짧은 글들을 모은 『한국사의 방법』에서 우리는 체취가 물씬한 선생의 사관을 배울 수 있다.

선생은 역사상의 반민족행위, 불의의 행위를 몹시 미워하셨다. 어느 때는 그처럼 평소의 온화한 선생답지 않게 미워하셨다. 그것이 선생의 인생이요, 선생의 사학이었을는지도 모른다.

  선생은 가셨다. 명과 실에 있어 정말 전후의 한국사학을 대표하시는 자취를 남기셨다고는 하나, 못다한 일을 너무도 많이 남겨 두고 가시었다.

(『동아일보』, 1974. 3. 6.)

한국 근대 사회사상사 연구

박 종 홍

머리말

　홍이섭 박사가 해방 전에 발표한 『조선과학사』라는 저술은 이 방면의 연구에 있어서 오늘도 귀중한 연구 참고서요, 학위논문으로 오랫동안 다듬어진 『정약용의 정치·경제사상 연구』라는 책은 홍 박사가 남긴 주저라고 하겠다. 이 과학사와 정약용 연구만 가지고도 홍 박사의 학문적 경향이 짐작되는 바이나, 여기서는 좀더 넓게 홍 박사가 그의 생애를 통하여 무엇을 학문적으로 밝히려고 노력하였으며, 정열을 바치었던가를 내 나름대로 알아보기로 한다.

1. '한국 근대 사회사상사'의 규명이 홍 박사의 학문적 염원이었다

　이것을 생전에 홍 박사로부터 직접 들은 이야기는 아니나, 여러 모로 미루어 틀림없으리라고 나는 생각한다.
　홍 박사는 위당 정인보를 논하는 글(『사상계』 제115호)에서 "고대사는 재질과 끈기가 있고 정신적으로 태산의 무게를 지니는 품성이 아니고는 당해 낼 바 못 된다고 생각한 나로서는 한국사에서도 훨씬 후일보다 오늘에 가까운 시대에 흥취를 갖고 있던 필자로는……"이라고 하여 홍 박사 자신이 성격상으로 고대사보다는 오늘에 가까운 근대사에 흥취를 갖고 있다고 하였다.(인용문의 출처는 간편을 기하기 위하여 홍 박사의 여러 논문들을 모아 편집한 탐구당 발행의 『한국사의 방법』이라는 문고본의 페이지 수로 밝히기로 한다. 위의 인용문 출처는 321면)

한국 유학의 연구도 한국 사회사상의 규명을 위한 것으로 홍 박사에 의하면, "조선 유학의 사상적 이해는 한국 사회사상의 기반이 되며, 이 확증적 규명은 한국사상 이해의 출발이 된다"(110면)고 하여, 그에게 있어서는 한국 유학의 연구도 한국 사회사상의 규명을 위하여 필요한 것이요, "그러므로 먼저 한국 사회사상사의 구성에서는 봉건 교학으로의 유교주의 정치이념의 확립과 추이를 잡아 보아야 한다"(110면)고 하였다.

"철학사 또는 도덕 사상사와 구분될 사회사상사에 있어 유교주의가 차지한 성격은 자명해질 것이다."(111면) "주자학적 이념의 종합적 또는 유취적(類聚的)인 이해, 즉 이기론 - 철학적, 예론 - 윤리적, 정치이념 - 유교주의의 기본 사상의 체계적인 이해 또는 이것의 유취적 이해는 어떠한 방향에서 사상사적 타결을 갖게 할 것이다."(111면) "적어도 3분해 볼 유교주의 이념의 상호 작용과 유교주의 치하에서 생성되어 온 사회 문화의 제 현상과의 관조작용·반작용에서 문학·미술·음악·연극의 유교주의적 봉건제 사회와의 상호작용을 따져서 받아들여야 할 것이다."(111~112면)

그러나 홍 박사의 관심은 위에서 본 바와 같이 근세사로 이끌린다. "우리에게 있어 유학사라고 하면, 사회에 끼친 영향 - 그 기능에 있어 지배적이었던 이씨조를 주간으로 보겠으며, 그에 따라 자료적인 면에서 그 이전의 영세성에 비해 풍부한 문헌을 간직한 근세를 주대상으로……"(124~125면) 유학사를 사회사상사적으로 다루되 홍 박사는 근세 유학이 주로 문제라고 보고 있다.

그러기에 "근세 500년간 이씨조선 사회를 정신적으로 절대하게 제약하는 주자학적 이념은 정치적 권력을 배경으로 한 정도전의 실천운동에 기인하는 것이다"(193면)라고 하였고, 또 근세 유학을 정치사적으로 보게 되는 데서 나아가 "근세 유학을 계보적 학설의 연관관계의 이해를 정치사적 배경에 놓고 보는 데서 그 사상 구조와 학설의 추이·전개가 지니는 사회적 기능과 사상과 사회의 상호 규제를 더 뚜렷이 보아야겠다는 생각이 떠온다"(127면)고 하였다.

『한국사의 방법』도 알맹이는 '한국 근대 사회사상사의 방법'을 다루고 있다.

홍 박사는 자기의 논문집에 『한국사의 방법』이라는 이름을 붙이고, "실상은 한국사에 관한 초기(抄記)에 불과하다"(서문)고 겸손해 하고 있지만, 그 책 제1장 5절의 글이 '한국 사회사상사의 방법'이라는 제목으로 되어 있다. 뿐만 아니라, 이 책 전체의 의도가 보기에 따라서는 그 방법을 실지로 구현한 성과라고 할 수 있을 것이요, 그런 만큼 '한국 사회사상사의 방법'이 좀더 국한된 '한국 근대 사회사상사의 방법'으로 다루어졌다고 하여도 무방할 것이다.

그러기에 한국의 사상가들을 20여 명이나 논함에 있어서 정도전·이이 등 유학자를 비롯하여 최제우·장지연·유길준 등 그 모두가 한국 근대의 사상가들을 다루었고, 사가를 논하는 대목에서도 박은식·신채호·정인보·문일평 등 근대 사학가가 연구의 대상으로 되어 있다.

'한국의 사상가'라는 일련의 논문들은 본래 1957~58년에 걸쳐 『연세춘추』라는 연세대학교 학생 신문에 21회나 연재된 글이어니와, 홍 박사는 그 글에 "한국 근세 사상사의 시험적인 논술의 일부를 발표한 셈이 된다"(290면)는 부기(附記)를 적고 있다. 한국 근세 사상사의 규명을 지향한 홍 박사의 의도가 충분히 짐작된다고 하겠다.

더구나 이 부기에는 뒤이어 "특히 이황·유형원·정약용·김만중·신윤복·박규수·주시경·차좌일 등의 인물을 다시 말하고, 『춘향전』·『배비장전』·『흥부전』 또는 『몽유록(夢遊錄)』 등의 문학을 통해 한 시대에 생각한 바를 포착함도 시급하나 앞으로의 한국사상사의 체계적 구조화에서 보충키로 하며, (1) 이것이 사회사상사로서의 구상이며, (2) 식민지시대(1910~45)의 한국인의 정신 구조를 파악하자는 선행적인 작업에 멈춘다고 하겠다"(290면)고 말한 후, 곧 이어 "그러나 우리들이 온전한 사상사(근세)를 구성함에는 이기설(理氣說)의 변천·추이, 예론의 전개, 조선인의 유교 경전 이해의 역사적 과정, 근세 사회 경제사·문학(한문학과 국문학)의 사상적 이해 등이 다뤄져야 한다"(290면)고 장래의 계획이라고 할까, 미처 실현하지 못한 소원의 일단을 피력함으로써 홍 박사 스스로가 생각하고 있던 '한국 근대 사회사상사'가 어떤 내실을 갖추어야 할 것이었던가를 충분히 상상하게 하고도 남음이 있다고 하겠다. 이러한 면만 생각하더라도 홍 박사의 불의의 서거는 우리 학계를 위해서는 다시 없는 불행이 아닐 수 없다.

2. 올바른 '주체적 민족사관'의 확립이 홍 박사의 투철한 기본정신이다

이 점에 있어서 홍 박사의 태도는 솔직하고도 투철하였으며, 시종일관 변함이 없었다.

홍 박사에 의하면, (1) 박은식의 『한국통사』와 『한국독립운동지혈사』는 한국 민족의 국권의 상실과 일제에의 항거의 인식을 고조한 것이요, (2) 최현배의 『조선민족 갱생의 도』는 식민지 치하에 있어 민족의 갱생을 위하여 민족성의 역사적 인식에서부터 비판적으로 갱생하자는 것이며, (3) 신채호의 『조선상고사』와 (4) 정인보의 『5천년간 조선의 얼』은 중국사에 예속적이었던 한국사의 인식을 자기 중심으로 확립하자는 데서의 출발이었으나 고대사에 멈추었으며, (5) 문일평의 한국사에 관한 단편적인 제 논문은 다분히 근대화의 의식을 문제삼았으나 일제하의 제약된 조건에서 단편적인 데 멈추었다. 그러나 "이러한 일련의 문헌에서 기도된 것은 한국사에 있어서의 주체적인 민족에의 인식이었다"(15면)고 홍 박사는 총괄적으로 말한다.

"그렇다고 그 의식을 체계화 또는 실천적으로 전개시킬 수는 없었다. 환언하면 근대화를 위한 의식의 맹아가 성숙할 수 없이 민족정신은 일제에의 항거 의식으로 내뻗고, 다시 억압당할 때 망명과 도피 정신으로 뻗어 나갈 수 있으며"(15면), "어떤 서구적 사상 체계를 민족정신의 틈에서 질서있고 체계적으로 수용·이식하며, 또 그것을 한국의 현실적인 조건에 맞추어 비판·검토할 민족 자체로 준비할 것을 마련할 겨를을 갖지 못하고, 빈약한 데에서 싹트는 점을 비판당할 모든 것이 무찔러졌으므로 그대로 저항 의식으로만 제고되었다"(16면)고 하여 홍 박사는 일제 식민지시대의 민족의식을 논한 후 무엇보다도 이식적인 정신의 비판이 선행하여야 된다고 강조하고 있다.

"한국의 낙후성을 역사의식의 결여에 연결시키면 곧 한국 근대화에 있어 정신적인 조건의 결여인데, 이 말은 다시 바꾸어 보면 사상적 빈곤을 말하는 것으로 현재에서 보더라도 한국은 이식적인 정신에의 비판이 결여되어 있다. 이것은 현실 인식을 어떠한 틀에 맞추어 보려는 경향에서 지니는 폐단이라고 하겠지만, 이러한 폐단은 그대로 후진사회가 지니는 것이다."(18면) "북한 지역이 오늘 사상적으로 그 방향을 추구해온 것은 20년 전 소비에트 군의 점령하에서 현실화된 것으로 현실적으로 군력에 의해 기점이 마련되었으며, 남한이 그에 대해 반공적인 민주주의를 고창하기는 미군 점령이 이러한 현실을 마련하게 되었으므로 그것은 사상적으로 외세에 의한 이식이었다. 이와 같이 볼 때 앞서 한국 민족이 그러한 이식적인 것을 비판할 자기 정신을 가졌어야 하나 그 준비가 되지 못하였음이 사실이니 만큼, 오늘의 이 사회의 낙후성을 극복하는 정신적인 마련으로는 그 이식적인 정신의 비판에서부터 출발하여야 할 것이다."(18면)

그런데 "비판의 기반으로는 이미 근대에 마련된 민족정신이 문제되겠으나, 이것은 근대 이전에 중국 중심적인 정신에서 확립이 취약성을 면치 못했고, 식민지시대에는 수난의 길을 밟고, 해방과 더불어 사상적으로 구조화되지 못하고, 이것을 곧 파시즘의 화신인 것처럼 보는 데서 역시 수난의 길에서 벗어나지 못하고 어떠한 대결의 정신으로 세워지지 못한 채 오늘의 한국인의 자기 의식에의 취약성만을 내포하게 되었다. 뿐만 아니라, 외래사상에 의존적인 데서 역사의식은 흐려지고 있다. 곧 자기 현실의 인식을 남의 자리에서 하고자 하고 보아 온 데서 현재의 정신 상황을 조성한 것이다. 이 상황의 극복에서 우리의 정신적 낙후성을 배제할 수 있을 것이 아닌가 한다."(19면) 여기에 홍 박사의 정신적 자세가 뚜렷하게 밝혀져 있다고 하겠다.

그리하여 홍 박사는 박은식의 『한국통사』에 관하여 논하는 대목에서 "역사 서술은 기계적으로 또 많은 문헌만 집결·나열하는 것으로 이뤄지는 것이 아니고, 주체에 대한 의식을 놓치지 아니하여야 하고, 문헌 자체의 기본적인 비판 검토가 되어야 하는 데서 이 통사가 가진 정신적 박력은 우리 근대의 역사 서술에 있어 단재 신채호 선생의 『조선상고사』와 같이 우리들의 정신에 영원한 양식이 될 것이라 하겠다"(294면)고 하며, "앞으로 우리 근대사가 이제부터 새로이 개척되더라도, 아마 『통사』는 역시 기본적인 문헌으로 중요한 자리를 차지할 것이다"(295면)고 하는가 하면, 심지어 "근대사의 이해에 있어서는 『통사』의 이해에서 출발할 것이다"(295면)고 말하고, "선생님의 역사가로서의 고귀한 정신을 길이 지니고 싶을 뿐이다"(298면)고 그 글을 끝맺고 있다.

홍 박사가 신채호의 학문을 매양 '단재사학'이라고 부르는 것도 같은 정신에서이었다고 하겠다. "일본 경찰의 손에 잡혀 옥사할 때까지 남달리 생각한 것은 한국인의 정신적인 자립이었으니, 이 정신적인 기틀을 한국사의 새로운 인식에서 붙잡고자 하였던 것이다."(299면) "고사(古史)의 체계화에 있어서는 '민족' 중심의 사관을 제시하고 있다."(304면) "표박의 몸으로 이국 땅을 흘러다니면서도 내 민족의 역사를 실증적으로 바른 이념에서 밝히고자 한 데서 '단재사학'의 방법과 이념을 볼 수 있을 것이다"(309면)고 한다.

위당 정인보에 관해서도 위당이 "찾고자 한 것은 오직 '조선의 얼'이었다. 즉 조선의 정신이었다"(318면)고 했다. 그리고 위당의 "조선의 얼은 그대로 단재사학의 확충·전개이었으며, '조선의 얼'이 근세·현대에 미쳤더라면 조선사에 있어 단재사학의 기본 이념의 광휘 있는 전개이었고, 일단의 완료를 보는 날 정신사적으로 본 한국사로는 장관이었을 것이 오늘 거듭 애석하다고 하겠다."(321~22면) 그리고 나서 홍 박사는 "조선시대 유가들이 구기고 좁혀 놓았던 '조선사'의 인식을 그대로 식민지시대 일본인 학구(學究)들이 조선총독부의 정책에 영합되어 그런 것을 합리화시키며 다시 구기고 좁혀 놓았던 것을 단재 선생이 한편 구김살을 펴 보시려고, 이어 선생님(위당)이 다시 펴 보시려던 것이었다"(322면)고 하여 같은 사관의 계보를 밝히고 있다.

다음으로 호암 문일평의 사학을 논하여 "식민지시대의 급박한 분위기 속에서 언외(言外)의 목적 의식으로서 '민족적인 것'을 한국 민족의 과거의 생활 속에서 재발견하자는 것이었다"(329면)고 하고, "한국인의 민족적 정신에 말 없는 고무를 위한 것"(329면)이었다고 한다.

홍 박사에 의하면, 호암의 본 의도는 "하나는 유약한 역사로 개도(改塗)된 것을 강건한 민족사로 바로잡으며, 둘째로 외환에서는 국제적인 관계사로서 폐색(閉塞)적인 한국인의 안계(眼界)를 넓게 국제적인 데로 열어 놓아 낙후된 한국의 현실을 바로 인식시키고자 한 데"(333면) 있다고 하였다.

"우리 근대에 있어 민족의식의 형성은 유교주의 국가 - 군주에의 충성이 서구의 자본주의 세력의 침투에의 반발로서 싹튼 것이나, 이것이 이론적으로 구조화에 앞서 침략적인 데에서 저항적 행동으로 발현된 데에 후일까지 논리적인 것보다 행동이 주이었음은 식민지시대에 있어서도 일제의 강압도 있었으나, 국내는 물론 해외에 있어서 한국 근대의 민족의식의 이론화는 시도되지 못하였다."(370~71면)

"1950년의 동란 전후에 있어서도 민족이론의 형성은 상상도 못한 채 공산주의에 대항하게 되었었다. 또 한국 현대 사상의 민족주의는 다른 한편 서구적 민주주의의 바람 앞에서 협량(狹量)의 감상적인 것으로 보게 되었고"(372면) "오늘의 우리들의 지성은 서구적 자유주의 정신에 기틀을 둔 방관적인 보헤미안"(377면)의 성격을 지니고 있다고 본 홍 박사는 나아가 "사회에의 방관적인 태도는 그대로 정신적 경향을 규정하였고, 유럽의 어느 사람이 말하는 조국 없는 지식으로서의 생리도 갖추게 되었다"(377면)고 한다.

그렇다고 홍 박사는 외래적인 요소를 제거함으로써 한국의 사상을 찾아야 한다고 간단히 생각한 것은 아니다. '한국사상을 서구적인 것과 비교하여 그 차이를 결정지우려는' 것을 '방법 이전의 초보적 단정'이라고 잘라 말하고 나서, "우열의 차이점의 견해만으로써는 중국의 유교사상이나 서구사상의 껍질을 벗기는 일로서 외래적인 요소의 제거에서 찾을 수 있는 것은 궁극에 가서는 원시적 종교 신앙 그 주변의 사유만이 남을 것이다"(112면)라고 한다. 그러므로 홍 박사는 시대적으로 이해된 외래사상의 "사회적 기능을 포착하며, 그 영상(映像)에서 당해 사회의 동향을 인식의 대상으로 삼는 것이다."(112면) 이것이 바로 홍 박사의 사회사상사의 방법인 것이요, 여기에 올바른 주체적인 민족사관을 확립하려고 한 것이 그의 투철한 기본정신이었다고 하겠다.

3. 사상사에 관한 홍 박사의 폭넓은 통찰과 예리한 분석

어느 좌석에서나 홍 박사가 농담조로 우스갯소리를 하는 것을 나는 들은 기억이 없다. 그저 진실 그대로의 분이었다는 인상뿐이다. 그러기에 거짓을 모르는 분이었고, 너무나 솔직하였다. 사관의 평을 하는 경우에도 단도직입적으로 자기의 소견을 말로 또는 글로 발표하기를 주저하지 않았다. 그만큼 자기의 학문에 충실하였던 것이다.

그리하여 홍 박사는 그의 연구에 있어서 폭넓은 통찰과 예리한 분석을 한 것이라고 나는 생각한다. 이제 내가 감탄한 한두 가지의 예를 들어 보기로 한다.

홍 박사는 세상에 잘 알려져 있듯이 실학의 계보에 밝았다. 조선조 실학가들의 내력을 빠짐없이 환하게 드러내는가 하면, 사상적 구조 연관을 정확하게 지적해 내기도 했다. 중국 청대 학인들의 급진적인 사상의 영향, 그것도 제도와 이념의 차이를 주의하여 다루었으며, 천주학을 통한 서양사상과의 대결 내지 섭취, 특히 그에 따른 서양과학의 이해에 깊은 관심을 보였다.

그래서 가령 성호 이익을 논함에 있어서 "밖으로 청을 통해 받아들인 서학의 과학지식과 가톨릭적 윤리 사상은 주자학적 전통에서 중국적인 것을 절대시하고 있을 당시에 있어 중국적인 것을 감연히 비판하게 되었고, 서학적인 것에의 흠모를 금치 못하였었다"(219면)고 하며, 『칠극(七克)』이라는 서학 서적에 담긴 내용을 성호가 유교의 극기설(克己說)과 같다고 할 뿐만 아니라, 그 중에는 유교에서도 미처 밝히지 못하였던 것이 있다고까지 하였다는 것이다. 그리고 성호는 서양과학의 우수성을 단정하여 "성인 다시 나더라도 반드시 따를 것이다"(220~21면)고 찬탄하여 마지않기도 하였다고 주의하고 있다.

또 조선조 실학의 집대성자라고 할 다산이 서학사상(가톨릭 사상 및 서양의 르네상스기의 과학지식과 기술)을 받아들였음에 유의하여 "그 자신 후일에 와서 자기가 교도가 아님을 표명한 일도 있으나, 그의 중용(中庸) 연구에서 보면 그는 확실히 천주교사상을 받아들이었던 학자다."(256면) "그가 만년 강진에서 여러 저작을 정리할 때, 특히 중용 강의를 정리하면서는 정조대왕과 함께 이벽(李蘗)을 추모하며, 생존해 있으면 얼마나 도움이 될 것이며, 또 기쁠 것인가를 말하고 있다"(257면)고 하여 다산의 중용 강의의 기본정신에 그 당시 이벽의 천주교사상이 틀림없이 영향을 주었으리라는 홍 박사의 생각을 뒷받침하고 있다.

홍 박사는 나아가 중국의 양명학의 영향을 주의 깊게 따지고 있다. "유교주의 정치 이념의 비판에 있어서는 보다 급진적일 수 있었음은 성호가 『명이대방록(明夷待訪錄)』을 읽은 데서, 즉 양명학자의 사조를 수용한 데서 가능성이 있었다."(97면) "선행적인 『대방록』은 (성호의) 『곽우록(藿憂錄)』에 기본이론으로의 유교주의 이념의 비판을 감행케 하며, 전자가 자기 기본정신에서 중국의 역사적 현실을 비판하는 데 있어, 후자는 조선의 역사적 현실을 비판하는 데서 양자의 편목에 출입이 있다."(98면) "『곽우록』에는 『대방록』의 문구가 그대로 단절 인용되며, 또 어떤 성어(成語)에 있어서는 『대방록』의 것을 도치(倒置) 사용하기도 한다. 이러한 예에서도 『대방록』이 끼친 바가 다소간 있었던 것이며, 오직 양명계 사상인 까닭에 『이자수어(李子粹語)』의 저자로서는 외면에 표시하지 못하고 안으로 새기게 되었던 것이다."(98면)

성호의 "『사설(僿說)』과 『곽우록』의 사상은 다산의 『경세유표』와 『목민심서』에서 전개·체계화되었으나"(99면), "성호와 관계있는 『명이대방록』에서 볼 수 있는 사회 비판을 찾게 하고 있음은 다산의 책론(策論)에서도 볼 수 있다."(99면) 또 "다산의 '원정(原政)'론은 『경세유표』의 기본정신이요, '원목(原牧)'론은 『목민심서』의 정신적인 기반으로, 그것의 추상화된 이론으로 말하자면 원정의 논리에서 『경세유표』의 구축을, 원목의 논리에서 『목민심서』의 체계화가 이루어졌다고 하겠다."(99~100면) 원정-『경세유표』는 중앙의 국가 행정에 관한 것이요, 원목-『목민심서』는 지방 행정에 관한 것인 바, "현재 남아 있는 원정·원목 양편의 논에서 보면 성호에서 보다 더 뚜렷이 『대방록』에서의 영향이 있었던 것도 같으나 어디까지나 요약된 이념으로서이고, 다시 그것은 다산에서 보다 명료하게 전개된다."(100면)

그러나 "왕학(왕양명의 학)의 흐름은 대륙의 그것을 농후히 수용하며, 금학(禁學)이었던 이 고장에서는 그 출처를 밝히지 않고 소화시킨 데서 이른바 실학사상의 급진성이 여기에 숨어 있었던 것이고"(103면), "우리 실학파의 국가

정치의 비판에 있어 군주에 언급함은 일부 피하고 있었던 데에 실학파의 현실 비판의 한계성이 있었다"(102면)고 한다.

"양명사상의 실천적 관념을 역시 청에서 수용하였으나, 선구적인 황종희의 사상보다는 멈칫하는 것은 어떠한 조건에서든지 황은 군주와 충(忠)에 대한 종전의 해석을 부정적으로 비판하고 있으나, '조선 현실'로 거기에 이르지 못한 것은 개인의 정신이 거기에 이르지 못한 것보다 그러한 생각을 지녔더라도 그것을 문자로 입 밖에 내게 되지 못하게 통제되었기 때문이다."(11면) 역시 홍 박사의 통찰과 분석은 다시 한 걸음 파고든다.

즉 "사회개혁의 의식을 지니고 개혁을 논의하되 풍자적이었고 단편적이었으나, 군주에게 상소하는 양식을 취하는 데서 그러한 일을 위하여 자기들의 지식의 체계화라든지 그것을 통한 의식을 현실적인 정신으로 내밀며, 그에 의하여 개혁보다 혁명까지에의 사상적인 전개라고는 조선의 서민층의 경제적인 발전이 극도로 제한된 데서 어떤 의식을 곧 외국(특히 서구)의 예에 비겨 보기는 어렵다. 시정적(市井的)인 모든 것이 봉건적인 체제하에서 활발히 발전되지 못하며, 특히 그 기반을 이루는 경제적인 발전이란 국내 유통관계의 침체와 국가나 민간 상인에 의한 대외무역이 거의 억제되어 국가에서는 극히 제한된 사신 무역과 국경 정기시를 통한 국가 소요 물품의 구매에서 극소수의 국가 공납 상인의 무역과 밀무역이 행할 정도이어서 개방되지 않은 대외무역은 국내 유통관계를 위축시키는 데서 시정적인 문화, 의식의 전개가 그대로 밑바탕에서부터 제약됨에서 전개에 앞서 미숙한 상태에서 정체되는 것이었다"(12~13면)고 논하기까지 한다.

홍 박사의 통찰은 여기에서 그치는 것이 아니다. 새로운 관점을 파헤쳐 밝히고야 만다. "밑으로 이러한 사회개혁을 담당할 광범한 층이 준비되지 못했다. 19세기 말에서 20세기에 걸친 한국인 자신의 손에 의한 소위 신교육을 보아도 빈약하였고, 국가 경영으로 출발한 외국어학교의 비참한 경로에서도 알겠으나, 이것을 청과 일본에 비해도 한국은 역사적으로 서구어 이해에 무관했었다. 곧 근대화란 서구 문물(사상·과학·기술)의 수용의 전제인 외국어 이해에서 우선 인접 두 사회에 비할 수 없게 뒤지고 있었다."(13면) 평범한 듯하면서도 가장 틀림없다고 하여야 할 요점을 꿰뚫은 통찰이라 하겠다.

홍 박사는 '한국사상연구회'의 동인으로서 처음부터 참여하여 10여 년 동안 고마운 수고와 협력을 다하여 왔다. 언제나 앞장서서 우리의 일을 격려하여 주었고, 지방 순회 강연 때에는 문자 그대로 엄동 설한의 추운 겨울밤의 산길을 광주에서 전주까지 강행군으로 달려 자정이 넘어 여관의 냉방에서 떨면서도 무엇인가 소중한 사명을 다한다는 감격 속에 같이 의기 헌앙하던 기억이 아직도 새롭다.

나는 일찍이 홍 박사의 「실학의 이념적 일모」[하빈(河濱) 신후담(愼後聃)의 서학변(西學辨)의 소개. 1957년 연세대학교 『인문과학』에 발표]를 읽고 그의 끈질긴 탐구열에 감탄을 금할 길이 없었다. 성호의 제자인 신하빈이 천주학 관계의 한문 서적 중에서도 가장 철학적이요 난해하기로 제일 간다고 할 『영언려작(靈言蠡勺)』이라는 저술 내용을 축조적으로 비판한 '서학변'의 소개인 만큼, 무척 공이 들었을 것이라고 짐작된다. 나는 홍 박사의 이 논문을 숙독한 것을 계기로 『벽위편(闢衛編)』을 공부하게 되었고, 또 뒤이어 다른 서학 관계 서적들을 수소문하여 연구하는 기틀이 되었다. 이 방면에 있어서도 홍 박사는 훌륭한 선구자요 개척자이었고, 나에게는 고마운 안내자 구실을 해준 셈이다. 나는 홍 박사와 자리를 같이 하였을 때면, 우리 국사에 관한 귀중한 지식을 얻을 수 있는 기쁨을 가끔 느끼곤 하였다. 생전에 그런 기회를 좀더 많이 가질 수 있었더라면 하는 아쉬움마저 없지 않다.

아니 그보다도 홍 박사가 천수를 다하여 그의 계획된 연구를 완성할 수 있었더라면 우리의 한국 근대 사회사상사에 관한 찬란한 금자탑이 이루어졌으리라는 생각을 하게 된다. 그러나 홍 박사가 남기고 간 업적들에서 찾을 수 있는 그의 방법, 그의 정신은 그대로 살아 남아 다음 세대의 후계자들을 깨우치고 격려하여 분기케 할 힘을 간직하고 있다고 확신한다. 홍 박사가 즐겨 밝히려고 한 한국 사상가들의 역사적 계보 속에 훌륭한 그의 자리를 차지하였다고 하여 지나친 말은 아닐 성싶다.

(『나라사랑』 18, 1975)

『조선과학사』에서 본 한국과학사

전 상 운

1. 『조선과학사』 사연수착(事緣數韵)

홍이섭은 역사가이지 과학사가는 아니었다. 그러나 그는 한국과학사 연구에 무한한 애착과 정열을 가지고 있었다. 또 실제로 지금도 그는 『조선과학사』의 저자로 국내외에 더 잘 알려져 있다.

언젠가 그는 본격적인 한국과학사의 연구에서는 손을 떼었다고 내게 말한 적이 있다. 그렇지만 그는 『조선과학사』를 더 다듬어서 세상에 남기고 싶다는 의욕과 희망은 그대로 가지고 있었다. 그것은 그의 학문적 정열과 학자로서의 꾸밈없는, 그리고 솔직하고 강직한 성격 때문이었다. 자기 책을 읽고 한국과학사를 이해하는 모든 사람들에게 더 정확하고 요령있는 내용을 알리고 싶다는 것이었다. 그래서 그는 『조선과학사』에서 '군더더기를 다 빼버리고' 간결하게 체계를 갖추는 데 과학사 서술의 보다 발전된 방법을 가지고 개정판을 쓸 기회가 있었으면 좋겠다고 말했었다.

그것을 가까운 시일 안에 이루어 놓을 수 없다고 판단한 그는 1966년에 「『조선과학사』 사연수착」이라는 논문을 써서 자신의 저서를 스스로 비판·검토하고, 그가 생각하던 『조선과학사』의 개정 방향을 제시하였다. 이것은 그 당시 그의 역사학자로서의 위치와 권위로 보나, 또 그의 저서에 대한 학계의 여전한 평가로 보아 아무나 할 수 있는 시도는 아니었다. 이것은 그의 학문에 대한 한결같은 정열과 솔직하고 겸허한 태도에서 나온 용기있는 처사였다. 그리고 그것은 후진에 대하여 학문적 겸허와 용기를 보여주는 규범이라 할 수 있다. 그의 논문은 이러한 의미에서 앞으로의 한국과학사 연구에 그의 고전적 명저인 『조선과학사』와 함께 우리에게 가장 기본적이고도 중요한 텍스트가 될 것이다.

2. 홍이섭이 남긴 업적

홍이섭은 한국과학사의 연구와 그 발전에 있어서 매우 큰 역할을 했다. 우리나라에서 학문으로서의 과학사, 특히 한국과학사 연구의 한 길이 그에 의해서 처음으로 개척되었다고 할 수 있기 때문이다.

그의 첫 학문적 업적이자 가장 큰 영향을 미친 『조선과학사』는 1944년에 일본 도쿄에서 출판되었고, 그 한글 개정판은 해방 다음해인 1946년의 어려운 시기에 서울 정음사에 의해서 출판되었다. 그 때 그는 31세의 청년이었다. 그는 그 속에서 애국애족하는 '나라사랑'의 정신을 불어넣었다. 그리고 피끓는 젊음을 담았다.

그는 언젠가 그가 『조선과학사』를 쓰게 된 동기를 나에게 이렇게 말한 적이 있다.

첫째, 그것은 그 당시 우리 민족의 역사에서 자랑스러운 업적을 내놓고 마음대로 쓸 수 있었던 분야가 바로 과학사였기 때문이라는 것이다. "1940년대의 일제의 군국주의적 파쇼화 정책하에서 조선 문화에서 무엇을 활자로 전해볼 것이냐는 데에 대해 제시한 답답한 답안지"[1]가 바로 그의 첫 저서였다고 그는 썼다.

둘째, 그는 과학사가 문화사의 중요한 한 분야임을 깨달았기 때문이었다는 것이다. 그래서 그는 자기의 저서를 가리켜 "소저(小著)는 과학사라기보다 과학 문화사로서의 색채가 농후하였다"[2]고 말했다.

---

1) 홍이섭, 「『조선과학사』 사연수착」, 『일산 김두종 박사 희수기념논문집』, 서울, 1966, 4면.

셋째, 그는 민족정신의 확립을 위해서는 우리 과학의 역사 속에서 과학의 정신을 배우는 것이 중요한 방법이라고 생각했기 때문이었다. 그래서 그는 특히 실학자들의 과학정신을 강조하였고, 만년에는 그들의 사상사적 그리고 역사적 업적의 연구에 많은 힘을 기울였다. 이에 대하여 그는 역사가로서의 '과학기술 및 수학적 지식의 한계'를 늘 느끼고 있었다고 말한 일이 있다. 그의 학위논문인 「정약용의 정치·경제사상 연구」는 그래서 정약용의 과학기술 아닌 과학사상과의 관련을 가지고 논한 것이라고 나는 생각하고 있다. 그는 늘 수학적 사고의 충분한 훈련이 되어 있지 않은 사람은 과학사가로서는 적당치 않다는 견해를 가지고 있었고 그런 점에서 자기는 과학사가로서 실격자이고, 한국과학사 상사는 어느 정도까지 할 수 있을지도 모른다고 했었다.

이렇게 보면 홍이섭은 한국과학사의 연구를 하나의 학문 분야로서 개척하고 성립케 하려고 지향했던 것은 아니었다고 말할 수 있다. 그의 저서에 대해서 그가 한 말은 이러한 나의 생각을 간접으로 나타내고 있다. 그는 그의 저서가 "앞으로 발전할 조선 사학계에 있어 과학사의 부문이 인식의 대상이 되고, 그 방면의 연구가 발족 진전되어 가는 데에 있어 이런 난잡한 시론이 조그마한 안내가 된다면 기뻐 마지않는다"[3]고 말하고, 이것으로 그는 "이미 조선과학사를 체계적으로 다룰 수 없음을 밝혔다"고 썼다.[4]

이렇게 홍이섭의 한국과학사 연구의 동기는 한 마디로 애국애족하는 '나라사랑' 정신에서 출발했다. 이것은 그 당시, 즉 일제 식민지 말기의 젊은 학자로서는 그러한 정신이 곧 학문적 동기가 될 수 있는 것이었으므로 오히려 바람직한 것이었다고 평가해야 할 것이다(혹시 그의 한국과학사 연구가 순수한 학문적 동기에서 출발한 것이 아니었기 때문에 끝까지 과학사가로서의 위치를 지키지 못했을 것이라는 오해를 없애기 위해서도 이 점은 분명히 해야 할 것 같아서 사족을 붙인 것이다).

그는 그 정열을 해방 후에도, 그리고 한국동란 이후 한국사학의 정상적인 학

---

2) 위의 논문, 4면.
3) 홍이섭, 『조선과학사』, 서울, 1946, 20면.
4) 홍이섭, 앞의 논문, 4면.

문적 발전이 시작된 이후에도 이성을 지닌 학문적 객관성을 더해 가면서 지켜 나갔다.

이제 그가 이룩한 한국과학사 연구의 업적을 들어보자.

첫째로 들어야 할 것은 무엇보다도 그는 우리 과학사의 참된 모습을 전반적으로 있는 그대로 보여주었다는 것이다. 홍이섭이 그의 저서를 내기 전까지 우리 과학사의 연구는 우리나라에 왔던 서구 선교사들에 의해서 Royal Asiatic Society의 Korea Branch의 Transaction으로 몇 가지 분야의 연구 결과가 발표되었는데, 예를 들면 Bowman의 'The History of Korean Medicine'(1915), Rufus의 'Astronomy in Korea'(1936), Uunderwood의 'Korean Boats and Ships'(1934), Boots의 'Korean Weapons and Armor'(1934) 등이었다. 그러나 이것들은 서구인에게 한국 문화를 소개하는 일반적이고 개설적인 것이었다. 학문적으로 조금 더 전문적인 것으로 그 전에 일본인 기상학자 와다 유지(和田雄治)가 1910년과 1917년에 내놓은 「한국 관측소 학술보고」와 「조선 고대 관측기록 조사보고」가 있었고, 그 밖에 주로 일본인 학자들에 의하여 지리지와 지도·인쇄문화·건축·도자기·공예품 등에 관한 연구가 단편적으로 있었을 뿐이었다.

홍이섭은 이 모든 것을 정리·비판하고 일차 자료를 가능한 한 찾아내서 일반 과학사로서의 기초적인 체계를 세운 것이었다. 그것은 한 사람의 힘으로 결코 단시일내에 해낼 수 있는 작업이 아니었다. 그는 그가 찾을 수 있었던 모든 참고문헌을 착실히 읽었다. 내가 1960년 초에 그에게 몇 가지 의문점을 물었을 때, 그는 거의 20년 전에 읽은 문헌의 저자와 문헌의 제목 등을 정확하게 메모해 주었는데, 그것들은 천문학사를 연구하는 학자에게도 극히 전문적인 고도로 난해한 책들로 정평있는 것들이었다. 그러한 그의 기초적 연구가 없었더라면 오늘 우리의 연구는 아마도 두 배의 노력과 시간이 필요했을 것이다.

그는 그의 저서에서 제대로 평가할 것을 평가하고, 비판·시정해야 할 것은 명확하게 밝히고, 모를 것은 연구과제로 제시하는 데서 선입관이나 편견을 없이하려고 노력했다.

둘째, 그는 우리 과학사의 올바른 이해를 위하여 노력했다. 그는 우리 과학이 중국과학의 한낱 모방에 불과한 것이 아니고, 또는 중국과 일본과학의 매개자로서 볼 것이 아니라, 그 속에 담겨진 창조적 슬기를 찾아내었다. 그 창조성이 어떤 것인가에 대해서는 뒤에서 다시 언급하겠다.

셋째, 홍이섭은 우리 과학의 성격을 파헤쳤다. 그의 과학사는 저서도 그렇지만, 논문들도 대체로 시대를 따라 서술되어 있다. 그는 거기서 각 시대에 있어서의 과학기술의 특징과 성격을 파악하고 그 일반론을 서두에 전개하여 자신의 생각을 구체적으로 나타냈다. 이에 대해서도 후술하겠다.

넷째, 우리 과학사의 기본적인 체계를 세우는 데 기여하였다. 그는 우리 과학의 발전과정을 분석적으로 도식화하는 간결한 서술형식을 여러 논문들에서 전개하였다.5) 그러한 그의 시도는 우리에게 우리 과학을 매우 요령있게 체계를 갖추어 이해케 한다. 그리하여 우리는 그 속에서 잊어버린 또는 빠진 고리가 무엇인가를 쉽게 찾아낼 수 있게 된다. 이것은 우리의 연구를 조직적으로 전개해 나가는 데 큰 도움을 주는 것이다.

다섯째, 그는 오랜 연구를 통해서 그 나름대로 한국과학사 연구의 방향이 무엇인가를 분명히 제시해 주었다. 그것이 위에서 언급한 그의 자기 비판적 논문인 「『조선과학사』사연수착」이다. 이것은 한국과학사 연구 20년의 연륜이 없이는 해낼 수 없는 일이었다.

이렇게 한국과학사 연구에서 홍이섭의 개척자적 노력은 높이 평가될 수 있다. 그러나 우리는 그저 그의 업적이 훌륭하다는 것을 칭찬하는 것만으로써는 우리 과학사의 연구를 발전시켜 나갈 수 없다.

그가 바라는 것은 그가 해놓은 일을 발판으로 해서 더욱 앞으로 전진하는 것, 또는 그의 업적을 비판함으로써 새로운 방향을 개척해 나가는 것이 한국과학사 연구의 전진을 염원하던 그를 위해서 우리가 할 수 있는 하나의 보답이 될 수 있을 것이다.

그의 업적을 정말로 칭찬하는 길은 그가 이룩한 업적을 학문적으로 자리잡

---

5) 『임원십육지 해제』, 서울대 도서관 간행 영인본, 서울, 1965 ; Hong Yi-Sup, Korean Studies of Natural Science, *UNESCO Annual*, Seoul, 1960 등이 그 좋은 예이다.

게 하고, 비판·검토하여 그를 넘어서서 더욱 앞으로 나가는 것이어야 하는 것이다.

3. 홍이섭이 전개한 과학사의 방법

홍이섭이 시도하고 전개한 한국과학사의 방법은 처음부터 과학사의 유효성을 정확히 인식한 데서 출발한다. 그는 그러한 인식을 바탕으로 해서 과학사의 두 개의 장르라고 할 수 있는 학설사(내적 과학사라고도 한다)와 사회사(외적 과학사라고도 한다)를 잘 조화시킨 것이다.

그는 일찍이 『조선과학사』의 서론 중 제1장 과학사의 방법에서 다음과 같이 논한 일이 있다.

> 우리 조선 사학의 과학적인 수립을 위한 방법은 곧 특수사의 일 부문인 과학사에도 적용된다. 즉 조선사의 연구는 과거에 있어서의 역사적 사회적 변천 과정을 구체적으로 현실적으로 구명함과 함께 그 실천적인 동향을 이론화함을 임무로 삼게 된다. 여기서 인류사의 보편적인 방법을 요구한다면 그것의 정당한 파악의 이론은 과학의 역사적 사회적 전개 과정에서도 욕구된다.[6]

그리고 그는 또한,

> 그 과학기술의 변천 과정을 이해함에는 취중(就中) 그것의 현실적인 요인인 사회경제와의 관련에서 종합적으로 전체적으로 보아 정치형태 내지 관념형태와의 상호 관련성까지 구명하여야 한다.[7]

---

[6] 홍이섭, 『조선과학사』, 9면. 인용문은 홍이섭, 앞의 논문에서 수정한 대로 따랐다.
[7] 위의 책, 10면.

라는 매우 주목할 만한 견해를 나타내고 있었다. 외적 과학사와 내적 과학사의 조화에 의한 과학사의 방법이 가장 바람직하다는 과학사학계의 견해는 오랜 격렬한 논쟁 끝에 최근에 이르러서야 정착된 것이라는 사실을 상기할 때, 홍이섭의 이러한 견해는 매우 주목할 만한 선구적인 이론이라 할 수 있다.

일본의 중견 과학사가였던 히로시게 데쓰(廣重 徹 : 금년 초에 위암으로 아깝게도 45세의 젊은 나이로 세상을 떠났다)는 과학사의 방법을 논하면서 "E. H 카는 '역사란 과거와 현재와의 대화'라고 했다. 그러나 과거와 현재와의 대화에 있어서 그 바탕에는 현재에 대한 비판적 자세가 있어야만 살아 있는 대화가 가능하다"[8]고 말하고 있다.

그런데 나는 이와 같은 견해를 오래 전부터 홍이섭에게서 늘 들어왔다. 그 자신은 이와 비슷한 생각을 1946년의 저서에서 다음과 같이 표현했었다. 즉, "조선사에서 본 과학사의 시험적 구성이기로 엄밀한 의미의 과학사로서의 체계화는 뜻있는 이들의 공동 연구에서 이루어질 것이고, 자연과학자로서 역사학의 소양이 있는 겸비의 학자로서 비로소 이루어낼 수 있을까 한다."[9] 이 말은 미래를 창조하기 위해서 끊임없이 과거의 업적을 파고드는 '현재'의 과학자로서 훈련을 받은 사람이 역사적 방법에 대한 훈련을 쌓음으로써 과학사가가 되는 길이 가장 바람직하다는 오늘날 과학사 연구가들의 공통된 견해와 일치하는 것이었다.

과학사는 그 학문의 대상은 자연과학이고, 그 방법은 인문·사회과학, 특히 역사학이다. 그러므로 특히 개발 과학사의 경우, 그것이 현대로 내려올수록 그 분야를 전공한 과학자가 역사학의 훈련을 쌓아서 연구에 나서는 것이 가장 바람직하다. 그러나 이러한 생각은 최근에 와서 보편화된 것이지, 홍이섭이 그의 저서를 처음 쓸 때, 과학사는 아직도 과학자나 역사가의 취미적 연구대상에서 완전히 벗어나지 못하고, 계몽주의적 학풍이 한참인, 즉 아직도 과학사학으로서의 완전한 성립을 보지 못했던 시기였다. 그래서 과학사는 특별히 학문적 훈련을 쌓지 않아도 할 수 있는 것으로 여겨져, 과학자들 중에서 옛것에 취미가

---

8) 廣重 徹, 『科學と歷史』, 東京, 1970, 48면.
9) 홍이섭, 앞의 책, 20면.

있는 사람이거나, 역사가 중에서 과학에 관심이 있는 사람들이 자기들 나름의 그 어떤 생각을 정리해본 것이 과학사였다. 그러니까 1940년대에는 직업적인 전문가로서의 과학사가의 필요성에 대한 인식이 거의 없었던 시기였다. 그러한 시기에 홍이섭은 과학사의 전문가가 필요하다는 것을 역설한 것이다.

4. 한국과학사의 해석

홍이섭이 한국과학사를 어떻게 인식하고 해석하였는가는 위에서도 여러 번 인용한 그의 논문인 「『조선과학사』사연수착」에 가장 압축적으로 나타나 있다. 그것은 첫째로 우리 과학을 역사적 발전에 있어서 중요한 과정을 정확하게 파악하여 그 시기별 특성을 올바로 인식하는 것이 중요하다고 했다. 그는 우리 과학사를 6단계로 구분하였다. 선사시대를 그 제1단계로 보고, 다음이 삼국 및 통일신라시대, 고려시대, 세종대를 중심으로 한 조선 초기, 영정(英正)시대 - 실학의 발전을 포함한 조선왕조 말기의 신학문의 수립을 위하여 노력하던 시대가 그것이다.[10]

그는 이 중에서 제2, 3, 4, 5의 4시기가 가장 중요하다고 내게 말했다. 그는 "고려는 송과의 관계가 북방 민족의 활동기에 단절되면서부터 자기들이 이용하던 중국적인 과학기술의 지식을 자기 현실에 맞추어 재검토하게 되었다"[11]고 해석해야 한다고 했고, "이조 봉건사회의 과학은 세종조를 중심으로 관료적·왕권적인 궁정과학의 편성을 보이고", 영정시대를 "청조 문화의 수입에 따른 궁정과학의 재정비와 실사구시 학파의 실증적인 학풍의 발흥에 따른 서구적인 과학사상의 유입을 본 시기"[12]라고 해석한 것은 그 시대들의 성격적 특징을 잘 해석한 것이라고 하겠다.

둘째로, 그는 우리 과학의 역사적 전개에 있어 외래적 요소를 어떻게 다룰

---

10) 위의 논문, 5면.
11) 위의 논문, 5면.
12) 위의 논문, 5면.

것인가 하는 문제를 중요시하였다. 이에 대해서 그는 다음과 같이 썼다.

> 본래적으로 중국 과학, 기술의 수용 전개에 있어 한국인 자신이 지니었던 전통적 내지 자연적 여건에 체질적인 조건이 복합 작용하고 있음은 새삼 논의할 바 없을 것이다. 그러므로 이러한 본질적인 역사적으로 어떻게 수계(受繼)되었느냐 함이 한국과학사의 한 인식 과제임은 종전의 문화 내지 일반사적인 이해에서 다루어진 바와 다를 바 없을 것이다.
>
> 더욱 삼국시대의 그것을 이해하는 데 있어……과학기술에 대한 제반 기록이 중국적인 것으로 나타나 있으나, 우리들은 현상적 기록의 검토를 한국의 사회현실에서 다루어야 할 것이다. 이것은 곧 한국인의 실제 생활에서 따져야 한다.13)

이것은 그가 한국과학은 중국과학의 단순한 모방이나 수용으로만 볼 것이 아니라, 한국적인 것으로 변형하고 그 과정에서 새로운 창조를 낳은, 나의 이른바 '변형과 창조의 이론'의 선학(先學)이었음을 나타내는 것으로 나는 해석한다.

이어서 그는 "이 외래적인 여건을 잘못 다룰 때에는 한국 과학기술의 역사적 전개가 부정되기 쉬우며, 흔히 속단하는 경우, 결국 보편, 중국 것이었다는 맹단(盲斷)으로 끊기기 쉬운 것임을 경계할 일이다. 그 외래적인 요소가 그대로 멈출 수 없는 것은 사회적 자연적인 조건이 다른 데서 현실 생활면에서 재검토하지 않을 수 없는 데서 부득이한 필연적인 것으로 비판·분석·검토되는 것이 항례이었고, 한국 현실에서의 재편성 또는 창조적인 재편성이 가능했고, 이 조건을 선용한 한국 과학기술의 역사적 전개에는 한국의 전통(한국인의 인간적인 본성)에서 종합화, 또는 유취(類聚) 재정리에서 중국적인 과학기술을 한국의 역사적 현실에 재수립해 왔었다"14)고 한국적인 변형의 이론을 조심스

---

13) 위의 논문, 8면.
14) 위의 논문, 9면.

럽게 펴고 있다.

또 서구적인 영향에 대해서는 "서학(西學)적인 영향은 실용적인 면에서보다 사상적인 면에서 더 큰 의의를 갖고 있는 데서 세분한 분과적인 처리에 이르지 못했으나……근세 학인의 자연과학적인 정신(다분히 전근대적이었지만, 중국 과학기술을 비판적으로 다룰 보다 합리적인 정신으로……)을 이해하는 절대한 조건이다"15)고 말함으로써 실학자들의 주장 속에 조선왕조의 과학기술과 자연조건이라는 사실에서 볼 때, 비현실적인 것이 있을 수 있다는 것을 시사하고 있다.

셋째로, 홍이섭은 한국의 과학기술의 특성을 봉건적 농업정책에서 나온 농경적 과학기술로 보았다. 그는 "한국 과학기술사는 정치적으로 통제되었다느니 보다 봉건적인 궁정에 예속되어 오며, 시정적(市井的)인 것이나 지방적인 일체의 기술이 관변에 예속적이었음에서 긍정적 과학기술이라고 표현(『조선과학사』 참조)하여 본 적도 있었다. 그만큼 봉건적 군주의 정책 여하에 따라 과학·기술의 정비와 전개가 기도되었고, 그 정책이 민본적인 유교주의의 정치이념에 기반을 두어 역사상 그 업적을 남기게 되었었다. 그 전형적인 예가 이씨조 세종시대이었다"16)고 말하고, "본질적인 데서 볼 때에는 농경적인 국가경영에 이바지하는 농업정책에 기반을 두고 직접·간접적으로 그 연관관계에서 이루어진 과학과 기술이었다"17)고 규정하였다.

5. 변형과 창조의 이론

홍이섭이 전개한 한국과학사 해석은 나의 한국과학사 연구에 결정적인 영향을 주었다. 나의 연구는 정확히 말해서 홍이섭 한국과학사의 계승이며 발전이라고 할 수 있다. 나는 그것을 가리켜 한국과학사 인식에 있어서의 '변형과 창

---

15) 위의 논문, 11면.
16) 위의 논문, 14~15면.
17) 위의 논문, 14~15면.

조의 이론'이라고 부르고 싶다. 그것은 한국과학사의 새로운 이해를 위한 홍이섭의 평생의 노력의 발전적 계승이다. 나는 그것이 홍이섭 한국과학사 연구의 검토·분석·비판이 없이는 이루어질 수 없다는 것을 위에서 말했다.

이제 홍이섭의 학문적 기초 위에 세워진 나의 변형과 창조의 이론을 서술함으로써 내가 그에게 무엇을 배우고 그의 영향을 어떻게 받았으며, 그것을 어떻게 계승하고 발전시켰는가를 말하려고 한다.

한국의 문화는 고대로부터 중국문화의 깊은 영향권 안에 있었다. 그래서 한국과학사는 실질적으로 중국과학사의 한 지류였으며 그 변형이기도 했다. 그것은 우리나라에 있어서의 과학의 진보가 내적 요구에 의하여 형성되는 한편, 외적 자극과 강요에 의하여 끌려가는 일이 많게 했다. 그러나 거의 모든 경우에 있어서 중국의 과학과 기술은 한국인에게 그대로 받아들여지지는 않았다.

또한 한국인에게는 중국과학의 영향이 있기 전 북방계 문화의 영향에 의하여 발전된 수준 높은 기술이 있었다. 그러한 기술적 바탕 위에 한국인은 중국 과학기술을 받아들였기 때문에 한국인들은 그것들을 언제나 한국적인 것으로 변형하고 개량하려고 노력하였으며, 그 속에서 새로운 것을 찾아내려고 시도하였다. 그러한 노력의 과정에서 한국인들은 많은 창조적 발견과 새로운 발전적 소산들을 만들어냈다.

중국 과학기술의 가장 뚜렷하고 결정적인 첫 영향은 기원전 108년에 한(漢)에 의하여 낙랑군이 설치되면서 들어온 중국 금속문화의 공급이었다. 그것은 중국의 철기와 청동기술을 한국 전역에 걸쳐서 전파케 했고,[18] 금속기술뿐만 아니라 여러 가지 새로운 기술적 발전을 자극하였다. 그리하여 마침내 새로운 토착문화가 낙동강 하류 지방에서 일어나게 되었다. 그것은 철의 생산을 바탕으로 해서 일어난 것이다. 김해토기라고 불리는 새로운 경질(硬質) 토기는 이

---

[18] 이 중국의 청동 기술은 기원전 10세기경부터 있었던 한국의 우수한 청동 합금 기술과 기원전 4세기경부터 활발했던 한국 청동기 문화라고 할 수 있는 특색있는 청동 문화와 상승되어 더욱 훌륭한 한국 청동의 합금 및 주조 기술을 발전시켰다. Jeon, *Science and Technology in Korea*, Cambridge, Mass, 1974, 4장 참조.

땅에 살고 있던 원주민들의 무문토기에 새로 철기와 함께 들어온 중국식 회도의 기술이 가미된 것이다. 낙랑을 통한 중국 기술의 영향은 고구려의 고분들과 신라의 순금공예에서도 찾아볼 수 있다.19) 그러나 고구려인과 신라·백제인은 각각 그들의 독특한 형식의 분묘를 만들어냈고, 백제인과 신라인은 그들 고유의 형식을 가진 공예품들을 만들어냈다.20)

삼국시대의 이러한 창조적 기술의 발전은 신라에서 첨성대와 석굴암, 그리고 아름다운 금속공예와 범종으로 나타났다. 경주 첨성대는 중국에 세워졌던 고대의 측경대(測景臺), 즉 규표(圭表)로서의 구실을 하는 천문대의 전통을 이어받은 것이다. 그러나 거기서 발견되는 신라인의 창조적 예지는 한 마디로 표현하기 어려울 정도이다. 그 아름다운 곡선미를 가진 외형의 변형은 말할 것도 없고, 관측을 위한 다목적 천문대로서의 기능은 중국에서도 찾아볼 수 없는 것이었다.

신라인들은 또 하나 석굴암이라는 걸작을 남겼다. 우리는 그 기묘한 구조와 아름다운 조각과 축조기술의 비범함을 가리켜 한국 고대예술과 건축기술의 정화라고 일컫고 있다. 석굴암은 중국의 석굴사원을 모방하여 만든 것이라고 한다. 그러나 중국의 그것이 자연적인 암벽에 이루어진 것에 대하여 석굴암은 원형·구면(球面)·삼각형·육각형·팔각형에 이르는 모든 구성법을 자유로이 조화시켜 하나의 통일체를 이루게 한 인조석굴이라는 데 그 영조 계획의 뛰어난 기술이 있다. 이렇게 아름다움의 창조자로서의 신라 공장(工匠)의 기술은 또 한없이 아름다운 범종을 만들어냈다. 그들은 중국 고대의 종과 탁(鐸)을 합쳐서 신라 특유의 형식을 가진 종을 만들어냈다. 그것은 신라 공장의 금속 주조기술의 우수함을 보여주는 것이다.

---

19) 신라의 금속 및 유리 공예에는 중국 기술의 영향 이외에 북방계 문화의 영향과 오리엔트 문화의 양식적 영향이 뚜렷하게 나타나고 있다.
20) 지금 일본의 이소노카미 신궁(石上神宮)에 보존되어 있는 칠지도(七支刀)는 369년에 백제가 왜왕을 위해서 만들어 하사한 철도(鐵刀)인데, 도신(刀身)의 양면에 금상감으로 새겨진 61자의 명문과 함께 그 제조기술은 특히 우수하여 낙랑 장인의 기술을 능가하는 것이다. 또 최근에 발굴된 경주 155호분(천마총)과 98호분의 여러 유물들은 신라 공예기술의 우수성을 잘 보여주는 것이다.

고려의 기술은 말할 나위도 없이 신라 기술의 전통을 바탕으로 이루어진 것이지만, 밖으로는 송대 문화의 영향과 자극을 크게 받은 것이었다. 고려의 기술적 발전을 대표하는 것은 목판인쇄와 고려청자이다. 고려의 목판인쇄는 송판본(宋板本)을 몹시도 좋아했던 지배층의 귀족적 취향을 충족시키려던 서예적인 데서 비롯되었으며, 또 한편으로는 잘 알려져 있는 바와 같이 불경의 조판으로써 불력의 도움을 받아 거란과 몽고의 침략으로부터 나라를 구하려던 종교적인 기원에서 시작되고 발전하였다. 지금 세계에서 가장 규모가 크고 훌륭한 최고(最古)의 판목으로 유명한 고려의 팔만대장경판도 이렇게 해서 만들어진 것이었다.

고려청자도 역시 고려 귀족들의 향락생활을 위해서 이루어진 대표적인 기술적 소산이었다. 그것은 송자(宋磁)의 영향을 받아서 발달한 것이지만, 그 기술은 송자의 제조기술을 능가하는 뛰어난 아름다움을 창조하였다. 고려청자는 그 아름다운 이른바 비색(秘色)과 상감법을 사용한 문양의 독특하고 세련된 미에서 중국인들마저도 천하의 제일품이라고 칭찬을 아끼지 않았다. 고려 장인들이 자기에 상감법을 쓴 독특한 수법도 자기 제조기술의 새로운 경지를 개척한 특기할 만한 발전이었다.

고려인의 창조적인 기술은 또한 조선(造船)기술과 건축기술에서도 나타나고 있다. 그들은 중국의 선진적인 기술을 부단히 도입하면서도 그들 본래의 전통기술 속에 그것을 조화시켜 나가는 자주적 기술개발의 방향을 잃지 않았다. 그러한 경향은 의약학에서 이른바 향약(鄕藥)에 의한 처방을 중심으로 한 연구가 첫 결실을 맺은 데서도 잘 나타나고 있다.

이러한 창조적인 발전은 조선왕조 시대에도 여러 분야에서 찾아볼 수 있다. 특히 조선 초기에 있었던 자주적 문화 창조의 의욕적인 노력은 이 새로운 왕조의 과학기술 발전에 강력한 추진력이 되었다. 태종 3년(1403)에 태종은 대신들의 강력한 반대에도 불구하고 유명한 계미 청동활자의 주조를 강행하였다. 그러나 계미자로 인쇄한 책들은 현존하는 몇 가지 고려 판본들보다 조금도 좋은 인본이라 할 수는 없다. 또 인쇄 능률에 있어서도 한 가지 책만을 인쇄할 때와 비교한다면 오히려 뒤떨어지는 것이었다. 그리고 소요되는 경비와 노력도 별로 나을 것이 없었다. 그러나 이 사업은 세종대왕에 의하여 훌륭히 계승됨으로써 조선식 활판인쇄 기술은 크게 발전하고 완성되었다.

세종대에는 또 세종 23년(1441)과 24년(1442)에 걸쳐 측우기와 수표(水標)라는 강우량 측정 기구가 발명되어 강수량의 수량적 측정법이 완성되었다. 이러한 발전은 강우 시기가 편재(偏在)하고 있는 한국의 자연 조건을 통계적으로 이해하여 그것을 극복하려던 조선 과학자들의 노력의 결과로서 이루어진 것이었다. 서운관(書雲觀)의 과학자와 관리들은 각 도·군현에서 측정된 강수량을 통계적으로 집계하는 작업을 20세기 초까지 400년 이상이나 계속하였다.

세종대왕의 과학적 업적은 여기에서 그치지 않는다. 그것은 천문학과 지리학, 요업(窯業)과 건축기술, 그리고 의학과 농업에서도 현저하게 나타나고 있다. 이조 초기에는 정치적인 사대적 경향에도 불구하고 이와 같은 과학기술의 지적 자립성을 엿볼 수 있는 주목할 만한 발전이 이루어졌다.

그러나 이조의 과학기술은 15세기를 고비로 점차 그 기운이 쇠퇴하기 시작하였다. 게다가 전후 7년에 걸친 왜란으로 인하여 이조는 극심한 피해를 입어, 절정에 달했던 15세기 조선과학은 거의 복구하기 어려울 정도로 비참하게 위축되었다. 모처럼 잡혀가던 과학기술의 자주적 기반은 이미 안정을 잃었고, 그 후 주자학의 융성과 서구과학과의 단편적이고 불연속적인 접촉은 조선과학의 자주적이고도 계통적인 발전에 더 어두운 그림자를 던져주었다.

한국에 있어서의 과학의 역사는 거의 기술적 전통에서 그 근원을 찾을 수 있다. 실제적 경험과 숙련이 손에서 손으로 건너가고 시대에서 시대로 발전되었다. 한국의 과학자들은 현상의 추구에 치중하였을 뿐, 그 이론적 설명을 경시했다. 이론적 연구와 원리적 과학보다도 경험적 연구를 중시한 결과는 기술의 응용과학으로서의 발전을 이루게 하지 못하고, 공장들의 구전(口傳) 비법과 경험적 방법의 테두리에서 벗어나지 못하게 했다. 정부 관리인 과학자들은 정부의 정책에 따라 필요한 실용적 연구와 제작에 종사해야 하며, 따라서 자신의 창의에 의한 연구나 제작을 위한 여유를 가질 수는 없었다. 기술자들은 하급 관리로서 장인으로 천시되었으며, 정신적 자유와 물질적 여유를 누릴 수 없었다. 그러므로 그들에게서 자신들의 체험과 구전에 의해서 얻은 비법을 기록하고 보존한다는 것은 기대할 수 없었다. 그들에게는 새로운 생산적인 사업에 대한 사회적 자극도 없었으며, 보다 나은 기술의 향상을 위한 노력에서 얻어지는 것도 별로 없었으므로 선조에게서 물려받은 전통적 비법에 의존하여 생존을 위한 수단으로서의 기계적 활동을 한다는 것밖에 다른 의의를 찾으려는 의욕을 줄 만한 여건도 갖추어지지 않았다.

이러한 공장 기술은 17~18세기에 이르러 비로소 이수광·유형원을 비롯한 이익·정약용 등의 이용후생학파의 여러 학자들에 의하여 과학으로서의 학문적 발판을 얻게 되었다. 그들은 서유럽 근대 과학기술의 자극을 받아 철학적 사색에만 치중하던 사조에 반발하여 실사구시를 이상으로 삼는 과학정신에 입각한 실학운동을 벌여 서유럽 학문을 수입하고 과학적 개혁을 주장하였다.

그러나 그들의 노력에도 불구하고 우리나라의 오랜 기술적 유산들은 모두 정리될 수 없었다. 그것은 무엇보다도 이미 완전히 망각된 경험적 비법이 많았다는 데 큰 원인이 있다. 그래서 그들은 어쩔 수 없이 많은 부분을 중국의 기술서들에서 인용했다. 거기에는 물론 중국의 기술이 더 우수하고 선진적이라는 보편적 선입견이 뿌리 깊게 박혀 있었다는 것도 사실이었다. 하기야 그들의 노력이 유산을 정리하여 체계를 세우는 데 주력하였다기보다는 보다 효율적인 기술적 향상을 위하는 데 주목적을 두었기 때문이기도 했지만, 또 한편으로는 그들의 노력이 정책적인 제도의 개혁운동에서 비롯되었으며, 서유럽과 신흥 청국의 문물 제도에 지나치리 만큼 몰두한 나머지 우리의 실정에 맞지 않는 이상론적 개혁사상이 엿보인다. 이것은 그들은 사회적 성분으로 볼 때 어쩔 수 없는 귀결이었다.

그러기 때문에 실학자들이 쓴 많은 저서들은 경험론적 및 실용적 기술서로서 새로운 것이 되지 못했다.[21] 그들의 노력은 다분히 비현실적인 주장과 문헌의 집성과 열거에서 끝난 것 같은 약점을 가지고 있다. 실학자들의 업적은 과학적인 가치에서는 대단치 않았지만, 과학사가에게 있어서 그것은 커다란 가치

---

21) 실학자들의 저서의 대부분은 17세기 중국의 기술서인 『천공개물(天工開物)』이나 15세기에 정초(鄭招)가 편찬한 조선의 훌륭한 농업 기술서인 『농사직설』과 같이 실용적인 것은 되지 못했다.

를 지니는 것이다.

  그들의 노력이 없었더라면 한국과학사의 문헌과 자료는 수집되지 못했을 것이며, 완전한 체계를 세울 수도 없었을 것이다. 이조 후기에는 실학자들의 저서들을 제외하고는 사실상 한국의 과학기술 관계 연구는 거의 없었다고 말할 수 있을 것이다.

결론

  한국과학사의 연구에는 많은 문제점들이 있다. 그 중에서도 자료의 빈곤은 가장 심각한 문제가 아닐 수 없다. 최소한 사료마저도 없을 때, 과학적 발명이나 업적의 정당한 평가를 하기는 어렵다.

  그러므로 현시점에서 우리 과학사의 연구는 다른 여러 분야의 연구, 그 가운데서도 특히 고고학과 역사학 및 자연과학의 기초적인 연구가 가장 시급하고 중요하다.

  홍이섭은 한국과학사의 큰 줄기를 세워 놓았다. 문제점과 연구 방향도 제시되었다. 그러므로 한국과학사의 연구는 홍이섭이 말한 대로 현단계에서 "오직 긴한 과제는 분과적 개별사적인 연구이다." 그래야만 보다 풍부하고 수준 높은 종합 과학사가 출현할 수 있다. 이 작업은 지금 여러 학자들에 의해서 진행되고 있다. 그것이 어느 단계까지 완성되는 날 홍이섭의 업적은 더욱 빛을 발할 것이다.

교토 대학 인문과학연구소 과학사 연구실에서
(『나라사랑』 18, 1975)

한국과학기술사의
종합적 체계화의 첫 시도

문 중 량

1. 『조선과학사』의 저술

홍이섭 이전 한국의 전통 과학기술에 대한 한국인들의 연구는 전무했다고 할 수 있다. 간혹 유길준이나 최남선 등이 신라의 첨성대, 고려의 금속활자, 고려자기, 측우기, 거북선 등이 세계에 자랑할 만한 과학기술의 유산이라고 강조했던 적이 있을 뿐이었다. 그러나 그것은 계몽적인 차원에서 과학 문화재에 대한 감상적인 평가였지 학술적인 연구는 아니었다.

홍이섭 이전 우리의 전통 과학기술에 대한 본격적인 연구는 오히려 외국인들에 의해서 이루어졌다. 한말부터 한국관측소에서 오래 근무하던 일본인 와다 유지(和田雄治)는 천문학과 기상학 분야에서 돋보이는 연구성과를 잇따라 발표해서 첨성대와 측우기의 과학적 우수성을 널리 알렸다.[1] 또한 해방 후 1955년 의학사 분야에서 독보적인 연구성과를 냈던 미키 사카에(三木榮)[2]는 1920년대 말부터 수많은 의학사 분야의 논문들을 발표했다.

한편 한국에 나와 있던 서양 선교사들도 여러 분야에서 연구성과들을 냈다.

---

1) 그의 연구성과는 和田雄治, 『조선 고대 관측기록 조사보고』, 京城, 1917에 실려 있다.
2) 대표 저작으로 三木榮, 『朝鮮醫學史及疾病史』, 大阪, 1955를 들 수 있다.

의학사 분야에서 보우맨(N. H. Bowman), 선박사 분야에서 언더우드(H. H. Underwood), 무기기술사 분야에서 부츠(J. L. Boots), 그리고 천문학사 분야에서 루퍼스(W. C. Rufus) 등이 바로 그들이다.3) 그들의 한국 전통 과학기술에 대한 연구와 소개는 영국 왕립아시아학회 한국지부가 중심이 되어 이루어졌으며, 연구성과는 영문잡지인 학회의 회보(*Transactions of the Korea Branch of the Royal Asiatic Society*)를 통해 발표되어 서구사회에 우리의 전통 과학기술을 소개하는 데 큰 기여를 했다.

이와 같이 일제 식민지시기 동안 한국 전통 과학기술에 대한 연구가 주로 한국에 체류하던 외국인들에 의해서 각각의 분야에서 이루어졌지만, 그것이 종합적으로 한국역사 속에 자리매김된 것은 일제 식민지시기 최말기에 홍이섭에 의해서 이루어졌다. 『조선과학사』의 탄생은 1942년 저자와 연희전문 동창이었던 최영해의 주선에 의해 『조광(朝光)』지에 조선과학사를 연재하면서 이루어졌다. 당시 홍이섭은 연희전문 졸업 후 영창학교에서 교편을 잡고 무료하게 영어를 가르치고 있었다. 그러던 중 최영해로부터 『조광』지에 '조선과학사'를 기획하기로 했다는 말을 듣고는 그 즉시 집필하겠노라고 나섰다. 그는 1966년의 회고에서 "1940년대 일제의 군국주의 파쇼화정책하에서 '조선문화'에 있어 무엇을 활자로 전해볼 것이냐는 데에 제시한 답답한 답안지"가 『조선과학사』였다고 술회한 바 있다.4) 일제말기 국학의 암흑기에 민족사의 정립을 과학사라는 분야에서 추구한 것이었으며, 홍이섭 개인적으로는 역사학자로서의 출발을 과

---

3) 그들의 대표 저작으로 다음과 같은 것들을 들 수 있다.
   N. H. Bowman, The History of Korean Medicine, *Transactions of the Korea Branch of the Royal Asiatic Society,* vol. 6, 1915.
   J. L. Boots, Korean Weapons and Armor, *Transactions of the Korea Branch of the Royal Asiatic Society,* vol. 23, 1934.
   H. H. Underwood, Korean Boats and Ships, *Transactions of the Korea Branch of the Royal Asiatic Society,* vol. 25, 1934
   W. C. Rufus, Astronomy in Korea, *Transactions of the Korea Branch of the Royal Asiatic Society,* vol. 26, 1936.
4) 홍이섭, 「『조선과학사』 事緣數齣」, 『일산 김두종 박사 희수기념논문집』, 1966, 4면.

학사로 시작한 것이었다.

『조광』지에 연재된 조선과학사는 매우 좋은 평가를 받았다. 그 여파로 일본 도쿄 삼성출판사에서 일본어로 번역해서 출간하자는 제의가 들어왔다. 홍이섭은 일본어로 조선과학사를 출간한다는 것이 내키지 않았지만 결국 제의를 받아들여 1944년에 일어판『조선과학사』가 도쿄에서 처음으로 간행되었다. 그러나 이 판은 일본이 패전하기 직전의 어수선한 사회상황 때문에 출판사의 여건이 열악해서 교정조차 제대로 보지 못하고 급하게 책이 만들어졌다. 이어 해방이 되자마자 홍이섭은『조선과학사』를 다시 우리말로 번역해서 1946년에 정음사에서 재간행했다.

이와 같이 한국의 전통 과학기술의 역사에 대한 종합적인 연구와 해석은 스물아홉 살의 젊은 한 역사학자에 의해서 과감하게 최초로 이루어졌다. 전문 과학사학자인 전상운에 의해서『한국과학기술사』(1966)가 씌어지기 무려 20년 전이었다.

2. 구체적 서술 내용

『조선과학사』는 서론과 원시조선, 삼국시대, 고려 봉건사회, 이조 봉건사회, 서구과학 수용기의 다섯 개 편으로 나뉘어 시대순으로 서술되었다. 원시사회부터 봉건시대 말기까지 우리의 과학기술 거의 전 분야에 걸쳐서 이전의 연구성과를 최대한 섭렵하고, 또한 저자 자신이 1차문헌의 분석을 통해 파악한 것들을 시대순으로 정리했다. 이 글에서는 저자가 정리한 구체적인 과학기술의 내용보다는 각 시대별로 저자가 평가하고 해석한 내용을 중심으로 살펴보겠다.

제1편은 '원시 조선의 기술과 과학'에 대해서 다루었다. 삼국시대 이전 선사시대의 과학기술을 다룬 것으로 중국의 정사와 같은 고문헌이나 출토유물인 침묵자료를 분석한 고고학적 조사보고서에 주로 의존해서 발화법이라든가 여러 생산기술들, 그리고 토기제작기술, 방직기술, 야금기술 등과 같은 초보적인 형태의 기술들에 대해서 정리했다.

그런데 흥미로운 것은 이러한 여러 초보적인 형태의 기술의 진보가 조선과학의 기원을 낳았다는 해석이다. 저자는 조선과학의 기원을 바로 제천의식과 같은 원시종교 의식에서 찾았다. 즉 제천의식과 같은 원시종교 의식에는 고대인들의 자연해석이 담겨 있다는 것이다. 가장 대표적인 예로 단군이 제천의식을 거행한 강화도 마니산의 참성단을 들었다. 그런데 그러한 제천의식에 담겨 있는 자연해석이야말로 생활과 밀접하게 연결된 경험의 반복에 그 토대를 두고 있기 때문에 기술의 진보가 조선과학의 맹아를 낳았다는 것이다. 결국 그는 "원시사회의 조선인은 가장 소박한 자연관찰과 그 해석에서 과학에의 길을 더듬었다"[5]고 결론지었다.

제2편은 '삼국시대의 과학과 기술'에 대해서 다루었다. 이 편에서는 고구려, 백제, 신라에서의 과학기술을 앞선 시기와 마찬가지로 중국의 고문헌과 『삼국사기』와 같은 우리의 문헌, 그리고 고고학적 조사보고서에 주로 의존하고, 여기에 중국과학사나 일본과학사의 연구성과에 출현하는 삼국시대의 간헐적인 자료들을 참고해서 다루었다.

저자는 이 시대 과학기술의 성격을 규정짓는 중요한 요소로서 중국 한대문화의 유입에 주목했다. 약 4세기에 걸친 낙랑문화는 그러한 한대문화의 유입 통로였다. 특히 한학의 유입은 한대 이전에 이미 어느 정도 형성되어 있던 중국의 선진적인 천문, 수학, 의학, 본초학 등의 과학지식의 조선에의 이식을 낳았다. 또한 불교의 유입은 불교적인 세계관이나 자연관을 조선 지식인층의 관념속에 심어주었으며, 그와 함께 인도의 과학지식이 조선에 전래되기도 했다.

이와 같이 선진적인 중국의 과학기술 지식을 섭취해서 독자적인 과학문화를 건설하는 데 주도적인 역할을 한 것은 고구려였다. 저자는 이러한 고구려의 독자적인 과학문화를 "빛나고 굉장한 문명의 기초를 닦아 조선 고대문화의 연원의 소지를 이루었다"[6]고 평가했다. 백제의 과학기술에 대한 저자의 평가도 매우 긍정적이었다고 할 수 있다. 그러나 김부식과 같은 사가에 의해 백제사가 제대로 가치평가를 받지 못했기 때문에 백제의 과학기술을 제대로 규명할 자

---

5) 홍이섭, 『조선과학사』, 정음사, 1946, 32면.
6) 위의 책, 52면.

료가 거의 없다는 것을 저자는 매우 아쉬워했다. 저자는 그러한 자료 부족을 중국의 고문헌과 일본의 고문헌에 나와 있는 단편적인 자료들을 근거로 해서 극복하기도 했다.

한편 신라의 과학기술에 대해서 7세기까지는 선진적인 고구려와 백제의 유산을 수용하는 수준에 불과했다고 보았다. 특히 저자는 7세기 이전의 『삼국사기』에 실려 있는 신라의 일식 기록이 중국 것을 그대로 베낀 것으로 보아 독자적인 천문학의 성립이 고구려, 백제보다 뒤떨어졌을 것이라는 사실을 암시했다. 그러나 7세기 이후의 신라에서는 중국 당대의 과학기술을 전적으로 수용·소화하면서 천문, 역산, 의학 등의 과학지식과 여러 가지 생산기술의 발전이 있었다고 하였다.

그런데 저자는 이러한 통일신라 과학기술의 역사적 의의를 다음과 같이 규정했다.

> 기술은 전적으로 궁정적(宮廷的)인 데에서 시종되었고, 과학 또한 하급관리군에게 한정되었으며, 귀족계급의 독점적인 지식이 됨에서, 그것의 사회적 발달보다 국한된 특수산물로서 사회적으로 주술성을 부여하기 쉬운 소지를 갖게 되었다. 그러므로 고대의 노예적인 것은 농노적인 형태로 이변하고 권력적이며 관료적 제약에서 정체하게 되는 것이다.[7]

즉 동양적 봉건제 사회인 통일신라에서의 기술은 궁정에 예속된 것이었으며, 과학지식 또한 특권계급에 독점될 수밖에 없었다는 것이다. 그 결과 과학기술의 발전은 정체 또는 완만한 발전을 하게 되며, 더 나아가서는 과학기술이 정당성과 사회성을 거부당할 때 미신적이고 주술적인 속성으로 빠지게 된다는 것이다. 통일신라의 이러한 과학기술과 그것의 성격은 결국 고려와 조선으로 이어지는 봉건제하에서의 우리 과학기술의 기반이 되었으며, 그것의 성격을 규정짓게 되었다.

---

7) 위의 책, 89면.

제3편은 '고려 봉건사회의 과학과 기술'에 대해서 다루었다. 고려의 과학기술은 통일신라의 유산을 계승하고 그 위에 송과 원의 외래 과학문화를 수입하면서 더 한층 발전했다고 보았다. 고려의 관료제가 당의 제도를 모델로 더욱 체계화되면서 유교적 관념 밑에 설치된 봉건적 궁정과학의 여러 기구들이 설치되었고, 그에 따라 과학기술 활동도 더 체계적이고 활발하게 이루어졌던 것이다. 여기에 역시 신분적으로 제약된 과학자와 예속된 기술자들이 소속되어 활동을 했다. 천문분야를 예로 들면 서운관(書雲觀)이라는 전문부서가 설치되었으며, 그 관제하에서 천문관측을 행하고, 선명력, 수시력과 같은 역법을 연구하였다. 그러한 사실은 『고려사』 천문지(天文志)와 역지(曆志)에 풍부하게 실려 있다. 특히 도자기 제조기술의 우수성에서 드러나듯이 중국 것을 능가하는 기술분야도 존재할 정도로 기술의 우수성은 뛰어났다.

이와 같이 고려의 과학기술 활동이 더 체계화되고 우수한 과학유산을 남겼지만 통일신라와 마찬가지의 봉건적 한계를 지니고 있었다. 즉 "봉건적 국가편제를 유지하려고 채용한 과거제에 의하면, 과학기술자라고 볼 수 있는 일군의 관리들은 사회적으로 신분의 제약을 받았고, 공작기술자군은 또 노력을 공급하는 비천한 노동자군으로서 귀족적 치자군에게 구사됐었던 것이다".[8] 그 결과는 과학기술의 정체와 잘못된 방향으로의 전개를 낳았다. 예를 들어 의약학이 특권적 귀족계급에게 독점됨으로써 민간의약은 원시적인 마술의 세계로 빠졌던 것이다. 천문, 역학, 수학, 지리학 등에서도 마찬가지로 그것들이 관료체제에 독점됨으로써 "봉건국가의 관료적 실용에만 치중되고……국가 운명의 판단, 천변지이의 예언을 하는 등 왜곡된 용도를 겸유함에서 그 일부는 과학적 발전성을 상실케 된다"[9]라고 파악했다.

제4편은 '이조 봉건사회의 과학과 기술'에 대해서 다루었다. 저자는 조선시대의 과학기술을 고찰하면서 두 시기로 나누어 고찰했다. 즉 여말선초의 변혁기와 세종조 이후의 시기이다. 먼저 조선초의 변혁기에 대해서는 매우 비판적인 태도를 취했다. 그것은 조선국가의 건설이 역성혁명에 불과해 과학기술에

---

8) 위의 책, 134~35면.
9) 위의 책, 135면.

저해요인이었던 '동양적 관료적 조직체'가 그대로 온존했기 때문이었다. 즉 고려사회가 조선사회로 개편되면서 그에 따라 과학기술도 점차로 개편되었으나 고려사회가 담고 있던 봉건적 모순이 제거되지 못했기 때문에 과학기술의 자기 발전이 정체할 수밖에 없었다는 것이다. 결국 세종조 이전 조선초의 과학기술과 제도는 고려 것을 답습한 데 불과했다고 결론지었다.

그러나 세종조를 계기로 조선의 과학기술은 모든 분야에서 재정비되었다. 그 중에 천문기상학 분야만을 살펴보면 세종조 시기의 천문·역산·기상 분야에서의 독자적이고 과학적인 발전은 매우 두드러져서 저자는 '조선천문학사상의 황금시대'라고 평가했다. 혼천의, 간의, 일성정시의, 앙부일구 같은 천문관측기구가 제작되었으며, 자격루라는 매우 정밀한 자동 물시계가 제작되었다. 또한 측우기라는 강우량 측정기의 제작·설치는 '세계 과학사상의 가장 선구적 발명품'이라고 평가했다. 역학에서도 『칠정산내편(七政算內篇)』이라는 조선 독자의 역법이 제정되었는데, 이것은 서울의 위도를 표준으로 해서 계산한 것이었다. 이러한 역법 제정에 대해서 '조선역학사에 혁명적인 한 면을 여는 것'이라고 극찬했다.

또한 저자는 조선과학사상 특필할 사건으로 훈민정음의 창제를 들고 있는데, 그는 훈민정음 창제의 근본적인 의의를 '과학보급정책'의 일환이라고 보았다. 즉 난해한 과학지식과 과학의 본질을 한자를 모르는 일반민들도 이해할 수 있도록 하기 위해서 훈민정음을 창제했다는 것이다. 뿐만 아니라 훈민정음의 창제과정에서 알 수 있듯이 문자의 창제가 경험적인 물리학적 지식의 성과물이었기 때문에 훈민정음의 창제 자체도 매우 과학적이었다는 것이다.

그러나 세종조의 이와 같은 과학사상의 위대한 업적도 봉건적 제약을 벗어나지는 못했다. 저자는 그 대표적인 예로 과학기술 서적 중에 의학, 농업, 구황 분야의 서적은 언해(諺解)되었지만 천문, 역산, 지리 등의 문헌은 전혀 언해되지 않은 것을 들었다. 즉 의학 등의 서적의 언해는 봉건제하에서 수탈대상이 되는 일반민들의 생활의 유지를 위해서 필요했지만, 천문과 같이 봉건국가의 위엄과 권위 등을 보장할 수 있는 가장 주술적인 민치의 도구였던 순수 과학지식은 일반민들과 계속 격리시켰던 것이다. 결국 저자는 "일부 특수한 발달을 한 조선의 과학이 궁정적이며 관료적인 색채를 떠나지 못했고, 거기서 과학의 봉건성은 보편적인 시민성을 거부함에서 그 과학의 지식과 기술이 자기의 장벽을 초월하지 못함에서 (이후) 정체되고 말았다"10)고 결론지었다.

제5편은 '서구적 과학의 수용과 이조 봉건과학의 지양'에 대해서 다루었다. 이 편에서 저자가 주목했던 것은 바로 조선과학이 봉건적 한계를 극복하고 근대화할 수 있는 가능성이었다. 그러한 가능성의 하나는 주자학적인 학풍에서 탈피, 사회개혁을 지향하면서 실용적인 지식을 추구하던 실학파의 성장이었고, 또 하나는 천주교의 유입과 함께 수입된 우수한 서구 과학지식의 영향이었다.

저자는 조선의 과학기술이 봉건적 제약 때문에 세종조 이후 꾸준히 퇴보·정체상태하에 있었을 때 서구 과학의 유입은 새로운 자극이었다고 파악한다. 실제로 이익·홍대용·박지원·박제가 등 많은 수의 실학파 지식인들이 서구 과학에 깊은 관심을 가지고 그것을 주체적으로 수용했으며, 더 나아가서는 주자학적 세계관에서 탈피해 독자적인 자연관을 발전시키기도 했던 것이다. 저자는 이와 같은 새로운 움직임과 영·정조 년간이 학술과학 분야에서 세종조 이후의 부흥기였던 것이 무관하지 않다고 생각하는 듯하다.

그러나 결국 조선과학은 봉건적 제약에서 벗어나 근대화하지는 못했다. 저자는 그 원인을 두 가지 측면에서 찾았다. 첫째는 실학파 지식인들의 한계이다. 즉 "그들의 대개는 현실적으로 정치에 관여할 의도를 삭제하고 학창에 침잠함에서 성과를 얻었으며, 정치적 등단의 진로가 차단됨에 학문으로 전이하고 현실도피 내지 자기위안의 학문인 데서, 이조시대 실사구시학파의 현실적인 결함이었고, 그것이 가장 월등한 사고와 학리(學理)가 현실화하지 못한 최대 원인"11)이었던 것이다. 둘째는 서구의 과학사상과 과학기술이 천주교와 함께 들어왔기 때문에 천주교가 국가적으로 거세당하면서 그것과 함께 발전이 저지되었기 때문이었다.

---

10) 위의 책, 233면.
11) 위의 책, 239면.

3. 『조선과학사』의 의의와 그 이후

이상의 내용을 담고 있는 『조선과학사』는 다음과 같은 의의를 지닌다고 할 수 있다.

먼저 『조선과학사』는 한국의 전통 과학기술에 대한 종합적인 체계화의 첫 시도로서 매우 성공적이었다고 말할 수 있다. 물론 이전에 일본인 과학자와 서양 선교사들에 의해 몇몇 분야에서 주목할 만한 연구가 선행되었지만 그것들은 개별 분야에 국한된 초보적인 연구에 불과했다. 따라서 당시에는 한국의 과학기술에 대한 연구가 백지상태와도 같았다고 할 수 있다. 그런데 홍이섭은 한국의 과학기술에 대해 약간이라도 보여주는 활용가능한 모든 자료들을 섭렵해서 정리해냈다. 몇몇 분야에서의 한국의 전통 과학기술에 대한 외국인들의 초보적인 선행 연구성과는 물론이고, 인접 분야라고 할 수 있는 고고학사·미술사·건축사·사상사 분야에서의 선행 연구성과를 최대한 활용했다. 또한 중국 과학사와 일본과학사의 연구성과에서 한국의 것과 관련된 내용도 간파해냈다. 그는 이와 같은 2차자료들을 소화·정리하는 것으로 끝나지 않고 1차 자료를 가능한 한 찾아내 분석하기도 했다.

그런데 그러한 작업이 역사학자에 의해서 처음으로 이루어졌다는 것은 특기할 만하다. 당시에는 한국의 과학사를 포함해서 서양과학사, 중국과학사 등의 연구는 자연과학적 지식만을 배경으로 지닌 학자들에 의해서 주로 이루어졌다. 그에 따라 대부분의 과학사 서술은 과학과 기술의 병렬적 나열에 그쳤고, 특정의 과학기술이 지닌 시대적·문화적·사회적 의의는 간과되곤 했다. 따라서 과학사는 역사학의 한 분과로서 전혀 자리매김하지 못했었다.

그러나 홍이섭의 과학사 서술은 이와 달랐다. 서론으로 실려 있는 「과학사의 방법」과 「조선과학사의 연구대상과 그 범주」라는 글은 비록 아주 짧은 글이지만 저자의 과학사 서술의 태도가 잘 담겨 있다. 첫 문단에 적혀 있는 다음과 같은 글은 저자가 취한 과학사의 연구방법에 대한 태도가 단적으로 드러나 있다.

우리 조선사학의 과학적인 수립을 위한 방법은, 곧 특수사의 일부문인 과학사에도 적용된다. 즉 조선사의 연구는 과거에 있어서의 역사적 사회적 발전의 변천과정을 구체적으로 또한 현실적으로 구명함과 함께 그 실천적인 동향을 이론화하는 것을 그 임무로 삼는다.……그러나 과학사에 있어서도 단순한 사실의 병렬적인 나열만으로는 그 구체적 현실성을 상실케 되므로 과학의 발전과 변천에 기축이 되는 민중의 생활과 사회구성의 발전과정을 주시하여야 한다.12)

즉 저자는 과학사를 '특수사의 일부문'이라고 하면서 나름의 연구방법이 있어야 함을 인정하는 듯하다. 과학사라는 분야가 학문적으로 전혀 성숙하지 못했던 당시에는 과학사의 접근방법이 누군가에 의해서 제시된 적도 없었고 과학사 서술 모델이 있었던 것도 아니었다. 따라서 저자는 조선과학사를 어떻게 접근해야 할지 전혀 방향을 잡을 수가 없었다. 그래서 그는 조선사 일반의 테두리내에서 과학사에 접근해야 했던 것이다. 결국 저자가 선택한 과학사의 방법은 역사학의 방법과 다를 수가 없었다.

이와 같이 역사학 일반의 접근방법을 과학사 연구에서 적용했기 때문에 홍이섭의 과학사 서술은 종래 서양과학사 분야에서의 중심되는 서술이었던 관념적인 과학정신의 발자취를 더듬은 지성사적인 서술이나 과학이론의 내적인 논리 전개과정을 추적하는 학설사(또는 내적과학사)적인 서술과는 달랐다. 그는 과학사의 주된 연구대상인 자연과학의 발전과 변천과정에만 주목하지는 않았으며, 과학 외적인 요인들에도 주목했다. 앞서의 인용문에서 언급되었듯이 "단순한 사실의 병렬적 나열만으로는 그 구체적 현실성을 상실케 되므로 과학의 발전과 변천에 기축이 되는 민중의 생활과 사회구성의 발전과정을 (과학사는) 주시하여야 한다"고 강조했던 것이다. 홍이섭의 이와 같은 태도는 다음의 글에서는 더욱 분명하게 드러난다.

      과학기술의 변천 발달을 이해함에는 바로 그것의 현실적인 요인인 사회경

---

12) 위의 책, 9면.

제와 연관해서 종합적으로 전체적으로 보아 정치형태 내지 관념형태와의 상호의 연관성까지도 구명하여야 한다.……우리는 부분적인 특수성보다도 보다 일반적인 생활사 = 과학·기술의 역사를 인식의 대상으로 삼을 것이다.13)

홍이섭은 위와 같은 태도를 가지고 원시사회부터 조선시대까지의 한국의 모든 과학기술을 시대순으로 정리했을 뿐만 아니라, 각 시대별로 그것들이 지닌 역사적 의의를 규명했다. 물론 50년이 지난 지금에 와서는 그가 지적한 역사적 의의는 의문시될 수밖에 없다. 그러나 이와 같이 전통 과학기술의 종합적인 소개에서 그치지 않고, 그것의 역사적 흐름의 틀과 역사 속에서 지닌 의의를 규명하려 했던 것은 높이 평가해야 하며, 그것은 그가 역사학자이었기에 가능했다고 할 수 있다.

그러나 역사학자 홍이섭은 그가 취한 과학사 연구방법이 최선이라고 믿지는 않았다. 즉 자신이 정리한 것은 진정한 과학사는 아니며 '과학문화사'에 불과하다는 것이다. 저자는 그러한 자신의 생각을 서언에서 다음과 같이 분명하게 밝혔다.

> 이 소책자는 조선사에서 본 과학사의 시험적 구성이기 때문에 엄밀한 의미의 과학사로서의 체계화는 뜻있는 이들의 공동연구에서 이루어질 것이고, 자연과학자로서 역사학에 소양이 있는 겸비의 학자들이 비로소 이루어낼 수 있을까 한다.14)

결국 홍이섭이 『조선과학사』에서 이룩한 한국과학사의 종합적인 체계화의 첫 시도는 후학들에 의한 본격적인 과학사 연구를 기대하면서 이루어졌다고 할 수 있다. 그는 1966년의 회고에서는 더욱 분명하게 "조선과학사를 체계적으로 다룰 수 없다"15)고 밝히고 있다. 그것은 자신이 자연과학의 훈련을 받지 못

---

13) 위의 책, 10면.
14) 위의 책, 2면.
15) 홍이섭, 「『조선과학사』事緣數齣」, 『일산 김두종 박사 회수기념논문집』, 1966, 4면.

했기 때문이라고 생각했다. 그의 견해에 의하면 과학사의 본격적인 연구를 위해서는 자연과학적 지식을 어느 정도 갖추어야 하고, 그 위에 역사학의 훈련을 받아야 한다고 생각했다. 그런 면에서 볼 때 자신은 과학사가로서는 적합하지 않다는 것이며 한국과학사의 제대로 된 연구와 체계화는 후학에게 기대한다는 것이다.

홍이섭의 기대대로 20년이 지난 1960년대 초 자연과학과 역사학의 소양을 겸비한 전문 과학사학자인 전상운이 처음으로 본격적인 한국과학사 연구를 시작했을 때 그는 자기 일처럼 매우 기뻐했다. 우리는 홍이섭의 선구적인 연구성과가 전상운에게 절대적인 영향을 미쳤음을 주목해야 한다. 전상운이 "그의 기초적 연구가 없었더라면 오늘 우리의 연구는 아마도 두 배의 노력과 시간이 필요했을 것이다"[16]라고 홍이섭의 업적을 평가하는 데서 그것을 알 수 있다. 그랬기에 전상운은 동양과학사 분야의 몇 안 되는 세계적인 저서 중의 하나인 그의 『한국과학기술사』를 홍이섭에게 바쳤던 것이다.

그런데 전상운의 『한국과학기술사』는 『조선과학사』와는 상당히 다른 모습을 보여준다. 『한국과학기술사』는 니덤(J. Needham)의 중국과학사 연구를 모델로 성공한 저서였다. 니덤 이전에 이미 한국의 전통 과학기술에 대한 종합적인 체계화를 시도했던 홍이섭은 1960년대에 니덤의 저서가 출간되자 이에 주목했다. 즉 한국과학사의 본격적인 연구를 위한 하나의 모델로서 좋은 길잡이가 될 것이라는 기대였다. 그러한 기대를 전상운이 유감없이 발휘한 셈이었다. 『한국과학기술사』는 니덤의 책의 체제를 따라서 시대순으로 서술하지 않고 과학기술 분야별로 나누어 서술했으며, 사회사나 사상사에 큰 비중을 두지 않았다. 체계적인 틀에서는 오히려 『조선과학사』보다 뒤진다는 느낌이 들기도 한다. 그러나 구체적인 내용에서는 『조선과학사』를 한 단계 뛰어넘는 저서임에는 분명하다고 할 수 있다.

이제 『조선과학사』가 간행된 지 50년이 흘렀다. 그 동안 과학사 분야에서는 많은 변화가 있었다. 특히 서양과학사는 1950, 60년대 정열적인 과학사가들의

---

16) 전상운, 「『조선과학사』에서 본 한국과학사」, 『나라사랑』 18, 1975, 51면.

의욕적인 활동에 의해서 제도적으로는 물론이고 학문적으로도 성숙해 현재는 명실상부한 역사학의 한 분과로서 자리를 잡았다. 이에 비해 동아시아 과학사는 서양과학사처럼 큰 변화를 겪지는 못했다.

물론 1950년대 이후 영국의 과학사가 니덤에 의해서 『중국의 과학과 문명 (Science and Civilization in China)』시리즈가 계속 출간된다든지, 일본의 야부우치(藪內淸) 그룹에 의해 깊이있는 중국과학사의 연구성과가 이루어지기는 했다. 그러나 동양사가 세계사에서 차지하는 위치를 고려하면 동아시아 과학사의 연구성과는 너무 보잘것없다고 할 수 있다.

그런데 더욱 심각한 것은 종래의 연구들이 지닌 동아시아 과학을 접근하는 시각의 한계이다. 그러한 대표적인 예로 중국 과학사학의 1인자인 니덤을 들 수 있다. 그가 지닌 과학의 개념은 "시공간을 초월해서 존재하는 보편적이고 객관적인 실체"였다. 과학에 대한 이러한 인식은 서양과학사에서도 1950, 60년대까지는 널리 퍼져 있었다. 그러나 과학에 대한 잘못된 이러한 인식은 서양과학사를 연구하는 데는 그리 큰 문제가 없었다. 이미 보편화된 근현대 과학은 바로 서양의 전통에 기반을 두고 있기 때문이었다.17) 그러나 보편적 과학이라는 인식은 서양과는 완전히 다른 사회경제적 토대, 문화적 배경을 갖는 동양에서의 과학을 고찰하는 데는 너무나 큰 오류를 낳았다. 즉 '보편'이라는 가면을 쓰고 서양과학의 기준하에서 동양의 과학을 평가한 것이다. 베이컨과 데카르트의 과학적 정신과 유사한 것이 중국 사상계에서도 존재했다는 주장, 또는 중국에서도 수학적·실험적 태도 등이 존재했다는 주장 등이 바로 그 폐단들이다. 결국엔 중국의 과학이 사라져버린 이유를 서양에서는 존재했던 여러 여건들이 중국에서는 결여되었기 때문이라는 결론을 내리고 만다.

현재 니덤의 과학에 대한 잘못된 인식과 잘못된 연구방법은 많은 수의 연구자에 의해서 비판을 받고 있다. 그러나 니덤의 연구성과를 완전히 대체하는 새로운 연구성과는 좀처럼 나오지 않고, 오히려 니덤의 『중국의 과학과 문명』프로젝트는 계속 진행되고 있을 뿐이다. 그것은 니덤의 접근방법을 극복하는 새

---

17) 그러나 1980년대 말부터 과학에 초월성, 보편성을 부여할 때 드러나는 문제점들이 통렬하게 비판을 받기 시작했다.

로운 접근방법이 성공적으로 제시되지 못하기 때문이라고 할 수 있다.

 한국과학사의 연구현황은 중국과학사보다 더욱 열악하다고 할 수 있다. 물론 과학과 기술의 여러 분야에서 각각 분야사적인 연구성과가 많이 쏟아졌지만 『조선과학사』를 극복하는 종합적이고 체계적인 연구성과는 좀처럼 나오질 않았다.[18] 20년이 지난 1966년에야 전상운의 『한국과학기술사』가 『조선과학사』를 잇는 저서로 간행되었으며, 그 이후 현재까지 『한국과학기술사』가 개정되는 것 이외에 진전된 연구성과는 없었다.

(『역사와 현실』 13, 1994)

---

[18] 박성래는 홍이섭이 『조선과학사』에서 했던 한국 전통 과학기술의 체계적인 종합은 현재 그 어느 누구에 의해서도 극복되지 못했다고 평가한다(1981, 「History of Science in Korea : an appraisal of the discipline」 『한국과학사학회지』 3권 1호, 125면).

역사의식과 문학

염 무 웅

1.

　홍 이섭 선생이 일제 말 『조선과학사』라는 저서를 내어 이 방면의 기념비적인 업적으로 평가되고 있음은 이미 잘 알려진 바이다. 그런데 1955년경부터 1964년 무렵까지 발표한 글들을 모은 저서 『한국사의 방법』(1968)을 훑어보면 과학사적인 관심이나 연구를 거의 찾아보기 어렵다. 한 역사학자의 연구 생애에 있어서 어떻게 이와 같은 급격한 방향 전환이 일어날 수 있는지 알 수는 없으되, 아무튼 『한국사의 방법』을 통해서 본 홍 선생의 연구과제는 한 마디로 오늘의 한국 현실이 어떤 역사적 과정을 통해서 형성되었는가를 파헤치는 작업이라 할 수 있다. 이 과제를 달성하기 위하여 그는 구체적으로 대략 다음 세 가지 분야에 연구의 초점을 집중시키고 있는 듯하다. 첫째, 오늘날 이 현실의 바로 전단계인 일제 식민지시대의 한국 현실은 어떠한 상황에 놓여 있었는가. 둘째, 우리 민족은 식민지적 조건을 철폐하기 위해서 어떻게 투쟁했으며, 그 투쟁을 밑받침한 사상적 토대는 무엇이었는가. 셋째, 그와 같은 민족사상은 실학파를 중심으로 한 이씨조선시대의 학자·사상가들에게서 그 연원을 찾을 수 있지 않겠는가. 이것을 다시 요약한다면, 홍이섭 선생의 역사학은 일제의 식민지적 통치체제와 그것에 맞선 민족적 저항을 역사적으로 규명하는 일에 바쳐지고 있다 할 것이다. 이것은 그가 오늘의 한국 현실을 식민지적 구조의 연장 내지 그 산물로서 파악하고 있음을 말해 주는 것이며, 여기에 그의 역사학자로서의 강렬한 현실의식이 있는 것이다.

 그런데 그가 이러한 연구를 통해서 진정으로 밝히고자 하는 것은 과거의 어떤 역사적 사실이라기보다 그러한 사실의 배후에 흐르고 있는 정신이다. 사실의 고증에 힘을 기울이는 경우에도 그가 목표로 하는 것은 사실 자체의 복원에 있는 것이 아니고, 그 사실을 통해서 드러나는 우리 민족의 정신의 구조이며 의식의 방향이다. 그가 누구보다도 사관 혹은 역사의식의 문제에 집요한 관심을 보인 것이나, '식민지시대 정신사'의 완성을 필생의 꿈으로 여겼던 것은[1] 그의 학문적 성격을 이해하는 데 귀중한 참고가 된다. 그리하여 그는 일반 역사가들이 역사적 자료로 이용하기를 금기로 여기다시피 하는 문학작품을 대담하게 사학의 지평으로 끌어들여 역사적 조명을 던지는 것이다(문학작품의 범주에 드는 문헌을 연구에 이용하는 고대사 분야는 물론 이와 전혀 성격이 다를 것이다). 그 결과 홍 선생은 한용운·최서해·채만식·심훈 등에 관한 논문을 썼으며, 일제시대의 사회사상을 분석한 다른 논문들에서도 이광수나 염상섭 등 문인들에 대해 언급하였다. 역사학자가 문학평론을 썼다 하여 센세이셔널한 호기심의 대상이 되는 수도 없지는 않았다. 그러나 홍 선생의 경우 그의 문인들에 관한 논문은 결코 어떤 문예 취향의 산물이 아니고, 식민지시대를 바르게 인식하려는 사학적 관심의 일부분인 것이다. 여기서 흥미있는 사실은 바로 그렇기 때문에 그의 이러한 논문들이 문학평론으로서도 일정한 성과를 거두고 있다는 점이다.

 홍 이섭 선생의 업적들이 사학사적으로 어떤 위치에 있으며, 한국사학의 발전에 어떤 공헌을 했느냐 하는 것은 다른 전문가에 의해 포괄적으로 정립될 것이다. 필자는 이 글에서 그가 파악한 근대 한국의 정신적 상황이 어떤 것이었나를 살펴보고, 문인들에 관한 논문을 중심으로 해서 문학과 역사의 바람직한 관계가 어떤 것인지 생각해 보고자 한다. 다른 분야에 관한 글은 여기에 필요한 정도 만큼 참고로 하였으며, 그것도 주로 『한국사의 방법』이라는 책에 의존하였다.

---

[1] 홍이섭, 「사관의 빈곤을 극복하는 길」, 『한국사의 방법』, 366면.

2.

　우리나라가 당면한 역사적 목표는 '근대화'라고 요약될 수 있다. 이 '근대화'라는 말은 대단히 논쟁적인 개념이어서, 관점과 입장에 따라 각기 다른 내용으로 풀이되기도 한다. 다만 한 가지 공통된 것이 있다면, 그것은 중세적인 봉건사회로부터 벗어난다는 점이라 할 것이다. 봉건중세라고 하는 것 역시 일률적인 내용을 가진 것은 아니다. 그러나 대체로 중세사회에 있어서는 지배하는 계층과 지배받는 계층이 신분적으로 구별되어 있었고, 그 신분은 세습적으로 고정되어 있었다. 지배받는 계층이란 곧 이 시대에 있어 물질적 생산의 주된 담당자인 농민들로서, 지배층은 이들의 노동력을 착취함으로써 여유있는 생활을 즐길 수 있었다. 기본적 생산은 농업이었다. 피지배층인 농민들은 지배층인 지주들에게 농노적 위치에서 얽매여 지대를 바치지 않으면 안 되었다. 봉건주의 시대의 모든 국가 조직과 관념 체계는 이러한 봉건적 관계를 유지하고 정당화시키는 기능을 맡았다.

　이와 같은 봉건적 상태에서 벗어난다는 것은 쉬운 일도 아니거니와 어떤 단일한 과업의 성취를 통해 이루어질 수 있는 일도 아니었다. 인류 역사상 근대화를 맨 먼저 달성했다고 하는 서양 여러 나라의 경우를 보더라도 이 과정은 피로 점철된 수백 년의 세월을 필요로 하였으며, 또한 정치·경제·사회·문화의 모든 영역에 걸친 여러 단계의 변화를 통해서 이룩되었던 것이다. 근대화의 내용이 각기 다른 이유들 중의 하나는 이러한 여러 영역과 단계들 중에서 어느 것을 보다 본질적인 것으로 보느냐에서 찾을 수 있다. 경제적인 면에서는 농업을 위주로 한 자연경제가 붕괴되고, 상업 및 공업의 발전에 의해 자본주의가 성장하였다. 정치적으로는 봉건 귀족의 지배적 권위가 무너지고, 선거에 의한 시민계급의 지배가 보편화되었다. 이에 따른 사회적·문화적 일대 전환이 일어나고 제반 가치관이 달라지게 되었다. 그리하여 근대화란 시민계급의 민주주의 혁명을 가리킬 수도 있고, 자본주의적 산업혁명을 뜻할 수도 있으며 이와 결부된 세계관의 변화를 지칭할 수도 있는 개념으로 된 것이다.

　19세기 이후 우리나라가 처한 역사적 현실을 이해함에 있어서 가장 기본적 조건으로 주어지는 것은 우리가 이와 같은 근대화에 뒤졌다는 사실이다. 즉, 흔히 말하는 대로 후진국이라는 사실이다. 그런데 이 후진국이라는 것은 그 말 자체가 표시하듯이 한 나라만을 고립시켜 놓고 본 절대적 개념이 아니라, 다른 나라들과의 관계에서 파악된 상대적 개념이다. 따라서 우리나라의 경우, 근대화는 우리 내부에서 봉건주의를 극복하는 작업인 동시에 이와 병행하여 다른 나라와의 관계에서 후진성을 탈피하는 작업으로 되지 않을 수 없다. 다른 나라와의 관계에서 본 후진성이란 곧 우리가 20세기 전반을 남의 식민지로 보냈다는 사실이며, 이 때 형성된 식민지적 구조를 완전히 청산하지 못했다는 사실을 가리키는 것이다.

홍이섭 선생을 포함하여 20세기의 모든 양심있는 학자들의 절실한 관심사는 바로 이러한 후진성의 청산이라는 데로 모아진다. 우리나라는 어떻게 해서 식민지적 상태로 굴러떨어지게 되었는가. 식민지적 조건을 철폐하기 위해서 우리 민족은 어떻게 투쟁하였는가. 우리를 식민지로 만든 소위 선진국들은 어떻게 근대화를 이룩했으며, 그 근대화는 인류 전체의 완전한 해방과 행복의 증진이라는 견지에서 과연 옳은 방향을 취하고 있는가. 나라를 근대화하는 것이 우리의 절박한 목표인데, 그러기 위해서 선진국들의 모범을 배우는 것만으로 충분할 것인가. 봉건적 억압을 극복하기 위한 우리 나름의 노력은 그 동안 역사적으로 어떻게 진행되어 왔는가. 홍 선생의 학문적 노력은 결국 이와 같은 문제들에 대한 응답이라고 할 수 있을 것이다. 그 중에서도 홍 선생이 특히 밝혀내고자 한 문제는 앞서 지적했듯이 일제 식민지시대의 역사적 현실 및 그것과 오늘 우리의 삶과의 관계이다.

> ……지난날의 식민지시대의 우리들의 정황을 제대로 밝히고, 식민지시대의 여러 가지 조건이 해방 후 오늘까지 우리들에게 어떻게 작용하고 있는가를 바로 이해하게 함은 한국의 내일에의 발전에 가장 긴한 기초적인 연구 과제가 될 것이다.[2]

---

2) 홍이섭, 「일본의 한국연구 상황」, 위의 책, 164면.

이것은 홍이섭 사학의 과제를 단적으로 천명한 말일 것이다. 동시에 그것은 모든 학문적 정열이 바쳐져야 할 가장 긴요한 과제를 지적한 말이라고도 할 수 있을 것이다.

그러면 식민지시대의 한국을 어떻게 연구할 것인가. 홍 선생은 식민지시대의 구조적 인식을 위해서 크게 두 가지 범주의 연구가 진행되어야 하리라고 보는 듯하다. 그 하나는 "일본의 한국 침략 과정과 이어 식민지 지배체제의 형성과 전개에 따른 식민지 정책의 수행사와 그 본질"을 구명하는 것이요, 다른 하나는 "정치적으로 민족적 자유 내지 국권의 탈환을 위한 민족운동과 경제적으로 궁핍화에서 민족적인 자립보다 최소한의 인간으로의 생존권을 위한 항쟁을 구명하는 민족운동사·독립운동사"3)를 정립하는 것이다. 일제 식민지시대를 일제의 침략과 민족의 저항, 일제의 민족 부정과 민족의 자기 긍정이 투쟁한 시대로 본다면, 이 두 범주의 연구과제는 각각 여기에 대응하는 것이라 할 수 있다.

홍이섭 선생의 학문적 관심은 이 중에서도 주로 후자에 쏠려 있는 듯하다. 그리고 홍 선생이 무엇보다도 밝히고자 하는 것은 우리 민족이 식민지적 질곡으로부터 자기를 해방하기 위해서 싸우는 데 있어서 가진 사상적 바탕이 무엇이냐 하는 것이다. 따라서 그의 역사학은 정치사나 사회경제사가 아닌 정신사 내지 의식사의 방향을 취하게 된다. 물론 정신사 혹은 의식사라고 하더라도 "어떠한 의식을 갖는다는 일이란 사회적으로 그 의식의 기반이 조성되어야 할 것"4)이기 때문에 사회경제사와 상반되는 것이 아니고, 그것과 상호 긴밀하게 결부되어야 한다.

홍 선생이 '식민지적인 의식의 기반'으로서의 일제시대의 사회경제적 조건을 얼마나 실증적으로 연구했는지 필자는 잘 알지 못한다. 그러나 그가 어떤 관점에서 보았는지를 말할 수는 있다. 그것은 일본제국주의에 의해서 추진된 한국의 자본주의화가 한국의 식민지화와 동일한 과정이라는 사실이다.5) 이것은 매

---

3) 홍이섭, 「한국 식민지시대 정신사의 과제」, 위의 책, 165~66면.
4) 홍이섭, 「한국의 후진성과 역사의식의 결여」, 위의 책, 16면.
5) 홍이섭, 「한국사회사상사의 방법」, 위의 책, 115~17면 참고.

우 당연한 상식론인 듯이 생각되지만, 그러나 흔히 이 상식론은 간과되기 일쑤였고, 심지어 왜곡되거나 전도되는 경우조차 적지 않았다. 이에 대하여 약간 자세히 설명해 보자.

임진왜란 이후 우리나라는 그 봉건적 기초가 심히 흔들리기는 했어도 아직 와해된 것은 아니었다. 18세기에 이르러 평민계층에 의한 자본주의적 싹이 크게 성장했다고 하지만, 그것이 봉건적 제 질서를 무너뜨리는 단계에까지 이른 것은 아니었다. 이런 상태에서 일본과 서양 제국주의의 침략을 받게 된 조선왕조의 지배계급은 이 외세의 도움을 빌어 생명의 존속을 꾀하고자 하였다. 따라서 봉건적 억압을 때려부수기 위해 오랫동안 싸워 오던 우리 민중은 이제 또 하나의 새로운 적을 만나게 된 것이다. 침략 세력 중의 마지막 승자라고 할 일본제국주의자들은 그때 그때의 객관적 정세에 따라 봉건 왕조를 위협하기도 하고 민중 세력을 탄압하기도 하면서 이 땅의 지배권을 확보하여 나갔다. 그 최종적 결과가 한일합방으로 귀결되었음은 잘 아는 바와 같다. 그런데 이 일본제국주의자들은 한국인들 중의 누가 좀더 나은 생활을 하게 되느냐 하는 데 관심이 있지 않고, 어떻게든 더 많은 것을 약탈해서 자기네의 자본주의적 발전을 꾀하는 데만 관심을 두었다. 이것은 모든 식민지 침략자들의 공통된 욕망이다. 따라서 그들은 한국인들을 되도록 분열시키고, 한국이 일본의 식민지로 된 것은 불가피하다는 관념을 주입시키는 정책을 취하게 마련인 것이다. 그들은 똑똑한 자를 회유하고 어리석은 자를 위협했으며, 반항하는 자를 처단하고 순응하는 자를 수탈했다. 이것이 식민지 정책의 수행 과정이었다. 그러면서도 일본제국주의자들은 언필칭 한국을 개화시킨다고 주장했다. 철도를 부설하고 공장을 세운 것이 그들 일본제국주의자인 것은 사실이다. 그러나 그것은 그들이 한국인의 노동력과 한국의 자원을 빼어가되 보다 수월하게 조직적으로 빼어가기 위해서 만든 것이지, 그 무슨 한국의 근대화를 위해서였던 것은 결코 아니다. 그들 일본제국주의자들이 신식 학교를 설립하고, 이른바 근대적 교육을 약간이나마 실시한 것은 사실이다. 그러나 그것은 그들이 식민지 정책 수행에 필요한 인적 자원을 확보하고 노예 도덕을 주입시키기 위함이었지, 참된 지식과 양식을 심기 위함이었던 것은 아니다. 그럼에도 불구하고 그들 일본제국주의자 및 그들의 후예들은 해방 30년이 된 오늘날에 있어서조차 자기들이 한국에 근대산업을 이식해주었고, 근대교육을 실시했다고 망령된 소리를 지껄이고 있는 것이다. 그들뿐이 아니다. 우리나라 사람들 중에서도 일본이 정치적으로는 우리를 억압했으나, 경제적으로는 많은 발전을 가져왔고 근대적인 문명을 가져다주었다고 공언하는 사람들이 적지 아니 있다. 홍이섭 선생은 이와 같은 일체의 식민지 사관을 깨부수고자 하며, 그러기 위하여 일본제국주의자들에 의한 자본주의화가 곧 식민지화임을 갈파하는 것이다.

여기서 우리에게 제기되는 것이 바로 민족적 주체성의 문제이다. 주체성이란 무엇인가. 우리 역사의 주인은 우리 민족이라는 관점에서 보는 것이다. 우리 현실을 다른 누가 대신 결정할 수도 없고, 또 그렇게 해서도 안 된다는 관점에 올바르게 서는 것이 곧 주체성의 확립이다. 따라서 그것은 모든 사대주의적·식민주의적 관점에 반대되는 것이다. 이러한 주체성에 입각하여 홍 선생은 이씨조선시대의 유교사상이 중국 중심주의적이었고,[6] 오늘날 남북한의 공산주의와 반공주의가 외래사상의 이식에 가까운 것[7]이라 비판한다.

> 오늘의 한국사회에서는 먼저 민족이론의 구성이 무엇보다 시급하다. 우리는 여기에서 한국의 사회와 문화를 한국 민족을 주체로 재인식하게 될 것이다. 한국의 역사적인 제 사회는 주동이 한국 민족이었음에도 한국사는 중국사의 부용적인 주변사로 인식되었으며, 그 문화 자체도 한국인의 조상들이 자기의 전통과 외래적인 것을 때에 따라 수용·조화함에서 새로이 빚어낸 것이었을 뿐, 그것이 소화적(小華的)인 중국문화의 모방에 그친 것은 아니었다.[8]

이러한 주체적 민족사관의 입장에서 홍 선생은 일제 식민지시대의 정신사를 점검하는 것이다. 그리하여 그는 일제 식민지시대에 있어 한국인의 의식을 양분했던 이른바 민족주의와 사회주의를 검토한다. 이 경우 홍 선생의 훌륭한 점

---

6) 위의 글, 115면 참고.
7) 홍이섭, 「한국의 후진성과 역사의식의 결여」, 위의 책, 18면 참고.
8) 홍이섭, 「사관의 빈곤을 극복하는 길」, 위의 책, 364면.

은 오늘의 국가적 현실에 의해 채택된 이데올로기에 따라 판단하지 않는다는 데서 드러난다. 그는 민족진영과 계급주의진영의 주장이 각기 일정한 타당성이 있다고 인정하며, 그 둘이 반드시 서로 모순된 관계에 있다고만 생각지는 않는다. 그런데 해방 후 분단된 남북한이 자기만의 정통성을 강압적으로 주장하고 상대방을 부정하려고 드는 것은 극복되어야 할 '일변적(一邊的)인 인식'[9]이라고 지적한다. 여기서 자연스럽게 제기되는 것은 이 두 개의 이론을 통일할 수 있는 바탕의 마련이라 하겠다. 즉, 그는 보수적 민족주의나 좌익적 계급주의 어느 한 쪽에만 의거해서 상대방을 일방적으로 굴복시키려 해서는 안 되고, 양자가 함께 설 수 있는 공통의 기반을 확보해야 한다고 이렇게 주장하는 것이다.

> 오늘 한국이 지닌 사상적 과제로는 먼저 민족적인 '통일이론의 구조화'일 것이다.……북한의 정치 현실을 도외시하고 통일만이 민족적인 유일한 활로라는 속론(俗論)주의자들에게는 민족운동사의 새로운 복습이 필요할 것이다. 지상명령적인 민족주의와 좌익적인 약소민족정책을 위한 민족론에 의거해서는 오늘의 민족통일이론의 구조화는 역시 불가능하며, 이것을 극복할 수 있는 통일이론을 위한 이론의 추출은 오늘의 한국이 은연히 대망하고 있지 않나 한다.[10]

그가 제창한 '통일 이론의 구조화'가 실질적으로 무엇을 뜻하는지 알기는 어렵다. 남북한의 국가적 이데올로기를 통합할 만한 이론의 현실적 가능성에 대해서도 우리는 아무런 확신을 가질 수 없다. 다만 우리는 그것이 감상적인 민족주의나 편협한 계급주의가 아닐 것이라고 분명히 말할 수 있다. 어쨌든 이러한 약간 모호한 대로 폭넓은 시야는 일제 식민지시대의 정신사를 구명하고자 하는 홍이섭 선생의 연구에 유연성을 부여하고 있으며, 가령 당시 마르크시즘의 역사적 기능에 대해서도 "변증법적 유물론에 의한 인식은 식민지시대 한국인에게 새로운 비판 정신과 전투적 정신을 부여하였다"[11]는 점으로 새로운 평

---

9) 홍이섭, 「한국 식민지시대 정신사의 과제」, 위의 책, 167면.
10) 홍이섭, 「오늘의 한국사회사상」, 위의 책, 375면.

가를 내리게 한다.

3.

한용운·최서해·채만식·심훈 등에 관한 홍이섭 선생의 논문은 물론 좁은 의미의 - 혹은 관습적 의미의 문학평론은 아니다. 왜냐하면 그가 밝히고자 하는 문제는 "일제 식민정책에 따른 민족경제의 파괴와 농민의 궁핍화, 소작인으로의 전락, 이농, 남북 만주와 일본에의 이주 또는 화전민으로의 유랑, 저임금 노동자의 격증, 이농자의 도시 집중화, 도시 무산자의 확대"[12]라는 문제, 요컨대 "45년 이전의 우리 현실을 역사적으로 이해하는 중요한 과제"[13]인 것이다. 그런데 홍 선생은 이러한 문제들을 단순한 이론이나 계수로서만이 아니라, 민중의 구체적인 생활 실감으로까지 추구하고자 한다. 한 걸음 나아가 그는 그러한 민중적 실감에 기초한 사회의식이 무엇이었던가를 재구성하고자 한다. 바로 여기에서 역사학자가 문학작품을 만나는 계기가 주어지는 것이다. 다음과 같은 문장은 홍 선생이 어떠한 입장에서 문학작품을 파고들었는지 잘 알려준다.

> 지금까지 한국의 식민지적 현실을 사회경제적인 측면에서 다루어 농민들의 궁핍화를 추구하기는 하였으나, 항쟁한다는 의식도 없는 저변의 수많은 사람들에게 있어서 식민지적 생존이 단순한 인간적 차원에서 얼마나 견디기 괴로운 것이었던가를 추구하는 작업은 많지 않았다. 흔히 추상화된 상층적 인식의 소재는 일반적 역사서술로써도 처리될 수 있으나, 궁핍화하는 생활에 쪼들리어 몰락해 가는 저변인생들의 문제는 『탁류』 같은 문학작품에서 찾게 된다.[14]

---

11) 홍이섭, 「한국 사회사상사의 방법」, 위의 책, 119면.
12) 위의 글.
13) 홍이섭, 「채만식의 『탁류』」, 『창작과 비평』 1973년 봄호, 61면.
14) 위의 글.

그리하여 홍 선생은 주로 식민지시대에 있어서의 민족적 궁핍화라는 초점을 중심으로 최서해와 채만식의 작품을 분석하며 특히 농촌과 농민문제라는 측면에서 심훈의 경우를 살핀다. 이러한 작업을 위한 일반적 방법론은 다른 곳에서 자세히 설명하고 있지만,15) 문학에 관련해서는 '일제의 식민지 약탈의 구조적 이해 및 그 역사적 분석'과 아울러 각 작가들에 대한 '전기적인 이해 내지 해석'16)이 있어야 함을 지적하고 있다. 즉, 작품의 시대적 배경을 옳게 파악하는 동시에 그 작가가 시대적 환경 속에서 어떻게 살아갔는가를 추적하는 것이다. 이런 방법론에 입각해서 홍 선생은 1920년대 한국 지식인의 사상적 경향과 염상섭, 농민의 궁핍화 및 만주에서의 독립투쟁과 최서해, 도시의 궁핍화 및 농촌의 몰락과 채만식, 1920년대의 사상운동 및 1930년대의 쓰라린 농민투쟁과 심훈 등을 각각 결부시켜 이 작가들의 문학에 새로운 조명을 가한다.

이 방면에 관련해서 쓰여진 홍이섭 선생의 논문들은 물론 문학 고유의 내적 구조에 대한 탐구가 아니라, 문학을 둘러싼 식민지적 현실 및 그 시대의 정신사에 관한 연구이다. 그러나 바로 그럼으로 해서 그것들은 문학평론으로서도 일정한 성과를 내고 있으며, 특히 최서해와 심훈에 관한 종래 문학사가들의 선입견을 깨뜨릴 수 있었다. 이것은 훌륭한 공적으로서 오래도록 평가받을 것이다.

여기에서 우리는 역사와 문학의 관계에 대해 새삼 생각해 보게 된다. 아리스토텔레스의 고전적인 설명이 있은 이래, 역사와 문학은 그것들이 서로 대조적인 성격을 지니고 있다는 점에서만 설명되어 왔다. 역사와 문학이 방법적으로 다르다는 것은 의심할 여지가 없다. 그러나 그 둘은 결국 인간의 역사적·사회적 삶의 양상을 밝히고자 한다는 공통의 목표를 지니고 있다. 우리 인간의 삶이라고 하는 것이 역사적·사회적으로 불가피하게 제약된 존재라고 한다면, 그것을 다루는 문학이 역사성과 사회성을 띠는 것은 너무나 당연하다. 그리고 인간이 과거와 현재의 조건을 언제나 이의 없이 수락하는 데만 그치지 않고 보다 나은 상태로 바꾸고자 부단히 노력하는 존재이며, 미래를 현재화하는 상상력의

---

15) 홍이섭, 「한국 식민지시대사의 이해방법」, 『한국사의 방법』, 134~40면 참조.
16) 홍이섭, 「채만식의 『탁류』」, 『창작과 비평』 1973년 봄호, 58면.

존재라고 한다면, 역사는 결코 죽은 문헌이나 뒤지는 일에 만족할 수 없을 것이다. 따라서 문학은 역사적 사고를 통해서 더욱 건강하고 바람직한 문학으로 될 수 있으며, 역사는 문학적 상상력의 수용에 의해서 보다 바람직한 역사로 될 수 있다. 이 말은 역사가 허구로써 대치될 수 있다는 뜻이 결코 아니며, 또한 문학이 사회적·역사적 기록으로 퇴행되어야 함을 의미하지도 않는다. 문학과 역사는 그것이 뿌리박고 있는 인간의 삶에 부단히 귀환하는 가운데 서로 협조해야 하며, 그런 협조를 통해서 인간의 소외를 막고 인간 해방을 달성하는 데 기여해야 하는 것이다. 역사나 문학을 전문으로 하는 후배들에게 남긴 홍이섭 선생의 교훈은 그의 작업이 뜻 아니한 불행으로 말미암아 중단되었음에도 불구하고 역사와 문학의 고차원적 협동 작업이 더욱 왕성하게 진행되어야 하리라는 격려의 말씀이라 하겠다.

(『나라사랑』 18, 1975)

홍이섭

하 현 강

　홍이섭 선생은 1974년에 급환으로 별세하시기까지 우리 연세와 깊은 인연을 맺고 한국사 연구에 정진하셔서, 『조선과학사』, 『정약용의 정치·경제사상 연구』, 『한국사의 방법』, 『세종대왕 전기』, 『한국근대사』, 『한국정신사 서설』 등 모두 10여 권의 저서를 남기셨고, 또 여러 학술지와 신문, 잡지 등에 6백여 편에 가까운 글을 발표하셨다. 홍이섭 선생은 이처럼 활발한 저술활동을 하시는 한편 후진 양성에도 진력하시어 우리 학교 발전에 크게 기여하셨다.
　다음에 홍이섭 선생의 생애와 학문적 업적을 객관적인 시각에서 살펴보고자 한다.

연희에서 쌓은 토대

　1914년 12월 6일 서울 사직동에서 홍병선 목사의 장남으로 태어난 홍이섭은 1933년 3월에 배재고등보통학교를 졸업하고, 연희전문학교 문과에 입학, 1938년 3월에 졸업한 뒤에 서울 기독교청년회학교 교사가 되었다. 그가 뒤에 민족의식에 투철하고, 또 학문활동을 할 때에 일제 관학자들의 학풍을 배격하고 민족사학에 전념하게 된 것은 이러한 그의 생장환경과 밀접한 관련이 있다.
　특히 홍이섭은 그의 청소년기에 당시 근대 서구식 학교로서 민족교육의 요람이었던 배재와 연희에서 공부하게 되었던 인연으로 일제 식민지 치하에서도 일본 중심의 사고에서 벗어날 수 있었던 것이 아닌가 한다. 그리고 그는 이 시기에 한뫼 이윤재, 호암 문일평, 외솔 최현배, 위당 정인보 등 우리나라 근대 국학 선각자들의 가르침을 통해 국학에의 관심과 함께 우리 민족 중심의 주체적인 역사의식을 더욱 심화시켜 나갈 수 있었다.

우선 홍이섭은 배재고보 시절에 한뫼 이윤재와 호암 문일평의 가르침을 통하여 사상적으로 큰 감명을 받았던 것 같다. 한뫼는 당시 '조선어 문법'을 담당하고 있었으나 '조선사' 강의에 더 열중하여 민족의식을 깨우치고 있었다고 한다. 한편 호암과의 관계에 대해서는 홍이섭이 1962년 10월 『사상계』에 발표한 「호암 문일평」이라는 글이 참고가 될 것이다. 그 한 대목을 인용해 보면 다음과 같다.

>   (호암이) 해외에서 귀국한 후 1933년 4월 조선일보사에 입사하기 전까지에 있어 각 고등보통학교(현 중고등학교)에서 역사를 가르쳤으니, 이 시기에 있어 선생심의 성해(聲咳)와 훈도를 받은 학생의 한 사람으로서 선생의 저작을 지금도 때로 읽어 청신한 서술에 감미로움을 잊지 못하는 데서 선생의 역사 이해의 성과를 재음미하자는 것이다.
>   선생님의 강연의 한 구석에서 온아한 문인풍의 선생님을 주 1~2회 대하는 것이 소년시절의 내게는 즐거운 시간이었다. 담담하게 얘기하시는 풍모라든지 일본문으로 된 일본의 동양사 교과서를 책 머리에서 거꾸로 보시면서 우리말로 번역해서 읽으시는 데 매력을 느꼈었다.
>   선생님은 곧 학교를 그만두시었으나, 노상에서 간간이 뵈었다. 교모를 벗고 인사를 드리면 늘 반가운 표정으로 대해 주시었다. 『조선일보』 지상에 선생님의 글이 실릴 적마다 즐거이 읽었고 모두 오려 두었다. 전문학교 시절에는 나는 지상의 글을 통하여 선생님을 추앙하였으나, 공부한 것도 없고 갈 길이 확정된 것도 아니어서 찾아가서 뵈올 일도 없어, 그저 노상에서 인사를 드릴 뿐이었다.

우리는 위의 글을 통해서 홍이섭이 고보 시절에 자신이 갈 길을 확정한 것은 아니었으나, 호암과의 만남에서 역사학에 관한 호기심과 애착을 가지게 되었음을 알 수 있을 것 같다. 홍이섭이 일제 식민지 치하에서 그리고 일제 관학이 주도하고 있던 당시 국내의 학문적 풍토에서 주체적 민족사관에 입각하여 한국사를 연구하기로 결심한 것은 그가 연희전문학교 문과에 입학한 뒤부터가 아니었던가 한다. 그는 연희전문 시절에 훌륭한 스승을 만났다. 위당 정인보였다. 홍이섭은 위당의 강의를 통해서 그리고 그가 발표한 글을 통해서 좀더 구체적으로 한국사를 연구하는 태도와 방향을 잡아 나갔던 것 같다. 다시 말해서 위당은 홍이섭의 사학세계 형성에 큰 영향을 미쳤던 것이 아닌가 한다.

이와 같은 추측은 그가 1962년 12월에 『사상계』에 발표한 「위당 정인보」라는 글을 통해서도 어느 정도 가능하리라 본다. 홍이섭은 이 글의 서문에서 "선생님(위당)의 강석에 열했던 인연과 나로서는 평생 생각해야 할 한 분의 선생님에 대한 내 심정의 한 끝머리를 적을 뿐이다"라고 하면서 위당의 학문세계를 소개한 바 있었다. 그리고 그는 특히 위당이 한국사 연구에 끼친 업적으로서 다음 몇 가지를 주목하고 있다.

첫째, 위당을 우리나라 실학 연구의 선구자로서 높이 평가하며, 다산 정약용 연구에 대해서는, '누구보다 앞서 다산을 해설하고 다산학에 해제를 한 분이 선생님이심에서 다산학의 현대적인 이해의 기점을 지으신 데 대해서는 길이 기념할 바'라고 그의 학문적 업적을 기리고 있다.

둘째, 위당이 일제의 가혹한 식민지 지배하인 1935년 1월 1일부터 1936년 8월 28일까지 『동아일보』에 연재한 「오천년간 조선의 얼」에서 보여준 바 있는 학문적 노력과 성과를 "무엇보다도 한국사의 정신적 이해의 체계화에 새로운 기점을 설명한 데에 큰 의의가 있다"라고 높이 평가하고 있다.

셋째, 위당을 단재 신채호의 민족사관을 계승하고 이를 확충 전개한 학자로서 평가하였다. 홍이섭은 "조선시대 유가들이 구기고 좁혀 놓았던 조선사의 인식을 그대로 식민지시대 일본인 학구들이 조선총독부의 정책에 영합되어 그런 것을 합리화시키며 다시 구기고 좁혀 놓았던 것을 단재 선생이 한편 구김살을 펴 보시려고, 이어 선생님이 다시 펴 보시려던 것이었다"라고 설명하고 있다.

오늘날 우리가 홍이섭과 위당의 학문적 경향을 대비해 보면 서로 유사한 점이 많음을 알게 될 것이다. 홍이섭이 평생 관심을 가지고 연구한 과제의 하나가 조선후기의 실학사상 연구, 그 중에서도 특히 다산 연구였으며, 한편 한국사의 정신적 이해의 체계화를 위해서도 많은 학문적 노력을 기울였다. 그리고 평소 대화나 글을 통해서 '한국사상 처음 보는 근대적인 민족사관의 수립을 위해 애쓰신' 단재 신채호의 업적을 흠모하며 기리기도 하였다.

필자 개인의 과거 경험을 덧붙여 보면, 필자가 대학에 다니던 1950년대 중반부터 그의 강의나 대화를 통해서 단재사학에 관해 들을 기회가 무척 많았다. 사실 그 무렵에는 단재사학이 우리 학계의 관심을 끌지 못하고 있었던 때였다. 지금 돌이켜 보면, 그 무렵 그가 자주 제자들에게 단재사학에 관해서 말씀하신 것은 그러한 현실이 안타까웠기 때문이기도 하였던 것이 아닌가 한다.

그런데 홍이섭이 단재사학에 관심을 가지고 공부하게 된 것은, 그가 연희전문학교에 다니던 1930년대 중반부터였던 것 같다. 그리고 단재사학의 우수성을 그의 은사인 위당에게서 듣고 이를 확신하게 되었던 것이 아닌가 한다. 위에 든 「위당 정인보」의 글을 통해서 그 전후사정을 알 수가 있을 것이다. 그 중 한 대목을 여기에 인용해 보면 다음과 같다.

> 필자는 신채호 선생님의 『조선사연구초』를 읽고, 다시 『조선상고사』를 읽어 갈수록 단재사학의 바른 정신에 겸허해져 갈 때이었다. 한번 선생님께 단재사학에 대한 평을 청한 일이 있었다. 선생님은 즉석에서 서슴지 않고 "사천년에 처음 보는 사가(史家)야……" 하시며, 회색을 띠시고 상고사의 논증에 대해 당신의 견해를 한참 얘기를 하시었다.……간혹 들어온 말씀과 단재사학에서 얻을 수 있는 정신은 한국사의 이해에 그르침이 있어서는 안 된다는 생각을 지니게 한 것이었다.

우리는 위에 든 몇 가지 사실을 통해서, 홍이섭의 사학세계 형성에 연전시절의 은사인 위당이 크게 영향을 미쳤음을 알 수 있을 것이다. 따라서 그가 위당을 '평생 생각하여야 할 한 분의 선생님'으로 후일까지 추앙하고 있는 것도 이와 밀접한 관련이 있다고 생각된다.

다만 위당사학과 다른 점은 위당은 그의 대표적 저술의 하나인 『조선사연구』 상·하권에서 보여주고 있는 것처럼 한국 상고사에 대해서도 크나큰 관심을 가지고 연구하였던 데 비해서, 홍이섭은 그러지 못하였던 데에 있다 할 것이다. 그 이유에 대해서, 그는 "고대사는 재질과 끈기가 있고 정신적으로 태산의 무게를 지니는 품성이 아니고서는 당해 낼 바 못 된다고 생각한 나로서는 한국사에도 훨씬 후일 오늘에 가까운 시대에 흥취를 갖고 있었다"고 술회하고 있다.

요컨데 홍이섭이 그의 청소년기에 한국사 연구에 뜻을 세우고 또 정진하게 되는 계기는 배재고보 시절의 호암 문일평과 연희전문 시절의 위당 정인보와의 만남에서 찾을 수 있지 않을까 한다.

그는 한편 문학동인 그룹인 '삼사문학'에도 참여하여, 동인들과 어울려 문학논쟁을 벌이고 일제 식민지 치하의 민족현실에 대한 울분을 토로하며 밤을 지새기도 하였다 한다. 이와 같은 경험은 뒤에 그의 사학사상 형성에 적지 않은 영향을 미쳤던 것으로 생각된다.

1938년 3월에 연희전문학교 문과를 졸업한 홍이섭은 그 해 4월에 서울기독교청년회학교 교사로 부임했으며, 1940년 6월에 김정익 여사와 결혼하여 슬하에 세 아들을 두게 되었다. 한편 1942년에 『조광』지에 「조선과학사」를 연재하면서 본격적인 저술활동을 시작하였으며, 이 글은 얼마 뒤에 단행본으로 간행되어 학자로서의 기반을 다지게 되었다.

8·15 해방 이후 홍이섭은 국학대학과 고려대학교 교수를 거쳐, 1953년 4월에 모교인 연희대학교 문과대학 교수가 되었다. 그는 모교의 교수로서 강의와 개별지도를 통하여 후진양성에 힘쓰는 한편 문과대학 사학과장, 문과대학장, 동방학연구소장, 대학원 사학과 주임교수, 출판부장 등의 보직을 맡아 학교 발전에 헌신하였다. 그리고 1966년 9월에 연세대학교에서 문학박사 학위를 받았다.

또한 그는 해방 이후 서울특별시 문화위원회 학술부위원, 해군본부 전사편찬실 편수관, 역사학회 회장, 국사편찬위원회 위원, 유네스코 한국위원회 위원,

사법·행정고등고시 위원, 민족문화추진회 이사, 서울 YMCA이사, 대한민국 학술원 회원, 문화공보부 문화재보존위원회 위원, 재단법인 외솔회 회장, 세종대왕 기념사업회 상임이사 등을 역임하면서 우리나라의 학술과 문화발전에도 크게 기여하였다.

그는 이렇게 재세중에 늘 바쁜 생활에 쫓기면서도 정력적으로 저술활동을 계속하여, 위에서 말한 것처럼 10여 권의 단행본과 6백여 편의 글을 남겼던 것이다.

그는 학구생활 이외에 인생을 즐기는 어떤 취미나 오락도 가지지 않았다. 강의와 저술활동, 그리고 가끔 제자들과 만나면 학담을 나누는 것이 생활의 전부였다고 해도 지나친 말이 아닐 것이다.

근세사를 꿰뚫는 사학세계

우선 홍이섭 사학의 외형적인 특성은 그 학문적인 관심이 매우 다양하다는 데 있다. 그가 남긴 글들을 보면, 그의 학문적 관심이 한국의 정치·경제·사상·과학기술·천주교·외교 그리고 한국사 관계 외국자료 등에 이르기까지 다방면에 걸쳐 있으며, 또 해박한 지식을 가지고 있었음을 알게 될 것이다.

그러나 그가 학문활동에 가장 역점을 둔 것은 일제 식민사관의 극복과 주체적인 민족사관의 탐구에 있었다고 할 것이다. 그가 일생 동안 이를 위하여 노력하게 된 것은 앞에서 이미 말한 바와 같이, 그의 가정환경과 함께 청소년 시절을 모두 일제가 세운 관립학교에서가 아니라, 사립학교에서 훌륭한 스승을 만나 공부하며 지냈기 때문이 아닌가 한다.

우리는 지면의 제약으로 홍이섭의 사학세계 전부를 자세하게 다룰 겨를이 없다. 따라서 여기서는 그의 몇몇 주요 저술을 중심으로 그의 사학세계의 내용을 살펴보고자 한다.

『조선과학사』를 통해 본 사학세계

홍이섭이 독자적인 사학활동을 하면서 최초로 거둔 학문적 성과가 『조선과학사』였다. 그는 연희전문학교 문과를 졸업한 4년 뒤인 1942년에 『조광』지에 「조선과학사」를 연재하면서, 우리나라 과학사의 체계적인 정리를 독창적으로 개척해 나갔다. 그리하여 그 창의적인 업적이 평가되어 일제 말기인 1944년 7월에 일본 도쿄의 삼성출판사(三省出版社)에서 일문으로 간행되었으며, 해방 이듬해인 1946년 9월에 서울의 정음사에서 국문판이 출간되어 오늘에 전해지고 있다.

홍이섭이 『조선과학사』를 집필할 당시의 우리 과학사 관계 연구상황을 보면, 몇몇 단편적인 글들만이 있었을 뿐 학문적인 체계화는 엄두도 내지 못하고 있는 실정이었다. 이와 같은 여건에서 우리나라의 과학사를 맨 처음 체계적으로 정리한다는 것은 여간 어려운 일이 아니었다. 일일이 관계자료를 찾아내어 이를 분석, 검토하고 활용하는 데 온갖 노력을 기울여야 하였다. 그는 이 과정에서 한 분야의 개척자로서의 보람과 긍지를 느끼면서도 한편으로는 아쉽고 미흡하게 느낀 점도 적지 않았던 것 같다. 그리고 이와 아울러 이 분야의 연구가 활발히 이루어져 훌륭한 성과가 나오게 되기를 바라고 있었다.

홍이섭은 자신이 저술한 『조선과학사』에 관해서 기회 있을 때마다 자신의 심회를 솔직히 토로하고 있다. 우선 그는 1946년 정음사판의 「서언」에서 다음과 같이 말하고 있다.

> 자료를 널리 구하여 공부를 하고, 논리를 정연히 하며 글을 깨끗이 쓰고, 인쇄와 체재도 선진국에 떨어지지 않게 잘 만든 저서를 세상에 보내게 될 때, 글을 가르쳐 주신 스승께 헌사(獻辭)라도 드리려 합니다. 이렇게 불비하게 됨은 우둔하고 게으르고 구차함에서 된 것입니다. 혹여 스승의 뜻에 어그러짐이 있다면 꾸짖어 편달하여 주심을 바라나이다.
>
> 이 소책자는 조선사에서 본 과학사의 시험적 구상이기로, 엄밀한 의미의 과학사로서의 체계화는 뜻있는 이들의 공동연구로써 비로소 이루어낼 수 있

을까 한다. 앞으로 발전할 조선사학계에 있어 과학사의 부문이 인식의 대상이 되고, 그 방면의 연구가 발족 진전되어 가는 데에 있어 이런 난잡한 시론(試論)이 조그마한 안내가 된다면 기뻐 마지않는다.

우리는 위의 「서언」을 통하여, 최초로 우리나라의 과학사를 저술하는 데 따르는 고충, 그리고 자연과학 전공이 아닌 역사학자로서의 한계와 앞으로의 기대 등에 관한 저자 자신의 심경을 엿볼 수 있을 것이다. 그리하여 그는 1966년에 전상운 교수가 『한국과학기술사』를 출간하게 되었을 때 이 책의 출간을 저자 이상으로 기뻐하였다. 그러한 심경은 그가 직접 쓴 이 책의 「머리말」에 잘 나타나 있다. 그 몇 대목을 여기에 옮겨 보면 다음과 같다.

> 벌써 칠팔 년 전 일인 것 같다. 한국과학사에 대한 얘기를 서로 나누면서 자연과학을 전공한 분이 한국과학사를 다루어 주어야겠다는 원래의 내 소회를 토로한 일이 있었다. 그 때 얘기를 서로 나누었던 전상운 교수는 서울대학교 문리과대학에서 화학을 전공하고, 곧 이어 한국과학사에서도 천문관측분야의 개척에 힘써 이 수년 간의 공든 성과를 모아 한국과학기술사를 엮어……
>
> 앞서 이십 사오 년 전 『조선과학사』를 엮던 황막한 지난날의 내 자신의 경험에서 오늘을 보면, 이제 본격적으로 자연과학부문의 전공학인에 의해 하나 둘 정리됨이 사회의 진전에서 더 말할 수 없는 광명을 깃드리었다고 하겠으며, 더욱 이번 착실히 엮어진 『한국과학기술사』의 출간이야말로 학계가 같이 기뻐할 일이다. 내 개인으로는 이십 수년 전에 내놓은 과학사가 이제 소용없게 되고, 우리 과학사의 새로운 인식의 도표(道表)가 설정된 것이 무엇보다 즐거운 일이 아닐 수 없다.……
>
> 한국과학사의 금후의 새로운 발전에 크게 이바지할 이 책의 간행을 누구보다 앞서 기뻐하는 뜻에서 우리 학계에 한 소식으로 전하고자 할 뿐이다.

홍이섭은 자신이 지은 『조선과학사』의 부족한 점과 수정 보완할 점들을 솔직히 토로하고, 심지어는 위에 든 전상운 교수의 『한국과학기술사』의 「머리말」에서, "내 개인으로는 이십 수년 전에 내놓은 과학사가 이제 소용없게 되고"라 하고 있으나, 지금도 그 연구사적 의의는 매우 크다 할 것이다. 전상운 교수가 그의 『한국과학기술사』 「후기」에서, "과학사를 시작한 지 10년, 그리고 한국과학사를 전공하기를 5년, 이 책은 이 15년간의 노력을 엮은 것이다. 과학을 공부한 나로서는 이 불모에 가까운 학문의 길에서 무척 고생이 심했다. 홍이섭 교수의 『조선과학사』가 없었던들 그 고생은 배나 더 되었을 것이다"라 하고 있는 데에서도 이 분야의 연구에 끼친 공로를 미루어 알 수 있을 것이다.

홍이섭이 우리나라 과학사 연구에서 거둔 업적은 앞으로도 이 분야의 연구에서 그 최초의 개척자로서 언제나 높이 평가받게 될 것이다.

이와 아울러 우리가 눈여겨 볼 일은, 자연과학자가 아닌 홍이섭이 일제말의 암흑기에 『조선과학사』를 저술하게 된 동기가 어디에 있었겠느냐 하는 문제이다. 당시 우리 민족은 일제의 단말마적인 발악으로 더욱 가혹한 고난과 시련을 겪고 있던 시기였다. 그는 이런 역사현실을 눈앞에 두고 무심할 수가 없었다. 그는 뒤에 1966년에 발표한 「조선과학사 사연수착(事緣數齣)」이라는 논문에서, "1940년대의 일제의 군국주의적 파쇼화 정책하에서 '조선문화'에 있어 무엇을 활자로 전해 볼 것이냐는 데에 제시한 답답한 답안지"가 바로 그의 첫 저술인 『조선과학사』였다고 술회한 바 있었다. 이 말을 통해 우리가 짐작할 수 있는 것은, 언론이 철저히 통제를 받고 있던 극한상황에서 독자들에게 우리 문화의 독자성과 우수성을 활자를 통해 전달해 보려는 방법으로서 과학사라는 특수분야를 택하였다는 사실이다. 다시 말해서 그는 주체적인 민족주의 역사정신에 입각하여 우리나라 과학사의 발달과정을 다룸으로써 일제의 침략으로 인한 민족적 위기를 정신적으로 극복하고 민족정신을 지키며 또 이를 널리 알리고자 하였던 것이다.

『정약용의 정치·경제사상 연구』를 통해 본 사학세계

홍이섭이 그의 학문활동에서 가장 역점을 둔 분야의 하나는 조선후기의 실학사상에 관한 연구였다.

그는 이미 연전 재학시절인 1936년부터 조선후기의 가장 대표적인 실학자였던 다산 정약용에 관해서 큰 관심을 가지고 있었다. 이 점으로 미루어 그가 역사학 연구에 뜻을 두게 된 직접적인 동기는 다산에 대한 관심에서 비롯되었다고 보아 좋을 것이다. 그는 1959년에 간행된 그의 『정약용의 정치·경제사상 연구』의 「자서」에서 다음과 같이 말하고 있다.

> 정약용의 학-사상에 대한 어렴풋한 흥취를 지니기는 1936년 그의 서세(逝世) 백년 기념행사가 있을 때 신문 잡지에서 선전된 때이었으나, 당시 수중에 광무년간에 활인한 절략본(節略本) 『목민심서』만이 있었을 뿐으로, 어디다 손을 대어야 좋을지 몰랐다. 일본 총독 치하의 교육제에서는 학교 강의시간에서는 한 마디의 귀띔도 없었으므로, 신문에서 오려둔 단편적인 기사에서 어렴풋이 훌륭한 학자임을 알았고……1953년 이후 한국 근세사상에 유념하여 오면서 다산학에 대한 조사를 해보려고는 하여도 우선 『여유당전서』를 구득키 어려웠으나, 1954년 완질을 수중에 넣게 되어, 시문집-경서·상례연구-정법(『흠흠신서』를 제외한)류를 독과(讀過)하는 데서 습유(拾遺)한 얼마의 초기(抄記)를 형식적으로 체계세우고자 한 것이, 이제 이루어진 무고(蕪稿)이다.

그런데 홍이섭은 그의 『정약용의 정치·경제사상 연구』의 내용 구성에 잘 나타나 있듯이, 다산학 중에서도 다산의 경세사상을 주된 연구대상으로 삼았다. 따라서 그와 관련되는 다산의 저작인 『경세유표』와 『목민심서』의 형성과정과 그 기본적인 이념을 본격적으로 분석 검토하게 되었다. 그리고 이를 바탕으로 다산의 국가재정 확립과 농민경제 안정에 관한 개혁안은 어떠하였으며, 또 지방의 농민경제 안정을 저해하는 권귀(權貴)·수령·이서(吏胥)·토호

등의 협잡행위에 관한 분석 비판과 그것을 배제하기 위한 행정관리 방안은 무엇이었던가를 당시의 시대상황과 관련시켜 폭넓고 깊이있게 다루었다.

홍이섭이 다산학 중에서도 앞에서 말한 다산의 경세사상을 특히 주목하여 연구하게 된 것은 그의 현재적 관심의 소산이기도 하였다. 그는 위에 든 책의 「자서」에서 "그가 생존하던 시대에 못지않게 조국 운명에 불안을 느끼는 오늘에 그의 사상을 살피게 된 인연에 우연이 있지는 않은가 하지만, 그 때부터 오늘까지 그가 우려하던 바는 그대로 이 사회의 진운을 가로막아 왔다.……그의 생각을 현대적으로 이해하는 데서 평탄치 않은 우리들의 진로에 새로운 길이 있게 하자는 것이다"라고 밝히고 있다.

위에 든 홍이섭의 다산 연구는 다산학은 물론 조선후기 실학사상 연구에서 하나의 커다란 이정표가 되고 있다. 그 때까지의 다산학 연구동향을 돌이켜 보면, 1936년에 다산의 서세 백주년 기념에 즈음하여, 당시 국내의 신문, 잡지 등에 다산의 생애·학문·사상에 관한 글들이 발표된 바 있었다. 이러한 글들은 다산이 위대한 사상가였음을 널리 알리는 데에는 기여하였지만, 단편적인 이해에 그쳤을 뿐, 다산학에 대한 체계적인 이해나 본격적인 연구에는 미치지 못하였다. 이런 점에서 홍이섭의 다산 연구는 우리나라에서 다산학에 관한 최초의 본격적인 연구로서 그 학술사적 의의는 크다 할 것이다.

한편 그는 한국 근대 사회사상사에도 관심을 가져 많은 글을 발표하였으며, 그 연구방법을 구체적으로 제시해 보기도 하였다. 그는 1968년에 낸 『한국사의 방법』 중 「한국의 사상」 부기(附記)에서 다음과 같이 말하고 있다.

> 우리들이 온전한 사상사(근세)를 구성함에는 이기설(理氣說)의 변천·추이, 예론의 전개, 조선인의 유교경전 이해의 역사적 과정, 근대 사회경제사, 문학(한문학과 국문학)의 사상적 이해 등이 다뤄져야 한다. 망촉(望蜀)의 원(願)이라 할까!

우리는 이 글에서 그의 또 다른 학문적 열망이 무엇이었던가를 짐작할 수 있을 것이다.

한국근대사 연구를 통해 본 사학세계

홍이섭 사학에서 또 하나 주목되는 것은 그의 한국근대사에 관한 연구업적이다. 그 업적들은 이미 두 권의 책으로 간행되어 그의 사학세계를 엿볼 수 있다. 즉 1975년에 연세대학교 출판부에서 간행한 『한국근대사』와 『한국정신사서설』이 그것이다.

그가 한국근대사 연구에서 주력한 것은 일제 식민지 정책의 실태와 우리 민족의 독립투쟁의 전개과정을 파악하는 일이었고, 한국정신사 관련 연구에서는 이 시기에 우리 민족의 독립투쟁의 기본정신은 무엇이었으며, 또 그 뒤에 민족주의 정신이 어떻게 전개되어 갔는가를 주로 밝혀 보고자 하였다.

그는 특히 1920년대 이후의 민족주의 정신의 전개 문제와 관련하여, 「1930년대 초의 농촌과 심훈 문학」, 「채만식의 『탁류』」, 「한용운의 민족정신」 등의 논문에서 볼 수 있듯이, 그 시대정신을 반영하고 있는 이 시기의 대표적인 문학작품들을 역사연구의 자료로 활용하고 있는 사실이 주목된다. 그리고 그 방법을 통해서 그 시대정신의 성격을 보다 더 분명하게 드러낼 수 있는 성과를 거두었다.

우리나라 역사연구에서 이와 같은 방법은 그가 처음 시도한 것으로서, 이러한 방법은 그의 창의적인 학풍의 일면을 보여 주는 좋은 예가 될 것이다.

홍이섭이 활동하던 1930~60년대에 한국사 연구에 부과된 당면과제는 민족정신의 계승 발전과 일제 식민주의사관의 극복이었다. 그는 학문활동을 통하여 이러한 당면과제를 해결하기 위하여 생애를 바쳤다고 해도 과언이 아닐 것이다.

『홍이섭전집』을 기다리며

이제 끝으로 홍이섭 사학의 기본성격을 잠깐 간추려 봄으로써 맺음말에 대신하고자 한다.

첫째, 홍이섭 사학에서 공통적으로 찾아 볼 수 있는 것은 그가 스스로 '오늘에 가까운 시대에 흥취를 갖고 있었다'고 술회하고 있듯이, 그의 역사 연구는 현재적 관심에서 출발하고 있다는 점이다. 그리고 그 현재에 대한 관심은 현재에 대한 비판정신을 오늘에 다시 살려 보자는 데 있었던 것이다.

둘째, 그의 역사연구의 범위는 광범하였고 따라서 그 연구주제도 다양하였으나, 홍이섭 사학의 주축은 민족사관의 계승 발전과 일제 식민주의사관의 극복에 있었다. 그런데 여기서 우리가 유의할 것은 그가 언제나 일관되게 주체적인 민족사관을 강조하고 있었지만, 국수주의적인 주장을 펴지는 않았다. 학문적 객관성을 지키고 있었던 것이다.

셋째, 그는 해박한 역사지식을 바탕으로 여러 분야에 걸쳐 남보다 앞서 개척적인 연구활동을 펼쳐 나갔다. 끊임없이 새로운 문제를 제기하고 이를 밝혀 보고자 노력하였다. 미처 차분히 글을 다듬을 새도 없을 정도였다고 한다. 그의 문장이 난삽하다는 세평을 듣고 있는 것은 이러한 당시 상황과도 서로 무관하지만은 않은 듯하다.

끝으로 한국사학의 올바른 계승 발전을 위해서도 앞으로 홍이섭 사학에 대한 치밀하고 본격적인 연구가 요망되고 있다. 그러자면 홍이섭 사학의 전모를 알 수 있는 전집의 간행이 절실히 필요하다.

이런 뜻에서 이 기회에 학교 당국에 묻고 싶다. 이미 여러 해 전에 우리 학교 출판부에서 『홍이섭전집』의 조판이 끝났는데도 아직까지 출간되지 못하고 있는 이유가 무엇인가.

(『계간 연세 진리·자유』 11, 1991년 겨울)

홍이섭 선생의 역사학

원 유 한

1. 머리말

　시대적 배경으로 볼 때, 역사학자 홍이섭(1914~74) 선생님의 생애 60년간은 전·후반기로 나눌 수 있을 것 같다. 생애 전반기의 30여 년 간은 식민사관이 강요되어 한국사 연구가 극히 제약된 일제 식민지시대에, 그 후반기는 식민사관 극복과 민족사관의 확립을 위한 연구활동이 활발히 전개된 해방 이후 시대에 해당된다. 홍 선생님은 일제 식민지시대에 고등보통학교와 전문학교에서 한국사를 독학했고, 졸업 후 한국사 연구에 힘써 역사학자로서의 기반을 닦았다. 해방 이후에는 대학에서 정열적으로 한국사를 연구 교육하는 한편, 학계와 사회 각계의 학술활동에도 적극 참여하였다.
　일찍부터 홍 선생님은 박은식·신채호·정인보·문일평으로 맥이 이어지는 민족사학을 계승, 투철한 사관과 진보적 역사인식 방법으로 일생 동안 여러 분야에 걸쳐 괄목할 만한 많은 연구업적을 이룩하였다. 홍 선생님의 역사학을 제대로 이해하기 위해서는 선생님의 많은 연구업적을 모두 철저히 검토 분석해야 하지만, 이 글에서는 선생님의 대표적인 연구업적을 중심으로 역사학 형성 배경, 사관과 인식방법, 연구경향과 업적 및 역사학의 성격을 간략히 살펴보고자 한다.

2. 역사학의 형성 배경

홍이섭 선생님의 역사학을 이해하기 위해서는, 우선 그 형성 배경을 살펴보아야 할 것이다. 먼저, 선생님이 듣고 경험했을 한국 근대사학의 발전경향을 대강 살펴보기로 한다.

한말에 개화 혁신과 구국 독립을 이념으로 하는 계몽사학이 일어나면서 백암·단재 등이 등장하였다. 이들 중, 특히 단재는 망명생활중 학문활동이 극히 제약된 상황에서 전통문화를 비판하면서도 민족문화의 잠재력에 대해 강한 신뢰를 가질 수 있는 인식기준을 설정함으로써 한국 근대사학이 성립할 수 있는 정신적 기반을 마련하였다. 뒤이어 일제가 한국지배를 굳히기 위한 사업으로 1925년 조선사편수회와, 이듬해에 경성제국대학을 설립하면서부터 일본 역사학의 영향을 받은 문헌고증학풍의 사학이 등장하였다. 자료정리 이상의 결과를 가져올 수 없는 문헌고증사학은 한국 전통문화의 이해와 근대적 발전을 꾀한 것이 아니라, 본질적으로 전통문화의 해체와 식민지 근대화로의 개편을 목적으로 한 것이라 하겠다. 1930년대에 들어서면서 계몽사학의 한계성도 나타나게 되고, 문헌고증사학의 성격도 이해할 수 없게 됨에 따라 역사이해의 기반을 좀 더 높은 차원으로 확대할 수 있는 새로운 인식방법을 모색하게 되었다. 이 때 등장한 것이 백남운 님의 사회경제사학적 방법과 손진태 님의 민족학적 인식방법 및 고유섭 님의 미술사적 인식방법이었다. 이처럼 여러 분야에서 모색된 역사 인식방법은 장래의 독자적인 자기 분야를 전망하면서 나타난 방법적 진전이라고 할 수 있다. 그러나 이러한 인식방법의 진전은 넓게 보아서 일본 문헌고증사학이 닦아놓은 기반 위에서 성장했다는 한계성을 갖는 것이다. 학문 분야에서 어떠한 새로운 인식방법이 새로운 것으로 성립되려면, 시대적 제약을 극복하는 것이 선결문제이다. 뿐만 아니라 그 극복과정과 투쟁과정 자체가 새로운 인식방법의 성립과정이라 할 수 있다. 그러나 우리에게는 그러한 정당하고 정확한 과정을 밟은 경험이 충분치 못했기 때문에 극복되어야 할 선결 문제는 그 당시는 물론, 해방 이후에 와서도 해결되지 못해 자기 모순에 허덕이고 있는 형편이었다.(김철준, 「홍이섭 사학의 성격」, 『나라사랑』 18, 1975)

또한 홍 선생님의 역사학의 형성배경으로, 선생님의 가정환경과 교육과정을 살펴보아야 할 것이다. 먼저 가정환경을 보면, 선생님은 1914년 12월 6일 서울 종로구 사직동에서 개신교 목사 홍병선 님의 맏아들로 태어났다. 가계는 중인 집안이고, 모친을 일찍 여읜 뒤 가정에 정을 붙이지 못하고 독서에 몰두했던 것으로 보인다. 아버지 홍병선 목사는 1911년 일본 교토 동지사(同志社)신학교를 수료, 목사안수를 받고 선교활동에 힘썼던 한국 기독교계의 지도적 인사였다. 일찍이 덴마크 농촌을 시찰, 덴마크식 농업입국을 주창하고 전국적인 협동조합운동에 힘쓴 사회운동의 선구였다. 학구열이 높아 선교 및 교육 활동과 사회사업에 관계되는 10여 권의 저서를 펴냈고, 말년에는 역사분야에도 관심을 가지고 『기독청년회역사』(未刊)를 집필하였다.(「고 홍병선목사 장례식순」, 1967. 7. 21)

　홍 선생님의 학교교육 과정을 보면, 1929년 금화보통학교를 졸업한 후, 일본인이 세운 학교에 들어가지 않고 민족교육의 본거지였던 개신교 계통의 배재고등보통학교에 입학하였다. 재학중 호암으로부터 동양사를, 그리고 이윤재 님의 '조선어문법' 강의시간을 통해서 한국사를 배웠는데, 이에 크게 감동되어 민족의식에 눈뜨게 되었던 것 같다. 1933년 배재고보를 졸업하고 이듬해에 역시 개신교 계통 민족사학의 명문인 연희전문학교 문과에 입학하였다. 그 당시 연희전문학교에서 용재 백낙준 선생님은 서양사와 교회사를, 위당 정인보 선생님은 조선의 얼과 실학을, 외솔 최현배 선생님은 교육학과 한글갈을, 백남운 님은 유물사관에 입각한 역사해석을, 그리고 손진태 님은 동양사와 민족학을 가르쳤을 것으로 짐작된다. 재학중 용재·위당·외솔과 대학 밖의 호암 등 국학의 선각들로부터 학문을 전수하며 학과목에도 없는 한국사를 독학, 한국사 내지 국학 연구의 뜻을 굳혔다. 또한 백남운 님과 손진태 님 등이 문헌고증사학의 한계를 극복하기 위해 추구한 사회경제사학 방법과 민족학적 역사인식 방법에도 무관심할 수 없었을 것이다.

　한편, 신백수·이시우·조풍연 등과 재학생 문학동인클럽인 '삼사문학(三四文學)'의 문학활동에 참여하여, 밤을 지새며 식민통치하의 민족현실에 대해 울분을 토로하기도 하였다.(「홍이섭 선생 해적이」, 『나라사랑』 18, 1975)

3. 역사관과 인식방법

　홍 선생님은 종종 사학계의 사관 빈곤문제를 비판하고, 그 극복방안을 모색, 제시하였다. 그러면 선생님의 사관에 대한 인식과 선생님이 추구한 사관은 과연 어떤 것이었는가.

　홍 선생님은 역사학에 국한되지 않고 광범위한 부문에서 논의되어야 할 사관문제가 역사연구 내지 역사학에서 점하는 중요성을 강조하고 있다. 즉, 역사연구 내지 역사학에서 사관은 역사연구의 방향, 역사학의 기점과 도달할 목표, 사료의 선택과 비판, 역사인식론과 이해의 세계 등을 규정하는 요인이 된다는 것이다.(홍이섭,「민족사관의 문제점」,『서울대 상대신문』, 1966. 10. 8)

　이처럼 사관문제의 중요성을 강조하는 홍 선생님은, 한국사학계에서 뚜렷한 사관을 지닌 역사학자였고, 그 뚜렷한 사관은 바로 근대적 안목으로 추구한 민족사관이었다. 그리하여 선생님은 무엇보다도 민족사관을 확립하는 데 가장 힘을 기울였으며, '올바른 주체적 민족사관의 확립'이 선생님의 투철한 기본정신이었다고 하겠다.(천관우,「홍이섭의 사학」; 박종홍,「한국 근대 사회사상연구」,『나라사랑』18, 1975) 때문에 후학들이 일본인이나 그들의 사관을 비판 없이 추종하는 잘못을 범하는 것을 경계하여 식민사관이라는 말을 고안해냈고, 또한 식민사관을 극복하고 내세울 사관을 민족사관이란 말로 표현하게 되었다. 즉 오늘날 흔히 쓰는 '식민사관의 극복과 민족사관의 확립'이란 말을 선생님이 처음 사용하기 시작하였는데, 이 문제는 선생님이 일생 동안 힘을 기울여 추구한 과제였다고 할 것이다.(손보기,「사료비판과 역사정신」,『나라사랑』18, 1975)

　민족역사의 주체성 내지 자주독립성을 중요시하는 것이 민족사관의 기본성격이라 한다면, '주체적 민족사관' 앞에 붙은 '올바른'이라는 관형어의 의미는 무엇을 말하는 것인가. 이 점은 다음과 같은 선생님의 주장을 통해 대강 짐작할 수 있을 것이다.

　　　사관문제는 역사학에서만 논의될 것은 아니다.……오늘 우리 사회가 지니는 인문・사회의 제 과학의 국제적 이해의 수준과 관조해 생각할 것만은 다시 생각할 것이 아닌가 한다. 고립된 한국사학만의 책무로의 민족사관이 논의되었다면 이것은 흔히 생각하는 편향적인 고루한 생각에 **빠**지게 되며, 논리의 공약에서 독단에 **빠**질 것이다. 이러한 위험한 폐쇄적인 경향에서의 민족사관의 추구를 피하는 작업이 겸행되어야 할 것은 우리의 목전에서는 무엇보다도 다급한 과제이다.(홍이섭, 앞의 글)

즉, 홍 선생님이 추구한 올바른 주체적 민족사관이란 고립된 한국사학만을 책무로 하는 것이 아니라, 세계사적 보편성과 객관적 합리성을 띤 민족사관을 의미하는 것으로 보인다. 이 같은 선생님의 민족사관에 대한 진보적 인식은 그 당시 역사학계 수준의 반영으로 볼 수 있고, 민족의식과 개신교정신을 밑바탕으로 한 가정교육과 학교교육의 배경에서 그 원인을 찾아볼 수도 있을 것이다. 또한 선생님의 민족사관에 대한 진보적 인식은 서구 근대사회의 의식기반이 된 개신교정신이 추구하는 인류주의 내지 세계주의와, 민족의식에 잠재된 보수적이며 폐쇄적인 속성이 절충 보완되어 나타난 결과로 이해할 수 있을 것 같다.

이상에서 살펴보았듯이, 홍 선생님이 식민사관 극복과 민족사관의 확립을 위해 일생 동안 힘썼다고 한다면, 과연 선생님의 역사인식 태도 내지 인식방법은 어떠한 것이었는가. 선생님의 역사학은, 민족이 당면한 문제들을 회피함이 없이 정면으로 그리고 근본적으로 해결하자는 태도를 견지하는 데 고군분투한 사학이었다고 하겠다. 이러한 자기 주장에 대립하고 있던 문헌고증사학과 대결하려는 의지와 이의 결함을 극복할 수 있는 정신기반을 발견하려는 노력은 선생님의 어느 연구에서나 일관되게 나타나고 있다. 그리하여 선생님의 역사인식 방법이라든가, 그 인식의 시대적 성격은 계몽사학은 물론 문헌고증사학보다도 앞서고 있는 것이다.

이러한 홍 선생님의 역사인식 방법은 앞에서 지적한 바 있듯이 문헌고증사학의 한계를 극복하기 위해 여러 분야에서 새로운 역사인식 방법이 모색되고 있던 1930년대의 역사학계 현실에 대한 경험, 민족의식과 개신교정신이 의식

기반을 이룬 가정교육과 학교교육을 배경으로 이루어졌다 할 것이다. 배재고등 보통학교와 연희전문학교에서는 서구 근대의식 내지 문물이 일본을 거치지 않고 개신교 선교사들에 의해 직접 수용되어 교육 및 선교활동에 반영될 수 있었다. 이처럼 일제에 의해 굴절되지 않은 서구 근대문화가 수용될 수 있는 개신교 계통의 교육기관, 특히 백낙준·정인보·최현배 선생님과 백남운·손진태님 등이 서로 다른 분야에서 특색있는 강의를 담당했던 연희전문학교의 교육이나 학풍은 홍 선생님의 역사인식 방법 형성에 적지 않은 영향을 주었던 것으로 보인다. 그리고 선생님이 역사학자로 성장, 활동하는 동안에 배재고등보통학교 때의 은사 호암의 역사관계 글을 탐독하면서 역사인식 방법이나 서술체계에 감명되어 많은 영향을 받았던 것으로 잠작된다. 이로써 선생님은 역사를 인식할 때 정치·경제·사회·사상 등을 유기적으로 종합하는 포괄적인 역사인식 능력을 가지게 되었던 것 같다. 또한 동양사나 서양사와의 비교를 통해 한국사의 객관화를 시도했고, 기독교사를 통해 외세침략 과정이나 근대의식의 성장을 이해하려 했으며, 조선의 얼과 민족문화 최후의 보루인 국어를 통해 역사를 이해하려 하였다. 이식적 사상 내지 정신의 비판적 인식을 강조하고 변증법적 유물론을 객관적으로 평가 인식하려 했으며, 경제사적 지식으로 식민지시대의 실태를 좀더 구체적으로 파악하려 하였다. 민중의 역사적 기능의 성숙을 통해 역사발전을 이해하고자 했고, 사료비판을 철저히 할 것을 강조하는 동시에 문학작품의 사료화를 최초로 시도하기도 하였다. 이러한 사상적 내지 역사인식 방법상의 포괄성이나 탄력성은, 그 당시 일본 관·공립학교의 교육이나 학풍에서 찾아볼 수 없는 것으로서, 식민지 근대화의 체질을 비판 극복할 수 있는 능력을 가지게 했던 것으로 보인다.(김철준, 앞의 글)

4. 연구경향과 업적

홍이섭 선생님은 위에서 살펴보았듯이, 올바른 주체적 민족사관 내지 민족사학을 확립하기 위해 문헌고증사학보다 앞선 진보적 역사인식 방법으로 일생 동안 여러 분야에 걸쳐 주목할 만한 많은 연구업적을 남겼다. 『조선과학사』, 『정약용의 정치·경제사상 연구』, 『한국근대사』, 『한국정신사 서설』, 『한국사의 방법』 등 10여 권의 저서와 수백 편의 논문·논설을 발표하였다. 이처럼 많은 연구업적을 여기서 모두 살펴볼 준비가 되어 있지 않기 때문에, 우선 대표적인 연구업적 내지 연구경향만을 소개하는 데 그쳐야 할 것 같다. 이를 위해서는 연세대학교 출판부가 『홍이섭전집』 11권을 출간할 계획을 세우고, 우선 인쇄중에 있는 6권(제1~6권)의 구성 내용을 간략히 소개하는 것이 편리할 것으로 생각된다. 이 전집 6권 중에는 대표적인 논저들의 대부분이 편집, 수록되어 있기 때문에 각권의 제목과 주요 목차만 보아도 연구경향과 업적의 내용을 대강 파악할 수 있을 것이다.

제1권 『과학사·해양사』의 주요 목차를 보면, 제1부 조선과학사, 제2부 한국의 과학과 기술(「지나과학의 전래」 등 논문 9편 수록), 제3부 한국해양사(「한국해양사 개관」 등 논문 2편 수록)로 구성되어 있다. 제1권 『과학사·해양사』의 내용 중 주목할 부분은 널리 알려져 있는 것처럼, 1944년에 일문으로 처음 간행된 『조선과학사』일 것이다. 『조선과학사』를 펴냄으로써 객관적 인식방법으로 한국과학사의 체계화를 최초로 시도한 홍 선생님의 업적은 높이 평가되고 있다. 즉, 선생님은 한국과학사의 올바른 이해를 위해 노력하여 그 참된 모습을 파헤쳤고, 과학사의 기본적 체계를 세우는 데 기여했으며, 과학사 연구의 방향을 분명히 제시했다는 것이다.(전상운, 「조선과학사에서 본 한국과학사」, 『나라사랑』 18, 1975) 홍 선생님의 첫 연구성과라 할 『조선과학사』는 식민사관이 강요된 일제 식민지시대 말기의 사상적 암흑기에 과학을 통해 민족사의 단절을 극복하고, 그 정립을 꾀한 것이라는 점에서 한국사학사상 기념비적인 업적으로 평가되고 있다.

제2권 『실학』의 주요 목차를 보면, 제1부 정약용의 정치·경제사상 연구, 제2부 정약용의 생애와 학문(「다산 선생의 학문과 사상」 등 논문 14편 수록), 제3부 실학파의 사상체계(「실학에 있어 남인학파의 사상적 계보」 등 논문 14편 수록)로 구성되어 있다. 홍 선생님의 젊은 시절, 즉 일제 식민지시대 말기의 주요 학문적 관심은 과학사와 정약용의 실학사상에 있었던 것으로 보인다. 1935

년에 행해진 정약용 별세 백년기념행사가 정약용의 실학사상에 관심을 가지게 된 계기가 되었다. 그러나 정약용의 실학사상에 관한 연구는 1954년에 『여유당전서』를 입수함으로써 비로소 본격적으로 이루어지게 되었다. 그 연구결과가 1959년에 『정약용의 정치·경제사상 연구』라는 책으로 출간되었고, 이것이 그대로 제2권 『실학』의 제1부 내용이 된 것이다. 이 『정약용의 정치·경제사상 연구』는 조선후기 실학사상의 최고봉인 다산을 그 경세학(經世學)의 면에서 처음으로 유감없이 분석 종합하여 이 방면 연구에 길이 남을 이정표라고 평가된다. 그리고 다산의 실학사상 연구뿐만 아니라 조선후기 실학사상을 연구 개발하는 데 있어 홍 선생님의 역할과 위치는 다음과 같이 평가되고 있다.

> 선사(先師) 위당·호암과 같은 분들에 의하여 시작된 전전(戰前)의 실학 연구를……전후에 이것을 재출발시켜 실학사상사를 전후 한국사학 최대의 수확의 하나로 성장케 하는 중대한 사명을 선생께서 몸소 감당하신 것이다.(천관우, 앞의 글)

제3권 『서학·기독교』의 주요 목차를 보면, 제1부 한국의 기독교사와 그 자료(「한국 기독교 발전상의 일면」 등 논문 13편 수록), 제2부 한국 근·현대사와 기독교(「갑오경장과 기독교」 등 논문 11편 수록), 제3부 기독교와 한국문화(「기독교와 유교문화」 등 논문 6편 수록)로 구성되어 있다. 여기서 서학, 즉 기독교 문제는 실학과 연관시켜 고찰되어야 한다는 문제의식에서 거의 같은 시기에 실학과 함께 집중적으로 연구되었다는 사실을 짐작할 수 있겠다. 홍 선생님은 기독교사 연구를 통해 외세침략 과정이나 근대의식의 성장과정을 이해하려 하였다. 또한 기독교를 매개로 서구사회와의 연관성을 해명하고, 이를 통해 근대 한국사회를 세계사와 비교하여 객관적으로 평가 인식하고자 했다. 이를 위해 기독교사 연구에서 연유되었을 것으로 생각되는 바, 한국관계 서양문헌의 발견·소개는 선생님의 독보적인 개척적 업적이라 할 수 있다.

홍 선생님이 한국근대사를 이해하는 데 있어 기독교 문제의 중요성을 인식하고, 그 연구에 힘쓰게 되었던 것은 개신교정신이 가정환경이나 교육과정 및 거의 일생 동안 재직한 중고등학교 및 대학교의 정신적 기반이 되어, 선생님의 인생과 역사의식이나 역사학에 직·간접적으로 영향을 주었다는 점과 관련시켜 생각해보아야 할 것 같다. 그리고 1950년대에 실학과 함께 기독교사를 집중적으로 연구하는 과정에서 은사 백낙준 선생님으로부터 격려와 도움을 받았다는 사실도 지적되어야 할 것이다.

제4권 『사상사·정신사』의 주요 목차를 보면, 제1부 한국사상사의 이해(「한국사상사의 방법」 등 논문 8편 수록), 제2부 한국사상과 유교(「조선 유가(儒家)의 척사론에 대하여」 등 논문 7편 수록), 제3부 한국정신사 서설(「한국 식민지시대 정신사의 과제」 등 논문 5편 수록), 제4부 한국인의 사유양식(「해방 15년의 정신사 - 정체적인 혼란의 연속」 등 논문 14편 수록), 제5부 일제 식민지하의 작가정신(「1920년대 식민지적 현실 - 민족적 궁핍 속의 최서해」 등 논문 6편 수록)으로 구성되어 있다.

그리고 제4권 『사상사·정신사』의 내용을 구성하는 논문 40여 편 중 대부분이 1960년대에 작성 발표된 것이다. 이처럼 한국 근·현대 사상사 내지 정신사에 관한 폭넓고 깊은 연구업적은, 연구를 통해 구명하고자 하는 것이 역사적 사실이기보다는 그 배후에 흐르는 사상과 정신이라 생각하는 역사인식 방법과, 현재에 가까운 근·현대사를 중요시하는 역사학자로서 지닌 강렬한 현실의식을 바탕으로 이루어졌다 할 것이다.

이러한 홍 선생님의 근·현대 사상사나 정신사에 관한 연구업적은 다음과 같이 평가된다. 즉 "홍 선생의 학문적 염원은 한국 근대 사회사상사를 규명하는 것이고, 투철한 기본정신은 올바른 주체적 민족사관을 확립하는 것이며, 사상사를 폭넓은 통찰과 예리한 분석을 통해 연구하였다."(박종홍, 앞의 글) 특히, 역사를 보는 홍 선생님의 폭넓은 시야가 식민지시대의 사상사나 정신사를 이해하는 데 인식방법의 유연성이랄까, 탄력성을 가지게 했다는 점을 주목하게 된다. 즉, 선생님은 마르크시즘의 역사적 기능에 대해서도, 변증법적 유물론에 의한 인식은 식민지시대 한국인에게 새로운 비판정신과 전투적 정신을 부여하게 되었다는 객관적 평가를 내리게 되었다. 이와 동일한 인식논리에서 남북통일이론도, 보수적 민족주의나 좌익적 계급주의 어느 한 쪽에 의해 상대방이 일방적으로 굴복되어서는 안 되고, 양자가 함께 설 수 있는 공통의 기반을 마련해야 한다고 하였다. 또한 집념을 갖고 추구한 식민지시대의 정신사 구명을 위해 처음으로 문학작품을 사료로 이용하기 시작하였다. 조선시대 사회사상 연구에서도 찾아볼 수 있는, 문학작품의 사료화 시도는 "일반 역사가들이 역사적 자료로 이용하기를 금기로 여기다시피 하는 문학작품을 대담하게 사학의 지평으로 끌어들여 역사적 조명을 던진" 개척적 작업으로 평가되고 있다.(염무웅, 「역사의식과 문학」, 『나라사랑』 18, 1975)

이상 변증법적 유물론에 대한 객관적 인식과 문학작품의 사료화 시도는 그 당시의 역사학계 현실은 물론 연희전문학교의 학풍에 파급된 사회경제사학의 영향, 또한 전문학교 시절 재학생 문학동인회의 일원으로 활동했던 경험과 관련시켜 생각해야 할 문제로 본다.

제5권 『외교사・교섭사』의 주요 목차를 보면, 제1부 한국외교사, 제2부 근대 한국의 대외교섭사(「제정아라사의 대외정책과 영국인의 극동여행의 진의」 등 논문 14편 수록), 제3부 유럽인의 한국관(「서구인들의 조선 발견사」 등 논문 11편 수록)으로 구성되어 있다. 이처럼 제5권 『외교사・교섭사』는 26편의 논문으로 이루어졌는데, 대체로 1940년대 후반과 50년대에 주로 발표된 근대 한국의 대외교섭과 유럽인의 조선 발견에 관한 논문들을 1965년에 「한국외교사」(『한국문화사대계』 2, 고려대 민족문화연구소, 1965)로 종합 정리한 것이라고 하겠다. 이 때 종합 정리된 「한국외교사」가, 그대로 제1부 한국외교사의 내용이 되는 것이다. 홍 선생님은 외교사 연구의 급선무는 1876년 개항 이후 일련의 불평등조약을 강요당한 사실에 대한 반성으로서, 그렇게 될 수밖에 없었던 역사적 배경을 살펴보는 작업이라고 생각하였다. 이처럼 개항 이후의 불평등한 외교관계를 고찰, 식민지로 귀착되는 대외관계의 모순을 반성하여 식민지시대의 부정적 유산으로 혼란이 심화된 해방 이후의 복잡한 국제관계에 대처할 대응논리를 모색하려는 데 교섭사나 외교사 연구의 궁극적 목적이 있었던 것으로 보인다.

제6권 『한국근・현대사』의 주요 목차를 보면, 제1부 한국근대사(1800~1945), 제2부 일제의 침략과정과 지배정책(「근대 한국의 문명사적 위치 - 비극적인 근대화 과정을 밟아온 한국」 등 논문 15편 수록), 제3부 한국민의 독립투쟁과 3·1운동(「수교조약 이후의 반일세력」 등 논문 13편 수록), 제4부 현대 한국의 계기적 전개(「한국 민족의 역사적 도달점」 등 논문 12편 수록), 제5부 한국현대사의 제문제(「한국현대사의 제문제」 등 논문 8편 수록)로 구성되어 있다. 제6권 『한국근·현대사』의 내용을 구성하는 논문 40여 편은 1950년대부터 70년대에 걸쳐 발표된 것이나, 그 대부분은 1960년대에 발표되었다. 대체로 한국근대사 부분에서는 개항 이후 일제의 침략과정과 식민지배정책의 실태와 성격, 그리고 그에 대응한 한국 민족의 국권수호운동과 3·1운동을 중심으로 한 항일독립투쟁의 성격과 역사적 의의를 분석 고찰하였다.

또한, 한국현대사 부분에서는 해방 이후 국토분단, 6·25전란, 4·19학생혁명, 5·16군사혁명 등 중요한 역사적 사실을 분석 고찰하였다. 그리하여 해방 이후 한국사회가 안고 있는 부정적인 역사현실들, 즉 일제 식민통치의 잔재, 반민주적 독재정치, 남북분단과 이념갈등을 극복하고 완전 독립된 자유민주적 통일국가 완성에 대응할 논리를 모색하고자 했던 것으로 보인다. 그리고 제6권 『한국근·현대사』의 연구는 궁극적으로 앞에서 살펴본 한국근·현대의 『사상사·정신사』(제4권)에 접근하기 위한 전단계적 연구작업의 성격을 띤 것으로 볼 수도 있을 것 같다. 특히, 실학사상과 함께 홍 선생님의 항일독립운동사 연구는 선구적 업적으로 높이 평가되고 있다.(천관우, 앞의 글)

5. 역사학의 성격과 위치

위에서 홍이섭 선생님의 역사학을 극히 피상적이고 간략하게 살펴보았다. 이 같은 개괄적인 고찰을 통해 엿볼 수 있었던 사실들을 토대로 선생님 역사학의 성격과 위치를 정리 요약해보겠다.

1938년 연희전문학교 문과를 졸업한 이후의 한국사 연구경향을 살펴보면, 대체로 1940년대 전반에 한국과학사를, 해방 이후 40년대 후반에 대외교섭사를, 1950년대에 실학사상과 기독교사를, 그리고 1960년대와 70년대 초반에는 한국근・현대사를 중점적으로 연구하였다. 연구경향에 나타난 특징으로는, 현실의식이 강렬하여 현재로부터 가까운 근・현대사를, 또한 실증을 통해 역사적 사실을 복원하기보다는 실증된 사실의 배후에 흐르는 사상 내지 정신을 구명하는 데 치중했다는 점을 지적할 수 있을 것이다.

대체로, 민족사학 전통을 계승한 홍 선생님의 역사의식은 민족의식과, 식민지시대에 민족의식과 비교적 친화관계에 있던 개신교정신에 기반을 두고 있다 할 것이다. 홍 선생님은 민족의식을 기반으로 하여 식민사관을 극복하고 올바른 주체적 민족사관을 확립하려 하였다. 한편, 개신교정신에 포용된 서구의 진보적 역사의식을 수용하여 민족사학에 잠재된 보수적이며 배타・폐쇄적인 속성을 극복, 자신의 역사관이나 인식방법을 더욱 새롭게 했던 것으로 보인다. 홍 선생님은 개신교 선교사들이나 미국에서 역사학을 전공한 은사 백낙준 선생님을 통해 일제에 의해 굴절되지 않은 서구의 진보적 역사의식 내지 역사학을 수용할 수 있었던 것으로 보인다.

홍 선생님은 한국사의 새로운 연구영역이나 역사인식 방법을 개척하였다. 또한 선생님의 성격은 솔직하고 강직하여 그릇된 사관, 역사인식 방법 및 역사서술에 대해서는 신랄하게 비판하였다. 그리고 성격과 생활의식은 서민적이어서 신분이나 계층을 거의 따지지 않고 만나서 강연하고 토론했으며, 민중의 생활・의식 및 역사적 기능을 중요시하였다. 그리하여 선생님의 역사학에서는 적극적인 개척정신과 철저한 비판의식 및 민중의식을 찾아볼 수 있다. 이러한 역사학의 성격은 농촌운동의 선구이고 강한 현실비판의식을 지닌 부친과 인간존중이나 평등의식이 강조되어 있는 개신교정신의 영향에서 비롯되었던 것으로 보인다.

홍 선생님이 1946년에 펴낸 『세계사와 대조한 조선사 도해표』의 서술의도에 단적으로 나타나 있듯이, 선생님은 한국사를 세계사와의 비교를 통해 좀더 객관적이고 보편적으로 평가 인식하려 하였다. 이 같은 의식은 연희전문학교 재학중 백낙준 선생님으로부터 배운 서양사・교회사에 관한 지식과 인류주의와 세계주의를 강조하는 개신교정신에서 비롯되었을 것으로 짐작된다.

또한 홍 선생님은 한국사와 세계사의 차이, 역사의 시대적 차이 및 인문과학과 사회·자연과학의 차이를 상당히 극복하고 역사적 사실을 비교적 객관적으로 인식할 수 있는 능력을 지녔던 것으로 보인다. 이것은 선생님이 광범한 학문 분야에 걸쳐 지식이 해박했다는 사실뿐만 아니라, 서로 성격이 다른 여러 분야의 문제들을 통일적인 것으로 정리, 이해할 수 있는 수준 높은 역사인식 능력을 지녔음을, 즉 역사인식 능력이 철학적 단계에 상당히 접근했다는 사실을 의미하는 것이다.

홍 선생님은 민족사학 전통을 계승하여 일생 동안 식민사관을 극복하고 올바른 주체적 민족사관을 확립하는 데 힘을 기울였다. 한편 일본사학의 영향을 받은 문헌고증사학에 저항하고, 그 한계를 극복하기 위해 일제에 의해 굴절되지 않은 서구의 진보적 역사학을 수용, 자신의 역사인식 방법을 새롭게 할 수도 있었다. 선생님은 역사학자로서의 윤리적 내지 학문적 입장이 궁색하지 않았기 때문에, 대개의 경우 선생님의 견해와 주장은 신념에 차 있고 설득력이 있었던 것으로 생각된다.

홍 선생님의 역사학에서는 적극적인 실천적 성격을 찾아볼 수 있다. 선생님은 대학교수로 재직하면서 국사편찬위원회 위원, 민족문화추진위원회 이사, 서울기독청년회 이사, 학술원 회원, 외솔회 회장, 세종대왕 기념사업회 상임이사 등을 역임하여 관공서나 사회 각계의 편집회·강연회·좌담회 및 언론매체를 통해 민족사학을 확대 보급하는 데 힘을 기울였다. 이 같은 민족역사의 확대, 보편화를 위한 적극적인 활동은 선생님의 견해와 주장이 새롭고 신념에 차 있으며 설득력이 있었기에, 역사학계는 물론 각계 각층의 폭넓은 공감을 얻을 수 있었던 것으로 짐작된다.

홍 선생님의 역사인식의 방법에서는, 정치사를 중심으로 실증을 통해 역사적 사실을 복원하는 데 치중했던 근대역사학의 단계를 극복하고, 연구영역을 경제사·사상사·문학적 역사 등으로 확대하는 동시에 역사적 사실의 해석을 중요시하는 현대역사학을 지향하려는 강한 의지를 엿볼 수 있다. 이로써, 민족사학 전통을 이어받아 식민사관 극복과 민족사관 확립을 끈기있게 추구한 선생님의 역사학이 한국사학 내지 사학사에 점하는 위치는 더욱 높이 평가된다 할 것이다.

흔히 홍 선생님은 박식하면서도 문장이 경직되어 여유가 없고 난해하다고 한다. 그 중요한 이유는 학문에 대한 강한 집념을 가지고 어려운 여건 속에서도 연구를 계속하는 과정에서 형성된 강박관념 때문이었다고 한다. 또한 선생님 학문활동의 상당부분이 계몽적 범주에 머물러 있다는 비판도 있다. 그 원인은 때때로 느끼는 것과 필요한 인식이라고 생각되는 것을 어떤 계통의 인식이 미처 정리되지 않은 채 절박한 감정에 지배되어 그대로 발표했기 때문이었다고 한다. 홍 선생님의 역사학에서 지적되는 이상의 문제점들은 천관우 님의 다음과 같은 논평처럼, 선생님에게 지워진 과중한 사학사적 사명을 수행하는 과정에서 나온 결과는 아닐런지. "전후의 한국사학계에서 공동의 관심사가 된 여러 중요한 문제의 대부분이 선생(홍이섭)의 계발에서 이루어졌으며, 혹은 선생께서 손수 개척하신 것이었음을 새삼스럽게 돌이켜보는 것이다."(천관우, 앞의 글)

6. 맺음말 — 덧붙이는 말

구산 : 지금까지 내게 읽어서 들려준 것이 지난날 구천이 어느 책엔가 썼다던고 홍이섭 선생의 역사학에 관한 글의 내용이란 말이지. 그러니까, 『한국의 역사가와 역사학』 하(『창비신서』 127, 창작과비평사, 1994)에 실려있다는…….

구천 : 그렇습니다. 저는 홍 선생님의 역사학에 관한 원고 집필을 청탁받고, 처음에는 거듭 사양했었습니다. 우선, 글을 쓰자면 은사님의 역사학을 논평해야 하는 등 여러 가지 점에서 자연스럽지 못할 것 같다는 생각이 들었기 때문입니다. 또한, 다방면에 걸친 선생님의 많은 연구업적을 제한된 시일 안에 모두 수집, 검토할 자신이 없기도 했구요. 그러나, 한편으로는 타계하신 지 20년 가까운 세월이 흘렀으니, 홍 선생님의 역사학을 한번쯤 간략하게라도 종합 정리해볼 필요가 있을 것 같다는 생각도 하게 되었습니다. 그리하여, 미숙한 제 주제에 집필청탁에 응하는 만용(?)

을 부리게 되었던 것이랍니다. 사실상, 그 같은 만용을 부릴 수 있었던 데는 제 나름의 생각이 있기도 했답니다. 때마침 『홍이섭전집』 간행을 위해 선생님의 중요한 논저들이 인쇄중에 있어서, 그 교정본을 쉽게 참고할 수 있으리라는 점과, 또한 선생님의 역사학을 논평한 여러 학자들의 글을 종합 정리하면 되겠다는 생각을 가졌던 것입니다. 특히, 주저하게 되었던 문제, 그러니까 선생님의 역사학을 논평하는 부분의 내용은 주로 여러 학자들의 평론을 종합 정리하면 될 것으로 생각했습니다. 사실상 대부분 논평의 내용은 그렇게 했고요. 그러나 예상했던 것과는 달리 실제로 원고를 정리 작성하는 과정에서 적지 않은 어려움을 겪어야만 했답니다.

구산 : 구천이 말하는 '적지 않은 어려움'이라는 것이 무엇인지, 말하지 않아도 대강은 짐작할 수 있을 것 같네. 계속해서 구천이 홍 선생의 역사학에 관해 쓴 글이 인쇄되어 나온 지금의 소감을 한 마디로 간단하게 말해 주었으면 좋겠는데…….

구천 : 여러 가지로 미숙한 글이지만, '쓰기를 잘했구나' 하는 생각을 하게 됩니다. 그리고 기회가 주어진다면 더욱 열심히 공부해서 홍 선생님 역사학의 진면목을 소개하고 싶다는 말씀을 드립니다. 그래야만 제가 미숙한 글을 썼다고 생각하는 자책감에서 벗어날 수 있게 될 것 같기도 하구요.

구천 : 끝으로 한가지만 더 물어볼 것이 있네. 다름 아니라 역사학자이자 은사인 홍 선생의 역사학에 관한 글을 쓰는 동안, 구천의 머리 속에서 떠나지 않았던 생각이 있었을 터, 과연 홍 선생의 역사학에 관해 주로 어떤 생각을 가지고 있었는지…….

구천 : 저는 홍 선생님의 역사학에 관한 글을 쓰면서 시종일관 이런 생각을 했답니다. "어쩌면 홍 선생님은 그 연세에, 그처럼 학구에 불리한 여건 속에서, 그같이 참신한 사관과 역사의식·연구방법과 비판적 안목을 가지고, 그렇게 광범한 분야에 걸쳐, 그처럼 많고 수준 높은 학문적 업적을 이룩할 수 있었단 말인가." 이것은 주로 미숙한 제 자신과 비교해볼 때

그처럼 생각하게 되었던 것이기는 하지만……. 선생님의 제자들에 대한 교육목표가 분명 '청출지교(靑出之敎)'에 있었을 텐데도…….

참고문헌

홍이섭,『朝鮮科學史』(日文), 東京, 三省出版社, 1944.
홍이섭,『조선과학사』(국역재판), 정음사, 1946.
홍이섭,『세계사와 대조한 조선사도해표』, 정음사, 1946.
홍이섭,『학회기략(學誨記畧)』, 정묘회, 1952.
홍이섭,『한국해양사』(공저), 1955.
홍이섭,『정약용의 정치·경제사상 연구』, 한국연구도서관, 1959.
홍이섭·손보기·김철준, *The History of Korea*, 유네스코 한국위원회, 1970.
홍이섭,『한국사의 방법』, 탐구당, 1970.
홍이섭,『세종대왕 전기』, 세종대왕 기념사업회, 1971.
홍이섭, *Korea's Self-Identity*, 연세대학교 출판부, 1973.
홍이섭,『한국근대사』, 연세대학교 출판부, 1975.
홍이섭,『한국정신사 서설』, 연세대학교 출판부, 1975.
외솔회,『나라사랑』 18, 정음사, 1975.
『홍이섭전집』 1~6, 연세대학교 출판부, 1994.

(『실학사상연구』 4, 1993)

홍이섭 선생님의 역사관

홍 주 희

1.

　우리나라 20세기의 역사학은 역사서술면에서나 역사의식면에서 10년대와 20년대에 걸쳐 근대 역사학으로 성장해 가고 있었다. 이 시기는 백암 박은식과 단재 신채호를 중심으로 종래 우리 역사학의 전통을 계승 비판하고 서구 근대 역사학의 방법론을 참작하여 새로운 역사 체계화를 위한 단서가 되었다. 그 뒤를 이어 30년대, 40년대에 이르러서는 근대 역사학이 크게 달라지고 다양화되고 있었다. 이 시기에는 일본의 식민정책하에서 교육받은 역사학도가 배출되고 급격히 몰아치는 사회사상의 격동 속에서 일정한 역사관을 지니고 등장하는 역사가를 대하게 된다. 즉 세 계통의 역사학풍이 전통적 역사학과 새로운 역사학을 나름의 입장[史觀]에서 한국의 역사를 분석하고 종합하려고 하였다.
　이 세 계통의 역사학풍이 바로 민족사학·실증사학·사회경제사학인 것이다. 이 세 계통의 학풍 중에서 민족사학자의 마지막 단계에 위치하고 계시는 홍이섭 선생님의 사학 세계를 이해하기 위한 것이 이 리포트의 주제이다.
　이번 학기 동양연구사를 들으면서 역사 자체에 대한 인식과 서술 방법에 관한 문제점을 많이 생각하게 되었는데, 홍 선생님의 논문과 저작을 읽으면서 많은 정리가 된 것 같다. 근대와 현대의 두 시기를 이으면서 생애의 경험을 정확히 표현하기 위해 방법론과 인식의 정확성을 기하기 위해 무척 애를 쓰고 고민하셨던 흔적을 역력히 느낄 수 있었다.

20세기 한국사가 중 홍이섭 선생님을 택하게 된 것은 연세 사학도로서 자연스러운 일이라 생각된다. 평소에 선생님들과 선배님들께서 들려 주신 홍 선생님의 성품과 사학의 세계는 좀더 구체적인 검토를 하고 싶도록 필자를 유도하였다. 마침 이번 학기의 리포트가 20세기 한국사가론이어서 주저없이 홍 선생님에 대해 쓰기로 했다.

홍 선생님의 제자로 현재 홍익대학교에서 강의하고 계시는 원유한 선생님을 찾아뵙고 그분(홍 선생님)에 관한 많은 말씀을 들었다. 그리고 원 선생님께서 기고하셨던 월간 『화폐계』(1981년 4월호에서 11월호까지의 「서창여화(書窓餘話)」란에 「홍이섭 선생님을 추모함」이란 제목으로 1~8회에 걸쳐 연재됨)를 필자에게 주셔서, 홍 선생님의 인간적인 면과 후학·제자들의 선생님 별세를 안타까워하던 마음을 충분히 느낄 수 있었다.

또한, 『나라사랑 - 홍이섭 선생 특집호』 제18집(1975)을 읽으면서 느낀 감동 또한 큰 것이어서 홍 선생님의 인간적인 측면을 다루려 한다. 그리고 선생님의 역사 연구방향과 방법론을 고찰하려 한다. 다양한 주제를 다루셨지만, 여기서는 인식방법과 정신사, 사상사를 중점적으로 고찰한 후 홍 선생님의 사학의 성격과 한국사학에서의 위치를 검토해보고자 한다. (위 내용은 리포트의 '머리말' 부분임)

2.

앞에서 살펴 본 것처럼 홍 선생님은 다양한 분야와 넓은 범위를 연구하셨지만, 그것은 현실의 극복문제로 일관되어 있음을 알 수 있다. 과학사·정신사·사상사·종교사와 일반 논설에 이르기까지 모든 연구가 주체적인 한국사 인식을 위한 민족사학 정립으로 일관되어 있다.

머리말에서 언급한 것처럼 홍 선생님은 민족주의 사학자로 꼽히고 있으나 단순히 민족주의 사학자로 보기에는 몇 가지 차이점이 있다고 생각된다. 우선 방법론적인 면에서 유기적이고 종합적인 인식을 꾀하기 위해 많은 노력을 하셨고, 또 한국 역사인식의 객관화를 위하여 외국과 비교 또는 외국인에게 비추어진 모습에 관심을 기울이셨고, 근대 역사학에서 현대 역사학으로 끌어올리기 위해 한국사 전체의 체계적인 인식을 갖추려는 노력을 하셨다는 점이다. 즉 단순한 문헌고증학의 결함을 뛰어 넘고 있으며 역사 자체만 문제 삼지 않고, 포괄적으로 문학·교육·종교 등의 여러 주제를 역사적 관점에서 분석하는 뛰어난 안목을 갖추고 계셨다고 볼 수 있다.

민족주의 사관이 지니는 한계성의 하나가 역사적인 발전에 대한 개념의 결여인데, 이 문제에 있어서는 홍 선생님도 완전히 극복하시지 못하고 계시나 일종의 순환논리는 탈피하고자 하셨다 할 것이다. 그렇지만 일본의 식민정책을 세계사적인 관점에서 자본주의 체제와 전근대 사회체제와의 연결성과 모순성 등의 구체적인 문제점은 느끼지 못하고 계셨던 것으로 보인다. 물론, 워낙 체계가 서 있지 않은 한국사를 정리하시느라 세계사적 관점에까지는 이르지 못하였지만 나름대로의 최선을 다하셨다고 생각된다.

여기서 언급하고 싶었던 점은 동양의 근대사가들과의 사상적 비교와 20세기의 세계 보편적인 사상의 추이를 연결시켜 검토하는 일이었는데, 능력의 부족으로 언급치 못하고, 다만 동양사 시간에 배운 홀(J. W. Hall)의 '개방적 접근방법'이라는 말과, 아이젠슈타트(S. N. Eisenstadt)의 '연속적 자기 유지적 성장 내지 변화'라는 말들이 홍 선생님의 '지식의 유기적 종합화'라는 표현과 관련이 있는 듯한 느낌이 들었다. 유기적이라는 말 자체가 생명의 순환을 지칭하고 있는 것으로 생각되며, 자기 유지적 성장 내지 변화와도 밀접한 언어로 생각되어지기 때문이다.

또 동양사 시간에 많이 생각케 하던 현대 동양 역사가의 한 사람인 셰노(Jean Chesneaux)가 지적했던 역사에 대한 태도를 홍 선생님의 역사인식에서 검토해 보아도 좋으리라 생각되었다. 물론 홍 선생님과 셰노는 생존하던 시간적·공간적 차이가 있지만, 역사를 보는 자세, 역사의 기능에 대해서는 근접한 사고를 지녔다고 볼 수도 있다고 생각된다. 셰노가 지적했던 역사의 전문성, 지성주의, 비정치적 객관성 등 차례로 살펴보면, 우선 전문성의 문제는 홍 선생님의 글의 성격과 기고했던 대상이 다양했으므로, 사상적으로 깊이는 파내려 갔지만 일반대중과 유리되지 않은 역사를 연구하셨다고 생각된다. 지성주의에서도 홍 선생님은 오히려 반대적 입장에 있었음을 알 수 있는데, 이는 『조선과학사』에서 이것이 특수사임에도 불구하고 일반 민중의 생활사로 연결지으신 점에서 잘 나타나 있다. 그리고, 정치성의 문제에 있어서도, 셰노가 역사인식을 정치적으로 해명해보려고 하였듯이 홍 선생님도 정치사의 추이가 일반사 이해의 핵심체였다고 파악하시었다.

또 한 가지 민중의 투쟁 이해 자세에서 셰노는 이것에 대해 깊은 관심을 두고 역사를 진전시키는 힘으로 파악하고 있다. 홍 선생님은 논설「역사에 나타난 민중세력 – 동학란에서 4·19까지의 항쟁의 발자취」에서 민중의 항쟁을 다루었지만 역사를 변화시키는 힘으로까지는 파악하지 못하셨다.

이상의 비교에서 한국사의 체계확립에 집중되어 현대 역사의 이론적인 면이나 깊이있는 분석이 아직 시도되지 못하고 있었음을 알 수 있다. 그러나 홍 선생님의 연구의 기반이 없었다면 그 뒤의 후학이 쉽게 체계를 잡을 수는 없었을 것이며, 당시 사학계의 상황에서는 누구에 못지않은 인식으로 철저한 역사 분석을 행하신 것으로 생각된다.

이상으로 홍이섭 선생님의 역사관을 검토하였다. 혹 잘못 이해되거나 제대로 파악치 못한 부분이 있을까 두려운 마음이다. 기회가 있다면 심층적인 연구를 해보고 싶다. (위 내용은 '맺음말' 부분임, 1983)

구산 : 이상의 글이 연세대학교 대학원생 홍주희 양이 동양사전공 박영재 교수에게 제출했던 학기말 리포트의 일부 내용이란 말인가? 내용을 잘 안다고 할 수는 없겠으나, 대견스러운 일인 것 같군.
구천 : 그렇습니다. 그러니까, 홍 양의 학기말 리포트의 '머리말'과 '맺음말' 부분의 내용이랍니다.
구산 : 구천은 어떻게 「홍이섭의 역사관」을 주제로 한 홍 양의 학기말 리포트를 지금까지 보관하게 되었는가? 그 동기와 경위가 매우 궁금하군 그래.
구천 : 되도록 간략히 그 경위를 말씀드려보기로 하겠습니다. 그러니까, 1981년

에 들어서면서 홍이섭 선생님을 추모하여 쓴 글들을 수집 정리해야 하겠다는 생각을 가지게 되었습니다. 그리하여, 선생님이 타계하신 후 각 신문을 비롯한 잡지 등에 실렸던 추모사를 모아서, 그 해 4월부터 월간 『화폐계』의 「서창여화」란에 게재하기 시작하였답니다. 뿐만 아니라, 일찍이 홍 선생님의 강의를 들었던 경험이 없는 학부 학생 및 대학원 학생들이 선생님의 인간상이나 역사학을 어떻게 평가 인식하고 있는가에 관심을 가지게 되었기 때문에, 홍 선생님의 역사학에 관한 이종훈(당시 사학과 4학년) 군의 글을 『화폐계』에 실었습니다. 그리고 적당하다고 생각되는 대학원생을 물색하고 있던 차에 앞에서 언급되어 있듯이 1983년 봄인가, 가을인가에 홍주희 양이 홍 선생님의 역사학을 검토 분석하는 데 필요한 자료를 구하기 위해 저희 집에 찾아오게 되었던 것입니다.

구산 : 그리하여 홍 양에게 일부 필요한 자료를 소개해주고, 홍 양이 학기말 리포트로 제출했던 글을 건네받아 지금까지 10여 년 간 보관하고 있었단 말이군, 그래.

구천 : 지금으로부터 10여 년 전 홍 양이 같은 사학과 대학원생 이명화(독립기념관, 민족운동사연구소 연구관) 양과 함께 저의 집을 찾아왔을 때, 그 자질, 성실성 및 학구열 등 여러 모로 보아 역사학 공부를 계속했으면 좋겠다는 생각을 가졌답니다. 또한, 그 얼마 후에 가져온 원고를 읽어보고, 열심히 노력한 흔적을 확인할 수 있었구요. 그러나 수정 보완 없이 그대로 활자화하는 것은 적절하지 않을 것 같다는 생각이 들어, 홍 양과 다시 연락이 되기를 기다리다가 오늘에 이르게 되었습니다. 그리하여 홍 양이 홍이섭 선생님의 역사학에 관한 글을 썼었다는 사실만이라도 문자로 밝혀두는 것이 필요할 것 같아서, 우선 그 글의 '머리말'과 '맺음말' 부분의 내용을 약간 수정하여 여기에 소개하는 것이랍니다. 그 글의 분량은 200자 원고지 약 80매 정도인데, 목차를 보면 다음과 같습니다.

1. 머리말 2. 사학의 형성과정과 인간적 측면 3. 역사연구 방향과 방법 1) 역사인식과 방법의 문제 2) 정신사 연구의 문제분석 3) 사상사 연구

의 문제분석 4. 홍이섭 사학의 성격 - 맺음말을 대신하며 - .

끝으로 홍이섭 선생님의 역사학에 관해서 홍주희 양이 땀흘려 작성한 리포트의 '맺음말'에서 기약하였듯이, 가능한 한 빠른 시일내에 보완, 발표될 수 있게 되기를 기대하고 있답니다. '뜻이 있는 곳에 길이 있다'고 하였으니까요.

제2부 홍이섭 선생을 추모하며

홍이섭 선생 영전에

김 철 준

　선생님 영전에 울고 절하는 후배들을 다시 한번 살펴주소서. 선생님이 갑자기 별세하셨다는 소식을 들었을 적에 앞이 캄캄하였습니다. 어찌된 일이옵니까. 하늘이 무심도 하지, 이러한 때에 선생을 부르시다니.
　"세상에 옳은 것보다 더러운 것이 더 많은 것은 더러운 것보다 옳은 것이 더 많을 때를 위한 준비가 아니겠는가" 하시던 선생의 말씀이 언뜻 기억납니다. 언제나 청빈에 자족하시고 불의를 보시고는 자리를 가리지 않고 일갈(一喝)하시면서도 항상 낙천적이시던 선생께서 어이하여 하늘나라로 가셨나이까. 거기는 꾸짖을 불의도 없고 부끄럼을 모르는 소인배도 없을 그곳에 어이하여 가셨나이까.
　선생은 1933년 배재고보를 나오시고 연희전문 문과에 입학하시어 정인보 선생과 백낙준 선생 문하에서 국학연구에 뜻을 두고 1944년에 『조선과학사』를 저술하시어 그 방면 연구에 선구가 되었고, 해방 후 고려대학교에서 일시 교편을 잡으시다가 1953년 모교인 연희대학교에 가셔서 학생들을 지도함에 있어서 오늘날 한국인이 가질 정신적 자세가 무엇인가를 가르치시는 것을 당신의 사명으로 생각하신다고 말씀하시던 것이 기억에 새롭습니다.
　선생은 기독교사 관계, 정다산 연구를 비롯한 실학 연구, 한국 식민지시대의 정신사적인 문제, 단재·백암·위당 세 분의 민족사학의 문제 등 넓은 분야를 연구, 후배들을 이끌어 나가는 길잡이였는데……. 선생의 이러한 모든 연구는 과학적인 인식 기반 위에서 식민지시대의 정신적 체질을 밝히는 것이었습니다.

선생을 모르는 분들은 선생을 가리켜 "입만 열면 욕만 하신다" 하였지만 지금 우리 주위에 소위 지성인의 사회 안에서도 욕먹지 않을 일이 얼마나 있는가 생각해 보면 선생의 공은 바로 우리 주위에 있는 결함을 꾸짖는 데 있었습니다.

선생이여, 저 세상에 가셔서도 후배들을 굽어 살피소서, 살펴줍소서.

(「경향신문」, 1974. 3. 5)

민족사학의 큰 별……
홍이섭 박사의 일생

　한국 정통 사학의 마지막 빛이었던 홍이섭 박사(60)는 일제가 왜곡한 민족 역사를 바로잡는 국사 체계화의 마지막 마무리를 눈앞에 두고 세상을 떠났다. 혼미한 한국 사회 현실에서 항상 민족의 살 길과 민족의 미래를 걱정했던 홍 박사는 일제 관학에 맞서서 한국사의 순수성을 지켰던 신채호·박은식·정인보 선생의 맥락을 잇는 민족사학의 큰 별로 사학계 뿐만 아니라 한국 문화계 전반에 끼친 영향은 지대했다.
　1914년 서울에서 출생한 홍 박사는 배재, 연희전문을 졸업한 뒤 평생을 국학대·고대·숙대·연대에서 사학을 강의했으며, 해박한 지식과 꿋꿋한 정신이 담긴 그의 강의는 젊은이들의 심금을 울리는 대학가의 명강의였다.
　외국 대학이나 학회의 초청에도 한번도 나가지 않고 국내에 있었던 홍 박사는 외국의 새 학문 경향에도 밝아 많은 후진들에게 공부하는 방향을 잡아주었다. 홍 박사에게 직접 배우지 않았다 해도 학문적인 영향을 받지 않은 사람이 드물 정도였다.
　'역사학은 목숨을 내놓고 하는 것'이라고 말하던 홍 박사는 과학을 빙자한 흐리멍텅한 논문을 찢어버리며 '정신 빠진 놈들'이라고 욕하기가 일쑤였다고 측근들은 고인의 에피소드를 들려준다. 홍 박사는 일제시대사를 주로 다루었지만 1944년에 내놓은 『조선과학사』는 한국사학사에 기념비적인 논문이었으며 『정약용의 정치·경제사상 연구』 등 실학관계 연구는 획기적인 업적이었다.

학술원 회원과 국사편찬위원회 위원이었던 홍 박사는 6·25후 정통 사학의 단절 위기에서 고군분투하여 국사 인식방향을 올바로 잡는 데 큰 업적을 남겼고 식민사관을 극복한 최초의 영문 한국사를 공저로 내놓기도 했다.

단편적인 논문을 모은 『한국사의 방법』은 사학도 필수의 입문서가 되었고 최근에는 근세 정신사와 한국사상사 분야에 손을 대 학계가 기대하던 중 뜻밖의 변으로 저서를 남기지 못하게 됐다.

홍 박사는 연대 동방학연구소장으로 국학연구의 기틀을 마련했고, 최근에는 고 최현배 박사의 추모 모임인 외솔회를 이끌며 근세 일제에 항거한 사상가들을 정리해 놓기도 했다.

역사학자로는 유일하게 문학 분야에 많은 관심을 가졌던 홍 박사는 채만식, 염상섭, 심훈 등을 재평가하여 한국 현대문학사를 재인식하는 계기를 만들기도 했다.

(『경향신문』, 1974년 3월 5일자)

홍이섭 박사를 애도함

전 상 운

선생님, 이게 웬일입니까.
어떻게 그토록 홀연히 세상을 떠나실 수 있단 말입니까. 도무지 믿어지지 않습니다. 너무나도 큰 충격에 저는 정말 제대로 몸을 가눌 수가 없습니다.
어처구니없게도 냉혹한 이 현실을 원망하고 슬퍼할 줄도 모르는 저도 오늘만은 눈물을 펑펑 쏟았습니다. 그리고 이제 다시 한번 가슴 속에서 복받치는 뜨거운 통곡을 삼키면서 이 글을 씁니다.
아무리 인생이 덧없다 한다지만, 어찌 이다지도 허무하게 떠나실 수 있단 말입니까. 30년을 하루처럼 오직 한국사학을 위해서만 정진하시던 애국적인 학자의 참된 인생이 연탄가스에 의하여 비극적으로 끝났다는 것을 정말 현실로 받아들여야만 하겠습니까.
15년 전 한국과학사의 논문 하나를 들고 돈암동의 작은 한옥의 한 칸 방 서재로 선생님을 처음 찾아뵈었을 때 반기시던 그 모습을 잊을 수가 없습니다. 선생님은 그 때 국사학자로서보다는 『조선과학사』를 쓰신 과학사가로서 더 널리 알려져 있었습니다. 그만큼 1944년과 1946년에 내셨던 그 저서는 우리나라 과학사 연구의 선구적인 업적을 이룩한 것이었습니다.
그러나 선생님은 1966년 3월에 제가 쓴 『한국과학기술사』를 보시고 그 머리말에서 "내 개인으로는 이십 수년 전 내놓은 과학사가 이제 소용없게 되었다"라고 겸손해 하셨습니다. 그렇지만 선생님의 그 선구적인 저서가 학문으로서의 한국과학사의 체계를 세우시지 않았다면, 아마도 저희들의 노력은 몇 배나 들어야 했을 것입니다.

　선생님은 늘, 일제 말기의 식민지 치하에서 한국사를 공부하는 한국인이 '나라사랑'하는 글을 쓰는 길은 과학사밖에 없었다고 하셨습니다.

　그러나 '나라사랑'하는 정열은 그 후의 모든 선생님의 글에서 언제나 느낄 수 있었습니다. 1950년에 쓰신 『정약용의 정치·경제사상 연구』에서도 그랬고, 1971년에 쓰신 『세종대왕』에도 그 정열은 그대로 살아 있었습니다.

　그 밖의 수많은 사상사의 논문들과 일제 아래서의 민족정신사 정립을 위한 연구 속에서도 선생님은 분명히 학자적인 양심에 바탕을 둔 민족적이고도 애국적인 정열을 감추려 하시지 않았습니다. 그것을 선생님은 오늘의 한국에 사는 '역사가의 과제'라는 소신으로 생각하고 많은 글을 쓰시기를 주저하시지 않았습니다. 그러기에 선생님은 '외로운 역사가'가 되셨는지도 모릅니다.

　선생님, 해가 바뀌고 자리가 바뀌어도 그 꾸밈없고 곧은 마음씨와 '나라사랑'과 학문하시는 정열적인 모습은 변하시지 않더니, 이제 화갑이 되시면서 더욱 훌륭한 학문적인 결실을 위해서 글을 쓰려고 조금 넓은 집으로 옮겼다고 기뻐하신 지 몇 달이 채 못 되어 다시는 돌아올 수 없는 모습으로 변하시다니, 이게 웬말입니까. 도무지 믿어지지 않습니다.

　그러나 선생님의 그 맑고 꾸준한 노력의 생애와 크나큰 학문적 업적을 거울 삼아 우리는 이 슬픔을 이기렵니다. 부디 고이 잠드시옵소서.

(『중앙일보』, 1974. 3. 5)

고 홍이섭 박사를 애도함

하 현 강

　선생님, 이게 웬일이십니까. 처음 선생님이 돌아가셨다는 소식을 들었을 때 믿어지지가 않았습니다. 거짓말만 같았습니다. 애통합니다. 가슴이 답답합니다. 선생님께서 천수(天壽)를 다하시고 돌아가셔도 슬픈 일인데, 뜻하지 않은 사고로 갑자기 돌아가시다니 이렇게 원통한 데가 어디 있습니까.
　선생님께서는 평소에 공부하는 사람들의 사표(師表)가 되셨습니다. 선생님은 오직 학문연구를 유일한 낙으로 삼으셨습니다. 특히 한국사를 새롭게 보며 이해하시려고 애쓰셨습니다.
　그 결과 선생님은 일찍부터 뛰어난 연구업적을 남기셨습니다. 『조선과학사』・『정약용의 정치・경제사상 연구』・『한국사의 방법』등의 저서 이외에도 많은 논문을 발표하셨습니다. 선생님은 하나의 확고한 연구목표를 두고 연구활동을 계속하셨습니다. 그것은 민족사학의 새로운 체계 확립이었습니다.
　선생님은 바쁜 연구생활중에도 제자를 만나시면 시간가는 줄 모르시고, 담소의 꽃을 피우셨습니다. 우리는 선생님과의 대화를 통하여 새로운 지식과 슬기를 배울 수 있었습니다. 돈암동에 있던 2평도 되지 않던 선생님의 좁은 서재 속에서였지만, 우리는 그곳에서 넓고 새로운 학문의 세계를 발견하곤 하였습니다.
　작년 10월 말에 선생님께서 응암동의 약간 넓은 집으로 이사하셨을 때에 우리는 기뻐하였습니다. 이제는 선생님이 만년에 평소의 연구업적을 정리, 집대성하실 수 있는 곳이라고 믿었기 때문입니다. 그러나 바로 그 집에서 선생님이 비명에 돌아가실 줄이야 상상도 못하였습니다.

　이제 우리 학계에서 하나의 큰 거목이 쓰러졌습니다. 우리는 그 원통함을 금할 길이 없습니다. 그러나 한편 선생님께서 생전에 뿌리신 많은 학문의 씨는 죽지 않고 알찬 열매를 맺을 것입니다. 그리고 우리는 선생님의 높은 학덕을 오래도록 가슴깊이 간직하며 기릴 것입니다.

　선생님 아무쪼록 고이 잠드소서. 명복을 빕니다.

(『신아일보』, 1974. 3. 5)

홍이섭 선생 추념

이 종 영

　지난 삼월 사일 아침, 선생께서 불의의 사고로 급서(急逝)하셨다는 전갈에 망연자실 심신을 가다듬기 어려웠던 그 날로부터 어느덧 수삭(數朔)이 지났으나 그 모습, 그 음성이 생시나 다름없이 저희의 뇌리에 역연합니다. 하신 일도, 그리고 하실 일도 엄청나온데, 59세란 많지 않은 춘추에 홀연히 떠나신 선생을 생각할 때, 저희의 회포는 갈래를 잡을 길 없으며 가슴에 엉키고 맺히는 추념의 심회(心懷)를 무슨 말로 다할 수 있겠습니까.
　기세(棄世)하시기 한 해 전부터의 일로 기억됩니다만, 선생께서는 신변의 잡일을 떨어버리고 오직 선생의 학문적 마무리를 기약하셨습니다. 그러나 하늘은 선생에게 수(壽)를 내리심에 너그럽지 못하였습니다. 선생의 생애는 주체적 한국사 인식을 위한 민족사학 정립으로 일관되었습니다. 선생의 심혈을 기울인 연찬(研鑽)의 노고는 오직 이 한 점에 집약되었습니다. 선생의 학이 철저한 민족사관에 서 있었기에 선생에게 민족정신은 곧 선생의 학의 근원이었고, 또한 선생의 도덕적 근간이기도 하였습니다. 때문에 일제기는 물론이요 해방 후에 있어서도 선생이 놓였던 학문적 그리고 세간적인 위치는 고적한 형극의 길이었습니다. 그러나 선생께서는 식민지적 사관의 극복과 민족사관에 의한 한국사의 재구성을 한국사학의 지표요 명제임을 확신하고 이 길에 전심전력하셨습니다
　선생께서는 일찍이 일제 때에 『조선과학사』를 펴내 전인미답의 영역을 개척하였고, 해방 후에 백암·단재사학을 계발하여 한국 근대사학의 연원을 밝혔으

며, 실학 연구를 선도하여 그 자신 『정약용의 정치·경제사상 연구』란 실학 연구사상의 이정표적 거작을 내놓았으며, 항일독립운동사 연구에 골몰하는 한편으로 일제기의 정신사적 해명을 시도한 것 등, 이 모두가 선생의 민족사학 정립을 위한 학적 실천이었습니다. 선생께서 남기고 가신 그 큰 학문의 광휘는 우리 한국사학계에 길이 빛날 것이며, 선생의 고고한 학자로서의 기풍과 탈속낙빈(脫俗樂貧)의 고결한 성품은 길이 후학의 가슴속 깊이 간직될 것입니다.

　선생께서 가시고 보니 선생의 자리하였던 바가 과연 컸었음을 더욱 알겠습니다. 의향(依向)할 바를 잃은 후학의 불행이 큼을 더욱 절감합니다. 그러나 선생께서 못다하신 포부를 뒤쫓아 전포(展布)함도 후학의 도리인 줄 알며, 이것만이 선생을 위로하는 방편인 줄 믿습니다. 선생께서 부회장의 중책을 맡으시어 다듬고 가꾸어 키우시던 본 학회, 그리고 그 결정인 이 『한국사연구』 제10집 첫 머리에 선생의 유영(遺影)과 약력 및 업적을 실어, 선생을 추념하고 길이 기리려는 심정을 표현합니다.

(『한국사연구』 10, 1974. 9)

구산 : 지금도 홍이섭 선생 추념사와 관련해서 머리 속에 생생하게 기억나는 일이 있다네. 그것은 다름이 아니라, 1974년 3월 6일 연세대학교 문과대학장으로 거행된 홍 선생의 영결식에서 오열하며 추념사를 읽던 이종영(1927~92) 교수의 모습이라네. 그 당시 오열하며 읽어 내려가는 그의 추념사 내용은 듣는 이들의 슬픔을 한층 더 크게 했었던 것으로 기억하고 있지.

구천 : 선생님 말씀처럼 제 머리 속에도 당시 장면이 인상 깊게 남아 있답니다.

구산 : 그런데 말일세. 우연한 기회에 내가 볼 수 있었던 것이네만, 홍 박사 추념호로 출간된 『한국사연구』 제10호에 이종영 교수가 추모사를 썼던 것으로 알고 있네. 그 사실을 구천이 모르고 있을 리 없을 테지만…….

구천 : 그 당시 제가 한국사연구회 총무간사였기 때문에 『한국사연구』 제10호를 홍 선생님 추념호로 출간하게 되었던 경위를 잘 알고 있습니다. 구산

선생님도 대강 알고 계시겠지만, 한국사연구회는 1967년 12월에 조직되었습니다. 그리고 그 이듬해 5월 학술활동을 시작, 그 후부터 학회지로 『한국사연구』를 계속 발간하고 있었답니다. 홍 선생님은 그 한국사연구회의 초대 부회장을 지내신 일이 있었습니다. 그 점이 중요한 인연이 되어 『한국사연구』 제10호가 홍 선생님 추념호로 나오게 되었고, 거기에 그 당시 대표간사였던 이종영 교수의 추념사가 실리게 되었던 것이지요.

역사의식과 생애
— 홍이섭 선생을 추모하면서 —

윤 사 순

　우리 회의 평의원 홍이섭 선생께서 뜻하지 아니하게 지난 3월 4일 서대문구 응암동 자택에서 별세하였다. 선생의 생애와 학문의 일단을 적어 생전의 모습을 되새겨 보면서 삼가 애도의 뜻을 표하고자 한다.
　홍이섭 선생은 서울 태생으로 기독교 목사인 홍병선 씨를 아버지로, 불교 독신자인 박성녀(朴姓女) 씨를 어머니로 한 종교인 가정에서 태어났다. 배재고보를 나온 후 1938년 연전 문과를 졸업한 다음에 첫발을 디딘 것이 학문의 길에 들어선 시초였다고 하겠다.
　올해 회갑을 맞게 되는 60 평생 선생의 학문연구와 교육계의 일선에서 몸과 마음을 바쳐 왔던 것이다. 선생이 걸어온 길이 이러했기에 결코 옆길을 넘볼 수 없었던 학문의 외곬으로만 평생을 지내온 것이다. 여기서 인간 홍이섭의 개성이 두드러졌고, 그만이 갖고 있던 독특한 학문적인 태도가 굳어졌는지도 모를 일이었다. 그만이 자부하던 학문적인 깊이와 폭이 설명해주듯 사계(斯界)의 자료원에 대해서는 타의 추종을 불허하는 해박한 지식을 가졌던 것이다. 그러므로 그의 역사의식 또한 독특한 데가 있었다.
　많이 알려진 일이지만 선생의 역사학은 보편성보다는 특수성을 지니고 있는 듯했다. 평소 자주 되뇌이던 사상사 또는 독립운동사 등에 관심을 가졌었고, 특히 일제의 잔재가 스며든 국사에 유의하여 민족사학에 역점을 두었던 것으로 기억된다. 사학가로서는 백암 박은식, 단재 신채호, 위당 정인보, 호암 문일평

등을 내세웠고, 사상가로서는 정도전, 이이, 허균 등을 위시해서 실학의 정약용과 동학의 최수운 그리고 개화사상의 유길준(자본주의 정신) 등을 들어 20여 명을 내세운 것으로 알려져 있다. 저서를 보더라도 『조선과학사』를 비롯해서 뒤에 박사논문으로 냈던 『정약용의 정치・경제사상 연구』, 『세종대왕』, 『한국사의 방법』 등 모두가 평범한 것일 수 없는 개성이 엿보이는 것들이었다. '외솔회'를 주관하면서 『나라사랑』지를 통해 민족의 맥박을 더듬는 방법에서도 그의 '역사의식'의 흐름을 보여줬다고 할 수 있다.

그러면서도 선생은 통사(通史)에 대해서도 관심을 가지지 않은 바는 아니었다. '전체를 쥐고 흔들었다' '통사를 다루었다' 하는 것을 높이 평가하여 남의 공적을 인정하는 학자적 양심에서 인색하지를 않았다. 지금 와서 우리가 아깝게 생각하는 것은 좀더 오래 살아 계셨던들 사상사 또는 독립운동사가 그의 손으로 이루어져서 이 사회에 더 많은 공헌이 있었을 것을 하는 아쉬움이다.

우리 회의 창립기념사업으로 전국 순회 한국사상 강연회를 열 때 연사로 서울・부산・인천・광주・전주 등지를 역방하면서 강연하시던 모습과 편집회의 때마다 좋은 의견을 많이 개진하던 일, 그리고 우리의 연구지가 『역사학보』의 테두리를 벗어나지 못할까 걱정하면서 사상관계에 대한 필진의 빈곤을 근심하던 생전의 모습이 오늘에 와서 더욱 생생해진다.

(『한국사상』 11집, 1974)

구산 : 구천이 더 잘 기억하고 있겠지만, 자네와 내가 1981년부터 그 이듬해에 걸쳐 각계 인사들의 홍 선생에 대한 추모의 글을 수집해서 월간 『화폐계』에 여러 차례에 걸쳐 소개했던 일이 있잖은가? 그런데 홍 선생에 대한 윤 교수의 추모글은 언제 새로 발견했는가?

구천 : 얼마 전에 우연히 잡지 『한국사상』을 보다가 홍 선생님에 대한 추모의 글을 발견했습니다. 다름이 아니라, 고려대학교 철학과 교수 윤사순 씨가 1974년에 간행된 『한국사상』 11집에 쓴 추모의 글을 발견했다는 말씀입니다.

　　　　윤 교수는 추모의 글과 함께 홍 선생님의 약력과, 한국사상에 관해 강연하는 선생님의 사진도 소개하고 있다는 사실을 말씀드리고 싶습니다. 그 사진을 통해 1963년 2월 전국 순회 한국사상 강연회 때 연사로 부산 토성국민학교 강당에서 강연하시던 선생님의 모습을 대할 수 있답니다. 선생님 타계하시기 11년 전, 그러니까 선생님 연세가 49세 때 촬영한 사진으로 짐작됩니다. 그리고 윤 교수는 홍 선생님이 학회지 『한국사상』에 실었던 논문 제목도 소개하고 있습니다. 「한국 사회사상사의 방법」(제5집), 「고구려인의 사유」(제7집), 「백제사의 성격과 문화적 특질」(제9집), 「한국독립운동사의 한 과제」(제10집) 등이 그것입니다.

구산 : 이상 윤 교수 추모글의 내용을 통해서도 홍 박사가 얼마나 개성이 강하고, 또한 문제의식 내지 역사의식이 투철한 역사학자였는가를 새삼 확인하게 되는군. 그리고 홍 박사가 한국사의 다른 여러 분야에서도 그러했지만, '한국사상연구회'를 통해 한국사상사 연구활동의 활성화에 얼마나 정열을 불태웠는가를 확인할 수 있을 것 같고. 뿐만 아니라, 홍 박사가 한국사 내지 한국학을 연구 계발하는 데 있어서, 중요한 연구영역을 개척하고 새로운 연구방법을 도입하며, 연구성과를 확대 보급시키는 일에 얼마나 많은 정열을 쏟았는가를 확인할 수 있고. 그러기에, 한국사학사에서 점하는 홍 박사의 위치는 높이 평가되리라는 것이고. 이 점은 우리나라 역사학계, 아니 지식사회 일반에 널리 알려져 있는 사실이기도 하지만……

천직으로서의 교수

고 은

내가 홍이섭 교수를 안 것은 그가 최현배 교수와 함께 제주도에 왔을 때인 1964년이었다.

제주도지사 관사에서 이들을 초대한 정원 회식에 나도 가게 되었다. 그 뒤에 내가 서울에 와서는 대개 종로1가의 외국서적 전문의 책방에서 만나기 일쑤였다. 차 한 잔을 마시고 헤어지기도 했다.

그는 시내버스를 타려고 이쪽에서 기다렸다가 저쪽에서 기다렸다가 해서 한참만에 가까스로 콩나물시루인 시내버스 안으로 올라타는 것이었다. 그 때는 이를테면 서울대 상대 박희범 교수 같은 사람은 군사정권의 최고회의 경제담당 고문이나 그 밖의 경제각료로 위세를 부리고 있을 때였다.

홍 교수는 알다시피 선구적인 국사의 주체적 서술을 이끌었던 사람이다. 특히 그의 과학사의 개척은 거의 원시상태의 이 분야를 우리에게 열어준 것이다. 그런가 하면 그는 문학과 역사학의 상호침투에 대해서도 탁월한 논문들을 남겨놓았다.

그런데 이런 자랑스러운 교수가 자택 서재에서 연탄가스 질식으로 갑작스레 세상을 떠난 것이다. 어디 나뿐이겠는가. 많은 사람들은 어안이 벙벙했다.

왜 내가 홍이섭 교수를 생각하느냐 하면 오늘의 교수상을 그려볼 때 전범(典範)을 남긴 사람이 바로 그이기 때문이다.

나는 오늘날의 교수들에게 홍 교수처럼 연탄가스로 죽으라는 저주를 퍼부을 이유야 전혀 없다. 이제 연탄 때는 교수가 있는 것도 아니다.

다만 내가 바라는 것은 홍 교수처럼 죽을 때까지 버릴 수 없는 천직으로서의 교수인 것이다. 평생교수! 이 얼마나 명예로운가. 어떤 뜻에서 교수란 평생 명예교수인지도 모른다. 그래서 교수를 대표한 총장은 서구사회에서는 왕이나 대통령에 대해서 독특한 자기 위상을 유지하고 있는지 모른다.

물론 나는 이런 평생교수 가운데 저질·무능의 교수는 어떤 수단을 동원해서라도 그들이 거듭나기를 바라마지 않는다. 지금 대학강단은 실로 적지 않게 이런 사람들로 채워지고 있는 것 같다.

이와 함께 교수의 양적인 팽창은 그들의 여러 가능성이 여기저기서 표출되는 것도 보여주고 있다.

우선 이들 중의 일부는 정치권력에의 놀라운 대기상태에 있는 것이다. 기회가 있을 때마다 이들은 이제까지의 교수직을 내던져 버리고 여봐란 듯이 정계에 뛰어든다.

그 동안 이루어온 연구의 일정한 성과나 대학교육의 전문적 기능에 익숙해진 경우라면 이제부터 본격적으로 교수라고 할 수 있는데 바로 이런 때 교수이기보다 국회의원 혹은 장관이나 그 밖의 요직에 더 관심을 가지는 것이다.

나는 교수더러 새삼 청교도가 되라고 말할 생각은 없다. 다만 60년대 이래로 미국의 대학교수들이 정부의 테크노크라시에 참가하는 경우를 괜히 우리가 따라나설 이유가 없다는 사실이다.

그 동안 박정희 세력의 비정통적 군사정권으로부터 어제 오늘에 이르기까지 교수의 권력 참여가 얼마나 성공적이었는가를 물을 때 얼마나 실패작인가를 물어야 한다는 사실을 깨달을 필요가 있다.

우리 교수는 비판과 발전의 논리에 더 많은 사표가 되지 않으면 안 된다고 나는 생각하고 있다.

(『교수신문』, 1992. 5. 15)

구천 : 구산 선생님은 시인 고은 씨를 알고 계시는지요. 저는 우연히 고은 씨가 1992년 5월 15일자『교수신문』에 쓴 고 홍이섭 선생님에 관한 글을 읽

게 되었습니다. 눈을 번쩍 뜨고 그 글을 자세히 읽어보지 않을 수 없었답니다. 홍 선생님이 타계하신 지 20년 가까운 세월이 지난 지금 선생님에 대해 쓴 글을 대하게 되다니……. 더구나 전혀 의외의 인사(?)가 선생님을 '천직으로서의 교수'상으로 기리는 글을…….

구산 : 그러니까 『교수신문』'밖에서 본 대학'란에 홍이섭 선생을 '천직으로서의 교수'상으로 기리는 시인 고은 씨의 글을 보고 감개가 무량했었다는 말이군 그래. 사실상 홍 선생이 교수직을 천직으로 알고 학문연구와 2세 교육에 열정을 다하였다는 점에 대해서는 이론의 여지가 없을 것일세. 구천은 시인 고은 씨를 잘 알고 있는지. 나는 과문한 탓으로…….

구천 : 저 역시 고은 씨에 관해 별로 아는 것이 없습니다. 다만 문제의식이랄까, 역사의식이 강한 시인이라는 점, 또한 불법과 불의를 좌시하지 못하여 비교적 적극적으로 현실에 참여하는 시인, 그러다가 종종 재판을 받고 투옥되기도 하는 움직이는 지성인이라는 점을 알고 있을 뿐입니다.

구산 : 혹시, 홍 선생과 고은 씨의 관계가 사제나 인척, 혹은 동향인 사이가 아닐런지. 그러한 관계가 홍 선생에 관한 글을 쓰게 된, 어떤 동기가 되지는 않았을까? 더구나 홍 선생이 타계한 지 20년 가까이 지난 지금 그러한 글을 썼으니 말일세. 홍 선생의 학덕의 유향(遺香)이 짙기에 그럴 수도 있겠지만.

구천 : 제가 알아본 바로는 구산 선생님이 생각하시는 그런 관계는 아닌 것 같습니다. 그러기에 고은 씨의 홍 선생님에 대한 글이 더욱 크게 주목되고, 또한 제 가슴에 준 감동이 각별한 것이었는지도 모르겠습니다. 그의 글에서도 지적하고 있듯이 그 때나 지금이나 "선생은 있어도 스승은 없다"고 하는 우리 교육계의 현실 속에서 오로지 학문연구와 후진교육에 전심전력하셨던 홍이섭 선생님의 존재가 뚜렷하게 인식되었겠지요. 그리고 투철한 역사의식에 바탕을 둔 개척적이고 넓고 깊은 학문세계와 청빈하고 지사적이고 신념있는 삶의 자세는 대다수의 사람들이 홍 선생님을 아끼거나 존경하는 이유가 되었으니까요.

선생의 생활 주변
— 제자로서 본 홍이섭 선생 —

황 원 구

1.

내가 홍이섭 선생님과 사제 관계를 맺게 된 것은 1952년도 제2학기, 부산 영도의 가교사 - 19호 천막 교실에서 선생님의 '동서 문화 교류사'를 수강하면서 부터였다.

이 무렵 선생님께서는 고려대학교의 전임교수이시면서 해군 전사편찬위원회에서 일하시고 계셨기 때문에 일 주일에 한 번씩 강사로 출강하실 때였다. 그때만 해도 선생님께서는 40 이전의 춘추이셨지만, 학문적으로는 벌써 정평이 있던 분이셨다.

나는 이 때부터 강의실에서는 물론, 선생님이 매일 출근하고 계시던 해군 전사편찬위원회에서, 또는 대신동 댁에서 선생님의 가르치심을 받게 되었다. 더욱이 1952년 4월에 선생님께서 연희대학교에 전임교수로 부임하시게 되면서부터는 보다 밀접하게 모실 수 있었고, 더 많은 가르침을 받게 되었다.

선생님의 학문 경향은 몇 단계로 전개되었다. 해방 전에는 한국과학사를 연구하여 『조선과학사』를 저술해서 사계의 연구를 개척하셨고, 해방 후에는 실학사상을 중심으로 한 한국 근세사상사와 한국근대사(특히 독립운동사)를 발굴·정리해서 선구적인 업적을 남기셨다. 또 만년에는 한국정신사 방면의 연구에 골몰하시기도 하셨다. 이들의 연구성과의 일부는 『한국사의 방법』으로 전저되기도 했고, 『한국근대사』와 『한국정신사 서설』(이들은 선생님의 작고 후 연세대 출판부에서 발간) 등으로 펴내어지고 있다.

따라서 선생님의 강의와 화제도 이 분야로 집약되었다. 20여 년 전만 해도 학부와 대학원에서의 '실학사상'과 '한국근대사 특강'의 강의는 선생님의 대표적인 명강의 중 하나였다. 그리고 안암동 댁에서의 사상사에 관한 종횡무진한 말씀은 잊혀지지 않는 가르침이었다. 여하간 선생님의 이러한 가르침은 나에게 앞으로의 학적인 방향을 주시는 바가 되기도 했다. 내가 대학원에서 '예사상'에 대한 논문을 다루게 된 것도 사실은 안암동 댁에서 선생님의 말씀을 듣고 내 나름으로 정한 것이었고, 미숙하나마 사상사에 관심을 갖고 공부해 오고 있는 것도 선생님의 계발이 적지 않았기 때문이다. 이렇게 나는 선생님을 오랫동안 가까이서 모시게 되면서 학적인 가르침뿐만 아니라, 여러 가지 면에서 많은 것을 배우게 되었다.

2.

선생님의 사상적인 지주는 우선 민족과 그대로 직결되어 있었다고 말할 수 있을 것이다. 선생님은 언제나 민족이란 낱말을 애용하셨다. 강의에서는 물론, 일상 생활에서의 화제에서도 민족이란 판에 박은 듯한 낱말 하나이었다. 선생님은 민족을 말씀하시는 데만 그친 것이 아니라, 남달리 해박하셨던 한국사상사, 한국근대사의 지식과 지사적인 정신으로 민족의 역사를 연구하셨다. 『세종대왕』이란 세종대왕의 전기도 여기에서 집필하셨고, 『한국의 주체성(*Korea's Self-Identity*)』도 이 정신적인 소산이었다. 어떤 외국학자는 선생님을 국수적인 민족사학자라고도 했다지만, 선생님의 모든 연구는 민족의 슬기를 발굴하고 민족의 나아갈 길을 역사적인 입장에서 비춰주기 위한 것들이었다. 이른바 철저한 민족사관을 바탕으로 한 민족주의의 결정이기도 했다. 이러한 곧은 소신은 선생님의 어떠한 글이나 말씀에서도 찾아볼 수 있는 일이다.

그리고 이런 주의는 선생님을 일생 동안 이 땅에서만 사시게 했다. 선생님은 미국의 어떤 대학으로부터 후한 대우로 초청을 받으신 일이 있었지만 이를 물리치셨고, 유럽에 가실 기회가 있었지만 이것 역시 포기하셨다. 이 땅 밖에는 한 발자국도 나가지 않으신 분이었다.

그뿐만이 아니다. 우리말 이외는 별로 말씀하시지 않으셨다. 외국에서 손님이 오면 으레 통역을 했다. 상대방의 말을 모두 알아들으시고 통역하는 사람의 통역의 잘못을 정정까지 하시면서도 우리말만을 하셨다. 외국에 나가지 못하신 것이 아니라 안 나가셨고, 영어와 일본말을 모르신 것이 아니라 안 하신 것이었다.

다음으로 선생님께서는 공사에 분명하신 분이었다. 선생님께서 가장 노하시는 일은 공적인 일을 빙자한 부정이었다. 선생님에게 수학한 사람치고 조선후기 사회의 탐욕스러웠던 관리들의 토색질을 듣지 못한 제자는 없을 줄 안다. 조선시대뿐만이 아니라, 그 후의 협잡·부정도 싫어하셨다. 어느 때는 책상을 치면서 격분하시기도 했다. 특히 민족의 이해와 직결되는 가치의 설정에서는 더욱 냉혹하셨다. 이런 성품인 탓으로 하고 많은 상훈도 안으신 일이 없었다. 당신의 심사를 거쳐서 수많은 사람들이 갖가지 상훈의 영예를 누리게 되었지만 당신은 받지 않으셨다. 못 받으신 것이 아니라, 안 받으신 것이다.

그래서 선생님은 늘 청빈하셨다. 선생님은 여러 곳에서 많은 유혹이 왔지만 모두 거절하셨다고 한다. 한때 벌이가 좋았다는 교과서도 집필하지 않으셨다. 따라서 검소한 생활로 청빈에서 오는 부족을 메우셨다. 근 30년 동안 십여 평밖에 되지 않는 안암동 한옥에서의 생활을 싫다고 하지 않으신 일, 200원을 주고 새겼다는 나무 도장을 편지 봉투로 말아서 간직하시던 일, 몇십 원짜리의 볼펜이 선생님의 유일한 휴대용 필기 용구이었던 일 등도 모두 선생님의 검소하신 생활의 일단이었다.

그리고 선생님은 소박하신 어른으로 평민적이며 토속적인 기풍이 계셨다. 형식적인 것보다도 실용적인 것을 더 좋아하시기도 했다. 이에 늘 교외의 아담한 초가에 흙냄새나는 뜰을 희망하셨다. 60세면 옹을 자처하실 춘추이셨지만 아호도 없으셨다. 연구실의 청소도 언제나 손수 하셨고, 음식도 별로 가리지 않으셨다. 그렇지만 손님 대접은 융숭하셨다. 언제나 책보에 책을 싸서 옆에 끼고 다니셨고, 공적인 출입 외에는 고무신을 애용하시기도 했다. 여름에 속옷없이 남방 셔츠를 입으시는 일도 선생님 나름의 특징이셨다. 또 선생님의 소탈하신 성품에서의 한 모습으로서는 편애가 현저하시기도 했다. 곱게 보시면 한량없이 곱게 보시지만, 밉게 보시면 콩으로 메주를 쑨다고 해도 믿지 않으실 정도이셨다.

아울러 선생님은 유난히 부드러우셨던 손길과도 같이 다정다감하시기도 했다. 안암동 댁의 두 평 남짓한 좁은 서재에서 언제나 제자들의 생활을 걱정해주셨고, 병약한 제자를 염려해주셨다. 심지어는 몸에 좋다는 약의 처방까지 써주시기도 하셨다. 제자들의 가정사정을 알고 계시면 그 가족의 안부까지도 물어보시는 분이셨다.

돌아가시기 얼마 전, 응암동 댁으로 이사하시면서는 장서 중에서 한국근대사와 사상사에 관계되는 이외의 책 수백 권을 제자와 젊은 학자들에게 분양해주시기도 했다. 그런데 이 분양해 주신 책들 가운데는 구하기 힘든 고판의 양서도 많았다. 그러면서도 의롭지 못한 일에 대해서는 격분하시면서 젊은 사람들의 각성을 촉구하시기도 했고, 반면 의로운 일에는 감동되셔서 눈시울을 적시는 분이기도 했다.

선생님은 이렇게 한국적인 분이셨지만, 학문의 세계에서는 한국적인 데만 머무르지 않으셨다. 한국사의 새로운 개척을 위해선 늘 시야를 밖에 돌리고 계셨다. 서양의 사회사, 동양적인 전통문화와 그 사상, 그리고 이들을 이해하기 위한 여러 방법론에 관한 책과 자료를 늘 섭렵하고 계셨다. 어려운 생활에서도 이들의 관계 서적을 구득하시는 데는 인색하지 않으셨다. 선생님의 서재와 연구실에는 이들의 신간 서적이 날로 집적되어 갔다. 그래서 선생님께서는 화제도 풍부하셨다. 그리고 당신께서 옳다고 믿으신 일은 눈치를 보지 않고 집필하셨다. 이에 한때는 오해를 받기까지도 했지만, 그렇다고 해서 그분의 뜻이 굽혀지지도 않으셨다. 직설적이요, 타협없는 학적 태도는 학문의 열의 이상의 것이기도 했다. 다시 말하면, 그분의 생활신조와도 같이 학적인 태도에서도 소신껏 살아오신 분이셨다.

한편, 선생님의 스승에 대한 흠모는 대단하셨다. 특히 정인보·최현배·백낙준 선생님들에 대한 흠모는 대단하셨다. 안암동 댁의 나무 문패도 정인보 선생님의 필적을 흠모해서 써 달았다는 것을 아는 사람은 알고 있을 것이지만, 최현배・백낙준 두 분에 대한 흠모도 이에 못지않았다. 물론 그분들에 대한 흠모는 사제 관계에서 오는 정리상의 관계보다도 학문적・민족적인 입장에서의 흠모였다고 말할 수도 있을 것이다.

위와 같은 여러 모의 성품은 선생님의 가정생활에서도 그러하셨다고 한다. 사모님과의 금실은 유난하셨고, 자애심도 각별하셨다고 한다. 그러나 자제분의 교육에는 엄하셨다고 한다. 또 따로 살고 계시는 자부들도 끔찍이 아끼셨다고 한다. 가끔 아드님 댁에 들르시면 오래 머무르지 않으셨고, 손자와 손녀도 무척 귀여워하셨다고 한다. 밖에서 돌아오시면 댁에서 입으시는 옷으로 갈아입으신 후에야만 어린 손자 손녀를 안아 주실 정도로 귀여워하셨다고 한다.

물론 선생님에게도 평범한 인간적인 그늘 아닌 그늘이 없으신 것은 아니었다. 격하시면 물불을 가리지 않는 성품이 있었고, 아집이 강하셔서 때로는 무단적인 경우가 없는 것도 아니었다. 또 문장은 좋으나 때로는 문맥상의 결함이 없지도 않았다고들 한다.

그러나 이들의 하자 아닌 하자도 선생님을 잘 이해하고 보면 수긍될 수가 있는 점이 적지 않을 줄 안다. 즉, 격하시는 성품과 무단적인 아집은 선생님 주위의 여건들이 선생님의 생각과 너무나 괴리되어 있을 때 올 수도 있는 성품상의 어떤 변화에서 온 것이라고 할 수 있다면, 선생님의 사상적인 지주인 민족사관을 바탕으로 한 민족주의의 정립과 시대 조건의 괴리에서 올 수도 있는 불가피한 고민의 탓이 될 수 있을 것이고, 문체상의 결함은 별스런 추고없이 방대한 양의 원고를 속필하는 과정에서 생각이 문장을 앞서고 있는 데서 오는 어쩔 수 없는 것이 아니었던가 생각된다.

선생님을 가까이서 모셔 본 일이 있는 사람이면 누구나 선생님이 항상 새로운 경지를 탐구해 가는 선각자와도 같은 분이었다고 말한다. 그분의 학적인 경향이 그러했고, 학적인 연구가 그랬다고들 한다. 따라서 생각은 늘 선각적이요, 문제의식은 언제나 참신했지만, 이것을 충분히 정리해서 대성하기에는 선생님 한 분만의 힘으로는 이기기 어려운 짐이 되었을 것이다. 여기에서 온 결함 아닌 결함으로 속단되었는지도 모른다.

  나는 얼마 전 어떤 교수가 선생님이 어떤 회의에 참석하셨다 오신 후, 그렇게도 격하시던 일을 이제 와서야 알 만하다고 실토한 일을 잊지 않고 있다. 그 교수는 선생님이 돌아가시기 오래 전부터 여러 회의에 가끔 같이 참여하신 일이 있었는데, 선생님께서 돌아가신 후에는 선생님이 관여하시던 회의에 전적으로 참여하시면서 얻은 소감이기도 했다. 나는 그 교수에게서 이 말을 들은 후부터 선생님의 성품상의 하자 아닌 하자에 대한 새로운 이해를 갖게 되었다.

  여하간 위에서 말한 선생님의 사상·학문·생활을 둘러싼 선생님의 옛모습은 다분히 나의 주관적인 것이 될 수도 있다. 그러나 선생님을 잘 아시는 분으로서는 어느 정도 긍정해 주실 줄 믿는다. 그리고 위에서는 공동 집필의 관계상 제자로서 본 홍이섭 선생님의 생활 중심의 옛모습에 국한해서 더듬어본 것에 지나지 않는다.

(『나라사랑』 18, 1975)

가르침을 받던 지난날의 회고

원 유 한

1.

 "오늘은 내가 다른 데 들렸다 갈 곳이 있어서 가져가지 못하니 연대에 오는 길에 찾아다 주게." "네, 그렇게 하겠습니다." 국사편찬위원회가 홍 선생님께 드리는 1973년도 간행물을 찾아달라는 부탁이셨다. 이것이 지난해 2월 초 어느 날 국사편찬위원회 사무실 복도에서 선생님과 필자가 나눈 마지막 대화였고, 선생님이 필자에게 부탁하신 마지막 말씀이 된 셈이다. 이러한 선생님의 부탁을 받은 후 필자의 게으른 탓도 있고, 그 책들을 선생님이 당장 보실 필요가 있는 것도 아닐 것이라는 필자 나름의 판단에서 이날 저날 미루다가 결국 찾아다 드리지 못한 채 선생님은 돌아가셨다. 얼마 뒤 선생님이 계시지 않는 연구실에 책들을 갖다 놓으면서 일찍 전해 드리지 못한 데 대해 필자가 느끼고 있는 회한이 아직 가시기도 전에 벌써 선생님의 1주기를 맞게 된다.

 필자가 선생님과 사제 관계를 맺게 된 것은 지금부터 20년 전에 연세대학교 문과대학 사학과에 입학하면서부터였다. 학부시절에 선생님의 '국학개론'과 '한국사상사' 강의를 들은 적이 있으나, 당시의 선생님과의 관계는 사학과의 한 교수님과 한 학생의 평범한 관계에 지나지 않았던 것으로 생각된다. 학부를 졸업하고 대학원에 진학해서 공부하는 동안은 선생님이 4·19 이후 몇 년 간 연세대학교를 떠나셨던 시기에 해당되므로 선생님 밑에서 직접 공부할 기회는 없었다.

홍 선생님을 대학원 졸업논문 심사위원의 한 분으로, 그리고 박사학위과정의 지도교수로 모시면서부터 지난해 3월 별세하시기까지 10여 년 간 선생님을 보다 가까이 모시고 공부할 수 있었던 것은 지금 생각해도 다행한 일이었다. 따라서 대학원 강의실과 연구실, 그리고 선생님 댁을 찾아다니면서 공부하던 지난 10여 년 간에 일어난 주변의 일들까지 필자에게는 하나같이 소중한 일이어서 오래 두고 잊을 수 없을 것이다.

2.

　"그것은 환상(還上)이라고 발음하지 않고 환자라고 읽어야 하네." 선생님이 필자의 변변치 못한 석사논문을 심사하는 자리에서 그 내용의 오류를 지적하고 교정하시는 말씀이었다. 당시 필자는 자신의 무식이 부끄럽고 송구스러워 얼굴이 화끈 달아올랐던 기억이 새로운데, 이것이 선생님의 필자에 대한 최초의 학문적 지도였던 것으로 기억된다.
　"자네는 화폐문제를 연구분야로 정했으니 한 10년간 다른 생각 말고 그 문제를 연구하는 데 전념하도록 하게." 이것은 필자가 박사학위과정에 들어가서 첫번째 강의시간에 선생님이 하신 말씀이셨다. 그리고 나서 선생님은 한 시간 동안 한국 화폐문제에 관계되는 국내외 학자들의 저서와 논문을 일일이 그 출처를 밝히고 내용의 대강을 소개하시는 한편, 각 저서와 논문의 학문적 가치를 선생님 나름으로 평가하시는데, 선생님의 해박한 지식과 기억력에 놀라지 않을 수 없었다.
　필자는 공부를 하다가 어떤 문제가 막혀서 혼자 해결할 수 없을 때에는 댁으로 선생님을 찾아뵙고 강의(?)를 듣는 경우가 적지 않았다. 대개의 경우 퇴근 후에 선생님을 찾아뵈어야 했기 때문에 그 시간은 오후 7~8시경이 되었다. 선생님의 강의를 듣다 보면 통행금지 시간 전에 집에 도착할 수 있을지 염려하면서 선생님 댁을 나서는 필자를 배웅하시면서, 재워보낼 수 없는 당신의 구차한 처지가 안타깝다는 말씀을 하셨다.

홍 선생님은 필자가 경제적 여력이 없어서 보고 싶고, 보아야 할 자료와 참고서적을 구입할 수 없는 형편을 알고 계셨기 때문에 선생님의 장서 중에서 필요한 것이 있으면 서슴지 말고 빌어다 보라고 권하셨다. 그리고 선생님은 당신의 장서 중에 필자의 전공분야와 관계가 있고, 필자가 꼭 읽어 보아야 할 참고서적과 자료가 있을 때에는, 그대로 주시면서 공부에 열중할 것을 당부하셨다. 특히 감명 깊었던 일은 선생님이 불행을 당하신 응암동 댁으로 이사하시기 직전에 안암동 댁으로 필자를 불러 제 전공분야와 관계되는 귀중한 책 30여 권을 묶어 주시면서 열심히 공부하라고 격려해주신 일이다. 선생님은 그 책 한권 한 권을 들고 책장을 넘기시면서 거의 한 시간여에 걸쳐 저자는 어떤 학자이고, 내용의 한계와 취할 점이 무엇인가를 일일이 지적하고 설명해 주셨다. 또한 선생님이 별세하시기 1년 전으로 기억되는 가을철의 어느날, 필자를 연구실로 불러 10년 전 대학원 재학시에 필자가 제출한 학기말 과제물들을 모았다가 돌려주시면서 공부에 참고하라고까지 하셨다. 이처럼 필자에게 자상하신 선생님의 교시와 편달에도 불구하고 필자가 그 책을 다 훑어보기도 전에 선생님은 영원히 다시 돌아올 수 없는 하늘나라로 떠나가시었다.

홍 선생님의 학문에 관심을 갖고 있는 일부 사람들은 선생님의 글이 난삽하여 이해하기가 어렵다고들 말하고 있다. 그 점에 대해서는 필자도 어느 정도 공감되는 바가 있어서, 어느 날 외람되이 그 점을 말씀드렸더니 선생님은 웃으시면서 그렇다고 대답하셨다. 설혹 선생님의 글이 이해가 좀 어렵다 해도, 흔히 선생님은 뚜렷한 사관과 투철한 문제의식을 가지고 역사를 포괄적으로 인식하시는 사학자로서 존경받고 있다는 것을 생각할 때, 그 같은 점은 옥에 티로 보아도 좋을 것 같다. 더구나, 한국 역사학의 연구 영역이나 연구 방법에 있어서 선생님은 선구적 위치를 차지하고 있기 때문에, 그분의 연구에 나타나는 논리나 서술상의 생경성은 선구적 학자의 학문활동에서 흔히 찾아볼 수 있는 소박미로 볼 수도 있지 않을는지 모르겠다.

홍 선생님이 당신의 역사연구 방법에 대해 종종 반성하고, 그 방법의 한계를 겸허하게 말씀하시는 것을 흔히 들을 수 있었다. 선생님은 역사 전반을 포괄적으로 인식하려는 버릇이 굳어져서 어떤 문제를 깊이 파고들어가야 할 필요성을 느낄 때에도 그 작업이 용이하지가 않다는 말씀이었다. 그러나 선생님이 한국 역사학계에서 존경을 받고 있는 점은 앞에서도 지적한 바 있듯이 역사를 포괄적으로 인식하시는 데 있고, 또한 그 점은 오늘날의 한국 역사학계에서 추구되는 연구방법이기도 한 것으로 생각된다. 아마도 선생님이 당신의 역사연구방법에 대한 반성 내지 그 한계성을 그처럼 말씀하시게 된 것은 부분에 대한 철저한 파악없이 전체를 올바르게 이해하기 어렵다는 점을 좀 지나치게 유념하신 소치가 아닐는지 모르겠다.

3.

1968년 10월경으로 기억된다. 한국은행 발권부의 청탁에 따라 홍 선생님을 자문위원으로 모시고 『한국화폐사』를 증보해주고 좀 후한 대접을 받은 적이 있었다. 선생님께 자문위원 수당을 받아다 드렸더니 굳이 받지 않으시면서 보고 싶은 책이나 사보라고 돌려주셨다. 거듭 사양하다가 지나치면 선생님에 대한 예가 아닐 것 같이 생각되어 받아 가지고 필요한 참고서적을 구입하여 연구에 활용하였다. 상당한 세월이 흐른 뒤에도 그 책들을 볼 때마다 선생님에 대한 감사의 정이 새삼스러워졌고, 선생님이 별세하신 지금 그 책들을 대하는 필자의 감회는 더욱 깊은 바가 있다.

1969년 2월 중순경의 어느 눈 내리는 날에, 필자는 자신의 불찰로 홍 선생님께 실례를 범한 적이 있다. 선생님께 책을 빌리기 위해 전화를 드렸더니 광화문 교육회관에 들를 일이 있으시다며 그 주변에 있는 다방에서 만나자고 하셨다. 필자에게 만날 다방을 정하라고 하시기에 갑자기 마땅한 다방이 생각나지 않아서 오래 전의 기억을 더듬어 '완월다방'(?)에서 뵙기로 약속하고 나갔더니 그 다방이 없어졌다. 당황한 필자는 두리번거리면서 선생님을 찾다가 함박눈을 맞으시면서 다방을 찾아다니시는 선생님과 마주쳤다. 선생님은 당황하는 필자의 등을 밀고 교육회관 지하 다방으로 들어가 차를 권하시며 선생님도 그 다방이 있는 줄 알았다고 말씀하시며 웃으셨다. 필자는 차 맛이 쓴지 단지도 모르고 마신 후 선생님으로부터 책을 받아 가지고 돌아왔다. 지금도 함박눈이 쏟아지는 날이면 문득 머리에 흰 눈을 잔뜩 맞으며 광화문 거리를 걸으시는 홍 선생님을 연상하고, 새삼 송구스러운 생각을 가지게 된다.

　선생님의 성격은 서민적이어서 일상 생활에서도 그런 체취를 느낄 수 있었다. 그 한 예로서 선생님은 응암동 댁으로 이사하신 뒤 처음 찾아뵙는 필자에게 마루 한편을 막아서 마련한 선생님의 서재를 대견스러우신 듯이 보여주셨다. 새로 들여 놓은 의자와 책상, 정돈된 장서나 서재 넓이로 보아 전에 사시던 안암동의 서재보다는 나은 것 같았지만, 선생님의 학계나 사회적인 위치로 보아서는 격에 맞지 않을 만큼 초라한 것이었다. 그럼에도 선생님은 그 서재를 대견해 하시고, 그것으로 만족하시는 여유있는 풍모를 보여 주셨다.

　홍 선생님은 평소에 제자들을 사랑하고 아끼는 마음이 지극하셨던 것 같다. 필자가 직장에서 업무를 수행하다 보면 간혹 선생님께 청탁된 원고 독촉을 해야 할 경우가 있다. 선생님께서 바쁘신 중 원고 제출 기한을 넘기게 될 경우에는, 중간에서 난처해질 필자의 입장을 염려하시고 당신께서 직접 사무실에 나오셔서 그 제출 기한을 연기하시는 세심한 배려를 잊지 않으셨다. 그리고 필자가 학교에서 강의를 마치고 사무실로 돌아오는 길에 선생님이 타고 나오시는 승용차에 편승하는 경우가 종종 있었다. 선생님은 중간에서 내리려는 필자를 만류하시고 먼 거리를 돌면서 사무실 정문까지 태워다 주셨다. 선생님은 그 많은 제자의 한 사람인 필자에게까지 그처럼 따뜻한 사랑을 베풀어 주셨다. 하물며 오랫동안 보다 가까이에서 선생님을 모시는 제자들에게 베풀어 주신 애정의 농도야 얼마나 짙었겠는가.

　필자가 학교에 나가면 점심시간에 간혹 선생님을 모시고 식당에 들르는 경우가 있었다. 선생님은 필자가 식대를 내려고 하면 굳이 만류하시고 당신께서 내시면서 정년 퇴직하신 뒤에나 점심을 사달라고 웃으시며 말씀하셨다. 때문에 민첩치 못한 필자는 선생님께 점심 한번 따뜻하게 대접하지 못한 채, 선생님은 영영 돌아오실 길 없는 하늘나라로 떠나셨다.

　홍 선생님은 필자가 근무하는 국사편찬위원회의 위원이셨으므로 비교적 자주 사무실에 들러 회의에 참석하셨다. 회의중에 기탄없이 소신을 말씀하시던 선생님 특유의 낭랑한 음성은 필자의 귓전을 울렸다. 이제 선생님은 필자의 사무실에 영영 오실 수 없고, 그 낭랑하신 음성도 다시 들을 수 없게 되었다. 선생님이 찾아 주시지 않고, 선생님의 음성을 들을 수 없게 되었다는 사실이 그처럼 사무실에서의 필자를 외롭게 할 줄은 미처 깨닫지 못한 일이었다.

이제, 세월이 흘러감에 따라 선생님을 모시고 공부하던 지난날에 있었던 이런 일 저런 일에 대한 기억은 망각 속으로 퇴색될 수도 있을 것이다. 선생님을 모시던 날의 여러 가지 사연에 대한 기억의 퇴색을 멈추고 싶은 간절한 소망으로 이런 글을 쓰고 있는 것이다. 벽에 걸린 선생님의 영정을 바라다보는 필자의 눈 앞에는 안개가 내리고 있다.

(『나라사랑』 18, 1975)

한국사상사 방법론과 홍 선생과 나

신 성 욱

한국사상사하면 곧 홍이섭 선생님을 생각한다. 내가 아는 홍이섭 선생님은 한국사상사 연구를 위하여 생애를 바치셨던 학자요, 사학가로서 인상이 가장 깊게 남아 있다. 나는 연세대 사학과 학부시절에 홍 선생님의 한국사에 관한 강의를 모두 수강하였을 뿐 아니라, 『연세춘추』에 연재한 반계 유형원, 성호 이익, 연암 박지원, 다산 정약용 등 실학파 사상가들의 저작과 사상을 소개한 논문을 흥미있게 읽었다. 연대 대학원 시절(1961~65)에 나는 서양사상사 학도로서 홍 선생님의 학자적인 진지한 인간성과 해박한 지식 그리고 선생님의 한국사상사에 대한 정열의 인력(引力)에 유도되어 한국사상사를 부전공으로 택했다. 동시에 홍이섭 선생님의 한국사상사, 한국사상사 방법론, 한국 근대화의 제문제, 한국사상사 구조 등의 강의를 빠짐없이 수강하면서 강의실 안밖에서 사상사 및 한국사상사 방법론을 흥미있게 토론해보곤 하였다.

돌이켜 보면, 당시 홍이섭 선생님은 한국사상사 방법론 및 한국 근대화의 문제에 연구의 초점을 두신 것 같고, 한국사상사 개설을 저술할 것을 장기 계획하신 것 같다.

1965년 도미한 이후 나는 서양사상사를 계속 공부하면서 홍이섭 선생님과 자주 학문적인 관심과 새로운 문제점들을 서신으로 교환하였다. 서신의 중요한 내용은 늘 서양사상사 및 한국사상사 연구에 관한 것이었다. 회답이 올 때마다 홍이섭 선생님은 한국사상사 연구에 서양 및 중국 사상사의 배경이 필요하다는 점을 강조하셨고, 미국에서 서양사상사를 공부하게 된 나를 부러워하셨다.

1970년 나는 서양사상사에서 동양 사상사로 전공 분야를 바꾸면서 한·중 비교사상사 및 문화상교사상사(文化相交思想史 : Comparative and Cross Cultural intellectual history)에 흥미를 갖게 되었다. 동시에 학위논문으로 중국 청초(淸初) 한학파(漢學派) 유학자의 대표적 인물인 고염무(顧炎武)와 한국 이조 실학파의 대성자인 정약용의 사상을 비교해 보려고 생각하였다. 그래서 곧 홍이섭 선생님께 나의 새로운 학문적 관심과 계획을 연락드렸다. 그 때 홍 선생님은 나의 서신에 답하는 인간적으로 따뜻하고 학문적으로 진지한 편지를 보내주셨다. 그 편지 속에 홍 선생님의 한국사상사 연구방법에 관한 일부 견해가 비치기에 그 서신의 전문을 소개하겠다.

신성욱 교수 앞

그 사이에 성탄 카드에 회답도 안해서 미안합니다. 대체로 공부 잘 하고 있을 것으로 믿었습니다. 어려운 고비를 넘어서 우선 일단의 성공을 하였다니 무엇보다 반갑습니다. 서구 사상사를 연구하였다니 더욱 좋은 소식이었으나, 동양으로 전환했다는 것도 좋은 일입니다. 현재 아시아 쪽에서 사상사를 하는 데는 먼저 서구 것의 이해가 필요함을 다시 생각해야 함을 환기하고 싶습니다.

현재 서구인이 아시아 것을 알아 볼려는 것은 자기들의 세계 이외의 거대한 사상체계를 그대로 두고는 현재 세계의 문제를 해결하는 데 많은 지장이 있어서 그런 것이고, 특히 중국을 알려는 것은 가장 넓은 시장과 많은 인구에 대한 흥미로써 또 미국은 한국사상을 한 구석의 일로 알아둘 필요가 있는 사회이어서 이미 미국의 한두 군데서 아마 한국사상이 강의될 줄 압니다. 담당한 우리나라 사람이 퍽 고생을 할 것 같습니다. 이용할 자료집이나, 연구성과와 입문적인 개설, 또는 안내서가 없어서, 한국에 있는 나 같은 사람은 퍽 미안한 생각이 들지만, 얼른 그런 것을 만들 수 없는 것은 (1) 내가 부족함과, (2) 자료를 구해서 정리하는 데 몇 가지 부족한 조건 때문에, 쉽사리 책만 만들어 놓으면, 두고 두고 잘못을 뒤에 남기게 되니깐,….

(1) 서구사상사의 착실한 이해를 부탁합니다. (2) 중국사상사의 이해(명·

홍이섭 선생이 신성욱 교수에게 보낸 편지

청 이후……), 그리고, (3) 한국사상사의 개설책자는 없어도, (1)·(2)에서 얻은 지식기반에서 (3)의 인식을 추적해보십시오. 어떻게 자료를 채집할 것이냐? (곧 다시 편지 하겠음)

*Korea Journal*의 내 글은 원문이 조(粗)한 통속적인 견해에서 벗어나지 못한 데다가 영역(英譯)이 되어서, 그 전회(轉廻)과정에서, 또 거리가 생긴 줄 압니다.

그곳에서 학위논문으로 고염무와 비교해보려는 한국학자는 좀 문헌을 그 관점에서 섭렵·검토한 후에 정하여야 할 일, 먼저 고염무의 전 저작을 통독 이해하고, 다음에 우리 학자를 볼 것. 우리 근세학자(특히 임진 후의 이른바 실학자를 가리킨다면……)들 중 고염무의 영향을 누가 관계 깊게 받았는지……알아 보아야 합니다.

성호·다산이 정치경제사상면에서는 먼저 황종희(黃宗羲)의 『대방록(待訪錄)』의 영향을 받습니다. 그런데 성호가 직접적이고, 다산은 성호를 계승, 보다 전개시킨 것 같습니다. 그러나 성호나 다산이 사상적으로 청학(淸學)에 힘입은 것은 아닙니다. 역시 '조선현실'에서 찾게 됨. 성호는 양명학 영향도 있고, 서학적 합리성도 받아들이어서 자세히 따져 읽어 보아야 합니다. 그리고 성호의 『제경질서(諸經疾書)』는 아직 원문이 널리 다루어지지 못한 채 서울대학 서고에 묻혀 있어서, 그 질서의 전문(全文)을 한번 통독해 보아야 할 것입니다. 말하자면 성호는 쪽다리 연구가 된 셈이죠. 여하튼 비교할 일.

  그리고 다산은 경학 연구에 있어 고염무의 족하되는 방모(方某 : ?)의 경서 연구를 거의 전면적으로 인용하고 있으므로 다산의 경서 연구는 고염무·방모와의 저작과 대조해서 의식·정신적인 면에서 세밀한 검토가 긴합니다.

  내가 겉으로 훑어본 데서 얻은 조(粗)한 견해입니다. 한국에 나와서 빨리 한국측 자료수집을 하여야 할 겁니다. 비교분석, 검토, 논문작성은 그곳에서 하는 것이 편할 겁니다. 이 편지 읽고 내게 물어 볼 것은 생각나는 대로, 이 문제에 관한 것은 될 수 있는 대로 상세히 분석해서 편지로 하면, 내가 알고, 생각나는 것은 상세히 회답하겠습니다. 아무쪼록 공부 잘 해서 좋은 성과를 내도록 하시오. (1) 한국 이해에 도움이 되고, (2) 중국과 기타 사회에서 인류의 정신을 공동으로, 바로 이해하는 데 도움이 되게, 먼저 말한 (1)~(3)의 공부는 진지하게 하시오. 물론 힘이 들 것입니다. 그러나 젊었을 때 공부할 수 있을 때, 한때의 기회를 만전(萬全) 선용하시오. 중국문헌 이해에 중국인 교수의 지도를 받게 됨은 좋은 일입니다. 한국에서 생각하기 어려운 조건입니다. 이 육십이 다된 나로서도 공부할 수 있는 조건이 부럽군요. 좋은 성과를 우리 한국의 한국사상사 연구에 도움이 되게 하시기를 바랍니다. 회답이 좀 늦은 것 같습니다. 건강히…….

1972년 2월 24일
서울에서, 초춘(初春)의 빛이 짙어가는
홍이섭

  이상 소개한 홍이섭 선생님의 서신에 나는 홍 선생님께서 이조 실학자들이 서양사상(예컨대, 합리주의 사상)과 중국사상(예컨대 양명학, 고염무·황종희

사상)의 영향을 받고 있으니까 이조 실학사상을 연구하는 데는 서양 및 중국사상의 이해가 필요하다고 시사한 점을 특별히 주의하고, 이 점은 또한 내가 연세대 대학원 학생으로 있을 때 홍이섭 선생님께서 늘 한국사상사를 연구하는 데는 서양 및 중국 사상사 배경이 필요하다고 강조하신 점을 회상케 한다. 미국에서 여러 해 동안 서양사상사 연구방법론에 특별히 관심을 두었다. 그 결과 다음과 같은 방법을 형성해보았다. 첫째, 서양사상의 영향이 거의 없었던 동양 전통사상 연구에는 '단위 개념 중심 연구'와 '동서양 비교 사상 방법'이 적합할 것 같다. 예컨대, 유학의 기본 단위 개념인 인(仁)·의(義)·지(智)·성선설·성악설 등이 어떻게 발전되어 왔는가 고찰하는 것과, 이들 단위 개념을 서양사상의 단위 개념과 비교 연구하는 방법이다. 이렇게 비교하는 데서 동·서양 사상의 이동성(異同性)을 고찰할 뿐 아니라, 동양사상의 단위 개념의 성격을 규명하는 데 불빛을 받게 된다. 둘째, 동양 근대사상사 연구에는 문화상교사상사 방법과 지식사회학적 방법(Sociology of Knowledge Approach)이 필요할 것 같다. 다시 말하면, 동양 근대사상의 특성은 서양사상의 영향과 개혁사상의 성격이다. 그러므로 첫째로 서구사상의 동점(東漸)과 더불어 전개되어 가는 동양 근대사상 연구에는 서구사상이 어떻게 동양 근대사상 형성에 영향을 주었는가를 고찰하는 동·서문화상교사상사 방법이 불가피하다. 둘째로는 동양 근대사상의 비전은 사상가의 추상적인 상상력에 의해서 형성되는 순수 철학적인 성격보다는, 주어진 시대와 사회의 요구에 응해서 혹은 그 시대 환경의 반영으로 형성되는 개혁사상(변법 및 혁명사상)의 성격이 강하므로 (예컨대 청말 강유위 및 양계초의 변법사상과 20세기 중국 모택동의 혁명사상), 동양 근대사상을 사회적으로 분석 검토하는 지식사회학적 방법이 필요하다. 이상에 언급한 것을 종합 요약하면, 동양 근대사상사 연구는 동양 근대화의 요청, 혹은 필수 요건으로 형성되는 개혁사상 속에 서양사상과 동양전통사상이 어떻게 종합되어가는지 하는 점을 고찰해야 한다는 것이다. 나가서, 한국 근대사상사 연구는 서양·중국 심지어는 일본과 한국의 문화상교사상사 방법과 지식사회학적 방법이 병행되어야 할 것 같다. 이렇게 이야기하고 본즉, 홍이섭 선생님께서 일찍이 한국 근대사상사 연구에 서양 및 중국 사상사의 이해가 필요하다고 주장하신 점과 한국사상사와 한국근대화를 같이 다루려고 시도하신 점이 회상된다.

구산 : 여보게 구천. 자네는 미국 버클리 대학에서 중국 근대 정치사상 연구로 박사학위를 취득했다는 신성욱 군을 알고 있겠지.
구천 : 예, 잘 알고 있습니다. 신 군은 저의 대학과 대학원 동기 동창생입니다. 그리고 1965년에 박사학위과정도 함께 수료했지요. 신 군은 서양사를, 저는 한국사를 전공하는 등, 전공분야를 달리하고 있었으나 비교적 자주 만나 많은 이야기를 하고 지냈던 가까운 친구 사이였습니다.
구산 : 그렇다면, 신 군도 고 홍이섭 박사의 강의를 들을 기회가 많았겠군.
구천 : 맞습니다. 신 군은 서양사를 전공하고 있었지만 한국근대사나 한국사상사에 많은 관심을 가지고 있었답니다. 그래서 학부에서부터 한국사 강의, 특히 홍이섭 선생님의 강의를 열심히 들었었지요.

그래서 지난 7월에 잠시 귀국했던 신 군에게 홍이섭 선생님에 관한 회고담이나 사제관계에 있었던 이야기를 글로 정리해 보내달라고 부탁을 했었지요. 그랬더니, 요 며칠 전에 신군은 「한국사상사 방법론과 홍 선생과 나」라는 제목으로 두툼한 편지를 보내왔습니다. 또한 신 군은 이 글에서 홍이섭 선생님이 자신에게 보내신 서한문 한 통을 복사해서 동봉해 보내왔습니다. 복사된 것이지만 홍 선생님 옥필을 대하니 감개가 무량했습니다. 제자를 대하시는 홍 선생님의 인간미, 인격 또한 학문 지도에 있어서 간곡, 자상하신 면을 엿볼 수 있으실 것입니다.
구산 : 그러면 신 군은 지금 미국 어디서 무엇을 하고 있는가. 어느 대학에서 교수 노릇을 하나, 아니면…….
구천 : 그 점을 말씀 드려야겠군요. 신 군은 제출한 학위논문이 심사에서 높이 평가되어 버클리 대학 출판부에서 책으로 출판하기로 결정되었답니다. 그래서 동대학 중국학연구소의 연구원으로 재직하면서 출판을 위해, 자기 학위논문을 정리, 보완하고 있는 중이지요.

홍이섭과 나

— 반세기를 이어온 우애 —

최 영 해

안경 쓴 홍이섭

순종이 세상을 떠나던 해, 서울로 이사온 나는 죽첨학교에 편입되었다. 울산 병영에서는 이름이 가리키듯 옛 병영 자리, 둘이 손을 이어야 안아 보는 기둥에다 참새 떼가 오글거리는 육중한 기왓장 밑에서 배우다가 서울로 와 보니, 죽첨학교라는 것이 바로 서대문 감영 자리라든가, 손질하지 않은 구한국 때의 집이어서 과히 서먹서먹하지가 않았다.

귓전에 들리는 시골뜨기나 꼴뚜기라는 낱말이 나를 두고 하는 것 같았지만, 나는 기둥에 기대어 좁은 운동장에 와글거리는 아이들을 바라보며, '서울이라고 과히 대단한 것이 아니로구나' 하고 생각했다. 스물이 넘은 '애아범'도 있고, '깻떡'이니 뭐니 하는 아이들이 선술집에서 안주 두 개를 먹고 술 한 잔 마시는 재주를 킬킬거리는 판이었다. 1920년대의 서울 변두리 학교 풍경.

그러나 크게 놀라운 일이 있었다. 안경 쓴 아이를 본 것이다. 그게 바로 홍이섭!

나이도 어리고, 키는 아주 작고, 그런 아이가 안경을 쓰다니!

까짓 양복도 겁 안 나고, 구두도 별것이 아니었지만, 오직 안경만은 신기했다.

안경 쓴 아이, 머리가 크고 키가 작으면서도 안경을 쓰다니……홍 형은 그 때 5학년 을반이었고, 나는 갑반이었다.

말 한 마디 붙여 보지 못하고 졸업했지만, 홍이섭 - 그날부터 가장 두려운 영상을 심어준 그는 오늘에 이르기까지 장장 50년을 두고 나에게는 잊지 못할 존경하는 벗으로 이어지는 것이다.

다시 만난 홍이섭

광주학생사건·원산파업·단천사건 들, 그리고 신간회·근우회·조선어학회. 일제는 농토를 다 삼키고 박람회를 열어 축하하고, 수력발전·질소회사를 세우고, 철도를 정비하고, 항구를 준공하고, 조선인에 대한 '정신 작흥 운동'을 개시했다. 소위 만주사변을 일으켜 만주 이민이 강행되고, 그 대신 일본인의 대거 진출로 식민정책의 차례가 김지섭·윤봉길 의사들의 저항 속에 진행되고 있었다.

연희전문에 들어간 나는 몹시 거북한 환경에 놓여 있었다. 그 때 아버지 외솔이 교수로 있었으니…….

첫 교실, 아무렇게나 앉아 낯선 친구를 살펴보니, 그 곳에서 홍이섭 형도 역시 나를 보고 웃고 있지 않는가. 그로 보면 죽첨학교 때 본 듯한 시골뜨기가 다시 옆으로 온 셈이리라.

두 사람은 악수, 그리고 그날부터 단짝이 되었다. 그 사이 5, 6년 남짓한 사이가 있은 셈이다.

그 때는 나도 안경을 쓰고 있었다. 나는 수박 겉핥기로 잡서를 읽어 오늘의 출판인이라는 상표가 붙게 되었고, 그는 체계적으로 차곡차곡 읽어가서 전문가인 교수로 나아갔다. 따라서 그의 안경은 두꺼워졌고 도수는 높아 있었다.

안경에 서린 김을 닦아 보자, 먼지를 씻어 보자. 그러나 보이는 것은, 보아 온 것은……. 서로가 별 말 없이 잡은 손목은 인생의 고락을 다 겪은 듯한 식민지의 싸늘한 허무감이 서리어 있었다.

평동에서 놀던 시절

장만영 형과 셋이서 자리를 함께했을 적에 홍 형이,
"당신이 사는 집에 옛날 내가 살았지……" 하는 말을 들었다. 평동 마루턱, 성터에 박힌 돌이 유난히 넓고 멋지게 남아 있는 그쪽에서 어린 날을 보낸 소년 홍이섭은 말했다.
"학교가 파하면 책보를 집에다 팽개치기 무섭게 약장수가 떠드는 게 재미있어 해질 무렵에야 돌아왔지."
"집에 약장이 있었는데 그 많은 서랍 속이 궁금해서 열어 보고 닫아 보고 했지만, 어릴 때라 아주 무서웠다."
"집에 가죽으로 된 조그만 표주박이 있는데, 아마 먼 길을 갈 적에 쓰던 물건 같아. 선대가 중국 사신을 따라다니던 역관 아니었나 싶어."
내가 이 글을 쓰고 있는 옆에는 텔레비전에서 약장수 흉내가 한창이다. 유명을 달리한 오늘, 서민 정신에 살다간 홍 형도 듣고 있을 것 같아 끄지 않고 틀고 있는 이 심정.
"사람을 헤치고 맨 앞에 앉았지……"
어머니를 일찍 잃은 까닭이었을까? 고독한 소년은 책과 씨름하고 거리에서 소일하는 버릇이 있었다 한다.
구세군이 있고 홍화문이 있던 근방 새문안 이층집에 살고 있을 때, 행촌동에 있던 나는 종로 쪽으로 나가는 길이면 가끔 들어가 놀기도 했다. 보전의 축구 선수요, 명 키퍼인 상재 형과도 친했다. 실없는 말을 좋아하는 나는 향기 높은 홍차를 들며 "이번 연고전엔 한 꼴만 먹어 주우" 해서 웃기도 했다.

'반도 호텔' 앞에서

홍병선 선생은 기독교의 원로요, 특히 농촌사업에 관심이 많으셨다. 가위 전부가 소작농민인 우리 처지니 농촌이 곧 전 민족을 말하는 시대, 그 때 그분은

'덴마크'의 농촌을 소개하는 유일한 실천적인 목사이셨다. 문단에는 '아일랜드'의 문학운동을 소개하는 이들이 있고.

활짝 트인 아버지의 덕택이었을까, 홍 형의 독서는 넓고 깊어 마치 백과사전 같았다. 아는 체하지도 않고, 가끔가다 "이것 읽어봐, 소설치고는 최고지" 하면서 읽고 난 책을 주기도 하고, 내가 무슨 책을 읽고 있으면, "그것 본 다음엔 무슨 책을 보게나" 하기도 하였다.

마음 붙일 곳 없는 시대, 모두가 시원찮게 여겨진 우리들은 거리를 쏘다니기도 했다.

'반도 호텔'이 한창 올라가고 있을 무렵, 우리는 그 건너편에서 우두커니 바라보았다. 질소회사, 그리고 무서운 병을 퍼뜨리고 있는 자본가는 서울의 도심에다 깃발을 날린 것이다.

"홍 형, 저걸 요담에 내가 먹을 테야."

이렇게 방담하는 나에게,

"그 때 방 하나 줘, 책이나 봐야겠어."

홍 형은 수월하게 대답했다.

먼 훗날, 나는 이날의 약속을 지키기 위해 약간의 노력을 하였고, 우리들 외로운 젊은 시절은 쥐꼬리만한 자존심을 안고 안절부절 못하는 나날을 보내었다.

아무에게도 아부할 줄 모르는 젊은 우리들의 고뇌는 서로가 말없이 이해하는 공통점이 되어, 어느 한 사람이 제의하면 으레 따라가는 버릇이 생겼다.

헤맨 구석구석

학교가 마음에 차지 않는 우리는 가끔 마음이 내키면 곧잘 빠져나가기가 일쑤였다.

어느날은 양화진에 앉아 김옥균의 목을 어느 곳에다 꽂았을까 따져보기도 하며, 콩나물국에 막걸리 한두 잔 하고, 이웃인 외인 묘지를 기웃거렸다. 밖으로 나오는데 당시 교장이던 언더우드 박사가 차를 몰고 자기 아버지의 산소에 오다가 우리를 보고는 손을 흔들어 반기었다.

지금은 모두가 변모해서 찾을 길조차 어렵게 된 곳곳에 그 때만 해도 많은 유적과 민간 신앙의 대상들이 많았고, 그 대부분은 지붕이 기울어지고 문은 떨어졌건만, 그 속에는 지금으로 치면 백만 원은 좋게 받을 그림이 많았다.

두 사람은 "가져갈까?", "누가 가져가겠지" 정도로 그치는 게 일이었는데, 이렇듯 경복궁에 가봐도 구석구석에 아까운 현판이며 기왓장이 팽개쳐 있고, 절에 가면 청기와도 손닿을 곳에 있었다.

이 무렵 홍 형은 혼자서 아차산에 올라가서 석실 고분을 발견하고, 언젠가 둘이 가서 파보기로 약속도 하였다.

지금 천호동 일대를 살피고, 숙제는 여기서 거슬러 올라 한강을 끼고 일어났다 사라진 옛날을 더듬기로 하는 기약이었다.

홍 형이 어렸을 제 여닫았던 약장 서랍 하나하나에는 차곡차곡 새로운 지식의 약재가 채워지고 있었으니, 그 첫째 손님이 바로 나고, 약방을 찾은 나는 『조선과학사』라는 어마어마한 약방문을 들고 있었다.

『조선과학사』 1

학교를 마치자 영창학교에서 교편을 잡은 홍 형은 영어를 가르치고 있었다. 마음내키지 않는 나날을 보내던 우리들은 자주 만났었고, 만나면 으레 약주잔 드는 것으로 마음을 달래었다.

어느날 내가 있는 '조광사'로 홍 형이 찾아와서 창경원 꽃구경을 가자고 했다. 밤 벚꽃을 찾는 학생들을 감독하라는 '당국'의 지시에 따라 선생들이 교대로 나가는데 함께 가자는 것이었다. 서로 의견이 다르지 않는지라 함께 마음에 없는 꽃구경입네 하고 나선 둘은 잡담만 하고 거닐었다.

"잡지 말야. 기둥이 없어 야단이야."

"별 수 없지, 그럭저럭 지나는 거지."

"전범이 뺑키 칠만 더하고 있으니……"
"누구는……"
그러다가 불쑥 한 마디 하였다.
"홍 형, 남에게 부탁할 수도 없고 내가 한번 써볼까 하는 게 있는데……"
"제목은……"
"조선과학사, 이름만 붙여 놓고 조선 역사 강좌, 체계 있는 계몽, 그저 그런 식으로……"
홍 형은 갑자기 내 손을 꽉 잡고,
"그거 나 줘……" 하였다.
번잡한 꽃놀이터는 우리 눈에도 귀에도 없었다. 그 순간부터 편집자의 요구와 저자의 계획이 규장각 앞에서 결말이 났다.
나는 일 주일 기한을 주고 첫달치 원고를 요구하였고, 내용은 우선 서문만을 쓰라는 것이었다. 서문을 발표하고 배수진을 치고, 홍 형을 『조선과학사』란 싸움터로 몰아 넣었다.

『조선과학사』 2

나는 좋은 친구에게 좋은 기회를 준 것을 다행으로 안다. 그날은 우리들의 우정이 꽃을 피운 날이었다. 그리고 역사학도 홍이섭의 탄생일도 되리라.
아마 그 당시 바쁘기로 홍 형만한 사람도 드물었다. 네 책 내 책의 구별이 없고, 도서관으로 책방으로 공연히 나까지 덩달아서 바삐 굴었다. 게다가 책값마저 모자라서 한두 달 모진 풍파를 겪고 홍 형의 과학사는 빛을 더하여 가고, 이곳 저곳에서 좋은 평을 받았다.
일본의 출판사가 일어로 번역해서 책을 낼 수 없겠느냐 하는 제의가 왔을 때, 홍 형은 나에게 의견을 물었다. 전쟁이 터지던 날, 조선 독립을 예견한 사람들이 운명이 경각에 달린 그들의 그늘 밑으로 들어가자는 것이다. 말없는 시간이 흐르고 나서 나는 승락하라고 권했다.

언젠가 비 오는 밤, 행촌동 우리 집 뒤채 단칸방에서 도쿄에서 보내온 교정지 묶음을 풀고 밤이 다하도록 일을 끝내었다.

그러나 놀랍게도 교정지를 보낸 지 사흘 만에 홍 형은 상기된 얼굴로 책뭉치를 들고 나타났다. 폭격이 심해지니까 그냥 그대로 인쇄하고 제본한 모양이었다. 내용은 우리가 밤을 지새우며 붉은 잉크칠을 한 교정지와 같았다.

함흥 형무소로 한 권이 갔다. 한 달에 세 권밖에 '차입'을 못하는데 이걸 넣느냐 마느냐 하고 한참 궁리하다가, 따로 적당한 책자도 없어 그대로 넣기로 하였다.

외솔로부터는 교정도 잘 보지 않은 책자를 출판했다고 꾸지람이 있었는데, 일본말로 낸 야단이 교정 꾸지람으로 바뀐 것으로 알고 우리는 편지를 읽었다.

우리는 해방이 되자마자 다시 우리말로 발행하고, 두 사람이 함께 뵈옵고 당시의 경위를 아뢰었다.

들러리 선 홍이섭

내 결혼식은 주례가 이 고로, 들러리가 홍이섭 형이었다.

주례 앞에 선 우리는 탁자 위의 '액체'에 눈이 갔다.

"뭘까?", "술인가?", "아니야, 냉수야."

대단히 태평스러운 신랑과 들러리의 이런 주고받는 이야기를 등 뒤의 손님이야 들을 리 없건만, 다만 앞에서 신랑보다 더 긴장하고 있던 주례는 아연 실색.

"아… 여러분, 여기 있는 이것은 술이 아니고 물이올씨다. 물로 말할 것 같으면……"

듣는 이들이 이상한 주례사도 있구나 하였겠지만, 주례는 두고두고 나를 좋아하지 않았다.

홍 형이 해방 후 개성에서 서울로 왔다갔다 하는 데 고생이 많았다. 그래서 토요일에만 가기로 한 듯, 서울에서 묵는 날이 많았다. 그러던 끝에 『조선과학사』의 인세가 열적은 듯 두 사람 사이에 있었고, 안암동에다 자그마한 집이 마련되었다.

성장한 보통학교 동창이 출판사와 저자의 형식을 밟았다. 기나긴 인생의 길목에 한 정거장인 셈. 비록 반도 호텔의 아늑한 방이 아니고 집장수 집, 한옥일망정 홍 형은 여기서 오랜 동안을 책에 묻히어 살았다.

혹시 이 글을 읽는 이 있고, 그 책 속에 끼어 있던 그를 본 이 있으면, 대강 우리들의 사연이 그렇게 자그마한 열매를 맺었음을 웃어주시기 바란다.

그러나 진정 인생이란 헤아릴 수 없는 것, 홍 형이 이 집을 떠나 신촌으로 나가자, 우리는 유명을 달리하고 말았다.

또 무엇을 쓸까?

내가 학생 때 가슴이 약해져 방바닥에 뒹굴고 있을 무렵, 홍 형은 괴상한 벌레를 가지고 왔었다. 까맣고 조그마한 벌레는 밤・대추・용안육을 먹고 자라는 거라면서 먹이까지 가지고 왔었다. 구룡충은 먹기보다는 키우는 재미가 있었지만 고등 사료를 내가 먹는 것이 나을 것 같아 처치하고 말았는데, 그 뒤 홍 형은 다시 와서, 그게 말뿐이지 효험이 없다더라고 해서 한바탕 웃은 일이 있었다.

언제였을까, 장만영 형으로부터 홍 형 얘기를 들은 일이 있다. 미국으로 결혼하러 가는 색시가 있었는데 역사 시험에 합격이 못 되어 일생의 큰일이라고 장 형에게 와서 애걸복걸, 제발 홍 선생의 자비로운 배려가 있기를 빌었다고 한다. 생각다 못한 장 형은 내키지 않은 발걸음이지만 가서 딱한 사연을 말하자, 홍 형은 들은 체도 않고 딴 얘기로 시간을 보내었다. 그 뒤 수험생이 찾아와서, 홍 선생님 덕분으로 미국에 가서 식을 올리고 살 수 있게 되었다고 인사를 받은 장 형은 놀라서 물었다.

"그분은 아무 소리도 없던데……"

"저― 시험 문제가 전에 한번 난 것이 다시 났어요. 그게 바로 저를 불쌍히 여기시고……"

 해방 후 일본이 저희들이 깔아 놓은 레일로 달리는 한국을 기특한 듯 눈여겨 보고 있음을 분개하던 형.

 우리 역사학계는 과연 그 궤도를 얼마나 벗어났을까. '사학가 홍이섭'의 평가는 다른 분들이 말할 것이겠지만, 찾고 파헤치고, 그리고 나아갈 길을 바로잡으려던 형, 굽힐 줄 모르고 학구하던 형, 추운 겨울에도 속옷이 얇던 형……이렇게 두서 없는 글을 쓴들 무슨 소용이 있나.

 "에끼, 이 사람……" 하는 홍 형의 미소가 눈앞에 아련하다.

새벽길

 나는 형의 추도식에 나갈 수 없었다. 어떻게 그만 내가 앉아 있어야 되는 걸까. 장릉으로 가서 시신이 오기 전까지 다듬고 있는 그 무서운 구멍을 들여다 보았다. 더 깊이 파라고 할까! 더 넓게 파라고 할까! 우두커니 퍼져 앉아 묘지 전경을 바라보니 새로 이룩되는 공원묘지는 자꾸만 넓혀지고만 있었다.

 그리고 오늘, 나는 짐을 꾸리고 있었다. 혜화동을 떠나 아파트로 간단다. 부부 단 두 사람, 늙고 성하지 않은 몸, 집 한 채를 꾸리기가 벅차서다. 몇 권 안 되는 책을 묶고 있으려니 『삼사문학(三四文學)』이 나온다.

 이 책엔 홍 형의 글이 있다.

　　새벽길

　　간밤에 쌓인눈
　　고히 잠든 인계(人界)에
　　보드러이 나리엿드라

　　쇠방울 소리

지릉지릉 들리는 새벽

어디로 간 줄도 모르고
잊어버린 그 때의
나의 팬씨를 찾으러
나섰던 날

울음도 없는 그 말(言)소리

소구루마 바퀴가 지나간
두 줄기 평행된 곡선만이
말러빠진 가로수 밑으로
스미여 버리고

분홍빛 아침해만
반기며 떠옵데다

    연희전문 문과 1학년 때의 글이다. 우리가 '다시 만난 홍이섭'에서 알고 난 지 한 달 만에 - 조풍연 형의 꾀임으로 공부시간에 적어준 글이 분명하다.
    원고지에 형의 글을 옮기려니, 다시 죽첨학교 때의 안경 쓴 소년의 모습이 떠오른다. 그러나 그는 가고 말았다. 누구나 한번은 가고 만다는 그 길을. 분홍빛 아침 해가 내일도 떠오를까.

(『나라사랑』 18, 1975)

학문과 책과 가족, 그리고 민족정신

홍 재 영

　아버님께서 돌아가신 지도 벌써 일 년이 가까와 오고 있다. 아버님에 대한 마음이나 그리운 정이야 세상의 어느 자식인들 크고 깊지 않을까만, 남들같이 속세적인 효도나 봉양의 기회를 가져 보지 못하고 임종마저 지켜볼 수 없었던 나로서는 세월의 흐름이 아무리 거세고 빠르더라도 아버님과 영결을 고하지 않을 수 없었던 지난 봄의 비통한 기억을 지울 길이 없다.
　언제 회복될지 기약 없는 병상의 나날을 보내고 계신 어머님, 너무나 엄청난 비극의 소용돌이를 겪고 계신 외할머님과 동생들, 내가 세상의 거친 파도를 헤치고 이끌어 나가야 할 나의 식구 등 남은 사람들을 위한 나의 피할 수 없는 의무 때문에 나는 다시금 세속의 생활 속에서 바쁜 나날을 하루 하루 지내왔지만, 잠 못 이루는 긴 겨울밤 몰아치는 바람에 떨어대는 문풍지 소리를 들을 때, 어머님을 찾아뵙고 돌아가는 막내의 뒷모습을 살필 때, 아버님이 그렇게도 사랑을 쏟으셨던 꼬마들의 잠든 모습을 바라볼 때, 또한 답답한 가슴을 달래려 나선 단독 등산의 오솔길에서 단풍나무 사이로 밀려드는 눈물겹게 찬란한 햇살을 볼 때면 민족이나 민족사학이란 입장을 떠나서 세상의 어느 고아보다도 불행한 한 불효자로서의 비통한 마음을 가눌 길이 없었다.
　이러한 벅찬 슬픔과 애통한 마음 가운데서도 뒤에 남은 우리 후손들에게 한 가닥 위안이 되는 것은 마음 속에 항상 양심의 횃불을 밝히고 사는 분들, 진정한 민족 주체성의 확립과 수호를 바라는 아버님의 정신적 동지들, 우리 자신의 문제에 대한 어떠한 외세의 개입에도 반대하는 민족주의자들, 민족의 걸어온 길을 올바로 바라볼 수 있는 민족사학의 발전에 정열을 바치고 계신 동료 후학들, 그리고 아버님과 함께 지내셨던 많은 사람들에게 모두 한결같이 아버님이 아쉬운 분으로 기억되고 추모되고 있다는 사실이다. 이러한 사실 때문에 남은 우리들은 슬픈 가운데서도 땅과 하늘을 우러러 아버님께 대한 터럭만큼의 부끄러움도 없이 떳떳하게 고개를 들고 지낼 수 있었던 것임을 잘 알고 있다. 또한 이것이야말로 무엇보다도 값지고, 어느 것과도 바꿀 수 없는 위대한 유산이며, 또한 나의 후배들에게 자랑스럽게 물려줄 수 있는 무형의 재산이라고 생각한다.

어린 시절부터 한 가정을 거느린 오늘에 이르기까지 아버님과 같은 높은 뜻과 이상, 온축된 깊은 학식, 학문에의 무조건적인 정열과 애정, 민족과 국가에 대한 생각 등을 갖지 못하고 또한 생활 방식이나 생각하는 방향도 아버님과 다른 점이 없지 않았지만, 아버님은 나에게 있어서 정신적 사부님이었으며, 우러러볼 수는 있어도 도달할 순 없는 나의 인생항로에 있어서 빛나는 등불이었다. 아버님은 때로는 너무나 타협을 모르시고, 욕을 잘 하시며 화를 잘 내시는 분으로 오해를 받으신 적도 없지 않았지만, 아버님은 민족의 주체적 정신을 상실한 사대주의자, 우리의 일을 해결할 길을 남에게서 찾고 남의 의견이나 말로 우리의 현실을 보고자 하는 사이비 코스모폴리턴, 친일파나 식민지시대의 변절자, 인간으로서의 도리를 갖추지 못한 자, 가식하는 신앙인들에 대해서만 화내고 욕하고 타협하지 않으셨지 그렇지 않은 사람들에게는 그렇게 자상하고 자애롭고 따뜻하실 수가 없는 분이었다. 아버님의 집념은 대단하시었다. 육당의 학문적 공헌이나 위치를 누구보다도 잘 아셨으면서도 공식적인 찬양이나 기념을 누구보다도 반대하셨으며, 지금도 사회의 저명 인사로 숭앙받는 모 인사가 왜정 말에 친일적 제스처의 표현으로 무궁화에 뜨거운 물을 부어 고사시킨 일을 말씀하시면서 분노를 억누르지 못하신 일도 있었다. 아버님은 이러한 일로 결별을 고한 사람들과는 상종을 안하실 정도였으며, 우리에게도 친일파나 민족에 대한 반역적 행동을 하는 사람과는 교류하지 말 것을 권유하고 타이르셨다.

아버님을 회상할 때면 여러 가지 생각나는 일이 많았지만, 평소에 아버님이 그렇게도 존경하시던 외솔 선생과 관계 깊은 『나라사랑』에 추모의 글을 처음

김포 장릉의 홍이섭 선생 묘소

으로 써드리게 되니, 8년 전 신록이 우거진 5월 어느날 한낮에 아버님을 모시고 이화여대 앞의 대흥동 외솔 선생 댁을 찾아가던 생각이 떠오른다. 그 때 떠꺼머리 총각이었던 나를 이끌고 아버님은 첫 아들의 결혼 주례는 외솔 선생과 같이 민족을 사랑하며 민족에 대한 신앙을 지니고 인간적으로 존경할 수 있는 분에게 부탁드려야겠다고 하시면서 무척이나 기쁘신 표정으로 앞장서셨던 일이 지금도 눈에 선하다.

그 뒤 손자나 손녀를 보실 때마다 어린애같이 즐거워하시며 온갖 정성과 사랑을 쏟으시던 아버님, 내가 울거나 심술부리는 꼬마들에게 조금만 큰 소리를 쳐도 웃으시면서 참으라고 타이르시던 아버님, 우리와 재성네 꼬마 등 네 명의 후손들에 둘러싸여 그렇게도 만족해 하시던 아버님, 아버님은 이들 꼬마들에게 얼마나 자랑스럽고 훌륭하신 할아버지였던가? 오는 봄이면 첫 손녀인 주현이가 학교에 들어가며, 수진이는 유치원생이 된다. 아버님이 살아 계셨더라면 만사 제하고 어머님과 함께 축하해주러 오셨을 텐데……사실 우리의 기나긴 인생항로에 있어서 커다란 즐거움 중의 하나는 자애로운 할아버지와 할머니한테 마음껏 응석을 부리며 사랑받는 손자 노릇을 하며 자라는 것이라고 생각된다. 그러기에 나는 아버님을 잃은 것과 함께 나와 재성네 아이들과 앞으로 나오게 될 재익의 아이들이 이 세상의 어느 할아버지보다 따뜻한 마음, 깊은 자애와 크고 아름다운 꿈을 베풀어주실 수 있는 훌륭한 할아버지와의 보람있는 생활을 가질 수 없게 되었다는 사실이 무엇보다도 슬프고 마음이 아프다.

아버님은 가식에 찬 종교인들같이 세상을 혼자 구원한 듯한 제스처도 없으셨고, 남의 구호나 원조로 부와 명성을 쌓으려는 욕망도 없으셨으며, 국가와 민족을 위하되 공직을 통해서보다는 뒤에서 보살피고 조언하는 데 만족하셨다. 아버님께 욕망이 계셨다면 마음껏 학문의 길에 진력하시고, 보고 싶은 책을 마음대로 보시며, 어머님과 틈을 내어 정겨운 산책을 즐기시는 것, 그리고 어머님과 동반하여 쇼핑을 하고 귀여운 손자들을 방문하여 즐거운 한때를 보내시는 것이었다. 아버님은 이러한 자신의 조그마한 정신적 희열에서 인생의 의의를 찾으셨으며, 그 때문에 고무신에 셔츠 바람으로 무교동이나 명동 거리를 즐겁게 누비셨으며, 어쩌다 고서방에서 귀한 책이라도 한 권 구하시면 그렇게도 만족스러워하실 수가 없었다. 아버님은 한번 마음 속으로 보아야겠다고 생각했던 책은 언젠가는 구할 수 있다고 신기한 듯이 말씀한 적이 있지만, 마음 속에 보고 싶으시던 책을 구하신 날은 저녁 내내 어루만지고 읽어 보시며 한없이 대견스레 하셨던 기억이 새삼 떠오른다. 학문과 책과 가족, 그리고 민족정신, 이것들 이외에 아버님의 마음을 사로잡았던 대상이나 꿈은 별로 없었던 것 같다.

나는 비록 세속적인 분야로 나와 아버님과 같은 길을 걷고 있지는 못하였지만, 아버님은 나의 인생, 나의 생활에 있어서 커다란 지주요 이정표였던 것만은 사실이었다. 내가 괴로울 때나 중대한 인생의 결단에 직면하였을 때나 정신적인 동요가 있을 때면, 나는 항상 아버님이 곁에 계신다는 사실로 하여 말할 수 없이 커다란 위안과 안정감을 느꼈으며, 실제로 아버님의 강요 아닌 조언은 너무나 값진 힘이 되었던 것이다. 또한 아버님은 이상이나 꿈과는 여러 가지로 상치되는 조건이 너무나 많이 존재하며, 구제받기 어려운 부도덕과 가식과 위선이 팽배하는 사회를 살고 가셨지만, 세계인이기에 앞서 한국인으로서의 긍지를 갖고 우리의 문제는 우리의 안목으로 바라보고 우리의 힘으로 해결해야 한다는 의지를 지니고, 외국의 힘·문화·종교·생활을 부러워하기에 앞서 우리의 것을 키우고 지켜 나가고자 생각하셨던, 한줌밖에 안 되는 진정한 한국 사람들에게는 영원히 기억되기에 부끄러움이 없는 삶을 보내셨다고 생각한다. 나는 이러한 이유로 아버님은 비록 가난하고 어렵게 학문의 길을 걸으시다 비통하게 돌아가셨지만, 아버님이 남의 도움으로 호의호식하면서 온 세상을 혼자 구원할 듯한 가식의 신앙을 갖고 사는 사람들이나 식민주의의 앞잡이로서 살아온 사람들, 외국인의 도움을 빌어 동족상쟁의 재판을 연출하려는 사람들, 자신의 학문을 민족을 위해 활용하지 못하는 사람들과는 확연히 다른 길을 걸으신 것을 자랑스럽게 생각한다.

그러나 이제는 마음으로만 애통하고 그리워할 뿐 만나뵈올 길 없는 아버님, 자식으로서의 봉양의 기회 한번 제대로 갖지 못하고 남들이 다 하는 세속적인 회갑 잔치 한번 마련하여 드리지 못한 아버님, 다시 봄이 돌아와 겨우내 굳게 얼었던 땅이 녹고 양지바른 산골 시내에 눈 녹은 물이 졸졸거릴 때면 남은 사람들은 다시금 봄의 제전이 펼쳐지는 속삭임을 들을 수 있겠지만, 그렇게도 산책을 즐기시던 안암 천변에서 아버님의 자애로운 모습을 뵈올 길이 없을 것 같다. 봄이 오기 전에 나는 다시 아버님이 누워 계신 김포의 묘소를 찾아가서 그동안의 지난 소식을 전해드리고, 먼 훗날 나의 사랑하는 꼬마들에게 들려 줄 할아버지의 이야기를 엮어 나가야겠다.

(『나라사랑』 18, 1975)

『나라사랑 - 홍이섭 선생 특집호』
18집의 목차

원 유 한

구산 : 여보게 구천. 오늘 우리가 우연히 만났지만, 이렇게 만난 김에 『나라사 랑』 18집의 목차나 한번 살펴보는 것이 어떻겠나. 타계한 지 어언 20여 년이 지난 홍이섭(1914~1974) 박사를 회고해 본다 할까, 추모하는 뜻 에서 그러자는 것이네. 구천도 잘 알고 있겠지만 『나라사랑』 18집은 고 홍이섭 선생 추모특집으로 1975년 봄에 간행된 것이잖은가. 그래서 그 목차만을 훑어보아도 당시 급환으로 타계한 홍 박사에 대한 추모의 정 이 어떠한 것이었는가를 짐작할 수 있을 것일세.

구천 : 선생님 말씀에 따라 『나라사랑』 18집의 목차내용을 살펴보기로 하겠습 니다. 그 목차는 크게 3부문으로 나누어져 있습니다. 논집, 추모일화 및 자료집이 그것입니다. 논집 부문에서는 홍 선생님의 생애・사상・학문 ・사관・역사정신 등에 관한 여러 분의 글이 실려 있는데, 그 집필자와 글의 제목은 다음과 같습니다. 즉 김철준 님은 「홍이섭 사학의 성격」, 손보기 님은 「사료 비판과 역사 정신」, 박종홍 님은 「한국 근대 사회사 상사 연구」, 천관우 님은 「홍이섭의 사학」, 전상운 님은 「『조선과학사』 에서 본 한국과학사」, 염무웅 님은 「역사의식과 문학」에 관해 각기 글 을 썼답니다.

구산 : 글의 제목만으로도 그 내용을 대강은 짐작할 수 있을 것 같네. 그러나

욕심 같아서는 각 필자들의 글 내용이 어떠한 것인지 좀더 알고 싶군. 그러니 구천이 좀 수고스럽더라도 각 필자들의 글의 핵심만이라도 간단히 요약해주었으면 좋겠네.

구천 : 그러지요 선생님. 먼저, 김철준 님은 홍이섭 선생님 사학의 성격을 다음과 같이 요약하고 있답니다. "홍이섭의 사학은 민족이 당면한 문제들을 회피함이 없이 정면으로 그리고 근본적으로 해결하자는 태도를 견지함에 있어서 고군분투한 사학이었다." 손보기 님은, "홍 선생의 역사정신을 사료비판과 민족사관을 중심으로 볼 때, 해박한 지식을 토대로 투철한 역사정신을 민중 속에 심은 역사"였다고 하였습니다. 박종홍 님은 "한국 근대 사회사상사 연구에 있어서 홍이섭의 학문적 염원은 근대 사회사상사의 규명과 올바른 주체적 민족사관의 확립이었다"고 하였습니다. 천관우 님은 홍 선생님을 실학·독립운동사 정리의 선구로 보면서, 홍 선생님의 사학을 다음과 같이 특징짓고 있습니다. "선생은 역사상의 반민족 행위, 불의의 행위를 몹시 미워하셨다. 어느 때는 그처럼 평소의 온화한 선생답지 않게 미워하셨다. 그것이 선생의 인생이요, 사학이었을는지도 모른다." 전상운 님은 한국과학사 연구에 있어서 홍 선생님의 위치를 다음처럼 높이 평가하고 있답니다. "홍이섭은 한국과학사의 연구와 그 발전에 있어서 매우 큰 역할을 했다. 우리나라에서 학문으로서의 과학사, 특히 한국과학사 연구의 한 길이 그에 의해서 처음으로 개척되었다고 할 수 있다." 끝으로 문학평론가 염무웅 님은, "홍이섭 선생의 역사학은 일제의 식민지적 통치 체제와 그것에 맞선 민족적 저항을 역사적으로 규명하는 일에 바쳐지고 있다"고 평가하고 있답니다.

추모·일화 부문에서는, 이강훈·최준·최영해·황원구·원유한·홍재영 등, 동료·후학·아들이 홍 선생님의 인간·기질·성품 등에 관한 글을 쓰고 있답니다. 즉, 독립운동사편찬위원회 연구실장 이강훈 님은 홍 선생님을 "올바른 사관을 지닌 사가"로 추모하였고, 신문학을 전공한 중앙대학 교수였던 최준 님은 "소탈한 아랫방의 학자"라고 홍 선생님의 인간성과 생활상을 평가하였습니다. 홍 선생님과 죽마고우이며 정음사 대표였던 최영해 님은「홍이섭과 나」라는 주제로 반세기를 이어 온 우애를 회고하였으며, 홍 선생님의 제자며 연세대학교 명예교수인 황원구 님은, 제자로서 본 홍 선생님의 생활 주변에 관한 여러 가지 일을 회상하고 있습니다. 역시 홍 선생님의 제자이고 동국대학 교수인 원유한은, 선생님의 자상하신 가르침을 받던 지난날의 학은(學恩)을 회상하였고, 홍 선생님의 맏아들 재영은,「학문과 책과 가족, 그리고 민족정신」이란 제목으로 자손들을 끔찍이도 사랑하셨던 부친에 대한 존경과 그리움이 넘쳐 흐르는 추억담을 쓰고 있답니다.

끝으로 자료집 부문에는 홍 선생님의 민족사관·사상사·종교사·서문·일반 논설 등이 포함되어 있습니다. 그 내용을 살펴보면 다음과 같습니다.「민족사관의 문제점」,「역사와 교육」,「역사의 교훈」,「한국 현대 정신사의 과제」,「역사에 나타난 민중 세력」,「3·1운동의 사상사적 위치」,「한국사상 연구의 현재와 장래」,「지성인의 전통적 역할」,「한국 근대사 상의 기독교」,「조선 불교 연구사론」,『정약용의 정치·경제사상 연구』서문,『조선과학사』서문,「한국 고전의 가치」,「민족문화의 창조」,「질풍 노도의 세대 – 최현배 선생님의 회갑을 맞이하여」,「어두운 시절의 초상화 – 나의『삼사문학』시절」,「서한문」8통,「시」3편.

이상의 내용 이외에도, 홍이섭 선생님의「연보」,「묘비명」및「저작목록」등이 실려 있답니다. 그리고 홍이섭 선생님 추모특집이 고 최현배 선생님을 기념해서 설립된 '외솔회'에서 펴내는『나라사랑』18집으로 간행된 동기나 경위는 선생님의「연보」를 보면 대강은 짐작할 수 있을 것입니다.

『한국근대사』 발문

최 기 준

『한국근대사』라고 제하여 간행하는 이 책자는 1970년 유네스코 한국위원회에서 출판한 The History of Korea의 근대사 부분의 한국어 원문이다. 다만, 3편의 서설 논문은 근대사의 이해와 연구에 큰 도움이 되리라 생각하고 책 머리에 붙여 실었다.

지난해 3월 불의의 사고로 홍 선생님께서 작고하신 뒤에 몇몇 분들이 모여 선생님의 문집 간행에 대해 논의할 때에 우선 『한국근대사』와 한국정신분야의 논문을 정리하여 『한국정신사 서설』로 묶어 간행하자는 데에 의견을 모았었다. 특히 『한국근대사』의 원고는 민족사관에 의한 유일한 선생님의 시대사요, 우리나라 근대사 분야의 유일한 저서라는 점에서 학계에 공헌하는 바가 지대하리라고 믿는다.

원래 홍 선생님의 원고는 극히 난해한 것으로 널리 알려진 터이지만, 가능한 한 문장을 고치지 않고 원고대로 실은 것은 난해한 문장 속에서 선생님의 해박한 학문을 더듬어 찾기 위함이었다. 부득이 맞지 않는 부분은 The History of Korea의 공저자인 손보기 박사의 도움으로 바로잡았다. 뿐만 아니라 교감(校勘)과 교정과 색인 작성까지도 손수 맡으셔서 귀중한 시간을 기꺼이 할애해 주셨다. 오직 손 박사께서 바친 노고에 힘입어 이 책자의 간행이 가능했음을 여기에 명기(銘記)한다.

대학문고는 당초 홍 선생님께서 연세대 출판부장으로 재임중 그 계획을 입안했었다. 이제 선생님의 책자를 대학문고 제1권으로 간행하게 되는 것은 출판

위원회의 각별한 배려와 결의에 따른 것이다.

  끝으로 이 책자의 간행에는 여러분의 도움이 많았지만, 특히 교정과 색인작성에는 손 박사의 지도로 박희현, 이융조, 김준석, 박충래 씨 등 홍 선생님의 가르침을 받은 제자들의 헌신적인 노력이 컸음을 여기에 밝혀 둔다.

(『한국근대사』, 1975)

『한국정신사 서설』 발문

최 기 준

　한국정신사의 연구는 홍이섭 교수께서 작고하실 때까지 가장 심혈을 기울이신 과제이었고 필생의 염원이었으나, 끝내는 이를 완성하지 못하신 채, 그 기초 작업만으로 후학들에게 남겨주신 위대한 유산이 되고 말았다.
　정신사의 구조를 시도하기 위해 홍 선생님께서는 민족사관에 따른 역사의식의 확립과 문학작품을 통한 문학정신 및 시대정신의 추구로써 학적 성과를 높이셨다. 이에, 그 동안에 발표된 정신사 분야의 논문들을 모아 체계있게 정리하여『한국정신사 서설』로 간행하는 것은, 비록 이 책이 미완성 저술이긴 하나, 한국정신사의 기틀과 골격을 완성하고 있기 때문이다.
　여기에 수록된 논문들은 단계적인 계획에 따라 연구 발표된 것이기 때문에 문장의 통일은 이루지 못하였으나, 손보기 교수의 헌신적인 노고에 의한 교감(校堪)과 교정을 통하여 분명히 밝힐 것은 밝히고, 바로잡을 것은 바로잡음으로써 내용과 체재의 통일을 이룩할 수가 있었다. 오직 손 박사의 티없는 간성(懇誠)으로 이 책의 출간이 가능하였음을 여기에 밝혀 둔다. 특히 색인 작성까지도 손 박사의 지도로 홍 선생님의 가르침을 받은 이융조, 박희현, 김준석, 박충래 씨 등 제자들이 스승의 학은에 보답하기 위한 충정에서 협력하여 만들었다. 모두가 홍 선생님의 학문정신을 흠모하는 마음에서의 합심이었기에 이 책의 빛이 더할 뿐이다.
　더욱이 이 책은 대학문고 제1권으로 간행된『한국근대사』와 함께, 홍이섭 사학의 이해와 연구에 핵심적인 저서가 되리라 믿고, 이 책이 출간되는 경위를 여기에 밝히는 바이다.

(『한국정신사 서설』, 1975)

구천 : 위와 같은 『한국근대사』 및 『한국정신사 서설』의 발문을 쓴 최기준 님은 연세대학교 문과대학 국문과를 졸업하였습니다. 그는 학부 학생시절에 홍 선생님의 강의를 들을 수 있었을 것으로 짐작됩니다. 그 당시 홍 선생님의 강의는 문과대학내 다른 학과의 학생들은 물론, 다른 대학의 학생들에게까지도 인기가 있었으니까요. 그런데다가, 최기준 님은 홍 선생님이 타계하시기 전까지 부장으로 계셨던 대학교 출판부의 행정담당 과장으로 있었습니다. 그래서 평소 홍 선생님의 인격을 존경하고 학문적 업적을 높이 평가, 인식할 수 있는 입장에 있었다고 생각됩니다. 홍 선생님이 타계하신 후, 그는 총무처장을 거쳐 지금은 대학교 재단사무국장으로 재직하고 있답니다.

구산 : 구천의 설명을 더 들을 것도 없이, 최기준 님이 쓴 『한국근대사』나 『한국정신사 서설』의 발문 내용만 보아서도 홍 선생의 인품, 역사의식, 사학자로서의 위상이 사학과뿐만 아니라, 다른 학과 출신 제자나 후학들에게 어떻게 평가 인식되고 있었는가를 능히 짐작할 수 있다네. 그리고, 홍 선생에 대한 제자들의 추모의 정이 얼마나 절실한 것이었는지를 짐작하고도 남음이 있을 것 같고.

　　최기준 님 발문의 내용을 보면 『한국근대사』와 『한국정신사 서설』 두 책이 간행되기까지 손보기 박사의 헌신적인 노고가 있었다고 했는데……. 하기야 홍 선생이 타계하였을 당시에 손 박사는 사학과의 한 교수였고, 또한 홍 박사의 연희전문학교 후배이기도 하였으니까……. 뿐만 아니라 오래 전 어느 신문에 실린 손 박사의 글을 보니, 홍 박사를 자신의 학문에 영향을 준 인물 중 한 분으로 꼽고 있는 것을 보기도 하였고.

『홍이섭전집』 곧 출간

　학문, 인격, 사상면에서 연세대학교뿐만 아니라 우리나라 국학계의 상징적인 인물로서 민족사학의 정립을 위한 민족의 횃불이었던 홍이섭 교수가 '홍이섭 사학'의 완성을 보기도 전인, 1974년 3월 회갑을 수개월 앞두고 급환으로 별세한 것이 올해로 15주기가 된다.
　식민지 한국의 암흑과 고통, 그리고 독립 한국의 광영과 정치적 혼란기의 이중적 명암시대를 살다간 홍이섭 선생의 생애는 반일 민족주의 사상의 민족사관을 정립하려는 학문적 노력과 교육자로서의 역사적 사명감, 정의를 중히 하고 지조를 사랑하며 청빈에 자족한 평민 사상가의 정직 강직한 기질로 일관되었다. 우리나라의 민족정신 사상의 바른 역사를 뿌리내리려 애쓰던 홍이섭 교수의 학문적 결실이 마침내『홍이섭전집』출간을 계기로 집대성되었다.
　모교 출판부에서는 지난 1986년 이미 수집완료된 원고를 정리『정인보전집』,『김윤경전집』에 이어『홍이섭전집』의 출간을 서두르고 있다.
　모교는 단재 신채호, 백암 박은식, 위당 정인보 계열을 잇는 민족사학의 한 봉우리를 해방 후 우리 학계에 우뚝 세운 홍이섭 교수가 20여 년 간(1953~74) 봉직하며 일제하 국학연구의 명맥을 이어온 정인보, 문일평, 최현배, 손진태, 백남운 등 쟁쟁한 교수진으로부터 역사의 안목을 키우던 곳이다.
　홍이섭 교수의 '민족사학'을 집대성한 이 전집은 사학과 대학원생들이 단행본『한국사의 방법』및 학술지 등에 실렸던 논문들과 미발표 유고 등 총 6백여 편을 수집하고 연세대학교 출판부가 이를 분야별로 정리한 것으로『과학·해양사』(1권), 『실학』(2권), 『기독교사』(3권), 『사상·정신사』(4권), 『외교사』(5권), 『근·현대사』(6권), 『사론』(7권), 『전기-인물론』(8권), 『수상·수필』(9권), 『서평』(10권), 『영·불논문』(11권) 등으로 구성되어 있으며 1차로 금년 말까지 6권을 출간하고 7권부터 11권까지는 연차적으로 계속 출간이 진행될 것이라고 한다.

이번 『홍이섭전집』 출간계획을 계기로 연세의 자랑이자 민족사학의 큰 봉우리를 우뚝 세운 고 홍이섭 교수의 학문과 사상과 생활을 되돌아본다.

홍이섭 교수가 태어난 1914년 12월은 1차 세계대전이 발발한 해로 국제적 혼란기를 이용한 일본의 조선 통치는 무단정치의 가학상을 더하여 갔고 저들의 후진자본주의의 급속한 성장을 위한 약탈적 식민지 정책이 급격히 이루어져 한국인의 궁핍을 재촉질했던 때이다.

홍이섭 교수는 이러한 시대적 배경에서 성장하며 민족교육의 본거지인 배재학교와 연희전문학교에 진학하였다. 여기서 그는 호암 문일평, 위당 정인보의 두 위대한 국학의 종사와 학연을 맺게 되었으며, 이 두 분에게서 그의 학문과 인격의 지표와 터전이 굳혀졌다고 할 수 있다.

호암과 위당에게서 한국사 인식의 전제로서 '조선심' 또는 '조선얼'이라 표현된 민족정신과 부용적 유교사관의 부정이란 비판정신, 그리고 일제에 대한 저항정신은 곧 홍이섭 교수의 한국사 인식의 정신적 기반이 되었다.

홍이섭 교수는 민족사학 정립을 위한 중심과제로서 실학의 연구와 단재사학의 발굴에 온갖 노력을 집중하였다. 그것은 호암이 주목하고 위당에게서 그 계보와 역사적 위치가 설정된 것이 실학이며, 또한 단재사학의 확충 전개를 꾀했던 것이 위당임을 돌아볼 때 '홍이섭사학'의 계열을 알 수 있다.

홍이섭 교수는 1944년 일제 패망을 한 해 앞둔 어려운 시기에 『조선과학사』를 펴냈다. 해방 후 일제가 남기고 간 한국사의 왜곡화를 그는 '식민지적 사관'이라 지칭하였다. 그리하여 지금 같으면 누구나 당연한 것으로 알 식민지적 사관의 극복을 한국사 인식의 기본과제로 제창하였다. 결국 그의 사학정신은 한 마디로 말하여 비과학적인 것에 대한 싸움이었고 식민지체질을 청산하면서 새로운 민족문화의 방향을 모색하는 것이었다고 요약할 수 있다.

홍이섭 교수는 그야말로 인간적으로는 너무 소탈하고 학문적으로는 불꽃 같은 정열을 가졌던 분으로 연세의 독보적인 분이었다.

그가 거처하던 이십 평 남짓의 집과 사방이 책으로 둘러싸인 서재는 두 명이 앉으면 족할 만한 곳이었다고 한다. 항상 검소한 생활로 청빈에서 오는 부족을 메꾸어 2백 원을 주고 새긴 나무도장을 편지봉투로 말아 간직하며, 휴대용 볼펜이 유일한 필기용품이었다고 한다.

식민사관에 맞선 한국정신사의 사표이며 영원히 기억될 연세인의 전형인 고 홍이섭 교수의 사상과 학문, 생활은 『홍이섭전집』 출간을 계기로 다시 한 번 우리에게 다가올 것이다.

(『연세동문회보』, 1989년 9월 15일자)

『홍이섭전집』 서

황 원 구

　아호 없이 함자로만 사셨던 홍이섭 선생님, 여름에는 고무신을 즐기셨고 목도장 하나만으로 지내오신 소탈하신 선생님, 그러면서도 검정 코트에 진홍색 라이너를 받쳐입으신 선생님의 겨울 옷차림에서는 툴르즈 로트레크가 그린 검정 코트에 붉은 머플러를 조화시킨 어떤 초상화의 배색을 연상시키는 멋스러움이 있었다.
　선생님은 1914년 말에서 1974년 초기까지 60년 동안, 이 땅을 한 발도 벗어난 적 없이 오직 이 땅에서만 살면서 일제강점기의 질곡과 광복후의 소용돌이, 한국전쟁의 수난과 독재정권의 강압 등, 숙명과도 같은 역경과 격동기를 몸소 체험하셨다. 그러나 선생님은 이러한 한국 현실을 개탄하기보다는 오히려 이를 극복하고자 노력했다. 먼저 민족사관을 통한 민족의 긍지를 학문적으로 재정립하고자 했다. 선생님이 이 민족을 새삼스럽게 깨닫고 이 민족을 위한 학문에 뜻을 두게 된 것은, 후진 한국의 농촌부흥을 위해서 농업입국을 창도했던 부친 홍병선 목사의 영향 못지않게, 중등교육에서는 문일평 선사(先師)로부터, 고등교육에서는 이윤재·정인보·최현배·백낙준과 같은 국학의 선각으로부터의 영향이 있었기 때문이다. 일찍이 1944년에 31세의 약관으로『조선과학사』(일문)를 펴낸 후, 실학·서학 등의 지성사 분야와 외교사·근현대사에 걸쳐 열 권의 저술과 수많은 논문을 발표해서 민족사학의 지표를 제시했다. 실학과 독립운동사의 연구에서는 선구자이기도 했다.
　아울러 선생님은 교육으로 한국 현실의 역사적 사명을 다하고자 하셨다. 광복후 국학대, 동국대, 고려대, 서울대, 숙명여대 등에서 한국사를 교수하셨지만, 대부분 연세대학교에서 한국사의 정신사적인 연구와 교수를 통한 국학의 새 국면의 개척과 재정립에 진력하셨다. 따라서 선생님의 연구업적도 대부분 이 동안의 성과들이었다.

그리고 선생님은 역사를 민족의 정신으로 규정하여, 현실의 민족적 지향성까지를 지도했다. 여기에서 많은 잡문을 마다하지 않고 쓰셨다. 독립운동, 3·1운동, 한국전쟁, 4·19혁명에 관한 많은 시사평론들은 조선시대의 정신사에 관한 연구영역과 근현대사에 관한 관심 못지않게 한국 현실의 경세적 제시이기도 했다. 강의실과 좌담에서도 그러했다.

한편 선생님은 청빈한 선비의 삶을 통해서 지성의 사표가 되었다. 대부분의 생애를 안암동 한옥에서 사셨다. 그리고 문간 옆 한 칸 남짓한 방을 서재 겸 응접실로 이용하면서 연구에 몰두하셨다. 그 무렵은 교수 대우가 좋지 못하고 모든 여건이 여의치 못한 탓도 있었겠지만 이재에 별다른 관심없이 깨끗하게 살아오신 성품에서 그러했다. 그러면서도 귀한 희구본(稀覯本)이 많았다. 말년에 응암동에 이사하시면서 그 귀한 장서를 제자들에게 나누어주었지만 책에 대한 애착은 유난하셨다.

또 선생님은 늘 줏대를 가지고 사셨다. 고집이 강하셨다. 스승에 대해서는 무조건이었지만 그 밖의 일에 관해서는 선생님 나름의 판단에 의해서 양보가 없었다. 이러한 고집이 주위에서 오해 아닌 오해를 사기도 했으나 선생님은 여기에 뇌동하지 않고 훗날의 평가를 기다린다고 하셨다.

이렇게 청빈 속에서도 연구와 교육에 진력하신 선생님은 연세대학교에서 문과대학장, 동방학연구소장, 출판부장 등을 역임하고 사정이 허락하는 한 사회의 여러 기관에도 참여하셨다. 역사학회 초대회장, 국사편찬위원, 민족문화추진위원, 문화재위원, 독립운동사편찬위원, 외솔회이사장 등을 맡아보았고 학술원 회원으로도 계셨다.

따라서 선생님은 근 30여 년 동안 학계에서는 물론 사회에서도 존경받는 분이셨다. 이에 따르는 제자가 많았고 뜻을 같이하는 지우와 친분이 두터운 친우가 많았다. 특히 연세대학교에서는 정인보·최현배·백낙준·하경덕·백남운·

김윤경·장지영과 같은 석학들에 의해서 이어온 연세학풍을 한 몸으로 승계하신 선생님이셨을 뿐만 아니라 연세가 자랑하는 스승이셨다.

1980년 초에 연세대학교 출판부에서는 연세의 스승으로서 우리나라의 국학 발전에 크게 공헌한 선학들의 저작을 전집으로 간행하는 사업에 착수하여, 이미 『담원정인보전집』, 『한결김윤경전집』을 간행한 바 있거니와, 이번에 계속사업으로 『홍이섭전집』을 내게 되어 평소 선생님의 학덕을 흠모하던 후학들에게는 여간 큰 기쁨이 아닐 수 없다.

새봄이 다시 오면, 어느덧 선생님의 20주기를 맞는다. 김포 장릉공원묘지의 선생님 묘비에도 검푸른 이끼가 끼기 시작했다. 그럼에도 불구하고 선생님에 대한 회념의 도리를 다하지 못한 민망스러움과 아쉬움만이 남아 있던 차에, 이번에 선생님의 주요 논저가 모두 망라된 전집을 간행하게 되어 다행스러울 뿐이다. 더욱이 정년이 얼마 남지 않은 한 제자로서, 재직중에 마무리하고 나가야 할 마지막 일을 끝마치게 된 듯하여 더욱 고맙기만 하다.

끝으로 편집위원의 한 사람으로서, 『홍이섭전집』의 간행을 위해서 성의를 다한 연세대학교 당국과 김옥환 출판부장의 노력, 그리고 편집 간행에 수고한 실무위원 등 여러분에게 감사를 드린다.

(『홍이섭전집』, 1993)

홍이섭 선생 비문

천 관 우

　문학박사 홍이섭 선생은 민족 해방 후 한국 사학계의 대표적인 역사가로 역사학회 초대 회장과 학술원 회원을 역임하시었다. 한국과학사의 체계를 처음으로 세우신 뒤 열렬한 민족사관을 바탕으로 한국 정신사를 개척하시어 실학과 서학을 중심으로 한 근세사상사와 항일 독립 운동사에 독보의 굵은 자취를 남기시었다. 선생은 1914년 12월 6일 농촌운동의 선구자이시던 홍병선 목사와 박성녀 여사의 맏아들로 태어나시어 1974년 3월 4일 서울에서 선종하시니 평생에 오래 몸담으시고 두 번 학장으로 계시던 모교 연세대학교 문과대학의 장례로 김포 장릉공원에 묻히시었다.
　부인 김정익 여사와의 사이에 재영 재성 재익 세 아들을 두시었다.

　　　　　　　　　　　　　　　　　　　　후학 천관우 글짓고 김충현 쓰다
　　　　　　　　　　　　　　　　　　　　1975년 3월 4일 세움

문학박사 홍이섭 선생은 민족 해방 후 한국 사학
계의 대표적인 역사가로 역사학회 초대 회장과 학술원
회원을 역임하시었다 한국과학사의 체계를 처음으로
세우신 뒤 열렬한 민족사관을 바탕으로 한국 정신사
를 개척하시어 실학과 서학을 중심으로 한 근세 사상
사와 항일 독립 운동사에 뚜렷이 굵은 자취를 남기
시었다   선생은 1914년 12월 6일 농촌
운동의 선구자이시던 홍병선 목사와 박성녀 여사의
맏아들로 태어나시어 1974년 3월 4일 서울에서
신종하시니 평생에 오래 몸담으시고 두번 학장으로
계시던 모교 연세대학교 문과대학의 장례로 김포 장릉
공원에 묻히시었다
      부인 김정익 여사와의 사이에 채영 채성 채익 세
아들을 두시었다
              후학 천관우 글짓고 김충현 쓰다
1975년 3월 4일 세움

홍이섭 선생 흉상명(胸像銘)

황 원 구

육십 평생 이 민족의 역사를
꿰뚫어 밝히고 민족의 앞날을
한시도 잊은 적이 없으셨다
선생의 학덕을 우러러 기리는
마음마다 님의 유지를
이으리라

1994. 10
(연세대학교 교정)

제3부 홍이섭 사학의 뿌리

홍병선 목사의 생애

원 유 한

구산 : 여보게 구천, 저기 대추나무 곁에 심겨 있는 묘목이 혹시 삼나무가 아닌지 모르겠네. 과문한 탓인지는 모르겠으나, 삼나무는 정원수로서 적합치 못한 나무로 알고 있는데……또한 삼나무는 우리나라 중부 이북에서는 썩 잘 자라는 나무가 아니라고 들었고. 그나 저나 구천은 삼나무를 어디서 구해다 심었단 말인가.

구천 : 선생님이 아주 정확하게 보셨습니다. 그 작은 나무가 삼나무임에 틀림없습니다. 사실상 저는 삼나무에 관해 아는 것이 거의 없습니다. 선생님 말씀처럼 삼나무가 정원수로 적합한 나무인지 아닌지, 또한 우리나라 중부 이북에서는 잘 자라는 것인지 아닌지에 대해서도 맹목한이라는 것입니다. 다만 저 삼나무가 제 집 정원 한 귀퉁이에 심어지게 되기까지는 약간의 사연이 있답니다. 그렇게 대단한 사연은 아닙니다만.

구산 : 아니 무슨 사연이 있다는 것인가. 심심하던 참인데, 어서 그 사연을 좀 들어보기로 하세나.

구천 : 선생님도 알고 계시다시피 저는 20년 가까운 세월에 걸쳐 학생들을 인솔하고 일년에 봄, 가을 두 차례씩 남한 각 지역의 역사유적을 답사합니다. 그러다보니 어떤 역사유적은 몇 차례나 거듭 찾아가는 경우가 적지 않습니다. 이런 점에서는 전라도 강진 다산유적의 경우도 예외가 아니랍니다. 다산초당도 작년 가을 답사를 합쳐 세 차례나 찾아 갔으니까요. 작년 가을 답사……

홍병선. 1888~1967

구산 : 아니, 그러면 구천이 저 작은 삼나무를 다산초당을 찾아 올라가는 오솔 길 양편의 삼나무 숲 속에서 캐어다 심었단 말인가. 지난해 늦여름에 친구와 함께 다산초당을 찾아갔을 때 삼나무 숲 속에 많은 씨가 떨어져 어린 삼나무들이 빽빽하게 못자리판을 이루고 있는 것을 보았는데.

구천 : 그렇습니다, 선생님. 바로 작년 가을 답사길에 저 갓여린 삼나무 묘목을 정원에 옮겨 심으면서, 겨울을 무사히 지나 봄에 새싹이 돋아날 수 있게 될런지 걱정을 했답니다. 실학 성지를 훼손하는 것이 아닌가 하는 자책이 전혀 없었던 것은 아닙니다만……

구산 : 뭐, 실학 성지를 훼손한다는 자책까지야 할 필요가 있을라구. 사실 못자리판처럼 빽빽하게 밀집되어 있는 삼나무 묘목을 적당히 솎아내는 일이 필요하기도 할 터인데. 그리고 저처럼 푸른 새싹이 돋아나고 있는 것을 미루어 거목으로 무럭무럭 자라날 조짐이 엿보이기도 하고……

구천 : 그렇습니다. 지난 가을 삼나무 묘목을 옮겨 심을 때 가졌던 염려와는 달리, 저처럼 봄을 맞아 새싹이 돋아나는 것을 바라다 보면서……

구산 : 자네 이야기를 들어보니 다산초당엘 세 차례나 답사했다는데, 그 때마다 느끼는 절실한 감회가 없지 않았을 것으로 생각되는군. 실학 내지 실학 사상을 연구하는 학자들 일반이 가지는 관심이야 말할 것도 없거니와,

구천 나름의 각별한 관심, 아니 감회가 있었을 것이 아닌가. 이를테면 고 홍이섭 박사나 백낙준 선생 등 은사님들과 관련해서 남다른 감회가 있지 않았겠느냐는 말일세. 구천이 평소 다산을, 아니 다산의 실학을 이야기할 때면, 흔히 홍 박사나 백 선생을 관련시켜 얘기하기를 좋아했던 일들이 생각나서 하는 말이라네. 또한 홍 박사나 용재 선생은 다산을 비롯한 실학자들의 사상 전반에 대해 깊은 관심을 가지고 있었음은 물론, 특히 홍 박사는 다산의 실학사상에 관한 빛나는 업적을 남겨 놓았다 생각하고 있기 때문에서도……. 언제였는지 확실한 기억이 나지는 않네만, 다산초당 옆에 있는 '정석(丁石)바위'에 관한 백 선생의 말씀을 듣고 구천이 다산유적을 답사하고 싶은 생각이 더욱 절실해졌다는 이야기를 들었던 기억이 나는데…….

구천 : 그렇습니다 선생님. 언제였는지 그 시기는 확실하게 기억나지 않습니다만, 홍이섭 선생님이 타계하신 1년 후가 아닌가 생각됩니다. '용재관' 2층 명예총장실로 백 선생님을 찾아 뵈었을 때, 선생님은 제게 '정석바위'에 관한 말씀을 해주셨는데, 대개 이러한 내용이었던 것으로 기억됩니다. "전라도 강진 땅의 다산유적지를 찾아 가면, 다산초당 옆에 정석바위가 있다. 다산의 친필 '정석(丁石)' 두 글자를 다산이 친히 바위에 새겼는지, 아니면 석공을 시켜 새겼는지는 확실히 알 수 없다. 그러나 다산 자신이 징과 망치를 들고 '정석' 두 글자를 바위에 새겼다면, 그는 무엇을 생각하며, 또 무엇을 염원하면서 한 획, 한 글자를 새겨나갔을까? 요즘 나는 정석바위를 생각하면서 이러한 상상을 해보게 된다. 다음과 같은 여러 단어로 표현된 다산의 염원이 '정석' 두 글자를 바위에 새기는 망치소리 소리 소리에 실려 멀리 멀리 울려퍼졌을 것이다. 즉 경국제민·국태민안·부국강병·문화창달·위민정치·인간존중, 또한 경세치용·이용후생·실사구시 등 다함없는 염원들이 담겨 있는 낱말들이……."

이상의 백 선생님 말씀이 직접 계기가 되었던 것은 아니었지만, 처음 다산초당을 답사 갔을 때 '정석바위'를 사진 찍어다가 액자를 만들었답니다. 그리고 두번째와 세번째의 답사에서는 '정석' 두 글자를 탁본하려 했었지요. 그러나 그 때마다 궂은 비가 내려 탁본에 실패하여 지금껏 아쉬움을 간직하고 있답니다.

구산 : 구천이 백 선생으로부터 정석바위에 관한 이야기를 들었을 때, 분명 홍이섭 박사에 관한 이야기도 나왔을 법한데…….

구천 : 그렇습니다. 홍 선생님 타계하신 이후 종래보다도 더 자주 백 선생님을 찾아 뵈었답니다. 그럴 때마다 실학 연구와 관련해서 홍 선생님에 대한 말씀이 있었고, 특히 연세의 국학연구 전통 계승발전 문제와 관련해서 홍 선생님의 타계를 몹시 애석하게 생각하셨던 것으로 기억됩니다.

구산 : 하기야 사랑하는 제자를 잃으신 그 은사의 마음이 오죽이나 아프셨겠는가? 그 당시 제자를 잃은 백 선생의 애절한 심정을 이해하고도 남을 것 같네.

　　따지고 보면 홍 박사가 타계한 지가 이 해로서 벌써 18주년이 되지 않았는가. 인생이 허무하다 할까, 아니면 세월 아니 역사가 비정하다고 할까, 홍 박사가 타계한 지 벌써 18년이 되었다니. 우리 오늘 만났으니 홍 박사 추모담이나 나누어 보는 것이 어떻겠나?

구천 : 그렇게 하시지요. 이 달이 바로 18년 전 홍 선생님이 타계하셨던 3월이랍니다. 사실 오늘 선생님을 감히 누추한 제 집으로 모신 것도…….

구산 : 홍 박사에 대한 추모의 말을 나누자는 데 목적이 있다, 그 말씀이렸다.

구천 : 그렇습니다 선생님. 그리고 너무 오랫동안 선생님을 찾아 뵙지 못해 죄송스런 생각이 들기도 해서……. 변변치는 못하지만 겸해서 약주라도 대접하기 위해 모셨습니다. 사실 갈현동에 있는 '풍년명절'이란 한정식 집으로 모실까도 생각해보았습니다만, 오랫동안 모시고 말씀을 나누는 데는 제 집이 좋을 것 같아서……. 그 점 이해하여 주시고, 제가 약소하게 마련한 약주를 꿩고기물만두와 산돼지고기볶음을 안주 삼아 천천히 드시면서……. 풍년명절집의 꿩고기물만두와 산돼지고기볶음 요리는 술안주로서는 일품이라고 근동에 소문이 자자하답니다. 그리고, 냉장고 속에는 꿩고기냉면이 충분히 마련되어 있으니 시장기가 드시면 언제든

지 말씀하시고요.

구산 : 우선 날 그처럼 융숭하게 대접해주니 고맙게 생각하는 터일세. 그리고 좋은 술과 맛있는 안주와 냉면일랑 이야기를 끝내고 먹어도 좋을 것 같네. 점심시간까지는 아직도 한 시간여나 남아 있으니 말일세. 그리고 오늘은 홍이섭 박사의 부친 홍병선 목사님이 어떤 분이셨는지, 이야기를 나누어 보았으면 하네만……. 그 점은 지난 번 언젠가 내가 구천에게 조사해서 이야기 해달라고 부탁한 일이 있었던 것 같기도 하고.

구천 : 사실은, 그 같은 선생님의 지시를 받고도 차일피일 세월만 허송했었답니다. 그러던 차에 어느 날 홍병선 목사님이 어떠한 분이신지, 대강은 알아볼 수 있는 간단한 자료를 발견하게 되었습니다. 그 자료는, 바로 '고 홍병선 목사 장례식순'이 적혀 있는 팜플렛입니다. 홍 목사님의 장례식은 1967년 7월 21일 서울 중앙기독교 청년회관 강당에서 거행되었는데, 바로 그 장례식의 식순이 적혀 있는 팜플렛을 발견하게 된 것입니다.

구산 : 그 자료가 홍 목사님 장례식순이었다면, 거기에는 그분의 약력이 나와 있을 것이 아닌가. 그러면 구천이 홍 목사님의 장례식에 참석했고, 그 때 얻은 자료를 지금까지 보관해왔더란 말인가?

구천 : 그렇습니다. 그 당시 장례식에서 백낙준 선생님이 조사를 하셨습니다. 백 선생님은 조사에서 홍이섭 선생님에 대해 이렇게 말씀하셨던 것으로 기억하고 있습니다. "홍 목사의 아드님 홍이섭 박사는 거의 독학으로 한국사 내지 한국학 연구에 일가를 이루었습니다." 꼭, 이와 똑같이 말씀하셨다기보다는, 대개 이상의 내용으로 말씀을 하셨던 것으로 기억된다는 것입니다.

　　참고로 장례식순을 보면, 주례 김우현 목사, 기도 엄재희 목사, 성경봉독 전영택 목사, 약력보고 전택부 총무, 조사 백낙준 박사, 축도 변홍규 감독으로 되어 있습니다. 그리고 찬송은 제269장과 301장을 불렀답니다.

구산 : 본래 눈이 여려서 눈물 잘 흘리기로 유명한 구천이…….

구천 : 그렇습니다 선생님. 찬송 제301장을 부르면서 그만 주변이 민망할 정도

로……. 301장의 찬송은 4절만 불렀는데 그 가사내용을 소개해보면, "우리 다시 만나볼 동안 하나님이 함께 계셔 세상에서 떠날 때에 영접하시기를 바라네. 다시 만날 때 다시 만날 때 예수앞에 만날 때 다시 만날 때 다시 만날 때 그 때까지 계심 바라네."

구산 : 원래 찬송 제301장은 멜로디와 가사내용이 애잔하기 때문에, 여간해서 눈물을 보이지 않는 나 같은 사람도 가끔은 눈물을 흘리게 되는 수가 있으니까…….

계속해서 홍병선 목사님의 약력을 소개해 주기 바라네. 그런데 홍 목사님은 호가 있다고 들었는데…….

구천 : 맞습니다, 홍 목사님의 호는 '목양(牧羊)'입니다. 그러니까, 양치는 목자로서의 사명감을 강조하는 뜻으로 호를 목양이라 지었던 것으로 짐작됩니다.

그러면 계속해서 선생님의 지시에 따라 홍 목사님의 약력을 소개해보기로 하겠습니다. 목양 목사님은 1888년 11월 7일 서울시 종로구 사직동에서 홍태준(洪泰俊) 씨의 4남매 중 2남으로 태어났습니다. 그리하여 1902~1905년 사립 경성학당(京城學堂)을 다니고, 1908~11년 일본 교토 동지사(同志社) 신학교를 수료하였습니다. 1911~14년 한양기독교회 전도사, 1912~13년 보성전문학교 교사, 1916년 남감리교회 전도사에 피임되고, 1923년 9월 목사 안수를 받았습니다.

구산 : 홍 목사님 약력 중, 1912~1913년에 보성전문학교 교사를 지냈다는 사실이, 홍이섭 박사가 1949년부터 고려대학교 사학과 교수로 재직했던 것과 무관한 일이 아니잖을까 생각되기도 하네만.

구천 : 저 역시 그 같은 생각을 해보았습니다만, 확실한 사실은 알 수가 없습니다.

홍 목사님은 1917~18년 피어선 성경학원 교사, 1918~19년 배화여학교 교사를 거쳐 1920~40년 중앙 Y.M.C.A 간사 및 청년회학교 교사 등으로 20년간 봉직하면서 다음과 같이 많은 일을 하셨습니다.

(1) 1922~37년에 전국을 통하여 협동조합운동을 전개, 320여 곳에 농

촌사업 센터와 730여 개의 협동조합을 조직하여 활동했으며,
(2) 1928~29년에 덴마크의 농업과 농민교육 및 협동조합을 시찰하고, 예루살렘 대회에 참석 후 미국과 일본 농촌을 시찰하였으며,
(3) 1931~39년에 덴마크 국민고등학교식 농민수양소를 창설하고,
(4) 1938~40년에 영창(英彰)중학교 교장으로 근무하였습니다.

구산 : 조국 광복 이후에는 홍 목사님이 주로 어떤 활약을 하셨는지, 궁금하군.

구천 : 1945~67년 재단법인 보린회(保隣會) 이사 및 이사장으로 사회사업에 전력했습니다. 1946~55년 성인교육중앙회총본부 회장 및 부회장, 1952~57년 농림부 농림위원, 1953~57년 국민대학 협동조합 강사, 1954~57년 중앙신학교 사회사업과 협동조합 강사, 1954년 농업문제 연구회 이사, 1960~61년 농업협동조합 고문으로 추대되었습니다.

　 조국 광복 이후, 특히 6·25전란 이후에는 서울중앙 Y.M.C.A.의 이사, 또는 유지 지도자로 헌신적 봉사를 하였으며, 1963년 서울중앙 Y.M.C.A.의 60주년 기념일을 기하여 명예회장으로 추대된 이후에는 오로지 한국 Y.M.C.A.의 역사자료를 수집하여 집필하는 데 전력하셨습니다. 1967년 7월 당시 완성된 원고 2천여 장을 인쇄소에 넘기려는 순간 오랫동안 지친 몸을 다시 일으킬 수 없어 부인과 자녀들, 그리고 네 분의 Y맨들이 부르는 찬송과 기도소리를 들으면서 고요히 주님의 앞으로 가셨답니다.

구산 : 이상, 구천이 말하는 홍 목사님의 약력을 들어보자면, 그러니까 갑신정변이 일어나고 5년 후인 1888년에 태어나 80세를 일기로 1967년에 타계하신 셈이군 그래. 좀더 자세히 말하자면 홍 목사님은 우리 강토에서 열강이 각축전을 벌이고 있던 구한말, 국권이 상실된 일제 식민통치, 환희와 혼란을 함께 몰고온 조국 광복, 동족상잔의 비극 6·25전란, 4·19, 5·16 등 굵직굵직한 한국근현대사의 소용돌이를 거치면서 성직자·교육자·사회운동가 내지 사회사업가로서 이론과 실천면에서 선구자적 역할을 활발히 전개하셨다 할 수 있겠군. 그리고 홍 목사님은 선교활동과 교육활동 및 사회계발운동을 추진하는 데 필요한 이론을 탐구하고

정리하기 위해 학문적 연구와 저술에도 힘쓰셨던 것으로 알고 있는데……….

구천 : 구산 선생님은 비교적 많은 사실들을 알고 계시군요. 사실 홍병선 목사님은 다음의 저서목록을 보아 알 수 있듯이, 다방면에 걸친 학문적 연구와 그 업적을 저서로 정리, 발표하셨답니다. 홍 목사님은 11권의 저서를 출판하셨고, 2권의 저서를 원고로 남기셨습니다.

　　1.『아동심리학』2.『심리학』3.『종교심리학』4.『농촌지남(農村指南)』5.『구미위인전(歐美偉人傳)』6.『정말(丁抹)과 정말농민』7.『소비조합의 원리와 실제』8.『협동조합과 그 조직』9.『설교 52집』10.『아동설교 52집』11.『교양동화집』12.『자조론(自助論 : 미발표)』13.『Y.M.C.A.역사(미발표)』등의 저서가 그것이랍니다.

구산 : 지금까지, 구천으로부터 홍이섭 박사의 부친 홍병선 목사님의 약력과 저술 내용을 듣고서 내가 어떤 생각을 가지게 되었는지 짐작할 수 있겠는가? 한 마디로 말해서, 그 아버님에 그 아드님이라고 생각하게 되었다네. 그러니까 우리가 이해하고 있는 홍이섭 박사의 교육과 인격, 인생관 내지 세계관, 역사학자로서의 의식과 학문의 성격형성에 부친 홍병선 목사님으로부터 적지 않은 영향을 받았다는 점을 짐작할 수 있겠다는 말일세. 이와 같은 결론을 내리기에는 아직도 홍 목사님에 대한 이해가 충분하다고 할 수는 없겠지만, 그저 대체적으로 보아서 그렇게 말할 수 있다는 것일세. 앞으로 구천은 홍 목사님에 관해 보다 많은 사실을 조사하여 내게 들려주게나.

구천 : 끝으로, 1967년 7월 21일 홍 목사님 장례식에 참석하여 들었던 이야기 한 마디를 부언해두고자 합니다. 그러니까, 홍 목사님은 노환으로 병고 속에 어렵게 어렵게 『Y.M.C.A.역사』를 탈고하셨답니다. 탈고 후 갑갑하니 서울시내라도 시원하게 한 바퀴 돌자고 하셨더랍니다. 서울시내라던가, 남산을 한 바퀴 드라이브하시고 돌아와서는 이내 하나님 앞으로 떠나셨다는 것입니다. 이것은 장례식장에서 주변 사람들이 서로 나누는 이야기를 지나가는 말로 들은 것이기 때문에 얼마나 진실에 가까운 이

야기인지는 장담할 수 없습니다만…….

(『실학사상연구』 3, 1992)

고 목양 홍병선 목사 약력

목양(牧羊) 선생은 1888년 11월 7일 서울시 종로구 사직동에서 홍태준(洪泰俊)의 4남매중 2남으로 태어나시다
1902~1905   사립경성학당을 졸업
1908~1911   교토(京都) 동지사(同志社) 신학교를 수료
1911~1914   한양기독교회 전도사
1912~1913   보성전문학교 교사
1916~   남감리교회 전도사 피임되시고
    1923   9월에 목사 안수를 받음
1917~1918   피어선 성경학원 교사
1918~1919   배화여학교 교사
1920~1940   중앙 YMCA 간사 및 청년회학교 교사 등으로 20년간 봉직. 이 동안 하신 일을 간단히 소개하면

① 22년부터 37년까지 전국을 통하여 협동조합 운동을 전개하여 320여 처에 농촌사업 센터와 730여 개의 협동조합을 조직하여 활동했으며

② 28년부터 29년까지 덴마크의 농업과 농민교육 및 협동조합을 시찰하시고 예루살렘대회에 참석후 미국과 일본 농촌을 시찰하셨으며

③ 31년부터 39년까지 덴마크 국민고등학교식 농민수양소를 창설하시고

④ 38년부터 40년까지 영창(英彰)중학교 교장을 시무

1945~1967	재단법인 보린회 이사 및 이사장으로 사회사업에 진력
1946~1955	성인교육 중앙회 총본부 회장 및 부회장
1952~1957	농림부 농림위원
1954~1957	중앙신학교 사회사업과 협동조합 강사
1954	농업문제 연구회 이사
1960~1961	농업협동조합 고문

　　　해방이후 특히 6·25 전란 이후에는 서울중앙 YMCA의 이사 또는 유지 지도자로서 헌신적인 봉사를 하셨으며 1963년 서울중앙 YMCA의 60주년 기념일을 기하여 명예회장으로 추대 받으신 후에는 오로지 한국 YMCA의 역사자료를 수집하시며 집필하시는 데 전력을 다하셨습니다. 지금은 그 다 된 원고 2천여 장을 인쇄소에 넘기려는 찰나에 그 오래 지치신 몸을 다시 일으킬 수 없어 부인과 자녀들과 네분 Y맨이 부르는 찬송과 기도소리를 들으시면서 고요히 주님 앞으로 가셨습니다.

(「고 홍병선 목사 장례식순」)

Y.M.C.A.와 더불어 산 야인
― 고 목양 홍병선 목사 ―

전 택 부

김현옥 시장의 육교 정책이 한참 시민들의 시비거리가 되어 있을 무렵, 목사님은 욕을 보내면서 이것을 반대했었다. 그래서 한번 시청을 지나 다시 일부러 목사님은 대한일보 앞에 있는 육교를 통하지 않고 터벅터벅 걸어서 맨길로 넘어 가셨다. 그러니까 교통순경이 호각을 불면서 달려와 못 가게 할 수밖에…. 목사님은 길 한복판에 서서 "옳지 너 잘 왔다. 순경이지! 나 업어서 넘겨다 줘" 하며 고래고래 소리를 지르면서 지팡이로 순경을 때리는 시늉을 하니까, 아무 말 못하고 넘겨다 주었다는 것이다.

이런 일도 목사님이 아니고는 아무나 못할 일이었다. 목사님은 매사에 호탕하고 풍자적이었다. 무슨 일이든 언짢게 느껴지면 단박 쏘아 붙이고 시정을 요구했다. 한번은 필자가 홍 목사님과 김우현 목사님과 같이 곰탕집에서 점심을 대접하고 있었다. 목사님은 또 어떤 사람을 나무라면서 얘기를 했었다. 물론 말하는 중에, 상대방을 욕하면서 말했다. 좀 듣기가 곤란했었다. 김우현 목사님이 말 도중에 "홍 목사! 왜 자꾸 욕을 하면서 말을 하시우!" 했다. 그러니까 홍 목사님은 씩 웃으면서 "그게 어디 욕이야? 말이지!" 하였다. 이 바람에 우리 둘은 아연실색하고 웃고 넘겼던 것이다.

이상은 홍 목사님의 일화에 속하는 일이다. 이런 일화가 수두룩하다. 지금 목사님이 가신 지 만 두 달이 지난 오늘 이 글을 쓰며 새삼스럽게 목사님의 호탕한 모습이 그리워진다. 날마다 Y.M.C.A.에 들러 위아래층을 오르내리시고,

종로의 거리거리를 누비고 다니시던 모습이 눈에 선해진다.

　목사님은 1888년 11월 7일 서울 사직동에서 홍태준 씨의 둘째 아들로 태어나셨다. 일찍이 일본에 건너가 고학을 했다. 그 때만 해도 일본 가는 일은 보통 사람으로선 할 수 없는 일이었다. 1908년 즉 한일합병이 되기 이태 전에 일본의 동지사 신학교에 입학하여 3년간 수학하고 귀국하여 교회의 전도사도 되시고 보성전문학교의 교사도 되었다가 1923년 9월에 남감리교 목사 안수를 받으셨고, 그 후 피어선 성경학교와 배화여학교에서 교편을 잡으셨다. 1920년에 Y.M.C.A. 간사가 된 후부터 20년간 일생을 Y사업에 바치셨던 것이다.

　Y.M.C.A.에서 하신 일은 많다. 허나 목사님이 개척한 일로서는 협동조합 운동이었다. 특히 1928년 덴마크에 다녀오신 후부터는 전국에 농촌센터와 협동조합을 조직하시고 농촌사업에 큰 공을 세우셨다. 기록에 의하면 한창 성황을 이룰 때는 농촌센터가 전국에 320처, 협동조합이 730개나 있었다는 것인데 아무튼 그 때 Y의 농촌사업은 하나의 애국운동으로서 Y역사상 찬란한 기록이었던 것이다. 목사님의 Y간사 생활은 20년 후 일정 말기 전쟁 때문에 끊기긴 했지만 1967년 7월 19일 세상을 떠나기까지 거의 50년간 계속되었다고도 할 수 있다. 왜냐하면 해방 이후 농림부 농림위원이며 농업협동조합 고문이며 많은 농촌사업 단체에 관계하여 일하시긴 했지만 언제나 Y맨으로서 Y의 목적과 정신을 위하여 헌신하는 분이었기 때문이다.

　저서로서는 10여 편이나 있다. 아동과 종교심리학, 소비조합·협동조합에 관한 저서, 덴마크와 덴마크 농민에 관한 저서, 설교집·아동설교집 등 무려 11종류가 있으며, 『자조론』과 『Y.M.C.A.역사』는 탈고를 하고 출판하려는 찰나였다. 특히 『Y.M.C.A.역사』는 목사님의 필생사업으로서 무려 2천여 장의 원고였는데 거의 5년간 심혈을 기울여 쓰신 것이다. 이 일을 위하여는 출판비 보조까지 책정하여 두었던 것인데 이 책이 목사님이 계실 때 나오지 못한 것은 정말 애석한 일이 아닐 수 없다. 다 된 원고는 자제되시는 홍이섭 교수의 손으로 잘 보관되어 있기 때문에 그 출판이 염려될 것은 없지만 그토록 애쓰시고 아끼시던 원고가 출판되어 나오는 것을 못 보시고 가신 것을 생각하면 애석하기 그지없다.

1967년 7월 21일 목사님을 마지막 보내는 장례식장에는 많은 친지와 Y맨들로 성황을 이루었다. 각 신문 지상에도 목사님의 별세를 크게 보도하였고 Y맨으로서의 목사님의 공적을 높이 평가하여 주었다. 장례식에서 조사와 조가가 구슬프게 울려나올 때마다 친지들과 후배 Y맨들의 눈에서는 뜨거운 눈물이 흘러나왔던 것이다. 이제 그 때 필자가 약력 보고에서 말한 것 중에 하나를 소개하면 다음과 같다.

"또한 목양 선생은 주일학교 운동의 선구자였습니다. 부정과 불의를 떡먹듯 하는 어른들의 세계에서 투쟁하시다가도 선생은 어린이들의 세계에 뛰어들어가 어린이들과 같이 살며 그들의 좋은 친구가 되어 주었던 것입니다.

그리고 우리는 목양 선생의 호탕하고도 거침없는 성격을 잘 알고 있습니다. 선생은 언제나 비판적이었습니다. 허나 배타적은 아니었습니다. 소박하고도 애국적이었습니다. 허나 반세계주의자는 아니었습니다. 독설가이며 투사이며 야인이며 풍자가이며 혁명가이며, 또 민주주의 개척자이긴 했으나, 파괴적인 것은 아니었으며 언제나 건설적이었습니다. 언제나 정의와 사랑으로 모든 문제를 감싸주는 참 목사님이었습니다.

1920년 Y.M.C.A.에 몸을 담으신 후부터 오늘날까지 거의 50년간 비가 오나 눈이 오나 혁명이 나나 세상이 뒤집히나 목양 선생은 매일같이 청년회관을 찾아드셨으며 종로의 거리거리를 누비고 다니셨습니다. 다리의 힘이 극도로 허약해진 최근에 이르기까지 선생은 원고 보따리를 들고 나오셨습니다. 허나 며칠 집에 누워 계시다가 지난 7월 12일 사모님의 부축을 받아 Y.M.C.A. 제 사무실에 들리셔서 종로의 거리를 휘 둘러 보시던 그 때의 모습이 지금도 눈에 선합니다. 그것이 아마 목양 선생의 Y.M.C.A.에 대한 작별인사였나 봅니다. 목양 선생을 잃은 종로의 거리는 한없이 허전합니다."

이상과 같이 약력 보고를 하는 동안 필자는 울먹이면서 몇 번이나 말문이 중단되었던 것을 지금도 기억하면서 목사님을 그려보는 것이다.

1967. 9. 9. 필동에서
(『기독교사상』, 1967년 10월호)

박은식 선생과 독립투쟁사
― 사학자로서의 백암 선생 ―

홍 이 섭

서

　한국 근대사학의 기점을 설정한 박은식 선생의 『한국통사(韓國痛史)』(1915년, 중국 상해, 한문)와 『한국독립운동지혈사(韓國獨立運動之血史)』(1920년, 상해, 한문)는 1945년 해방까지 일제의 금압으로, 비밀리 볼 수 있었던 일부의 사람과 해외에서 뜻있는 이들만이 흥분 속에서 읽었을 뿐이다. 물론 역사적인 관점·의식의 추구, 위치의 설정이라든지는 생각할 겨를도 없었고, 있을 수도 없는 일이었다. 이러한 조건은 오늘도 별로 다를 바 없으나, 그간 점진적으로 한국사 이해에 도움이 될 사회 자체의 여건이 변하고, 더욱이 한국사학을 자기를 중심으로 인식하려는 의욕, 실천을 위한 모색이 진행됨으로써, 보다 나은 이해를 기대할 수 있게 되었으나, 결과는 아직 후일을 바라볼 수밖에 없는 것이 부정할 수 없는 현재의 실정이다.

1. 박은식 선생

　1859년(철종 10) 황해도 황주에서 출생, 망명지 중국 상해에서 세상을 떠나실 때까지 국내에서는 대중의 각성(국가·민족을 알게 하기 위하여)에 힘을 쓰

박은식. 1859~1925

시었다. 구한국의 쇠망 과정에 있어『황성신문』간행에 힘쓰시었고, 경학원(經學院)에서 강의도 하시며, 서북학회장·협성(協成)학교장으로,『황성신문』사장으로, 문필가로 계몽 촉구에 진력하시었다. 다시 최남선의 광문회(光文會) 사업에 참여, 저작·고전 간행(광문회의『조선총서』)에 성력(誠力)을 기울이시었고, 중국 상해로 망명하여 대한민국 임시정부에서 임시 대통령에 추대되었으나 객사하시었다. 선생의 생애는 이렇게 몇 줄만의 요약으로도 생애와 학·사상이 역사적으로 평탄치 않았음을 뚜렷이 보여준다. 선각지사로서 대중을 깨우쳐 국가 보존을 바로잡기 위한 개혁을 어떻게 할 것이냐, 모든 사람들이 이러한 생각을 하였을 그 시대에 선생은 양명(陽明)의 정신(지행일치 - 아는 것을 행한다)에 따라, 보고 경험한 역사적 사실을 전하시려 했고 그 결과 두 가지 저작에 이르시었다. 전하는 바로는 당시 독립투쟁의 지사들이 협력, 거두어 모은 자료를 선생에게 드리어 정리하시게 하였다 한다. 누구보다도 역사(국가·민족)적인 거대한 책임을 감당할 분이 선생이시었다. 앞서 국사에 관한 여러 가지 저작이 있었고, 정신과 문필 면에서 선생이 하시어야 할 일을 하시었던 것이다.

이제 박은식 선생을 찾아 다시 인식함에 있어서는 다음을 염두에 둘 일이다. 쇠망하는 국가를 개혁하려던 정신은 1910년 대한제국이 멸망함으로써 곧 투쟁적 독립운동으로 전개되었다. 한국사의 민족적 의식은 첫 단계 대한제국의 멸망에서 재확인되었고, 이 정신은 1919년 독립투쟁의 혈사(血史)에서 다시 전개되었다. 이러한 정신적인 기틀 위에서 체계화된 『통사』와 『혈사』를 개관해 봄으로써, 그 시대를 경험·의식한 선생의 생애를 통해 곧 한국 근대의 역사적 현실을 뚜렷이 인식할 수 있게 될 것이다. 그리고, 결론으로 현재까지 한국사의 이해에 있어 왕왕 회피되고, 또 일부 다루어진다 해도 우회되었던 이 시기의 역사적인 이해를 주체화하고 있음을 깨닫게 된다.

2. 『통사』의 형성과 정신

상해에서 간행될 때, 속의 본문은 한문이지만 면지의 표면에는 『한국통사』라고 국문으로 표기하였고, 그 뒷면에 한문 책제(冊題)를 넣고 있다. 망명지 중국에서 한문을 읽는 그곳의 다수의 독자들에게 한국의 사실(史實)을 알리고자 함에서 '한국'을 표징(表徵)하는 국문 책 제명을 앞에 쓰고 있었으며, 이미 국내에서는 이루어지지 못할 일이었음에서 역시 한문을 빌었을 뿐이었다. 그리고, 저자의 이름을 태백광노(太白狂奴)로만 표시하여 망국민임을 명시하였으니 『통사』의 성격을 여기서도 엿보게 한다. 더욱이 범례에서 예시한 것을 보면 『통사』가 객지의 불비(不備)한 조건 아래서 급히 짜여졌다고는 하나, 밝히어야 할 체제, 구성, 정신과 논리, 참고, 취사선택, 인용, 번역, 문리(文理)에 관해서 실제적이며 합리적이었음을 명시하고 있다. 부족함을 후일에 전보(塡補)하겠다든지, 다듬어지지 못한 것을 양해하기 바란다는 데서 선생의 기본정신이 실제적이며 합리적이었음을 충분히 지실(知悉)할 수 있다. 저자는 태백광노의 서언에서 자신의 망국의 쓰라림과 당시 국제적으로 제국주의 침략의 실체가 어떠한가와, 일제 침략의 본질이 약탈에 있음을 지적하며, 망국의 역사로서의 『통사』의 저작 연유를 말하였다.

제1편의 「지리의 대강」과 「역사의 대개」에는 역사, 지리, 경제와 원시·고대에서 이씨 왕조의 성쇠에 이르는 간략한 서술을 담았는데, 문화, 이민족과의

전쟁, 그 중에서 일본과의 관계, 임진왜란에 치중하여 북으로 청과의 관계를 빼지 않고, 조선 근세의 쇠망의 원인을 추구하고, 고종 광무제(光武帝)에 이르러 자본주의 열강의 침략으로 환란이 더욱 심하여짐을 지적하고 있다.

근대사는 제2편과 제3편의 두 시기로 나누어 살펴보고 있다. 제2편(전문 51장)은 대원군 섭정으로부터 고종의 러시아 공관 유폐, 열강의 이권 약탈 - 특히 철도 부설권 쟁탈까지를 다루고 있고, 제3편(전문 61장)은 '대한제국'으로 개칭하고, 고종이 러시아 공관에서 환궁하는 1897년부터 제국 멸망 후의 120인의 의옥(疑獄)에 이르기까지를 다루고 있다. 이러한 인식은 당시로는 근대사에 있어 가장 합리적인 단대(斷代)라고 하겠다. 일반적으로 1910년 일본으로의 병합으로 한국사가 종결된다는 것을 넘어서는 인식의 추구는 이미 여기서 제시되었다. 대한제국은 부정되었으나, 일제에의 투쟁은 지속되고 있었음을 『통사』에서 보이고 있다. 즉 『통사』가 곧 독립운동사(독립투쟁사)의 전제를 이루고 있음을 보이고 있다.

선생은 서언에서 지시하시듯 본문에 있어 사실(事實) 기술과 함께 사실(史實)의 비교 검토, 자기 의식의 비판적 추구에서 근대사에 새로운 견해를 제시하고 있다. 이러한 관점에서 대원군의 정책을 분쟁의 정권을 통일하려 한 것으로 보았으며, 서원·세정(稅政)의 개혁을 영단으로 평가하고 국방에 유의함을 주시하였다. 대원군의 정책을 모든 사람들이 쇄국이라고 반대하며 개국 정책에 따랐으나, 나라가 망하는 것을 구하지 못했다는 논평은 오늘도 경청할 바이다. 당시의 침략 일제의 논의를 좇던 대세 속에서 사실의 바른 인식을 제시한 선생의 논리는 막연히 쇄국과 개국 논의의 갈등에 있어 그 어느 편을 추세하는 것이 아니라, 외세 의존적 개국론이 끝내 패망으로 돌아갔음을 지시함으로써 한국근대사를 시종 일본의 침략·약탈이란 선에서 바르게 인식하고자 한 것이었다. 함께 서술 용어 - 역사적인 어떤 사실에 대한 개념을 규정·표시하는 데 있어 최대한으로 일본인의 조작을 배제하기 위해 고심하였다(Patrick Gasdiner, "The Language of Historical Description", *The Nature of Historical Explanation*, p.51~64, Oxford Univ. Press, 1955). 이는 19세기 후반에서 현재에 이르는 한국사 인식에서는 반드시 생각해 보아야 할 가장 긴한 과제이다. 이러한 문제는 사실 현재의 우리들에 앞서서 구한국 시대의 선각적인 지사·학인들이 월등히 민족적인 인식 기반에서 이러한 데 유념하고 역사 서술에서 실천하였다. 그 선구적인 일례를 우선 『통사』에서 볼 수 있다. 침략 일본과의 접촉에 있어, 일본에 대한 언급을 역시 최소한으로 요약, 초점적인 데만 논급한 것도 같은 맥락에서였다. 현재의 한국인의 저작에서 일본에 대한 논급이 과다한 것은 그 논저자의 주객의 분간이 미흡한 데서 오는 것이니, 곧 역사의식 이전의 문제로서 아직 일제의 식민지적인 영향에서 탈피되지 못함이라 하겠다. 이는 『통사』가 잘 지적하고 있는 바이다. 박은식 선생이 지시한 이러한 그릇된 점에 대한 견해가 현재도 그릇된 대로, 오히려 그것이 확대되고 있는 것은 『통사』를 배제하고 와오(譌誤)의 정신을 추종한 결과의 소산이라 하겠다.

제3편은 대한제국의 형성, 그 쇠망 과정을 다루고 있는데 여기에서는 일제의 침략이 자본주의 열강을 배제, 단독 횡폐를 도맡는 경위로부터 대한제국의 해체와 약탈, 국내의 일체의 약탈, 탄압, 지사들의 항쟁·순사(殉死), 의병 – 주로 군대 해산 후의 진위대 군인들의 항쟁에 치중하여 서술했다(일반 의병 항쟁에 대해서는 신문 보도가 주였을 것이며, 후일 우리들이 아는 것은 한국에 틈입한 일본 헌병·경찰의 보고에 따른 것이다. 전편에서 을미의병은 1장을 따로 다룬다). 의병에 있어서 최익현의 창의(倡義)가 상세히 서술되고 있다. 더욱 한국 침략에 있어 러시아와의 갈등이 영국의 후원하에서 전쟁으로 확대되고, 전쟁과 동시에 한국을 강경히 협박하며, 박탈하는 과정에서 일제가 어떻게 구한국을 식민지화하였으며, 군력(軍力 : 경찰을 포함)과 재력으로 탄압·학살을 마음대로 자행하며 한국인에 대한 의식의 왜곡화, 무지에의 정체, 경제적인 약탈을 통해 민족적인 생존을 거부하고, 노예화시켰음을 실제적으로 논거하였다. 이에 대한 부단한 항쟁의 역사는 『혈사』로 계승되었다.

3. 『혈사』

『한국독립운동지혈사』는 상·하 2편과 「세계 여론」을 부편으로 하여 3부로 이루어져 있다. 상편 전문 25장은 『통사』의 2, 3편을 요약한 것인데, 특히 제16장에서 25장에 걸쳐 일제의 식민지 정책의 본질을 폭로하여, 하편에서 다룰 본론인 『혈사』의 전제 조건을 밝히고 있다. 즉 『혈사』는 1919년의 거족적 항쟁의 체계적인 정리이었다. 흔히 '3·1운동'이라 하는 것을 선생은 뚜렷이 '독립운동'이라 지시하며, 3·1운동을 다룸에 있어 3월 1일에서 5월 말까지의 항쟁·운동의 실태·상황을 통계적인 일람표로 정리하였다. 이 표에 대해서는

> 이번 독립운동에 대해서는 일본 군경이 엄밀히 감추고 가리어서 그 자세하고 정확한 조사를 얻어 볼 수 없는 데다, 더욱이 해외에 있어서는 신문, 통신 또는 개인이 입으로 전해진 것뿐이다. 지명이나 집회, 일군경에게 죽고 상하고 잡히고, 또 그들이 불지른 교회나 학교, 민가에 관해서 많이 빠진 것이 있을 것이니, 독자들은 널리 양해하기를 바란다.(1946년, 서울 판, 77면)

고 하듯 자료 처리에 신중을 기하였다. 그러나 기록이 사실대로 꼭 적확히 정리될 수 없는 것이고, 후일 쏟아져 나온 일본쪽의 기록을 보아도 출입이 있으니, 우리가 일본 기록을 볼 때는 우선 사실과 일정하게 거리가 있음을 도외시해서는 안된다. 이 점에서 『혈사』는 나타난 여러 기록에 있어 가장 원초적인 자료로 볼 수 있다.

그리고, 1919년 항쟁의 원인을 살핌에 있어 오히려 전일에 떠들어대던 '민족자결' 문제는 세계적인 추세로서 일단의 자극으로만 정리하고, 일제의 식민지 정책이라는 역사적으로 본질적인 여러 조건을 제시하고 있다. 또한 이러한 거족적인 독립운동의 결과로 중국 상해에 조직되는 임시정부의 조직, 그 활동의 전개와 지속적으로 전개된 독립투쟁과 일제의 악형(惡刑)·만행에 대한 구체적인 사실에 대한 정리는 일본쪽의 은폐, 또 악의에 찬 조작 보고를 시정하기에 충분할 것이다. 외지(外地)에서의 투쟁으로 미국·러시아 연해주 방면·일본·간도·중국 등지의 상황과 보고, 국제적인 여론, 일군과의 갈등·항쟁, 외지에서의 일병들의 한국인에 대한 학살의 자행 등을 소개하여, 한국인들이 전민족적인 항쟁의식에서 일제에 대항하였음을 밝혔다. 일본쪽의 악형이 국제적

으로 비난을 받으며 보도되었으나, 한국 민족의 독립에의 의지에 그리 보탬이 되지 못하였고, 1919년의 민족적 행위는 그 후의 독립투쟁에 새로운 전기가 되었을 뿐이었다. 당시 전승국들은 패전국이 갖고 있던 식민지는 해방시키려 하였으나 그들 자신이 영유하고 있던 식민지 사회는 해방시켜줄 의사는 고사하고, 오히려 이미 억압 장악하고 있던 식민지에 대한 독점·통제를 강화함으로써 그들의 본국 경제와 경제적으로 직결된 식민지에 있어서 독점적 자본주의 체제를 한층 강화시키려 하고 있었으므로, 선생의 『혈사』는 한국 독립운동사의 귀중한 문헌으로 남게 되었다.

그리고, 3·1운동 이후의 독립운동을 소개함에 있어서 국내의 여러 조직, 국제적인 동향과의 연관, 그리고 근접된 연해주 방면이라든지 간도에서의 일군과의 항쟁 내지 일군의 한인 학살의 만행을 함께 보고하고 있다. 특히 대한 청년단 연합회, 대한 독립단, 대한 광복군 총영, 그 외의 투쟁적 여러 조직체의 맹렬한 활동, 제21장의 「북한 의병단의 활동」(176~78면)은 함경도 방면을 통한 한말 의병의 이동 활동이 한국 독립운동사와 역사적인 연계를 가지고 있음을 실증하는 일문(一文)으로서 일찍이 제시된 것이었음을 주시할 바다.

결

같은 무렵의 맥킨지(F. A. Mckenzie)의 두 가지의 저작이 곧 『통사』와 『혈사』를 보충할 수 있으나, 지엽적이고 부대(附帶)적인 데 멈추고 있다. 물론 맥킨지가 기자로서의 관찰이 가능했다는 점, 즉 한국인과 일 군경이 적대 투쟁하고 있어 서로 적진에 출입할 수 없었던 점을 넘어서 의병 전투지역에 출입할 수 있었다는 점, 그리고 제삼자의 자리에서 때로 쇠망하는 대한제국의 한국인들의 혈사를 옆에서 보고 기록할 수 있었던 데서 당시의 역사를 올바르게 보는 데 일정하게 도움이 된다. 그러나 이씨조의 쇠망, 일제의 침략·약탈·폭행, 그에 항쟁한 독립투쟁사를 보는 데는 이제 독립운동사의 문헌이 새로 첨가되어도 『통사』와 『혈사』는 그 역사적인 전환·격동기를 경험한 선각적인 지사·학인으로서의 선생의 민족 독립의 정신에서 정리된 것이므로, 정신적인 데서 높이 평가될 것이다. 선생이 서구의 근대 정신을 바탕으로 보다 합리적이고 실제적으로 역사를 다루려고 고심한 귀중한 문헌이다. 해방 이후 간행된 독립운동사 중에는 박은식 선생이 1915~20년 사이에 제시하신 독립운동사 이해의 기본정신에서 후퇴, 또는 배반적인 것이 없지 않다. 이러한 점에서 선생의 독립운동사 저작의 정신은 오늘의 시점에서 재인식되어야 할 바가 있다.

주 : F. A. Mckenzie ; 『*The Tragedy of Korea*』, (London, 1908, pp.312)는 자본주의 침략(1~3장), 청일전쟁, 민비시해와 그 후, 고종 아관파천, 일제의 침략(4~11장), 의병 전투의 조사(15~19장), 끝으로 일제 침략에 대한 전망(20~21장)으로 되어 있다. 『통사』와 비교해 볼 때 그 시대의 주요한 문헌의 하나이다. 같은 저자의 『*Korea's Fight for Freedom*』(London, 1920, pp.320)은 제10장까지는 전저(前著)를 요약한 셈인데, 제4장까지는 러일전쟁의 발단까지, 제10장까지는 일제의 초기 단계의 식민지 약탈 정책, 의병 항쟁을 다루고, 그리고 이어 1919년 독립투쟁과 그 전후의 사실을 다루고 있다(제11~19장). 『혈사』와 맞대 볼 바다. 그러나, 본시가 영국인이고, 일본인 특히 일본 군인과 친근한 기자이면서, 미국계 선교사나 한국인에 지면의 인사를 갖고 있었으므로, 미묘한 자기의 처신과 어울려서 보게 하나 역시 주요한 문헌이다.

(『나라사랑』 8, 1972)

단재 신채호

―일본의 압정하에서 민족정기를 부르짖은 사관―

홍 이 섭

서

　단재 신채호(1880~1936) 선생은 19세기 말엽에서 20세기 전반기에 걸쳐 한국이 식민지로 전락하는 과정을 겪고, 이어 식민지시대의 한국을 등지고 이역 중국에 망명하였으며, 그 곳에서도 한국의 자주독립을 위하여 활동하던 중 이윽고 일본 경찰의 손에 잡히어 옥사할 때까지 남달리 생각한 것은 한국인의 정신적인 자립이었으니, 그 정신적인 기틀을 '한국사'의 새로운 인식에서 붙잡고자 하였던 것이다. 단재 선생을 알고 그의 사학의 기본정신을 이해한 사람의 글에는,

> 단재의 일념은 첫째 조국의 씩씩한 재건이었고, 둘째는 그것이 미처 못될 진대 조국의 민족사를 똑바로 써서 시들지 않는 민족정기가 두고 두고 그 자유독립을 꿰뚫는 날을 만들어 기다리게 하자 함이었다.(『조선상고사』 서문 「신채호의 조선사 권두에 적음」, 3면)

고 하듯이, 그에게 있어서 한국사의 바른 이해는 그대로 민족의 자주독립을 위한 것으로, 곧 민족적인 정신의 수립이었다.
　단재사학의 이해를 위하여 해방 후 중국에서는 '단재학사(丹齋學社)'를 세

신채호. 1880~1936

워 선생의 문집을 한문과 영문 두 가지로 간행하여 선생의 업적을 세계에 널리 전하고자 하였던 바, 그 뜻이 어디에 있었느냐는 것을 이제 다시 생각할 때가 아닌가 한다. 선생이 세상에 태어났을 때는 막 선진 자본주의 세력이 한국 시장을 꿰뚫으려고 하였고, 더욱 청국과 제정러시아와 일본이 이 나라를 넘보던 때였다. 곧 이어 한국은 1882년 미국과의 통상수호조약의 체결을 비롯하여 영국·독일·프랑스 등 유럽의 여러 나라와 조약을 체결한 뒤, 1894년 안으로 농민의 반란, 일본의 침략적 개혁의 강요 등이 잇따랐다. 1895년부터 1905년 한국이 실질적으로 국권을 상실하는 때에 있어 청년 신채호 선생은 이 나라의 잘못된 정치를 통렬히 공격 비판하면서 한국인의 정신을 깨우치기 위하여 청년기의 심혈을 기울였다.

단재는 충북 청주의 출생이라 약관적에 이미 사상혁명과 신도덕 수립에 입지(立志)한 바 있었고, 때는 마침 청·러·일 삼 제국이 교침(交侵)하던 시기를 만나 5천년 조국의 명맥이 날로 기울어 가고 민인(民人)의 우울함은 걷잡을 수 없던 즈음이었으므로 서울의 평단(評壇)에 나선 단재는 누를 수 없는 북받치는 정열을 항상 한 자루 붓에 맡겨 사회에 드러내고 써 민족의 심장을 쳐 움직였다. 그가 필정(筆政)을 잡고 있던 『황성신문』과 『대한매일신보』

는 아마 그 청년시대에 마음의 집으로 살고 있던 꺼지지 않는 꿈의 자취라고 하겠다. 그는 국정의 득실을 통론(痛論)하였고, 시류인물의 장단을 포폄(褒貶)하였고, 더군다나 당시 사상의 오탁(汚濁)과 도의의 저하를 분개하여 그 병균의 밑둥인즉 국가 사통(史統)이 바로 잡히지 못함과 민족정기가 두드러지지 안하였음에 있는 것임을 똑바로 보았을 때 문득 선유사필(先儒史筆)의 왜곡됨과 가치의 전도(顚倒)와 시비의 착오됨을 역론(歷論)하니 이에서 신단재는 당시 엄연한 국민사상 개혁의 급선봉이었다. 그는 정론(政論)의 외에 『독사여론(讀史餘論)』을 쓰고……(앞의 책, 1~2면)

위의 일절은 단재 선생이 한국사를 바로 보려고 한 연유를 직접 말하여준다. 이씨조선 봉건사회가 안으로 사회 자체가 흐트러지고 정치가 문란하고 일반 사람들의 정신이 흐려지며, 밖으로 침투하는 선진자본주의의 힘에 시달리는 전환기의 한국 - 조국을 무엇으로 휘어잡을 것이냐는 생각은 그 당시 선구적인 개화주의 인사들처럼 단재 선생도 깊이 생각하였고 눈 앞의 실경(實景)에 대해서 격분하였으며, 거기서 찾아 붙잡은 것이 '현실비판' 차원에서 '민족사'의 바른 이해이었음을 알겠다.

『독사여론』을 쓰고,『을지문덕』을 쓰고,『동국거걸 최도통전』을 쓰고, 다시 『이순신전』을 쓰고,『이태리건국 삼결전』도 쓰고 하며, 때로는 전대 한시인(漢詩人)의 고루한 국견(局見)을 논박하고 하여, 온갖 것을 민족의식의 세련 앙양과 국풍을 진작 선양함에 몸으로써 그 중류(中流)에 버티어 섰던 것이다. 그러나 넘어가는 대하(大廈)가 혼자서 버퉁길 바 못되므로 경술(庚戌)의 변국(變局), 일제의 가이없는 야망은 드디어 반만년의 조국을 통으로 삼킬 새 단재는 표연(飄然)한 자취 포의(布衣)로서 조국을 등지게 되어 가느다란 지팡이로 추풍(秋風)을 띠어 압수(鴨水)를 건넜더니……(앞의 책, 2면)

이로써 단재 선생은 한국사의 바른 이해로써 쇠퇴과정의 한국을 바로 잡는 정신적인 지주로 삼았으나, 1910년 일본의 식민지로 완전히 전락된 조국을 등지지 않을 수 없었던 것을 알게 한다. 표연히 떠났다는 형용으로 전하는 앞서의 글 뒤에 숨은 사실을 보면, 선생이 조국을 탈출할 때도 일경(日警)의 감시를 피하기 위하여 고심하였던 것이다.

> 선생님은 늘 미행하는 일경의 눈을 피하시기 위하여 가끔 자기 숙소에서 표연히 떠나 하루 이틀, 혹은 수삼 일씩 간 곳을 감추었다가는 다시 표연히 돌아오시었다. 늘 이렇게 지내시는 선생이신지라, 미행 일경도 수일씩 선생님의 거처가 밝혀지지 않아도 예사로 여기게 되었다.

이러한 틈을 타서 압록강을 건너 한많은 고국 땅을 떠났던 것이다.
지금 선생이 우리에게 끼치고 간 『조선상고사』, 『조선상고문화사』, 『조선사연구초』 등은 이역 망명의 객지에서 이루어진 것으로 오늘 우리들이 볼 때에는 여러 가지 조건을 따져 보아야 할 것이며, 선생의 사필(史筆)에 있어 기본적인 정신이 무엇인가를 전제로 이해하도록 하여야 할 것이다.

> 압수(鴨水)를 건넜더니, 이로부터 혹은 남북만주, 혹은 시베리아 하며 사시랑이 생애가 정주(定住)를 모를 명도(命途)이었었다. 혹 해삼위(海蔘威)의 한교(韓僑)와 함께 석판(石版)으로 보관(報館)을 경영도 하고, 혹 유랑의 투사와 신끈을 들매어 통구(通溝)의 폐허 대고구려의 황성(皇城)에서 고왕(古王)들의 능묘(陵墓), 비갈(碑碣)을 더듬기도 하였으나, 빈곤은 그림자처럼 따르고 그가 북경의 여사(旅舍)에서 남경·상해의 골목에서……그 매옵고도 날카로운 비판을 눈을 부릅뜨면서, 긴 한숨, 짧은 걱정, 높다란 꾸지람, 나직한 군소리에 비바람 눈서리 뜨고 지는 해와 달……거푸 거듭 지나는 동안 기미운동(1919년 3·1운동)이 터지고 임시정부가 나타나고 『독립신문』이 간행되고 하여 단재가 득의의 붓대를 고쳐잡아 민중의 마음 거문고를 캥기게 하고……높고 웅성궂은 소리 천하에 들리게 하기도 또 수년에 걸쳐서의 일이었다. 그러나 허여(許與)가 적고 정탈(定奪)이 매서운 단재인지라 맡겨 오는 붓을

> 스스로 던져 버리고, 다시 연경(燕京)의 누항(陋巷)과 몽고의 두메와……또 발섭(跋涉)하여 한갓 도해(蹈海)의 슬픔을 간절히 하고 월조남지(越鳥南枝)의 정을 일으킴에 겨를치 못하였나니……(2~3면)

퍽 센티한 표현이나, 선생을 알고 망국의 설움을 뼈에 사무치게 겪고 느끼고 이역에 유리하는 쓰라림과 멀리 고국을 생각해 본 느낌에서 선생의 망명 고초를 적는다면 이에서 글을 달리 쓰기 어려울 것이다.

단재 선생이 표박(漂泊)한 고장이 그대로 한국 민족의 옛터이었고, 원시 고대의 한 보금자리였음에서 고국 땅에서 간직하고 세웠던 민족사에 대한 생각을 한층 더 강하게 하였을 것이다. 생활의 고초와 선생의 원래의 성품과 혼연히 형성된 생각이 그대로 한국사 이해의 기틀이 되었던 것이라 하겠다.

단재사학의 방법

한국사학이 걸어온 오늘까지의 길을 돌이켜 본다면 한 개의 이념사로서의 구성은 결여되었다. 해방 이후의 연구사에서나, 이전에 있어 일본 사람 하야시 다이스케(林泰輔)의 『조선통사(朝鮮通史)』(1912년 간행)가 한문투의 재래적인 서술양식에서 벗어난 한국사로 일본에서 간행되자 이러한 서술의 양식과 체계가 한국에 곧 받아들여졌으니, 구한국의 학부에서 현채 같은 이는 그 양식에다 얼마의 수정 가감을 하여서 『동국사략』을 편찬케 되었다. 원래 하야시는 1892년에 『조선사』 5책을 저술하였고, 1902년 『조선근세사』 2책을 내 놓았다. 이어 1912년에 합책 개고(改稿)한 것이 이 『조선통사』로서, 19세기 말엽에서 20세기 초엽에 걸쳐 한국인에게 새로운 서술 체계로 영향을 주었던 것이다. 이후 1930년대 최남선의 『조선역사』도 그 테두리에서 요약, 보충한 것이어서 하야시의 체계에서 벗어나지 못한 것이었다. 이러한 사학사적 이해가 없는데서 한국사학은 비평의 기준을 지니지 못하여 왔다. 한편 경성제국대학 조선사학과에서 이마니시 료(今西龍)나 오다(小田省吾)·스에마쓰(末松保和) 등의 교수들이 조선사의 체계적인 서술에 힘써, 이마니시는 고대·삼국시대의 고증적인 연구에서 새로이 밝혀 보고자 하였으나, 19세기 후반기에서 그 당시까지의 일본의 관학적 사학의 방법이 독일류의 중후한 고증적인 방법 - 문헌고등비판이란 명목아래 한국이나 중국의 고문헌을 후대적인 위조라고 속단하는 풍에 젖었던 여파에서, 한국 고대사에 있어 얻은 것보다 잃은 것이 컸을 정도였다. 그래도 이마니시는 종론(終論)으로 '한국사는 한국인이 연구하여야 한다'는 말을 토하였으나, 오다·스에마쓰 같은 이는 그러한 데까지 인식치 못하였다. 이와 함께 일본 사람은 『조선사강좌』라는 책에서 일본사에 치중한 한국사의 서술을 하였다. 이러한 일이 거리낌없이 이루어질 때 한국인 학자들은 이에 대한 비판적인 붓을 들려고 하지 않았다. 한국의 '아카데미시앙'이라고 자처하는 학도들의 유일한 무기는 고증적인 방법이다. 이념을 결여한 형해(形骸)의 고증적 체계로서 한국사의 이해가 이루어질 수 없다는 생각을 한 사람들 중에 두 부류를 보게 되었다.

여기에서 가장 용감하게 나선 이가 해외에서일망정 단재 신채호 선생이었다. 오늘 흔히 '비과학적······'이라고 지탄을 하지만 아직 학사적(學史的)인 데서 그야말로 과학적인 방법으로 논란하려고 나선 학도는 없었다. 단재 선생은 식민지사회의 보잘것 없는 역사로서 왜곡된 한국사의 서술을 바로잡으려는 데서 일련의 한국 고사(古史)에 관한 글자를 남기게 되었다. 단재 선생은 정리 개척되지 않은 한국 고사의 여러 문제를 제기하였으며, 고사의 체계화에 있어서는 '민족' 중심의 사관을 제시하고 있다. [1948년『조선상고사』의 제1편 총론 1~50면, 이 부분만은 「조선사론」이라고 해서 따로 1946년에 간행된 것이 있다. 이것은 글자의 자의적인 개찬(改竄)이 좀 있다. 전자도 물론 오식이 많지만······]에서 가장 선구적인 한국사 연구방법론을 제시하였던 터다. 아직 한국사 인식을 위한 방법론으로 좌익계의 학도들이 '유물사관적'인 것을 제시한 외에는 이렇다 하게 내놓은 것이 없다. 이러한 점에서 단재사학의 기본이론은 장차 상세하게 우리 학계에 소개되어야 할 것이며, 여기서는 그 대강의 줄거리만을 요약, 소개하기로 한다.

단재 선생은 선생을 고루하다고 말하는 이들보다 훨씬 시야를 넓혀, 비교사적인 자리를 놓치지 않고 잡았으며 당시 시대적인 조류에서 보아야 할 것은 두루 널리 보았던 것만은 잊지 말아야 할 것이다. 그의 인식의 출발점이 '아(我)'에 있었고 그 귀결이 곧 '아'인데 대하여, '아'를 망각한 현대인들이 '아'의 인식을 굳건히 하고자 한 그를 비난케 되는 것임에 지나지 않는다.

그리고 그의 사관이 정관적(靜觀的)이지는 않았으니, 그 관념적이라기보다도 이념을 상실한 현대사가의 '무정견(無定見)'에서 본다면 다시 그의 투쟁적인 사관에 유의할 바다.

……무엇에든지 반드시 본위인 아가 있으면 따라서 아와 대치한 비아(非我)가 있고, 아의 중에 아와 비아가 있으며, 비아 중에도 또 아와 비아가 있어 그리하여 아에 대한 비아의 접촉이 번극(煩劇)할수록, 비아에 대한 아의 분투가 더욱 맹렬하여 인류사회의 활동이 휴식될 사이가 없으며 역사의 전도(前途)가 완결될 날이 없나니, 그러므로 역사는 아와 비아의 투쟁의 기록이니라……

'아'의 역사적인 포착을 위하여 두 개의 속성으로 시간과 공간을 역사적인 실례에서 설명한 데서 간결 요약된 선생의 역사인식의 방법을 뚜렷이 볼 수 있다. 즉 그 짧은 논의에서도 한국사의 단층적이고 고립화한 역사의 측면을 세계사적인 비교의 안목으로 논란하는 경쾌함은 선생의 놀라운 재치이기도 하였다. 북동아시아의 지리적인 위치에서 '조선민족을 아의 단위'로서 '조선사 서술'의 기점으로 잡고, 다음의 조건을 인식 서술의 기틀로 잡았던 것이다.

  1. 아의 생장발달의 상태를 서술의 제1요건으로 하고, 그리하여
    ① 최초 문명의 기원이 어디서 된 것,
    ② 역대 강역의 신축(伸縮)이 어떠하였던 것,
    ③ 각 시대 사상의 변천이 어떻게 되어 온 것,
    ④ 민족적 의식이 어느 때에 가장 왕성하고, 어느 때에 가장 쇠퇴한 것,
    ⑤ 여진·선비·몽고·흉노 등이 본시 아의 동족으로 어느 때에 분리되며,

분리된 뒤에 영향이 어떠한 것,
⑥ 아의 현대의 지위와 홍복(興復)문제의 성부(成否)가 어떠할 것 등을 분서(分敍)하며,
2. 아와의 상대자인 사린(四隣) 각족(各族)의 관계를 서술의 제2요건으로 하고,
3. 언어·문학 등 아의 사상을 표시하는 연장의 그 이둔(利鈍)은 어떠하며 그 변화는 어떻게 되었으며,
4. 종교가 오늘 이후에는 거의 가치없는 폐물이 되었지만 고대에는 확실히 일민족의 존망·성쇠의 관건이었으나, 아의 신앙에 관한 추세가 어떠하였으며,
5. 학술·기예 등 아의 천재를 발휘한 부분이 어떠하였으며,
6. 의·식·주의 정황과 농상공의 발달과 전토의 분배와 화폐의 제도와 기타 경제조직 등이 어떠하였으며,
7. 인민의 천동(遷動)과 번식과, 또 강토의 신축을 따라 인구의 가감이 어떻게 된 것이며,
8. 정치제도의 변천이며,
9. 북벌 진취의 사상이 시대를 따라 진퇴(進退)된 것이며,
10. 귀천빈부 각 계급의 압제하며, 대항한 사실과 그 성쇠 소장(消長)의 대세며,
11. 지방자치제가 태고부터 발생하여, 근세에 와서는 형식만 남기고 정신이 소망(消亡)한 인과(因果)며,
12. 자래(自來) 외력(外力)의 침입에서 받은 거대한 손실과 그 반면에 끼친 다소의 이익과,
13. 흉노·여진 등이 일차 아와 분리한 뒤에 다시 합하지 못한 의문이며,
14. 종고(從古) 문화상의 창작이 불소(不少)하나 매양 고립적, 단편적이 되고 계속적이 되지 못한 괴인(怪因) 등을 힘써 참고하며,……

물론 위에 들어 놓은 여러 조건이야 단재 선생이 한국사를 이해하는 데서 생

각되어지기도 하였겠으나, 중국 망명시절에 그 곳에서 근대사학의 방법에 관하여 이해할 길이 있었을 것이므로, 실제에 좇아 들어 놓은 한국사에서 생각하여 할 바를 고구(考究)하기에 힘을 썼다. '문헌비판'에 있어서 일본 사람 학자들이 독차지하고 있고 그에 추종한 한국인 수삼 인이 그러한 방법을 받아들였으나 단재 선생과 같이 뚜렷한 어떤 '이념'을 지니지 못하였던 때에, 자기 입장에서 한국사의 비판적인 서술을 감행한 점에서 식민지시대 '정신사'에 있어 한 기틀을 잡았던 것이다. 과거 한국인들의 고전적인 문적에 보인 한국사의 그릇된 이해에 대한 비판을 통해 자기의 새로운 인식을 세우고자 할 뿐 아니라 고고학·금석학·고전학(古錢學)·지리학·미술사·계보학(앞의 책, 10면) 등의 전문가의 배출을 기대하기도 하였다. 그러나 시급한 대로 우선 '문헌의 비판'에서 '조선사'의 '진·위'를 밝히자고 하였었다.

'문헌비판'에 있어서는

'사(史)의 3대 원소와 조선 구사(舊史)의 결점'

'구사의 종류와 그 득실의 약평(略評)'

'사료의 수집과 선택에 대한 상각(商榷)'

'사의 개조에 대한 이견(異見)'……등의 제하(題下)에서 하나 하나 실례를 좇고 있는데, 이것은 그대로 한국사에 대한 '사학사'적인 비판으로서 종전에 묵과한 한국사학에 종사하는 이들로서는 다시 보아야 할 문자이다. 일제하의 황무지에서 이루어진 이 문자는 오늘에 있어서도 외국사학에서는 몰라도 한국사학에 있어서는 생각되어야 할 '역사적 문헌'의 비판이었다.

지난 날에 있어 정치적인 조건으로 말살된 반항적(=혁명적)인 사상가에 대한 새로운 인식에는 특히 유의하였었으니 정여립에 대한 예증은 아직 제대로 발굴되지 못한 오늘의 한국사의 인식면에서도 유의할 바다.

> 정여립의 '충신은 이군을 불사(不事)하며, 열녀는 이부(二夫)를 불경(不更)한다'의 유가윤리관을 일필로 말살하여 '인민의 해되는 군은 시(弒)함도 가하고, 행의 부족한 부(父)는 거(去)함도 가하다' 하며……(앞의 책, 48면)

정여립이 존립치 못한 사회적 조건을 탐색하며, 한편 사회적으로 혁명적인 풍이 싹부터 제거되었음을 은연히 탄식함을 신중히 표시하였던 선생의 심정을 짐작하게 한다. 선생은 주자학적인 역사관이 근세 한국인의 정신방향 - 역사인식을 그르친 것을 극력 배격하고자 함에 있어서도, 아직까지도 흔히 '우리나라는 주자학이 망쳤다'는 막연히 떠들어대는 헛된 소리로서가 아니라 어디까지나 '실증적'인 발판을 가지고서 매섭게 도려내었다.(48면) 또 그뿐이 아니었고, '문헌의 비판과 이해'에 있어서도 '실증'적인 방법에 좇고자 고심한 것은

　　　압록강상의 집안현(輯安縣) 곧 제이환도성(第二丸都城)을 별람(瞥覽)함이 나의 일생에 기념할 만한 장관이라 할 것이나,……일인이 박아 파는 광개토왕비문을 가격만을 물어 보았으며……천행(天幸)으로 유존(遺存)한 팔층석탑 사면방형의 광개토왕릉과 그 우변(右邊)의 제천단(祭天壇)을 붓으로 대강 모본(模本)하여 사진을 대하며, 그 왕릉의 광(廣)과 고(高)를 발로 밟아 신체로 견주어 측척(測尺)을 대하였을 뿐이다.……(21~22면)

라 한 데서 뿐만 아니라, 선생의 책갈피에 『조선상고사』를 어떻게 실증적으로 밝힐 것인가를 고심한 데서도 알 수 있다. 그리하여

　　　그러나 일일지간에 그 외부에 대한 조천(粗淺)한 관찰만이지만 고구려의 종교·예술·경제력 등의 여하가 안전(眼前)에 활현하여 당지에 '집안현의 일람이 김부식의 고구려사를 만독함보다 낫다'는 단안을 내렸다.(22면)

고까지 말하였으니, 표박의 몸으로 이국 땅을 흘러다니면서도 내 민족의 역사를 실증적으로 바른 이념에서 밝히고자 한 데서 '단재사학'의 방법과 이념을 볼 수 있을 것이다.

단재사학의 수립

　단재 선생이 '사필(史筆)'를 들었던 그 시절의 한국인의 정신을 지배한 두 갈래의 사상이 엇갈리었으니 ① '민족적 의식 - 민족주의'사상과 ② 사회주의, 공산주의 사상이 그것으로, 이들의 목표는 다 같이 일본제국주의에서의 민족적 해방이었다. 이러한 데서 민족적 자각이 있는 사람들 사이에서는 '단재사학'의 정신을 이해했고 그 정신을 받아 고이 간직하였으나, 일본의 억제 밑에서 이 정신을 전개시킬 겨를이 없었다. 이와 반대로 좌익학도들은 그들의 '유물사관' 적인 방법을 가지고 '단재사학'의 민족적인 것을 비판하게 되었다. 그러나, 그것이 곧 그들의 전적인 목표는 아니었다. 그들은 오히려 일본제국주의 압정(壓政)의 비판적인 배격에 주안을 두었었다. 이러한 데서 『조선사회경제사』의 서술에는 민족문화의 광휘를 퍽 감격적으로 적은 것을 볼 수 있었으니 '유물사관' 적인 자리에서 본다 하더라도 '민족사'의 빛나는 면을 광채있게 보는거야 왜곡될 리 없을 것이었음에서 한 줄기 노스탈챠의 깃들임을 부정치 못할 것이다. 이렇게 한국사에의 감회는 우리 근대에 있어서는 '단재사학'에서 비롯한다. 물론 최남선의 『심춘순례(尋春巡禮)』에서도 한국문화에의 향수를 부드럽게 노래 불렀지만 1930년대 좌익적인 학인에게 정신적으로 감흥은 주기 어려웠으리라고 본다.
　『조선사회경제사』의 서문에서는

　　　　더욱 고문헌 수집에 대해서는 외우(畏友) 정인보 교수의 시사에 힘입은 바 많았다

고 한 것을 볼 때, '단재사학'의 기본이념과 그 방법을 확충 전개시켰다고 볼 수 있는 정인보 선생께서 그러한 것을 전하였을 것이니, 방법적으로는 대립적인 데서 한국사를 비판·검토하더라도 일제에의 항거의 정신에서 민족적인 문화를 찬양할 때야 보는 점이 다르고 서는 곳이 달라도 느끼는 감흥은 같았을 것이다. 이 점이 우리 '식민지시대 정신사'의 특질이라고 하겠다. 그러나 인식방

법에서는 '단재사학'에 대립되는 것은 과거 식민지시대에 있어서는 '유물사관' 뿐이었다.

일본의 관학적인 고증사학의 부면에서의 비판적 대립을 할 수가 없었음에서 나타난 문자가 없다. 근본적으로는 '단재사학'의 민족적인 사론을 비판할 수 있으며, 또 한편 대립적인 '유물사관'의 비판에서 또 다른 제3의 방법을 세웠어야 할 것이었다. 이념적인 것을 지니지 않은 '문헌 실증주의'에서는 기껏 벗어나야 위장된 양식학적(樣式學的)인 고고학의 성과를 받아들이는 데 멈출 수 있었다. 이러한 데서 물론 문헌 실증주의가 과학적인 역사학의 기반은 되어도, 그것이 역사 이해의 전부는 못되는 것이다. 궁극에 가서는 해석적인 인식을 요청한다. 자기 나라 역사의 이해에 있어서는 자기 민족의 동태가 그 역사의 주체임에서 주체를 상실하고, 왜곡된 기록을 광정(匡正)하지 못하는 데서 자기 민족의 바른 역사인식이 있을 수 없다면, 오늘까지 걸어온 한국사의 빈곤한 연구사에서 '단재사학'은 다시 한 번 착실히 연구된 연후에 논평되어야 마땅하다고 하겠다.

결언

"드디어 무정부주의 결사에 관여하여 간교한 일경의 손에 끌리어 여순옥리(旅順獄裡) 십 년의 구금을 당하였고 마침내 수의(囚衣)를 못풀은 채 적국 수졸(守卒)의 냉시(冷視)하는 앞에 다시는 못 돌아올 길을 떠났었다."(『조선상고사』 서문 3면)

<부기(附記) : 이러한 글을 네번째 썼고, 발표는 세번째이나, 대개 표면적인 소개에 그치었음을 부끄럽게 생각한다. 단재사학에 대해서는 사학사적인 노트를 발표하여야 비로소 선생의 사상적인 것이 밝혀질 것이다. 한국사의 바른 인식으로서 일제에 항거한 선생의 정신이 다시 인식될 날을 기다리며 ― 1962년 2월 1일 밤>

(『사상계』 106, 1962. 4)

위당 정인보

― 『조선의 얼』은 우리 민족사의 봉화 ―

홍 이 섭

서

　정인보 선생의 문하에서 수학하고 재질과 선생님의 향의(向意)하심이 남달랐던 이들이 있었음을 알기는 하나, 공교롭게 그분들이 한국사의 공부에 종사하지 않고 다른 분야에서 활동함에서 한국사의 공부를 한다는 내게 집필 의뢰가 돌아온 것 같아 붓을 들기는 하나, 선생님의 강석(講席)에 열(列)했던 인연과 나로서는 평생 생각하여야 할 한 분의 선생님에 대한 내 심정의 한 끝머리를 적을 뿐이다.

문사일체(文史一體)의 학(學)

　선생님이 서울에 계시다면 올해[1962] 71, 고희 기념의 연이라도 있음직한데 조국의 운이 선생님에게는 다행치 못하였다.
　박지원, 사마천(司馬遷)의 『사기』, 『대학』, 『중용』, 시조를 강의하시면서 연암을 가지고 또 학용(學庸), 시조를 통하여 한국을 이해시키고자 하시었고, 『사기』와 『자치통감』을 가지고 한문과 한족사(漢族史)를 강설하시었다. 특히 학용의 강의에서는 중국 경학의 중요한 면모를 전하시고자 하신 것 같았다. 이

정인보. 1892~?

러한 강의는 한문, 조선문학의 명목으로 하시었는데 문학과 사학이 직결된 중국 것이기 때문에 문학 즉 사학 강의일 수 있었다. 그리고 또 가다가, 양명론, 또한 조선양명학파에 논급(論及)하시었으나 짤막짤막 내비치실 정도이었다. 교실에서 들을 때는 무심하게 지냈다. 후일 선생님의 글을 읽으며 당시를 회상하는 데서 그 때의 선생님의 뜻을 오늘에서야 알 수 있다는 것이다. 간간이 일본 도쿠가와(德川) 시대 학자에 대해서 충의와 절의를 퍽 찬탄하실 때 깜짝 놀랬다. 후일에 알고 보니 일본 양명학의 학인들이었다. 특히 요시다 쇼인(吉田松陰)에 대해 칭(稱)함은 지금도 내 머리의 한 구석에 자리잡고 있다. 수년 전에 서울에 일본서적이 몰려들어 올 때 또한 요시다에 관한 책자를 구해 읽고 나는 나대로의 찬탄을 아끼지 않게 됨도 지난 날에 연유가 있다.

선생님이 뜻하고 강의하시려 했어도 때가 그것을 허락하지 않았고, 수학하는 문하가 그것을 용납토록 되지 못하였음이 아마도 선생님에게는 답답하고 안타까운 일이었을 것이다.

'조선문학원류'의 강의도 문학보다 우리 역사의 강의이었으니, 어떻게 하면 뒷 사람에게 내 역사의 바른 이해를 전할 것이냐? 거기서 내 것을 찾아 보자는 뜻을 강의의 어느 한 때고 놓치지 않으셨다. 한번은 쿄토 대학(京都大學)의 가노 나오키(狩野直喜) 교수(이즈음 생전의 강의를 수집 정리한 중국철학사가 나와 있으며 문학·경학면에서 일본학계의 대표적인 사람이었다. 그의 중국철학사는 높이 평가되고 있다)를 만났을 때 반가워하더란 얘기를 하시면서, 그곳 도서관에 들어 갔을 때 어느 서가 앞에서 단정히 서서 손을 들어 책 한 벌을 받들어 꺼내는 것이 『퇴계집』이었다고 하시면서 글을 아는 사람이라고 하신 것은 언중(言中)에 교시가 있으셨던 일이다.

성호와 다산 - 조선학

요사이 '국학'이란 말을 쓰는데 이런 용어를 쓰게 하는 한 선구자가 누구냐 하면 정인보 선생이 그 중요한 한 분인 것이다.

일찍이 1929년 문광서림(文光書林)에서 간행한 이익의 『성호사설』(한장 5책, 양장 2책)의 교열과 함께 그에 붙이신 서는 '조선' 이해의 한 기틀을 이루고 있다. 광문회(光文會)의 조선총서가 끼친 바도 크지만, '조선' 이해에 정(精)한 길을 지시한 선생님의 「성호사설서」는 조선학술사론을 이루고 있다. 특히 성호 이익의 학문체계를 간략히 논하기는 하시었으나, 그 학의 근본이 「역사지학(歷史之學)」에 있음과, 이익에서부터 '조선지사 주조선(朝鮮之史 主朝鮮)'이라 논단하신 데서 비로소 성호학의 역사적인 위치를 설정하시었다. 또 성호학의 분야가 정치·경제학이었음도 밝히시었다. 그 계보로는 명시함은 없어도 정제두(鄭齊斗)에서 최명길(崔鳴吉)·이이명(李頤命)·이숙(李淑)·이익, 다시 성호 문하의 안정복·윤동규(尹東奎)·황덕일(黃德壹)·신후담(愼後聃)·이병휴(李秉休)·이맹휴(李孟休)·이구환(李九煥)·이가환(李家煥)·이중환(李重煥)을 들어 분과적(分科的)인 제인(諸人)의 학의 특색을 지시함은 물론 '조선학'의 줄거리를 여기에서 처음 잡으시었던 것이다. 특히 경제에 있어 유형원 - 이익 - 정약용을 들어, 이 최후의 체계화가 다산에서 종결됨도 이 서에서이었고, 이익을 길이 길이 받들어야 할 것이라 하시었다.

문광서림본에 부록이 첨가된 것도 선생님의 뜻이었을 것이니, 『곽우록』의 해제(『담원국학산고』 55~62면 참조)에서도 균전론과 붕당론을 들어 성호의 생각을 따지고 높이고자 함에 있어 박지원의 한민명전의(限民名田議)를 균전론에 비해 볼 때 연암이 치밀하고 보다 논리적이었으나, 그 원류를 이루는 성호의 균전론에 선험적인 의의를 돌릴 것을 주장하셨다. 조선학의 계보적 이해에 치중함으로써 토막치듯 정리하기 쉬운 한국사의 인식 이해에 일찍이 바른 길을 지시하시었으나, 사회적으로 본의가 용납되지 못한 데에는 선생님의 논증이 문장에 있어 문체와 수식에 한문의 예에서 틀을 잡으시었음에서 후일의 학구들이 이를 지나친 데서이었다. 그러나, 성호의 본체를 잡아 이곳의 학계에 자리를 잡아 놓으시었고, 성호의 정치·경제의 학의 본류를 계승하여 전개 확립하였던 다산학의 주류를 또한 정치·경제에서 잡으신 것은 한문의 독서를 토대로 성호와 다산의 저작을 독파 정리한 데서 왔다고 하겠으나, 또한 선생님의 생각이 '실'에 의한 경세(經世)에 있었음이라 하겠다. 유학 자체가 그러하지만, 이러한 정신은 요즈음 '실학파'라 지칭하는 현실적인 학파의 학인들의 생각이 지목한 것이 '조선 현실'이었던 데서 이들이 남겨 놓은 문자가 정치·경제를 위주한 데서 자연 포착할 수 있는 일이지만 이에 뜻이 없었다면 다른 면에 유의하게 되었을 것이다. 선생님의 학은 한문의 학이었으나, 실제에 뜻이 있으신 것은 안으로 가학(家學)적인 양명학의 이념적인 데서 연유되지 않았나 하며, 지(知)와 행(行)을 일치시키겠다는 정신은 근세조선의 양명학파의 학인에게서 뚜렷이 보인 바이었다. 현실학파의 학인들이 유교주의의 실제적인 것을 보다 적극적으로 현실에 자리잡고 비판적으로 전개시킨 데는 문자나 말로써 외부에 표시하지는 않았으나, 양명정신의 영향에서이었다고 하겠다. 주자학 지상주의의 조선 관료사회를 개혁하고자 한 근본이념은 왕학적(王學的)인 데서 온 것이다. 혹 잘못된 해석인지는 모르되 선생님의 생각이 모든 것을 실제에 세워 보고자 하시며 편색(偏色)을 초탈하여 현실학파의 주류를 이루는 남인학파의 학인들을 선생으로 생각하며, 소론 중에서도 적극적이었던 양명계 학인의 학과 정신의 계승은 물론이요, 그 외 조선을 뜻에 둔 학인에 존경과 흠모를 아끼지 않으시어, 「성호사설서」에서 '후학'이라 하시어 종전에 학도 편색적으로 다뤘던 데에서 탈각하시었음은 '조선학'의 전면적인 이해와 또 그 이해를 위한 데서 온 것이 아닌가 한다.

성호에 이어 『여유당전서』 간행에 있어서 선생님은 전서의 정리 자체보다도 당시 신문·잡지에 다산 선생의 생애와 학에 대해서 해설 소개하심이 상당히 있었다. 당시 『동아일보』 지상에 전서 독후감이라고 해서 최익한 씨가 긴 논문으로 전서의 해제를 발표하였는데 그 때에도 최익한 씨는 정인보 선생께 여러 가지로 문의와 의견을 나눴던 것이다. 그 때부터 현재까지 이 『여유당전서』에는 물의가 있다. 서울에 선생님이 계시면 한번 찾아 뵈옵고 말씀을 드리고 싶은 일로, 조국의 운이 이러한 소회(所懷)를 그대로 간직케 하고 있으나, 우선 지상에 전하고자 한다. 누구보다 앞서 다산을 해설하고 다산학에 해제를 한 분이 선생님이심에서 다산학의 현대적인 이해의 기점을 지으신 데 대해서는 길이 기념할 바이지만 그 전서 정리에서 다산이란 호를 쓰지 않게 됨과, 그 유취편차(類聚編次)에 있어 퍽 번거로움과 권수가 원서(原書)와 대폭 변동된 것은 다산 선생의 본의와 어긋나는 데서 교정의 임(任)을 보신 선생님에게 여쭈어 보고 싶다. 그렇다고 근년의 『여유당전서』를 복인(複印)한 4책본 『정다산전서』는 표장(表裝)만 같았지 내용은 그대로 『여유당전서』임에 더욱 혼란을 일으키므로 어떻든 이것의 시정이 앞으로 이루어져야 할줄 안다.

그리고 선생님이 집필하신 『조선고서해제』는 18편으로 중단이 되었지만, 그 해제에 보인 한국근세사의 이해는 후일 '조선사'의 서술에서 생채있게 재현될 것이었으나, 『오천년간 조선의 얼』이 고대사에 멈춤으로써 성호와 다산의 학을 통해 다시 잡아보시었던 한국 근세의 '역사적인 사실'은 그대로 선생님의 흉중에서 밖으로 내보이지 못한 채 오늘에 머무르고 있다. 물론 한국사회 이해를 위한 분화된 정치·경제·법제적인 지식으로는 아니었어도 문사일체(文史一體)의 서술로써 경사일체(經史一體)의 이념의 세계에서 휘어잡아 찾고자 한 것은 오직 '조선의 얼'이었다. 즉 '조선의 정신'이었다. 이것이 어떻게 현현(顯現)될 것이었느냐에는 '얼'의 집필이 완성되는 날 볼 수 있었겠으나, 지금은 한정된 고대에서 더듬을 따름이다.

『조선사연구』 – 한국사의 정신적 이해

　이면백(李勉伯)의 『감서(憨書)』, 정동유(鄭東愈)의 『주영편(晝永編)』, 정제두(鄭齊斗)의 『하곡전서(霞谷全書)』, 이충익(李忠翊)의 『초원유고(椒園遺藁)』, 이광사(李匡師)의 『원교집(圓嶠集)』 등에 대한 단편적인 해제에 보인 바로도 사라져 가는 조선학의 일부를 이러한 천하의 고본(孤本) 속에서 되살리려 하신 뜻과 양명의 정신과, 노소의 알력에서 오는 핍박으로 그 학을 제대로 전하지 못한 소론계 학인의 업적을 이끌어 살려 보려던 일단이 엿보이었으니, 오늘의 우리들은 편색(偏色)에서 초탈하여 '조선학'의 일단을 그 속에서 찾아야 할 것이다.

　선생님은 또 「양명학연론」에서 양명의 지와 행의 합일을 1930년대의 이 고장에서 외쳐보려던 것을 유가(儒家)로서보다는 아마 '지행합일'의 정신을 통하여 식민지 한국에 어떤 정신을 불러 일으켜 보고자 하신 것 같다. 물론 1930년이라면 사회적으로 격동기였고, 사상적으로는 근대적인 성격을 지니지 못한 식민지이었던 이 사회에서 양명적인 정신으로 움직여질 것은 아니었으나, 이 연론에서는 다시 간략하지만 조선 양명학파(『담원국학산고』, 261~93면)에 언급하심이 있었으니, 곧 고서해제와 대조할 바이다. 조선 실학이 표면에 내세우지는 않았어도 안으로는 양명의 정신을 받아 자기들의 현실에의 정신을 세운 것으로 포착하셨던 것이 그대로 선생님의 뜻이었던 것 같다.

> 내 본사(本師) 난곡 이건방 선생으로부터 사학(斯學)의 대의를 받음을 고하고, 동호(同好) 고하 송진우의 사학(斯學) 천양(闡揚)에 대한 고심을 심사하며, 또 구원(九原)에 영격(永隔)한 임겸곡(林謙谷) 선생께 이 글을 질정(質定)하지 못함을 한함을 부기한다.(『담원국학산고』, 300면)

하시며, 양명정신을 어디에 붙여 보고자 하시었음을 알게 한다. 선생님께서는 한문강의나 조선문학강의에서도 집필중의 「양명학연론」에 언급하시었으나, 교실 중의 누구나 양명정신을 운위하여 그 뿌리를 따지 못했으니 심중의 울적은 오늘에 와서 미루어 생각하여도 지나치는 점이 없지 않다.

  선생님은 다시 붓을 들어 「오천년간 조선의 얼」을 쓰시었다. 당시 연희학원의 학생들에게 '얼'에 대한 얘기를 몇 번 하시었다. 그러나 또한 아무 반향이 없었고, 때마침 천태산인(天台山人) 김태준(金台俊)이 혹평을 한 일이 있었다. 천태산인은 분격할 일이 있어 사학개설의 초보적인 얘기까지 들어가면서 '조선의 얼'을 공매(攻罵)하였으며, 글이 어려워 필자와 신문사 교정자와 총독부(전) 검열관 등 세 사람만이 읽을 것이라고까지 하였으나, 천태산인의 혹평과는 달리 해방 후 『조선사연구』라고 개제된 책자도 간행되자 많은 독자들에게 널리 읽히었다. 이런 부대적인 일과는 별도로 이 『조선사연구』가 지니는 바는 한국사의 정신적 이해의 체계화에 새로운 기점을 설정한 데에 무엇보다도 큰 의의가 있다.

  '얼'을 집필하신 동기와 연유에 대해서는 선생님의 말씀이,

> 나는 국사를 연구하던 사람이 아니다. 어렸을 때부터 내 본생선인이 늘 말씀하시기를 "너 우리나라 사책 잘 보아 두어라, 남의 것은 공부하면서 내 일은 너무들 모르더라"고 하였건만 딴 노릇에 팔려 많은 세월을 녹였다. 그러다가 어느 해인가 일인들이 『조선고적도보』란 첫 책을 낸 것을 보니, 그 속장 2~3장을 넘기기 전에 벌써 '분'한 마디가 나타나므로 "이것 그냥 내버려둘 수 없구나"하였고, ……(『조선사연구』 하, 361면, 부언, 1947년 서울신문사 간)

간결히 이렇게 적어 놓으시었으나 언외(言外)에 맺힌 심정은 더 말할 것이 없을 것이다. 더욱이 식민지시대에 내 것을 바로 찾아보자는 정신에서 살았던 사람들이면, 또 그 때의 물정을 알고 지내온 이면 이심전심으로 알 바이다. 어버이의 이르심과 일본인의 정책적인 조선연구의 왜곡화에 분개하신 선생님께서는 앞서 말한 성호-다산을 통한 '조선이해'의 틀로서 한국사의 종전의 인식을 일체 근본적으로 따져 보시려는 데서 발심(發心)하셨는데, 누구보다도 강점은 한문문적의 논리적인 검토에 있었다. 즉 문헌실증과 그 논리적인 새로운 이해로 조선 고사(古史) 이해에 전인이 이르지 못한 곳에 이를 수 있었으며, 또

한편 선생님에 앞서 민족사의 재검토, 한국사의 민족사로서의 이해에 있어 한국사상 처음 보는 근대적인 민족사관의 수립을 위하여 신채호 선생님이 애쓰시었던 자취를 남기시고 서세(逝世)하시던 바로 그 때이었다. 필자가 신채호 선생님의 『조선사연구초』를 읽고, 다시 『조선상고사』를 읽어갈수록 단재사학의 바른 정신에 겸허해져 갈 때이었다. 한번 선생님께 단재사학에 대한 평을 청한 일이 있었다. 선생님은 즉석에서 서슴지 않고 "4천 년에 처음 보는 사가야……"하시며, 희색을 띠시고, 상고사의 논증에 대해 당신의 견해를 한참 얘기하시었다. 늘 한복을 입으시는 선생님께서 주머니에서 종이쪽지를 꺼내시어 논증할 문자를 쓰시고 지리상 위치는 약도를 그리시면서 설명을 하시었다. 고대사는 재질과 끈기가 있고 정신적으로 태산의 무게를 지니는 품성이 아니고는 당해낼 바 못된다고 생각하여 한국사에서도 훨씬 먼 옛날보다 오늘에 가까운 시대에 홍취를 갖고 있던 필자로서는 선생님의 말씀에 응대하기란 고역이었으나, 간혹 들어온 말씀을 통해 단재사학에서 얻을 수 있는 정신은 한국사의 이해에 그르침이 있어서는 안 된다는 생각을 지니게 한 것이었다.

  선생님이 당신의 말씀을 뚜렷이 밝히시지는 않았으되,

     ……그 뒤 신단재의 『조선사연구초』가 들어와 그 안식(眼識)을 탄복하는 일면에……(『조선사연구』 하, 361면)

이렇게 말씀하신 데서와, 늘 단재 선생님의 인격을 흠모하시며 사안(史眼)을 찬탄하신 데서라든지 선생님의 조선고대사 서술 자체가 보여주는 것으로서의 조선의 얼은 그대로 단재사학의 확충 전개이었으며, '조선의 얼'이 근세·현대에 미쳤더라면 조선사에 있어 단재사학의 기본이념의 광휘(光輝)있는 전개이었겠고, 그것이 일단의 완료를 보는 날 정신사적으로 본 한국사로는 장관이었을 것인데, 그렇지 못함이 오늘 거듭 애석하다고 하겠다.

  조선시대 유가들이 구기고 좁혀 놓았던 '조선사'의 인식을 그대로 식민지시대 일본인 학구들이 조선총독부의 정책에 영합되어 그것을 합리화시키며 다시 구기고 좁혀 놓았던 것을 단재 선생이 한번 구김살을 펴 보시려 했고, 이어 선

선생이 다시 펴 보시려던 것이었다.

> ……마침 『동아일보』의 부탁을 받아 우리 정신 방면에 도움될 만한 왕적(往蹟)을 연재하기로 하였는데 나는 부탁받은 범위를 넘어서 한번 5천 년을 내리 꿰는 대저를 내어 볼 작정을 하고 「5천년간 조선의 얼」이라는 제목을 걸었었다. 그러나 조선의 얼을 찾아내어 퍼뜨리겠다는 것은 내 마음이지 이 마음을 맞출 만한……(앞의 책, 362면)

하시며, 꺼지지 않는 마음의 등불을 '조선의 얼'에 붙여 이어가려 하시었으나, 시대가 달라 중일전쟁으로 태평양전쟁으로 모든 것을 단념하시고 경원선 창동역 부근으로 옮기시어 새 날을 기다리시게 되었으나, 그대로 교단과 집필에서 영영 떠나시게 되었음이 '얼'이 고대사에서만 멈추게 된 제1의 원인이었다. 그렇다고 해방과 더불어 선생님을 끄집어 이 길에만 계시게 할 그 아무 준비가 없었다. 『동아일보』지상에 집필 당시는 경성대학 도서관을 이용하신 것 같다.

후일에 들은 이야기지만 후지쓰카 지카시(藤塚鄰) 교수와의 내왕이 있으시었으나, 매우 못마땅하게 여기시어, 한번 댁에서 한 내객(來客)이 후지쓰카 교수에 대한 얘기를 하자 선생님께서는 대꾸도 하지 않으심을 옆에서 목도한 일이 있었다. 지금 생각하면 후지쓰카 교수와의 내왕에는 다음 연유가 있었던 것 같다. 아마도 도서관 출입에라도 이용하시었는지 하는 내 생각은 지나친 뒷날의 해석인지 모르겠으나, 그러한 데도 관련이 있는 것 같다. 일본학자의 설을 비판 시정하는 것이 작업의 일단이었으나, 일본학자 중에서는 시라토리 구라요시(白鳥庫吉)와 이마니시 료(今西龍)를 인정하시어, 서울에 와 있던 사람으로는 그래도 이마니시가 공부하는 사람이고 글을 안다고 하시며, 이케우치 히로시(池內宏)는 좋지 않게 얘기하시었다. 특히 이케우치 교수의 한국사 관계논문은 한문 원전 인용을 지적, 비판하시었다. 이러한 데서 편협한 생각은 안 가지시었던 분이다.

지금 『조선사연구』를 다시 읽는다면 고사의 문헌실증적인 이해에 있어 얼마나 새로운 논증을 통해, 고대사회와 문화를 넓혀 보시었는지를 알 수 있을 것이다.(지면관계로 학설적인 소개는 생략한다) 그리고, 초점은 '조선반도'가 옛부터 북으로는 한민족의 식민지요, 남으로는 일본의 식민지였다는 일본인 학자들의 문헌학적 내지 고고학적인 논증을 비판, 시정하자는 것으로, 일체의 논증을 그에 집중시킨 것이었다. 이 시비는 아직 한국고대사면에서 제대로 논란의 대상이 안 되고 있으나 단재・위당의 조선상고의 연구는 다시 한 번 논의될 날이 있을 것이나, 오늘의 상황에서는 잠시 뒷날을 기다릴 수밖에 없을 것이다. 즉 낙랑과 임나의 문제는 가벼이 어떠한 데에 추종할 바 못됨은 이미 「조선의 얼」에서 논증되었으므로, 위당학설에 좌단(左袒)치 않더라도 위당설을 한번 신중히 다뤄보아야 한다는 이 말까지 복고적이니 국수적이니 할 것까지는 없을 것이다. 근대적인 방법을 적용한 일본학자들의 설이 수십 년을 두고 정설을 얻지 못하고 1945년 후에 있어서도 갈팡질팡하며 내세우는 것이 가설에 불과하고 지나친 합리적인 해설에 일종 병적인 티까지 있음에는 그 어느 한 구석에 병폐가 있으며, 이른바 한사군 위치의 비약적인 이동 등은 혹여 그 문헌이 기록으로써 결함 미비함이 없지 않을까도 검토되어야 할 것이다. 학설이란 A・B가 있을 경우 이설로서 C를 내거는 것으로 소임을 다하는 것은 아니다. 일본인 학자들은 한국고대사의 지리적인 고증에 있어 그러한 방법으로 새로운 설을 내세우는 것을 능으로 삼았지, 그러한 지리적인 위치의 논증과 한국고사를 형성하는 인간과 사회의 유기적인 움직임을 문제삼는 논구해서는 관련자료와 또 다른 사실의 기록과의 상호간의 유기성을 일체 간단하게 처리한 데 병폐가 있었다. 또 한국인의 활동을 양강 이남에 제한, 한국은 역사적으로 식민지적인 부용국가이었다는 선입관으로써 문헌실증의 방법을 피상적으로 형식적인 처방으로만 적용하였으나,『삼국사기』고구려본기 자체의 체계적인 검토에서 얻을 수 있는 결과가 사군의 위치와 시공적으로 어떠한 결론을 제시할 것인가는 그들의 생각 밖에 있었음은 후일 고구려본기의 치밀한 검토를 기다리어 다시 얘기되어야 할 것이다. 사마천의『사기』조선전이 백지 위에서 다시 검토되어야 하며,「광개토경영락호태왕비문」이 어설프게 이해될 것이 아니라는 것을 한 손에 휘어잡아 따져 보려 하여, 일부에서나마 정리되어 조선상고사에서 퍼졌음은 단재사학의 공로이었고, 위당 선생의「조선의 얼」에서이었음을 전하여 둘 뿐이다. 나는 이러한 소개의 일절도 선생님께 질정(質正)하지 못함을 또한 한이라 하겠다.

마지막 강의 - 1947년 7월 어느 날 오후

　선생님이 국학학교를 대학으로 승격시키시고 이어 자리를 떠나시었지만(그 때 필자도 명색 교수의 자리에 있었음은 선생님 뜻에서이었다.) 1947년 7월 여름 방학이 시작될 무렵 조선고사에 관한 강의로는 마지막 강의를 하시었다. 7월 어느 날 오후 퍽 무더웠다. 서창으로 따가운 석양이 들어쬘 때 종이 쪽지 하나를 가지시고 두 시간 이상의 얘기를 하신 일이 있었다. 소도(蘇塗)에 관한 논증이었다. 『조선사연구』에서 삼한제국의 위치를 확증하시었던 것을 요약 얘기하신 것이었다. 얘기하시는 데 쓰신 종이쪽에는 글자라고는 불과 몇 자밖에 적지 않으시었고 두 시간여의 강의에서는 줄곧 흑판에 논증하심을 밝혀 쓰시면서 줄기차게 설명하시었다. 나는 학교를 나선 지 10년 만에 다시 선생님의 강석(講席)에 참여하여 빨리 간 시간이 두 시간을 넘은 줄도 몰랐다. 선생님은 여러 번 『삼국유사』와 『삼국사기』 강독만을 한번 해보았으면 하시면서 당신 혼자보다 누구하고 같이 했으면 좋겠다고 하시었으며, 6・25동란 바로 전에는 『좌전(左傳)』 공부를 해 보고자 하셔서 5, 6명의 동호(同好)를 구해 보았으나 구하지 못하고, 미처 시작도 전에 전란으로 북천(北遷)의 길을 밟으신 것은 한학을 통한 이해보다 한국사의 정신적인 이해면에서는 더없는 손실임은 다음날에 보다 통절히 느끼는 이가 있을 것이다. 여하튼 『조선사연구』(상・하 2책)와 『담원국학산고』의 조선고서해제와 「양명학연론」은 함께 한국사의 정신적인 이해에 길이 귀(貴)히 다루어질 것이다.

(『사상계』 115, 1962. 12)

호암 문일평

— 한국사인식의 새로운 전기를 마련 —

홍 이 섭

서

호암 문일평 선생이 한국사 이해에 있어 선구적인 길을 밟았다면 교육과 언론에 있어 한국사의 지식을 널리 대중적인 것으로 전하고자 한 일이다. 호암 선생에 대해서는 여러 각도에서 보다 선생을 잘 아는 분들이 붓을 댈 수 있을 것이나, 필자는 편집자의 청에 따라 다만 호암 선생이 한국사에 대한 이해를 어떻게 많은 사람들에게 전하고자 하였음과, 그 일이 오늘에 있어서나 이후에 있어 얼마나 선구적인 일이었는지를 소개하고자 한다.

역사서술의 간이화(簡易化)

선생은 해외에서 귀국한 후 1933년 4월 조선일보사에 입사하기 전까지 각 고등보통학교(현 중고등교)에서 역사를 가르쳤으니, 이 시기에 있어 선생님의 성해(聲咳)와 훈도를 받은 학생의 한 사람으로서 선생의 저작을 지금도 때로 읽어 청신한 서술에 감미로움을 잊지 못하는 데서 선생의 역사 이해의 성과를 재음미하자는 것이다.
대체로 오늘날 남아 있는 『호암전집』 3권 3책과 『호암사화집』, 『소년을 위

문일평. 1888~1939

한 한국사의 독본』 등 도합 5책에서 선생의 사안(史眼)과 간이한 서술체제를 상완(賞玩)할 수 있다. 이러한 여러 문자는 선생이 1939년 4월 52세로 홀연히 세상을 떠날 때까지 주로 『조선일보』 지상에 발표한 것이어서 엄격한 아카데미즘의 사학에서는 구분이 될 것이나, 호암 선생에 있어서는 정신을 상실하고 형식에만 따른 아카데미시앙이 따르지 못할 고매한 정신에서 한국사를 보고, 또 그 본 바를 세인에게 전하고자 한 정신이 오늘과 내일에 있어 문제될 바이다. 선생은 그 속에서 허다한 문제를 제기하였다.

선생은 1888년 평북 의주에서 출생, 1904년 18세에 삭발, 일본 동경에 가서 공부하고, 1908년 평양 대성학교와 서울의 경신학교에서 교편을 잡았다. 도미(渡美)하고자 하였으나, 길이 막혀 다시 일본으로 건너가서 정치학과 사학을 공부하고 1912년 상해로 가서 중국 신문사에서 활동, 귀국 후 한국사를 연구하는 한편 학교에서 가르치었다. 선생이 당시 어린 학생들에게 '한국 연구'의 고충을 얘기하며, 책값이 비싸서 손을 댈 수 없다고도 하였다(교실에서 들은 기억이 있다). 또 선생이 일본문으로 된 동양사교재 같은 것을 학생들에게 읽어 줄 때는 그대로 우리말로 고쳐서 읽었다. 그리고 늘 미소를 띠운 부드러운 안색으로 퍽 순하고 쉽게 얘기를 하였다.

후일 『조선일보』 지상을 장식하는 평이한 문장으로 한국사의 지식을 널리 전하게 되었던 데는 이러한 인품이 이미 앞서 마련되었던 연유가 아닌가 한다. 선생은 사에서 어떤 원고를 쓰든지 한번 다른 사람에게 읽혀 이해함을 보고 신문에 실었으니 일반대중이 알게 하자는 뜻은 선생의 기본정신이었다. 사에서 선생의 글은 사원은 물론 사동도 읽었고 물건 팔러 온 행상인도 읽었다. 때로는 그런 행상인이 호암 선생께 아는 체하고 무엇을 늘어 놓기도 하는 정경도 벌어지고 하였다니, 자기의 시작(詩作)을 시중하는 노파에게 읽혔다는 당나라의 어떤 시인과도 같은 풍이 있었다고 하겠다. 아직도 한국사를 운운하는 연구의 글이 어려운 오늘에 있어서 호암 선생의 역사저술이 간이하였던 기본정신은 곧 한국의 민족적 대중에게 사회의 역사적 현실을 알리고자 한 것이었다.

선생이 1933년에서 1939년 세상을 떠날 때까지 신문지상을 빌어 소개한 한국사 또는 한국에 대한 지식은 당시로는 한국인의 정신 개척의 선봉이었다. 첫째는 흩어진 지식을 지상에 재현시킨 것이요, 둘째는 많은 신문독자들에게 용이하게 그런 지식을 수여한 것이었다. 그뿐 아니라 당시 식민지 치하의 한국사회는 한국인의 의사가 묶이고 때로는 그 손발이 떨어져 나가던 때다. 한국은 물론 일본 안에서도 사상적으로 먼저 맑스주의적인 것이 뿌리채 뽑히며 이어 자유주의적인 것이, 식민지에서는 민족적인 것 자체가 어떻게 견디어날지 전도가 캄캄할 지경일 때였다. 그 때 선생의 글이 실리는 신문지를 받아보는 것은 무엇보다 즐거운 일이었으니, 막막한 불안 속에서 한국사의 쉬운 연습을 하였던 것이다.

한국사관

호암 선생의 사안이 남달랐던 것은 위에서 말하였듯이 한국사의 지식을 쉽게 널리 알리고자 하여 그 지식을 그대로 전하자는 것만이 아니었고, 이미 알려진 사실도 새로이 다루어보자는 데 있었다. 좁은 범위에만 알려진 바를 널리 전하기 위해 다시 매만져 재정리하였고, 왕조사 중심의 과거의 메마른 이해를, 새롭게 이해시키기 위하여 달리 해석하려 노력하였다. 그리고 이러한 데 있어서, 말할 수 없는 식민지시대의 급박한 분위기 속에서 언외(言外)의 목적의식으로서 '민족적인 것'을 한국 민족의 과거의 생활 속에서 재발견하자는 것이었다. 지금 전하는 선생의 저작 속에는 이제 말한 정신(한국사의 인식을 위한……)이 맥맥이 흐르고 있다. 무심히 보아 온 이들은 이렇게 보지를 않았을 것이다. 읽고 알기에 쉬우니 다른 읽기 거칠은 것에 비하여 손쉽게 대할 수 있다는 데서 친근감을 지녔을 것이다.

이제 통행하는 전집은 편찬상 유취(類聚)하였을 뿐이나, 전체에 일관하는 정신은 한국사의 재인식을 위한 것이었고, 이것은 당시 한국인의 민족적 정신을 말없이 고무하기 위한 것이라고 말을 바꾸어 형언할 수 있는 것이다.

제1권 정치외교편은 삼국시대에서 구한말까지의 한국정치사의 새로운 구성이었다.

「사상(「史上」)의 기인(奇人)」은 선생이 그 머리말에서 "만일 조선사에서 반역아를 모조리 베어버린다면 발랄한 기백이 그만큼 사라질 것이오, 따라서 뼈없는 기록이 되고 말 것이다"(『전집』1, 372면) 한 데서 종전의 기록을 뒤집어 역리적(逆理的)인 데서 한국사의 생동하는 면을 발굴코자 한 것이다. 이것은 먼저 단재 신채호 선생이 그의 사론에서 이미 지시한 바이지만 그것을 한국사의 전 기간 속에서 추려서 일관한 한 편의 사론으로 정리하기는 호암 선생에서 처음 볼 수 있는 것이었으니, 그 서술체제가 형식적인 실증주 방법을 따르지 않았다고 해서 달리 말할 바는 못될 것이다. 반역아를 통하여 한국 민족이 역사적으로 강건히 자기의 주장을 한 것을 흥미있는 일측면관이라고 겸손하였지만, 선생의 기세(棄世) 후 4반 세기를 지낸 오늘 한국사학의 여러 별들이 재능을 보이고 있지만 그 때는 1, 2의 학인을 제하고는 인적이 고요하였고, 더더구나 새로운 각도에서 이해하자는 일은 꿈도 못꾸어 볼 때임에서 선생의 이 한 편은 한국사 인식의 새 출발점을 설정한 것이었다. 또 일제 식민지하의 엄혹한 검열을 통과해야 할 때였음에서 제목이「사상의 기인」이란 야사고담류에 가깝다 해서 그저 지내지 못할 것이다. 이와 같은 점을 따지고 보면,

서상적 배경과 역사적 관계를 교묘히 정치상에 이용한 이채있는 반역아로

말하면, 고금을 통하여 묘청으로써 제1인을 삼을 것이며, 일검(一劒)으로 문
신을 도륙하고 무사의 천하를 만들어 문귀무천(文貴武賤)하던 당시 제도를
근본적으로 깨뜨린 통쾌한 반역아는 정중부로서……민족적 여분(餘憤)을 포
함한 듯한 배중손의 반역과 지방분권의 여흔(餘痕)을 머물은 듯한 이시애의
반역은 덮어 놓자.……계급적 의미에서 상전에게 반역한 노예와 양반에게 반
역한 상민을 들진대 고려조의 만적과 이통(李通)은 전자에 속하고, 이조의 홍
경래와 전봉준은 후자에 속한다.(동, 372면)

선생이 보고자 한 민족적 역사의 가리워진 성격의 발굴은 이 한 절의 문장
속에 집약화되었던 것이다. 반역아의 활동 즉 혁명적인 행동을 "오히려 조선사
를 창조한 일대 동력"(동상)으로 보았으며, 역사상 반역의 진의를

    진정한 반역아일수록 그에 의하여 시대의 병폐와 사회의 결함이 그대로 폭
로되나니, 그러므로 사상의 반역아를 가져다가 검토하면 오로지 그 시대와 그
사회를 알 수 있을 것이며 또한 조선인과 조선사를 고찰하는 일측면관으로서
의 매우 흥미있는 일이라 하겠다.(동, 372~73면)

여기서 선생의 진의는 이민족의 지배하에 무찔린 민족적 정기를 돋구자는
것임이 틀림없었다. 선생이 민족사를 다시 보고자 한 기본정신은 역시 식민지
적인 데서 온 것이었다. 안으로의 저항의 정신과 밖으로 국제적인 인식-안목
의 문제를 사적으로 파보고자 노력하였으니, 「대미관계 50년사」(제1권, 1~
233면, 해방 후 분리하여 단권으로 나온 것도 있음. 조광사 간)는 조선과 미국
과의 관계에 대하여 4분의 1세기간의 역사를 우리 역사의 한 줄기로 잡아서 간
이하게 정리한 것으로 선생의 해석과 필치에 특이한 묘미가 있었다. 이제까지
도 흔히 일본인 오쿠다이라 다케히코(奧平武彦 : 전 경성제대 교수)와 와타나
베 카쓰미(渡邊勝美 : 전 보전 교수)의 연구에 의지하면서도 호암선생의 논문
을 도외시하는 이유를 모르겠지만, 좌우간 이제까지 국문이나 또는 일문으로
된 것으로 한·미간의 기본문서까지 이용하여 양국관계를 사실에 따라 알아보

고자 한 것은 아직까지도 호암 선생의 「대미관계 50년사」뿐이며, 또 구한말 외교사에서 대미관계 전사를 일관하여 정리한 것으로도 아직까지 이것만이 연구사상 외로운 자리를 홀로 차지하고 있는 형편이다.

『호암전집』이 나왔을 때 어떤 평자는 이 「50년사」를 높이 평가하면서도 아직 학적인 데서는 거리가 있다 하였으나, 일제의 파시즘의 폭위(暴威) 아래 학은 무엇인지?

선생의 저작이 학적으로도 손색없음을 얘기할 날이 오기를 생각해 본 적이 있었다. 물론 인용된 공문서란 이묘묵(李卯默) 박사(재미 유학시의 학위 논문이 한미관계 연구이었으며, 타자용지 4백여 장의 방대한 양의 것이었으나 세상에 공개되지 않은 채 고인이 되었음에 그 업적의 매몰은 애석한 일이다)의 저작에서의 재인용이었으나, 어떻든 이 사회에 한·미간의 외교사실을 보다 충실히 소개한 데 큰 공로가 있었다.

선생은 「50년사」의 끝머리에서

> 특히 영문번역에 이르러는 필자의 어학력이 부족하므로 오역된 점도 적지 아니하거니와 우인(友人)의 호의로 잘 역출해 준 것도 기휘(忌諱)에 촉(觸)할 것을 두려워하여 부러 깎아버린 데도 없는 것이 아닌즉, 원저자 및 번역해 준 이에게 대하여 미안하고 부끄러움을 금하지 못하는 바 이묘묵 박사의 영저(英著)를 잘못 인용하여 동 박사의 본의에 위반되었음과……(동, 233면)

하며, 와오(譌誤)와 두찬(杜撰)의 티를 퍽 자책하여

> ……엉터리가 많다. 그러므로 이 백회에 든 소논문이 학술적으로는 가치가 없는 것을 단언하여 둔다.(동상)

고 학인으로서의 겸사(謙辭)를 다하였던 양심의 학인이었음을 오늘 다시 겸허하게 받아들여야 할 것이다. 여하튼 선생은 한국 근대 국제관계사상 한 기념탑을 세워 놓았다. 미주에서 이러한 과제로 학위를 받고 돌아온 1, 2 인사의 공개를 억눌러 한국인이 대미관계를 제대로 이해하는 것을 억압한 일제하에 있어 호암 선생의 업적은 한 광휘있는 것으로 기념될 문헌이다. 그러므로 어떠한 문헌이든 특히 일제하의 소산에 있어서는 특히 시대적인 조건을 따져서 보아야 할 것이다.

학적인 내용에 있어서는 앞으로의 새로운 세대에 기하되, 민족적인 주체성을 잃지 않으며, 보다 나은 조건과 방법에서 발전적인 연구가 있게 인도하는 데서 우리 선인들의 업적을 논평하게 하여야 할 것이다. 동시기의 사람이 기본 정신을 도외시하고 형식적인 아카데미즘만 주장함은 본체에서보다는 지엽·말단에서 헤매는 일이 되므로 한국 민족사의 바른 이해에는 백해무익의 무용한 장물(長物)이 되는 것이라 함을 다시 생각해 볼 필요가 있다. 겸허하였던 호암 선생의 태도에서 「대미 50년사」의 연구사적인 위치를 보다 바르게 설정할 수 있을 것이다.

선생은 요샛말로 하면 한국의 근대화를 위하여 여러 가지로 한국사를 검토해 보려고 애를 썼으니, 「조선인과 국제안」(동, 252~90면)은 고대부터의 한국인의 국제성을 파고 들어 국제적 안목 - 한국의 국제성의 인식부족을 지적하고 있다. 때마침 정묘(1927년)·경오(1930년)·병인(1936년)의 연초에 간지(干支)를 통해 본 사론의 지시에서도 역사적으로 한국의 외환을 국제적인 안목으로 평하여 새로운 견해를 일반에게 쉽게 알리고자 하였으니, 선생의 사관은 일관하여 내우(內憂)에서는 반역적인 데서 혁명적인 정신을 고취하였으니 여기서 유약한 역사로 개도(改塗)된 것을 강건한 민족사로 바로잡으며, 둘째로 외환에서는 국제적인 관계사로서 폐색적(閉塞的)인 한국인의 안계(眼界)를 넓게 국제적인 데로 열어 놓아 낙후된 한국의 현실을 바로 인식시키고자 한 데 호암 선생의 본 의도가 있었다. 그러나 이에 그친 것이 아니라 흉중에 간직한 언외(言外)의 의도는 첫째로 일제에의 항거정신을 조심성있게 부식하고자 하였고, 둘째로는 근대화의 좌절의 원인이 하나는 자체내에 잠재한 자기의 역사적 성격이며, 또 하나는 일제의 침략으로서임을 알리고자 하였다. 이러한 것은 곧 「한말외교」(동, 234~43면)란 한 단문 속에서 뚜렷이 볼 수 있었으니, 선생은 그 후 일본은 대한정책을 예정의 계획대로 진행하여 먼저 합병조약의 전제인 보호조약을 맺음에 의하여 말썽 많던 조선의 외교권이 아주 일본에게 넘어가고 말았다.(동, 243면)

고 함에서 그 한 마디 하고 싶은 말을 답답하게나마 이렇게 내비쳤음을 볼 때 학적인 서술이 아니라는 것은 가당치도 않으며, 오늘에 읽는 이들도 뜻있는 인사라면 억울함을 금치 못할 것이다. 입을 벌릴 수 없었던 날의 일제 침략을 알리고자 한 고심의 표현을 선생은 자기의 외유(外柔)의 품성 속에 간직하였었다.

정치사와 정신사

비록 신문지상에 단문(短文)으로 적은 바이지만 호암 선생의 한 사론으로 몇 사람에 대한 논평이었으나, '조선정치'의 사적 비평임에서 주시할 문자인 「한양조의 정치가군상」(제1권, 333~65면)은 전일이나 지금이나 당쟁중심의 왕조사적 정치사의 자리를 일찍이 벗어나 갈피 잡기 어려운 조선 근세정치사의 일면을 인물 중심으로 다룬 것으로서 한국사 권외에서 우리 근세정치사를 이해코자 하는 데 있어 한번 들쳐볼 문헌이다. 선생이 청년시절 이역의 땅에서 정치학을 수학한 데서 「정치가군상」을 적출하였는지 몰라도 「한양조의 정치가군상」을 통해 간략하나마 편향된 파당적인 자리를 떠나 정치사를 비교적 중도적으로 알리고 있다. 기호 이남의 역사에 연루된 후손들이 흔히 범할 수 있는 파당적인 것에서 초연할 수 있었던 것은 선생이 서북 의주 출생이었음이 오히려 다행한 조건이었는지 모르겠다. 특히 초기의 정도전, 중엽의 이이·유성룡을 높이 평가하며 정치가를 논함에 있어 '유사(有事)의 추(秋)'(격동기) (동, 365면)에 놓고 보자는 인물 시련의 논은 한양조 정치가를 다루는 선생의 한 기준이었다. 채제공을 논함에 있어서도

다만 신해 서교옥사가 있은 이후 중국으로부터 일체 서적의 구입하는 것을

엄금함과 같음에 이르러는 비록 서교금압의 궁책에서 나온 것이나, 이로 해서
신문화의 유입을 크게 방해한 것만은 가석(可惜)한 일이니, 제공이 또한 그
책(責)을 면하기 어렵다.(동, 359면)

고 함에서 선생이 일관해서 대외적인 교섭에 치중하였던 안목은 이 단문에 있어서도 일실치 않았다.

한국사의 정치사적인 견해와 같이 개괄적이며, 골격적인 문자이나 역사적으로 일관한 인식에 주안을 두었던 것으로 정신적인 면에의 지향이 있다. 이것 또한 신문지상에 간요하게 적기(摘記) 소개한 바로 개관에 그치고 있으되 내재한 의도는 또한 고대에서 조선시대 거의 말기까지의 학문사상의 포착을 위한 것이나, 추리어 제시한 것은 핵심되는 정신적인 뼈만이었다. 이능화 씨의 『고교문헌(古敎文獻)』・『조선불교통사』・『조선기독교급외교사(朝鮮基督敎及外交史)』・『조선도교사』 등과 또 『조선유교지양명학(朝鮮儒敎之陽明學)』 등 논저와 같이 원시, 고대에서 근세에 이르기까지의 일련의 체계적인 종교사 내지 종교적 사상사의 구축에 힘씀과 같은 업적은 아니었으되, 오히려 그러한 데 힘입었을지라도, 정신의 역사적인 추이와 연관성을 꼬집어 지시해주며, 그 줄거리를 가꾸어 사상의 테두리를 잡으려 한 데서는 호암 선생을 뺄 수 없다.

선생의 ①「사안(史眼)으로 본 조선」(제2권, 1~16면)과 ②「조선문화에 대한 일고찰」(동, 17~23면), ③「이조문화사의 별혈(別頁)」(동, 59~65면) 등은 그 핵심되는 문자이다.

①에서는 불교의 원효, 유학의 이황을 들어 그들의 철학의 위치를 따져 보았으며, 조선학의 설정을 사적으로 탐색・검토코자 하였으니, 선생의 간직한 조선학의 본의는

세종에 의하여 가장 구체적으로 표현된 것이다. 이런 의미에서 세종을 조선심(朝鮮心)의 대표자라 부르고 싶다.(동, 14면)

하듯 조선 현실에 즉한 문화와 정신을 지시하였다. 그리하여 선생은 본문의 제

9소절 조선학의 의의에서 다음 같은 결론을 내리고 있다.

> 그러나 오늘날은 차차 구사상의 자극을 받게 된 조선인은 조선을 재인식할 때가 왔다. 한편으로 신문화를 받아들임과 함께 한편으로 조선학을 잘 만들어 ……(동, 16면)

그리고, ②에서 유학을 이씨조사회의 구조적인 데서 기능적으로 따져 보고자 하며, 유교적 봉건제하에서 그 철학적인 것의 이해의 미흡과 사회 자체가 유학의 실천적인 예에 얽매인 데서 오는 봉건적 지배기구의 고형화에서 이씨조사회는 정체를 자초하였다는 뜻의 결론을 내리고 있다. 이러한 권위적인 제도를 깨뜨리는 데서 한국인의 새로운 출발이 있을 것이라 하였다.

이렇게 이해해 온 근세 한국인의 정신에서 새로이 찾고자 한 것이 ③에서 논하는 실사구시파의 학풍이었다. 당시 정인보 선생은 『성호사설』(문광서림판 1929년 간)의 서에서 성호 이익의 학을 논평함에서 성호와 성호학파의 제 학인이 '조선사'를 근거로 하여 실용의 학에 치중함을 처음으로 밝혔으며, 뒤이어 반계 유형원이 문제되고, 홍대용(洪大容)의 『담헌서』가 나오며, 정약용의 『여유당전서』가 나왔다. 이에 선생이 말하는 조선학의 새로운 인식기에 있어 세론(世論)을 종합하며, 자기의 견해에 따라 실사구시(實事求是)의 조선학의 대강(大綱)의 표를 짜본 것이다. 해방 후 다시 한국사학에 종사하는 우리 학인들이 실학을 논하는 데는 해방 이전에 이러한 초석이 이미 깔려 있었던 것이다.

이 계열에서 합쳐 볼 바로 「근대 명승 소열전」(동, 237~95면)과 「이조 화가지(李朝畵家誌)」(동, 260~78면)는 함께 근세 한국인의 정신을 이해하는 데 새로운 견해로서 다시 보아야 할 문자이었다.

이 외에도 소품・수필류들도 비록 단문・일화의 기록이나, 선생의 본뜻은 이상에서 말한 그 몇 가지의 논고를 보완하는 것으로 볼 것이 허다하다. 이상의 것으로 보아 선생이 한국사 이해에 끼친 바는 ① 저항의 역사로서, ② 국제적 교섭사의 중요성, ③ 정치사적 검토, ④ 정신사의 구성 등의 지시였다.

결(회상의 선생님)

호암 선생의 상세한 집필 연보나 전기적인 자료를 보지 못한 채 붓을 들었다. 선생님의 강연(講筵)의 한 구석에서 온아한 문인풍의 선생님을 주 1, 2회 대하는 것이 소년시절의 내게는 즐거운 시간이었다. 담담하게 얘기하시는 풍모라든지 일본문으로 된 일본의 동양사 교과서를 책 머리에서 거꾸로 보시면서 우리말로 번역해서 읽으시는 데 매력을 느꼈다.

선생님은 곧 학교를 그만 두시었으나, 노상에서 간간이 뵈었다. 교모를 벗고 인사를 드리면 늘 반기는 표정으로 대해 주시었다. 『조선일보』 지상에 선생님의 글이 실릴 적마다 즐거이 읽었고 모두 오려 두었다. 전문학교 시절에는 나는 지상의 글을 통하여 선생님을 추앙하였으나, 공부한 것도 없고 갈 길이 확정된 것도 아니어서 찾아가서 뵈올 일도 없어, 그저 노상에서 인사를 드릴 뿐이었다. 인사를 드리면 때로는 한두 마디 말도 건네시고 훨훨 가시었다. 선생님의 만년의 거처가 사직동이었을 때 댁 문전을 지날 때도 선생님 댁이구나 하고 지나면서, 비록 초가이지만 늘 깨끗이 손질해 놓으신 품이 선생님의 기품 그대로 보이었다. 어느 초가을 저녁 댁에 갔던 일이 있어 정하(庭下)에서 안을 바라볼 수 있었다. 역시 정결히 치워진 안마루와 뜰에는 별로 놓인 가재(家財)도 눈에 띄지 않았다. 댁에 가기는 나의 일로 간 것이 아니어서 정하에서 전할 말씀을 드리고 왔다.

어느 봄날이었다. 조선일보사로 빠지는 백목전(白木廛) 골목에서 선생님을 뵈옵고 인사를 드렸을 때, 안색이 퍽 피로하신 것 같았다. 늘 미소를 띠고 계시던 선생님의 안색이 다른 것을, 나는 혼자 속으로 "왜?……" 반문하며 지났다. 불과 수일 후 선생님의 부고가 지상에 전해질 때의 서글픈 감회는 이 글을 마치는 지금의 감회와 다름이 없었다.

선생님의 약력은 전집 제3권의 끝머리에 선생님의 수기로서 「나의 반생」 (489~501면)에서 일본 유학시대를 '불인지반(不忍池畔)의 옛꿈'이라 하고, 중국 유랑의 시대를 '양자강변의 봄빛'이라는 소제하(小題下)에서 회상하시었기로 그에 미룬다. 그 글에서도 간결히 청춘기를 담담히 회상할 뿐이다. 아무 가

식없는 문장 속에 선생님의 겸허한 태도, 단아한 문인풍이 엿보일 뿐이다.

  4, 50대의 만년의 제작인 '한국사'의 제문자는 그대로 선생님의 기품이 깃든 것임에서 오죽지 않은 학설을 운운하는 유(類)와는 근본을 달리하는 정신을 청수(淸水)같이 두 손으로 움켜낼 수 있다는 말로 이 글을 맺을까 한다. 끝으로 원하는 일은 전집과 기타의 저작이 한데 재정리되어 청정한 선생님의 사론이 뒷날에 온전히 전해지게 되었으면 하는 바이다.

                                      — 1962년 8월 처서(處暑) 지낸 26일

                                                (『사상계』 113, 1962. 10)

조선민족 갱생의 도

― 1930년대 정신사의 한 자료 ―

홍 이 섭

1925년 일본에서 연구생활을 마치고 한국으로 돌아올 것을 1년 더 연장하고 그 곳의 농가에서 생각을 정리하고 정성을 다하여 이루어진 『조선민족 갱생의 도』는 최현배 선생님의 개인적인 정신의 바탕이 되었음은 더 말할 바 없지만, 사회적으로 볼 때 1920년대 한국정신사의 소중한 한 자료임을 얘기해 보고자 한다.

1. 해제

최 선생님의 머리말에 의하면, 1926년 가을부터 겨울에 걸쳐 66회로 『동아일보』지상에 연재되었던 것이 1930년 1월에 책자로 정리 간행되었다. 이 원간본(原刊本)은 이미 얻어 보기 어려웠으나, 1962년 10월에 다시 4·6판 229면의 책으로 간행되어 쉽게 얻어 보게 되었다. 이 글이 신문에 발표되고 다시 책으로 나오는 동안 1920년대 후반에서 1930년대 전반기에 걸쳐 많은 사람들에게 영향을 주었음은 최현배 선생께서 연희전문학교 문과 교수로 계실 때, 『조선민족 갱생의 도』를 읽고 받은 감명에 따라 연희학원을 찾아 온 학생도 있었던 점으로 미루어 알 수 있다.

뿐만 아니라, 이 책의 반응은 그 중간(重刊) 머리말에서 선생님이 말씀하신

최현배. 1894~1970

데서 보더라도,

　　이 책의 글이 첫머리부터 생명의 자유 발전을 외치고, 나아가서는 정복자 왜인의 착취와 교만에 대한 반항스러운 언사가, 무던한 대담과 걱정을 나타내어 보임이 있음에도 매이지 않고, 먼저 일본말로 번역되어 조선 관계의 일인들에게 널리 읽혔을 뿐 아니라, 이 글의 한 토막이 왜정의 교과서에 채용되어 널리 조선 청년들에게 가르치는 바 되었으며, 당시 남대문 거리 도서관의 열람대에 이 책이 진열되어, 몇 번 그 꺼풀을 개장한 것을 보았으며, 일제의 여러 감옥에까지 이를 교양도서로 채용한 바 되어, 일제말에 내가 함흥감옥에서 몸소 이를 보게 되었던 것이니, 민족생활에 진리의 길을 내보임에 대해서는, 악마 같은 저네들도 이를 시인하지 않을 수 없었던 모양인 듯하다.(3~4면)

　저자 최 선생님의 휘어지지 않는 굳은 신념의 표시요, 이 책을 당신의 '정신의 첫아들'(4면)이라고까지 한 데에 국어학자로서의 최 선생님의 정신의 기틀이 어디에 있었던가를 뚜렷이 보게 한다. 필자는 이 해제에서 좀 장황하지만 『조선민족 갱생의 도』 머리말에서 한국 민족에게 전하고자 한 근본 정신을 찾아보기로 하겠다.

　첫째, 이 글이 조선에 관한 모든 방면의 지식의 정화(精華)를 조직적으로 서술하였기 때문에, 조선에 나서 조선을 사랑하며, 조선을 위해 일해 보겠다고 생각하는 청년 학생들이 먼저 조선 자체를 역사적으로, 또는 현실적으로 이해하는 데 반드시 일조가 될 것이요,
　둘째, 이 글의 주지(主旨)에 관한 나의 생각이 때를 따라 달라짐이 없습니다. 이 글을 지은 나의 근본사상은 이러하다.
　우리 조선민족이 이렇게 비참하게도 쇠잔에 빠진 것은 결코 단순한 자본주의란 외적 사회조직 때문만도 아니요, 다른 민족이 왕성함도, 결코 사회주의란 외적 사회조직에 기인함도 아니다. 사회조직이야 여하히 변화된다 하더라도 민족의 성쇠부침이 있음을 면치 못할 것이다. 나의 신념에 의하면, 사회조직의 여하를 물론하고, 생기의 왕성한 민족은 흥할 것이요, 생기의 미약(靡弱)한 민족은 망할 것이다.……조선민족의 갱생 및 흥륭도 단순한 외적 세계의 변혁에 대한 능동적 분투, 창조적 활동에 말미암을 것이다. 조선생명의 발동의 대정도(大正道)는 여기에 있는 것이다. 이것이 나의 소신이다. 이 소신을 우리의 청년동포에게 영구히 외치고 싶음이요……(7~8면)

　식민지의 피지배적인 한국의 청년들에게 울부짖기 위해 그 때 최 선생님께서는 '하는 수밖에 없는' 이 길을 택한 것이었다. 일본에 먹힌 직후, 일본에 유학하시었고, 그 곳에서 강하게 내뻗는 일본민족을 보시었고, 또 그들에게서 배울 것은 배웠고, 내 민족의 역사적인 전통과 사회현실을 눈 앞에 놓고 수난의 민족을 어떻게 일깨워 볼 것이냐? 여기에서 '민족적 갱생의 도'를 지시하는 길만이 남아 있음을 그대로 밟아 오는 데 있어, 시대의 변천에 따른 평가는 각 시대의 주인공에게 맡기고자 하시었다. 그러나 이 책이 출간된 지 30년이 지난 1960년대에 와서 어떠한 면에서라도 그 때와 달리 평가할 것을 오늘의 한국 민족이 지니고 있는 것이 있느냐 한다면, 장래에 이렇게 할 것이라는 약속을 한다면 모르겠거니와, 오늘의 현실에서 지금도 우리들은 '갱생의 도'의 논리의 대

부분을 최 선생님의 『갱생의 도』에서 다시 보아야 할 줄 안다.

2. 내용 구성

전부 4장 35절로서, 민족적으로 성격상 질병으로 볼 수 있는 여러 가지 조건을 지적 비판하였는데, 먼저 질병을 진단하고, 이어 그러한 병의 원인[病歷]을 역사적으로 비판하게 되고 이어 질병의 치료와 섭생 - 양후(養後)를 지시하고 있다.
　제1장, 「민족적 질병의 진찰」에서 민족 병폐로 볼 민족성에 있어서의 일그러진 면이 세심히 파헤쳐졌다.

　　　'의지의 박약', '용기의 없음', '활동력의 결핍', '외뢰심이 많음', '저축심의 부족', '성질의 음울', '신념의 부족', '자존심의 부족', '도덕의 타락', '정치경제적 파멸'

등 1920년대에 식민지의 피지배 민족으로서, 더욱 구체제에서 살아 오던 우리 민족이 근대적인 세련이 없이 그대로 이민족의 강압적 지배 밑에서 시들고 일그러진 민족적 성격을, 실생활의 퇴락된 속에서 하나하나 끄집어 내서 장래의 발전에 좋지 못한 것으로 들었다. 물론 당시 우리 민족의 성격이 곧 현실적인 조건에서만 왔느냐 하면 그렇지는 않은 것이었다. 이에 관찰하는 이 누구나가 지시할 수 있는 역사적인 조건을 제2장에서 「민족적 쇠약증의 원인」에서 밝히고자 애쓰셨다. 이 한 장은 최 선생님의 한국사관을 형성하고, 이 한 편은 선생님의 한국사론이 될 뿐 아니라, 1920년대 한국의 한 지식인의 역사의식의 귀한 문헌이 된다.

　　　'이조 5백년간의 악정', '사상 자유의 속박', '자각없는 교육', '한자의 해독',

'양반 계급의 횡포', '번문욕례(繁文縟禮)의 누설(縷紲)', '불합리·불경제의 일상 생활방식', '조혼(早婚)의 폐해', '나이 자랑하기', '미신의 성행'

을 들어, 생활과 정신면의 여러 가지 불경제 등 비현실적인 것을 지적하여 제1장에서의 병폐가 이러한 역사적인 고질에서 온 것을 지시한 것은 그대로 병력(病歷)의 탐색이었다. 그러나 역사적인 논구는 제2장에서만이 아니었다. 제1장의 곳곳에서도 역사적인 원인을 밝히고 있다.

제3장의 「민족적 갱생의 원리」에서는, 질병 치료의 방법을 강구하여 당시 우리 민족의 질병을 치료하고자 하는 약방문이 제시되었다.

'민족적 생기를 진작(振作)하라', '민족적 이상을 수립하라', '우리 민족의 시대적 이상을 파악하라', '조선민족의 특질 - 의적(意的) 방면, 정적(情的) 방면, 지적(知的) 방면', '민족적 갱생에 대한 확고한 신념의 필요', '일어날 듯한 비평에 대하여'

등으로, 이 제3장은 그대로 '갱생의 길'을 지시하신 대목이요, 선생님이 한국 청년에게 부르짖으신 열변이었다. 선생님은 독일 민족의 강건성에 비기면서 당시 우리나라의 청년들에게 다음같이 호소하시었다. 이는 시간이 흘러 30년이 지났지만, 오늘 우리 청년들에게 다시 되풀이될 만한 글이요, 웅변이었다.

조선 청년이여! 제군이 조선민족의 부흥을 바라거든, 모름지기 이 부흥하여가는 도이치 국민의 원기를 본받을지어다. 청년아! 조선 청년아! 제군의 짐은 무거운데 앞길은 멀구나, 민족적 갱생의 길을 양견(兩肩)에 지었으니, 어찌 무겁지 아니하며, 비참한 쇠퇴영락(衰頹零落)에서 영귀(榮貴)한 갱생번성(更生繁盛)을 이루고자 하느니, 어찌 앞길이 멀지 아니한가! 짐이 무겁고, 길이 먼 조선 청년아, 제군이 제군의 짐을 다하려거든, 생기를 진작하고, 이상을 수립하고, 확호(確乎)한 신념을 가지고, 갱생의 노력을 다하라.(155쪽)

이와 같이 우선 힘차게 깨우쳐 일으키고자 하였고, 깨우쳐 일어난 청년들로서 어떻게 행동할 것인가를 30가지 이상의 형용사로써 적극성을 띠어야 할 것을 간절히 호소하였으니, 그 허다한 형용사가 뜻하는 것은 '민족 갱생'='민족 독립'에 그대로 긴한 요건을 표시하고 있는 말이었다. 그 때로는 독립을 위한 반항의 의사 표시를 '갱생'에 있어 힘차게 나서야 할 것으로 30가지 이상의 형용사로 간결히 끊어서 말하신, 최 선생님의 뜻은 그 후에도 변함이 없었으니, 최 선생님 자신의 정신의 기틀이었음을 오늘에 와서는 충분히 알 수 있다. 그 중의 일부만을 추려 보겠다.

> ……다음의 말로써 제군을 형용(形容)하게 하여라. 생기있다.……씩씩하다. ……굳세다.……욕됨을 안다.……분함을 안다.……반항할 줄 안다. 죽을 줄을 안다.……부지런하다. 날래다. 모험성이 있다. 진취성이 있다.……착실하다. ……강건하다. 결단성있다. 시종여일(始終如一)하다. 평생일심(平生一心)이다. 조직성이 있다. 단결력이 강하다.(155~56쪽)

이 여러 가지 요건으로 바라 마지않던 조건은 역사적으로 1920년대나 오늘에 있어서 우리 민족이 누구나 다 바라는 바요, 그와 반대되는 좋지 못한 여러 가지 성격을 씻고 고쳐 나가자고 하는 데서 실행해보고자 하는 요건들이다. 우리들이 서로 생각해 볼 때, '갱생의 길'로서 지시된 이런 조건들이 30년이 지난 오늘에 있어 얼마나 민족적으로 그 필요한 조건을 몸에 담게 되었는지 퍽 의심스럽다. 1945년 해방과 더불어 식민지적 테두리에서 벗어나려 하며, 그 날부터 오늘날까지 민족적으로 자립해서 살아나가는 데 필요한 적극적인 여러 가지 조건을 구비케 되었는지! 우리들은 스스로가 반성할 일이다.

이어 제4장 「민족적 갱생의 노력」에서는 제3장의 방문으로 치료를 받았다 해도, 깨우친 정신을 이어받아 가지고 나아가 갱생하는 데 노력이 필요하다는 데서, 병을 치료해도 더욱 건강한 몸으로 생기있게 굳세게 살아가기 위해 몸을 다루어야 할 방법의 지시로 나온 글이었다.

'신교육의 정신', '계몽운동', '체육 장려', '도덕의 경장(更張)', '경제의 진흥', '생활방식의 개선', '민족 고유문화의 발양(發揚)', '여론(餘論)', '갱생 노력의 방식'

등으로 새로운 교육을 받아 깨우치고, 자기 인식을 하게 하며, 강건한 신체를 지니며, 도덕적으로는 책임과 의무, 부지런할 것과, 경제생활면에서는 빈곤의 극복을 위하여 생산과 자급을 위주로 한 교육과 정신에서 우리 생산품(그 때는 토산품)을 말하였으며, 생활의 합리화로 과거의 불합리와 타성에서 벗어날 것을 의식주의 세 면에서 구체적으로 지시하였다. 민족문화 앙양에 있어서는 그 매개수단인 언어와 문자를 정리할 것을 다음과 같이 지시하였다.

    1. 한글의 보급운동, 문맹 타파운동
    2. 한글의 과거사와 장래 발달에 대한 학리적(學理的) 연구
    3. 한글의 조직에 대한 학리적 연구

다시 한글의 연구에 대해서는 다음과 같이 구체안을 들고 있다.

    1. 소리의 연구
    2. 어법의 연구
    3. 표기법의 합리화
    4. 우리말의 정리, 표준어의 사정(査定)
    5. 고어(古語)의 연구
    6. 사전의 완성
    7. 조선어 교육의 장려

이러한 방안의 실천을 "우리 민족적 신문화의 영원한 발달의 첫걸음이 아니고 무엇인가? 우리는 여기에도 기쁜 마음과 든든한 생각을 가지고, 힘껏 일하

고자 한다"(223면) 하신 이 한 구절은 최 선생님 자신이 평생을 두고 실천해 오시었으니, 『우리 말본』·『한글갈』 등 당신의 저작과 조선어학회 - 한글학회를 통한 '표기법의 합리화', '표준어의 사정', '사전의 완성', '조선어교육' 등 오늘의 여러 목표가 일단 완성을 보았고, '고어'는 사회의 진전에 따라 놀랄 만한 연구성과를 보이고 있으니 선생님이 생각하신 민족문화 앙양의 첫걸음은 씩씩하게 내딛었던 것이다.

3. 역사적인 위치

『조선민족 갱생의 도』가 발표된 1920년대는 세계사적 격동기로서, 사상·경제·문화·국제관계에 있어 문제가 많았던 그 때의 격동하던 물결은 오늘까지 파도가 높이 뛰고 있다고 하겠다.

우리 사회에서 보더라도, 1919년 전 민족적인 운동이 있었으나, 그 후로 민족적인 독립운동에 있어서도 사상적으로 분리되고 있었으며, 새로운 세계의 사상적 조류는 자칫하면 민족적인 생각을 망각하게 할 때이었다. 경제적으로는 원래가 식민지적 민족경제가 파멸지경에 있었는데에 겹쳐 제1차대전 이후의 대공황이 우리 사회도 휩쓸어 생활의 궁핍과 정신적인 퇴폐에서 오는 여러 가지 현상이 내 보일 때이었다. 그러나 일부 민족적 항거심은 더욱 더 자라나고 있을 때이었다. 이 때에서부터 1930년대 전반기에 걸쳐서는 식민지 통치하에 있어서도 민족적인 것을 발굴하려는 의욕과 또 그 정신에서의 여러 가지 소산이 제시되어, 한국을 이해하는 면에서 주시할 시대이었다. 바로 그러한 시기에 나온 선생님의 책은 역사적으로 볼 때 주시할 문헌으로, 더욱 1920년대의 우리들의 정신 방향을 알려 주는 것으로서 귀중한 것이라 하겠다. 선생님의 『갱생의 도』는 다시 뒷날 『나라 사랑의 길』(1958년 간행, 국판 550쪽)에서 대한민국의 역사적 현실에 발전적으로 직결시킴을 보게 되었다.

(『새교육』 100, 1963. 2)

용재 백낙준 박사와 한국 교육

홍 이 섭

연희 학원과의 인연

　1916년 가을 미국 미주리 주 파크빌에 있는 파크 대학을 찾아간 청년 시절의 백 박사께서는 대학에서는 2학년에서 공부하라고 하였으나, 입학하여 강의를 듣자 알아듣기 어렵다 하여 부속 중학으로 자리를 옮겼다. 미국에 온 이상 정규적인 대학 공부를 하시겠다 하여 새로이 라틴어와 미국사·미국문학을 공부하고 1918년부터 4년간 파크 대학에서 수학(修學)을 하였다. 그 후 프린스턴 신학교에서 신학 공부를 하시면서, 1923년에서 1924년 사이 펜실바니아 대학 하계학교에서 정치외교학과 도서관학을 공부하시었고 신학과 겸하여 역사학을 전공, 1925년에 문학석사의 학위를 받았다. 이때 연희에서 초청을 받았으나 다시 예일 대학에서 「한국 개신교사 1832~1910」으로 박사 학위를 받고 연희학원의 교수로 내임하시게 되었다. 1927년 8월 23일 귀국한 후 9월부터 교수로 취임, 이어 1928년 가을 문과 과장을 겸하시게 되었으니 교육가로서의 출발이었다.

　그러나 식민지시대의 교육방침과 일제가 지시하는 것을 그대로 추종할 수밖에 없었으므로 선생이 뜻한 바의 학문을 이 땅의 후진 학도들에게 전언(傳言)할 기회가 없었다. 그리하여 소년 시절에 수학한 한학 지식과 1913년부터 미주로 건너갈 때까지 천진 신학서원(Anglo Chinense College)에서 습득한 능숙한 중국어와 재미 유학에서 얻은 바 능숙한 영어·희랍어·라틴어와 현대 유

백낙준. 1895~1985

럽어의 지식을 펴서 쓸 데가 없었다.

  문과에서 성경과 서양사 강의를 담당하시었을 뿐이었으나 역사학·신학·도서관학·정치외교학과 중국 지식은 연희학원에 새로운 학원을 조성할 밑거름이었음은 흔히 알려지지 않은 일이다. 선생이 식민지적 교육기관일망정 새롭게 내 것을 알리는 교육을 펴겠다는 포부를 실천으로 옮길 때, 이 학원에는 문과에 최현배·정인보, 수물과(數物科: 이공학의 전신)에 이춘호·이원철, 상과(상경대학의 전신)에 백남운 등이 있어 당시 조선 학계를 망라한 유일한 사학으로서의 위용을 지니었다.

  정치·사회적인 제약은 이 학원을 유리시킬 뿐이었으나 한국인 교직원으로 구성된 우애회에서는 학생들에게 연차적으로 현상 논문을 모집하여 학문적인 싹을 북돋아주고자 하였다. 이때 선생님은 문과에서 역사·언어·문학에 있어서의 한국에 관한 연구를 징모(徵募)하기에 힘썼다. 뿐 아니라 최현배·정인보 두 선생님을 중심으로 하여 학원 연구의 조성에 힘을 쓰시게 되어 이 학원이 일제의 탄압하에서도 '한국어의 요람지'로, 또 한국사의 바른 인식을 위하여 식민지적 사관에 대립이라기보다 그것을 깨끗이 씻을 민족사관의 확립지로서 기반을 닦게 되었다. 뿐 아니라 그 학문적인 체계화를 이룩하는 데 행정적인 편의를 마련해주고, 그분들에게 힘을 돋구워준 것은 백낙준 박사가 연희학원을 부임하시기 전 소년·청년기의 수학과 그 학적 성과에 의한 학행일치의 정신적 소산이었음은 더 말할 것도 없다.

식민지 정책이란 장벽이 둘린 일제하 이 사회의 학문적인 진로가 가로막혀 있었으나 여기서 돌파구를 마련하려고 노력한 교육 행정가였고, 또 그것을 몸소 실천에 옮기려고 하였던 분이 선생님이었음은 새삼 누언(累言)할 필요가 없을 것이다. 그 당시의 이 사회의 지식인들은 학에의 정열을 민족적인 데로 지향하며 일제의 강압정책에 몸부림치고 있었다. 이러한 속에 있어 기회있는 대로 한국 문화를 연구, 이해하고 이것을 국제적으로 소개하는 데 정열을 기울이시었으나 여의치 못했던 것은 시불리(時不利)한 때문이었다. 이러한 정신은 그대로 연희학원의 인문 교육면에 농후하게 반영되었다.

그 일단은 일찍이 1930년에 간행되는 문과 교수의 연구 논문집인 『조선어논문 연구』(연희전문 문과 연구논문집 제1집)에의 간행에서 볼 수 있었다. 여기에는 정인보 선생의 「조선문학원류고」와 최현배 선생의 논문 한 편이 실려 있었다. 이 두 편의 논문은 우리 국어학과 역사 연구에 새롭고 치밀한 방법과 정신을 제시한 것이었다. 교수를 위한 학적 활동의 기반을 마련함과 함께 교육면에 있어서도 1935년경부터는 독일어만을 제2외국어로 하였던 것을 프랑스어와 함께 중국어 등의 다채로운 선택 기준을 새로이 마련하였고, 한국의 역사 문학을 좀더 교수하기 위한 시간을 선택과목으로 마련하였다.

그러나 간판은 당시 총독부의 간섭으로 동양사·한문으로 내걸게 되었으므로 실제로는 동양사만이 서양사와 같이 선택의 대상이 되었으나 이 동양사의 간판에서 '한국사'를 공부할 길이 열리었다. 이것은 암흑 속의 괴로운 모색이었다. 이러한 계획의 추진은 1937년 4월 이후 영미 여행 중 국내 정세의 급변으로 좌절되고 이 학원은 일제에게 탈취되었던 것이다.

교육 행정가로

선생님은 1927년 가을부터 1937년 4월까지 뜻을 펴시려 했던 학의 보금자리를 떠났다가 1945년의 해방과 함께 1946년 유억겸 선생이 주한 미국 군정청 문교부장으로 나가신 뒤를 이어 총장으로 다시 돌아오실 때까지, 한때는 미국 국회도서관에서 한국부 서책을 정리하시어 그곳의 한국 부문의 틀을 잡으시고 해방과 더불어 다시 교육행정면에서 진력하시었다. 그러나 교육가로서의 출발이 이 학원이었던 만큼 다시 돌아오신 후 연희학원의 재건을 위하여 1948년 도미, 다시 선교부와의 연결을 맺는 등 애쓰셨다. 한편으로는 군정시대부터 교육심의회 회원으로, 대한민국 정부 수립 후에는 교육법 기초위원으로 활동하셨다. 1950년 5월 국무위원으로 문교부장관의 자리에 계시던 중 그 해 6월 25일 불의에 터진 북한군 남침에 따른 동란으로 수도 서울에서 부산까지 소개된 전시 학교 행정이 펴지게 되었다. 이에 파괴된 조국 산하가 폐허로 돌아가자 도의는 퇴락하고 사회는 급격히 변화함에, 이에 수반된 교육방침을 세워 굳건한 정신을 가진 자주적인 민족의 한 사람으로서 인권을 위주로 한 세계평화인으로서의 일군을 양성할 문교 행정을 필요로 하게 되었다.

 여기에는 먼저 나를 아는 사람이어야 한다. 즉 한국의 현실을 알아야 한다. 이 현실을 아는 데는 방금 나타나고 있는 목전의 현상을 현실적으로 이해함은 물론 그 연유를 시간적으로 즉 전통에 근거를 두고 역사적으로 이해하여야 한다. 그리고 또 세계를 알아야 한다. 오늘 우리는 국제적으로 어떤 자리에 있으며 거기서 세계와 어떤 관련을 갖고 있는가를 명료히 알아야 할 것이다. 선생은 이런 관점에서 오늘의 조국과 세계에 공헌할 자력을 가진 청년을 육성해낼 방안을 세우고 그것을 실천하도록 이끌어 나갈 수 있어야 하며 사려깊고 창안적이며 개척적이며 격동과 혼란의 탁류를 헤치고 나아갈 의지를 갖춘 지행일치의 문교 행정을 내세웠다. 선생님은 제7회 유네스코 총회(1952년 11월 파리에서)에 대한민국 대표로 출석하시기 직전인 52년 10월 말까지 해방과 더불어 주어진 민족교육의 과제와 전란중의 재정과 정신면의 위기를 극복하여 비상사태를 돌파하여 정상화할 교육방침의 강구와 그 실천에 진력하시었다. 선생님이 창의적이고 지(知)와 행(行)을 일치시키는 교육 행정가로 전시 문교 행정을 감당하심에 있어 "교육자는 민족정신을 만드는 직분을 맡아 싸우는 투사이다"(1947년 11월 6일 수요일 교육문화협회 주최 강연회에서)라고 하며 "정치

운동이나 청년운동을 하는 사람은 마치 집을 지어 집에 사는 사람을 만드는 것이요 우리 교육에 종사하는 사람은 그 집에 살 사람의 혼을 만드는 것이니 혼 없는 사람이 무엇이 될 것이며 그러한 사람이 몇 천만 명 있은들 무엇하리오" 하였다. 이어서 교육자는 어떠한 정신으로 살아야 할 것인가에 대하여는 단적으로 성삼문의 "이 몸이 죽어가서 무엇이 될꼬 하니 봉래산 제일봉에 낙낙장송 되었다가 백설이 만건곤할 제 독야청청 하리라"라는 구절로 대신하였다.

이렇게 직분에 충실한 고결한 교육자가 될 것을 기원하는 뜻을 말하고 다시 정신을 만드는 데 대해서는 "이 사업이야말로 건국의 기본적 사업이다. 우리는 이 근본 정신에 매진하여 노력을 아끼지 말기를 바라 마지않는 바이다"라고 말했다.

선생님이 신생 독립국가의 교육자의 한 사람으로서, 국가의 독립에 있어 국민 교육에 유념하지 않은 바 없었으니 사회의 격동과 급변에 있어 그 사회 변천에 적응할 바를 이렇게 말씀하시었다. "대한민국 국민은 우리 헌법에 의하여 권리가 있고, 의무가 있는 것이다. 우리는 과연 우리 2세 국민을 민주국가의 국민이 되도록 가르치고 있는가, 우리의 문화는 어떠한가, 우리 문화는 과거에 있어 일본에게 유린당하였지만 이제부터 우리의 고유한 문화를 만들어서 세계에 공헌하자는 것이 우리 독립의 목적이라고 하였으니, 과연 우리는 그러한 인재를 양성하고 문화를 조성하고 있는가, 이렇게 중요한 책임을 가진 우리 교육자로서는 우리 민족의 근본 정신을 터득해서 우리 후손에게 가르치는 것이 우리의 임무이고 직권일 줄 안다."

선생님께서는 민족교육의 이상(이념)으로서는, 「우리에게 맞는 교육」(『새교육』, 1950년 12월 특대호)에서 "우리 민족문화를 전수하는 교육일 것이다"라고 말씀하셨다. 또 "우리 민족이 수천 년 간의 공동생활을 계속함에서 이루어 놓은 문화유산을 미숙한 자에게 체득케 함이 교육이요, 그것을 계승하여 아름답고 훌륭하게 만드는 것이 교육이다. 교육을 통하여 우리 문화의 정수를 후대에 전하여 그것을 귀히 여겨온 가치를 알게 함이며, 그 가치에 있어 최고의 것은 무엇보다 길이 살아 있는 정신일 것이다. 이것은 생명보다 더 귀한 것으로 이것이 개인이라면 그 정신을 가장 잘 살리고 발휘한 사람일 것이요, 물질이란 그 정신을 상징한 물건에 지나지 않는 것이다. 이 가치를 몸소 배워서 살고 또한 전수하여 주는 것이 우리에게 알맞은 교육이다. 우리는 전대의 후손이요, 후대는 우리의 계승자들이다. 우리에게 알맞은 교육은 우리 민족의 최고 가치를 전수하여 완성할 수 있는 교육이 되어야 할 것이다."

이러한 이념적 방향 지시에 이어 동란중에 1951년 1월 3일을 기하여 부산이 임시 수도로 결정됨에 따라 곧 초중등학교의 피난 학생을 피난지 소재 각 학교에 등록 수용하여 수업을 계속케 하며, 교사도 피난지에서 함께 배치하였다. 그리고 부산, 광주, 전주 및 대전 지구에 전시 연합대학을 두고 현지에 피난중인 대학생들을 지도하게 되었다. 그리고 선생님은 '한국의 전시 교육'에 대하여 한국의 현대 교육이 일본의 침략으로 왜곡되어 본의에서 유리된 식민지 교육으로서 낙후되었으나, 폐허 속에서도 "한국의 자유국민으로서의 역할을 하고 세계 항구 평화의 실현에 응분한 공헌을 하기 위하여 자기 나라를 부흥하겠다는 한국민의 결의의 표현이다"고 하여 옥외의 땅바닥에서 돌 위에서 공부하는 아이들의 모습을 널리 알리어 국제적인 협조를 호소하시었다. 여기서 전시 교육을 정상화하는 데 부흥책이 강구되고 실천되어 유네스코의 원조에 따라 교과서 인쇄시설, CFA에서 용지, 미군에서 교실 건축 자재, USIS의 라디오 수신기 등을 기증받아 수업 정상화의 만전을 기하였다. 또 국민 사상 지도원을 두고 민족정신의 앙양에 힘써 '확고한 자기 사상을 소유한 국가나 민족은 어떠한 외래의 사상 사조라도 동요를 받지 아니하고 도리어 그것을 소화하여 자기 번영에 중요한 자극제를 삼는 것입니다. 그러나 자기 사상을 소유하지 못한 나라나 민족은 항상 자기 중심을 잡지 못하고 외래 사상의 열기에 동요되어 혹은 멸망하고 혹은 분열되고 혹은 변질의 화를 초래하게 되는 것입니다"라고 하여 확고한 자기 사상을 지니게 하고자 하였다.

그리고 보다 실제 교육면에서 주장하신 '일인 일기(一人一技) 교육'과 '교육 자치'를 위한 자치제의 창시를 다음과 같이 주장하시었다. "민주국가는 민에 의하여 자치되는 국가인 만큼 이제 우리나라에 지방자치가 실시된다는 것은 민주국가로서의 본도를 걷는 것이다. 지방자치 가운데 놓이는 교육 자치는 모든 자치 사업 중 우리나라로서는 아마 제일 중요한 사업일 것이다." 더욱 보편의 교육을 위하여 "만일 진정한 교육자가 아닌 정치 브로커나 교육 모리배가 선출되어 교육을 편당적으로 움직인다든지 혹은 자아의 출세와 자기의 명성을 높이는 데만 열중하여 교육을 일시의 개인의 이용도구로 삼는다면, 이것은 결국 민족국가를 망치는 데까지 이르게 될지 모르겠습니다"(교육 자치제에 따른 교육감 선출에 대해 『교육신보』에 보내신 말씀).

현대 한국 교육에 있어 한국의 교육철학을 제시하시었고 또 잘못되기 쉬운 점에 대해 누구보다 앞서 현대 한국 교육에 대해 경종을 울리었다. 젊은 학도들에게는 다음과 같이 격려하시었습니다. "어떻든 문화민족인 우리에게 오늘날에 와서 황폐한 이름을 씌우기에는 너무나 아깝습니다. 우리 학도의 눈 앞에 보이기에는 너무나 큰 것이어서 이루 느끼지 못할 만합니다.……겨레의 부흥은 오직 우리 젊은 학도들에게 지닌 바가 됩니다. 학도에게 지녀진 의무라 하겠습니다. 이 의무를 다하고 남음이 있는 날, 우리가 당당히 차지하여야 할 권리가 우리 앞에 놓여질 것입니다"(「새 문화 창조에 공헌」, 『연희 타임스』, 1952년 7월 9일).

다시 연희에서 연세 학원으로

선생님은 1953년 2월 유네스코 총회에서 귀국, 연희의 일꾼으로 전념하시며 한국 유일의 기독교 종합대학으로의 발전을 위하여 세브란스 의과대학과의 합동을 이뤄내시고, 이어 늘 말씀하신 목표를 향하시어 추진중에 있다. 현재는 체제와 시설에서 앞으로의 도정을 남기신 채 다시 선생님이 젊은 날의 정열을 다하여 이루어 놓으신 우리 근대사의 명저 『한국 개신교사』의 속편을 저술중에 계시지만 신생 조국에 끼쳐주신 한국적인 민족교육 이념은 십여 년이 지난 오늘에 있어 이곳 저곳에서 실천 전개되고 있으니 보다 뒷날의 꽃피는 날을 볼 것이 아닌가 한다.

그리고 오늘 우리가 캠퍼스 안에서만 80년의 연세학원을 볼 것이 아니라 좀 더 시야를 넓혀 시간적으로는 우리 근대사의 추이에 놓고 본다면 군건한 이 학원의 역사적 족적을 더 또렷이 볼 수 있을 것이다. 그리고 우리들이 어느 날이든, 어느 때이든, 지나는 길에 서강(西江) 제방 위에서 북쪽을 바라보다 푸른 숲 속에 흰 뭉게구름처럼 떠오른 웅대한 집덩이가 눈에 띨 것이다.

　안에서 보다 나아가 웅장해 보이는 연세학원의 초석을 놓은 이의 한 분이 백낙준 박사이었음을 새삼 생각할 때 오늘의 부족함은 선생님이 뒤를 이은 역군들이 상보(相補)할 일일 것이다.

(『연세춘추』, 1965년 5월 3일자)

용재 선생의 홍이섭 선생에 대한 회상

원 유 한

구산 : 여보게, 구천. 최근 용재 백낙준 선생님을 찾아 뵌 일이 있는가? 언젠가 용재 선생님을 찾아뵙고, 그분께서 아끼셨던 제자 고 홍이섭 박사에 대한 회고담을 들어 보겠다고 말한 적이 있었으니 말일세. 사실 용재 선생님은 호암 문일평, 위당 정인보, 외솔 최현배 선생 등 여러 분과 함께 홍이섭 박사의 인격·학문·사상의 형성에 적지 않은 영향을 주신 분이기 때문에, 그분으로부터 홍 박사에 대한 여러 가지 말씀을 들을 수 있을 터인데……

구천 : 선생님 말씀하신 대로, 지난 (1981년) 9월 22일에 용재 선생님을 찾아 뵈었습니다. 연세대학교 명예총장실로 선생님을 찾아뵈었는데, 건강은 좋으신 편인 것 같았습니다. 건장하신 위풍과 유창한 말씀, 그러니까 달변은 여전하시더군요. 전에도 그랬듯이, 듣는 것이 불편하셔서 보청기를 끼고 계셨습니다.

구산 : 그래, 용재 선생님으로부터 홍 박사에 대한 말씀을 많이 들을 수 있었는 가?

구천 : 용재 선생님께 찾아 뵙게 된 사유를 말씀드렸더니, 심각한 표정으로 잠시 동안 아무 말씀도 하지 않으셨습니다. 당신보다 먼저 타계한 아끼던 제자에 대한 이야기를 공연히 말씀드린 것이 아닌가 해서, 순간 후회도

했었습니다. 이윽고, 표정을 푸시고 홍 선생님에 대한 추억(?)을 되살려 말씀하시기 시작하셨습니다. 용재 선생님은 당신께서 하시는 말씀을 녹음하려 하자, 녹음은 좀 준비를 해가지고 이 다음 기회에 하자고 하셨습니다. 연세가 드시니까, 무엇보다도 기억력이 쇠퇴하고, 또한 생각을 체계적으로 정리하기가 힘드시다는 말씀이셨습니다. 미리 말씀도 드리지 않은 채 찾아뵙고 홍 선생님에 대한 회고담을 녹음하려 했으니, 그 실례 됨이 여간한 것이 아니었다는 생각이 들었습니다.

　용재 선생님은 비서를 시켜서 '백낙준장서실(白樂濬藏書室)'이란 장서인이 찍힌, 노랗게 짜른 『학회기략(學誨記畧)』(용재 백낙준 박사 소전)을 한 권 주셨습니다. 그 책을….

구산 : 아니, 그 『학회기략』이란 책이 어떤 내용의 책인가. 나도 이제 처음 들어 보는 것 같은데 말이야.

구천 : 물론, 저도 처음 보는 책이었습니다. 더구나, 용재 선생님을 가까이에서 모시고 있던 교수들도 그 책에 관해서 아는 바가 없다는 것이었습니다.

　용재 선생님은 『학회기략』을 제게 주시면서, 이 소전(小傳)은 당신과 홍 선생님과의 관계를 단적으로 설명해 준다는 것이었습니다. 『학회기략』을 받아 가지고 돌아와서 그 내용을 살펴본 뒤, 그 책의 속표지에 다음과 같은 감상을 써놓았습니다.

　"1981년 9월 22일 오후 1시반 연세대 명예총장실로 용재 선생님을 찾아뵈었다. 고 홍이섭 선생님에 대한 용재 선생님의 회고담을 듣기 위해서였다. 용재 선생님으로부터 뜻밖의 귀중한 책자 『학회기략』을 받았다. 문자로 밝혀져 있지는 않았으나 홍 선생님께서 용재 선생님의 교육계 종사 25주년을 기념해서 집필하신 『용재 박사 소전』이라고 말씀하신다. 감격 감사하며 이 소전을 받아 고이 간직하고자 한다. 당일 오후 5시, 원유한"

　『학회기략』은 '정묘회'에서 편집 간행한 것으로 되어 있으나, 실제로는 홍이섭 선생님께서 집필하고, 또한 편집 간행을 주관하셨다는 것입니다. 용재 선생님께 여쭈어 보지는 않았지만, 가만히 따져보니 용재 선

『학회기략』 본문 전면에 실려있는 원고

    생님이 교육계에 투신하신 1927년이 바로 정묘년인 것과 관계가 있지 않나 생각되었습니다.
구산 : 『학회기략』이란 책명은 어떤 의미를 가지는 것인지 구천은 알고 있겠지.
구천 : 『학회기략』 서두를 보면, 다음과 같이 책명의 유래가 밝혀져 있습니다. "『학회기략』이란 '묵이식지 학이불염 회인불권 하유어아재(默而識之 學而不厭 誨人不倦 何有於我哉)'(논어 술이 제7)에서 딴 것으로, 선생님께서 일상 학행을 말하는 성인의 말씀으로 이 구절을 즐겨 하시기에 편집자가 잠시 빌어 책명으로 삼은 것입니다." 계속해서 다음 면에는 "굽힘없이 겨레의 교육에 헌신하신 용재 백낙준 선생님께 이 작은 책자를 삼가 드리나이다." 또한, "용재 백낙준 박사 교육계 종사 25주년을 맞이하는 임진 가을 정묘회"라는 헌사(獻辭)가 있습니다. 아마도, 이 헌사는 정묘회를 대표하여 홍이섭 선생님이 지으신 것이 아닌가 생각됩니다.

그리고,『학회기략』본문으로 들어가기 전면에는 용재 선생님이 평소 강조하시는 바 '학행일치' 교육이념이랄까, 교육철학을 밝힌 글의 서두가 원고지 규격으로 실려 있습니다. 그 내용은 다음과 같습니다.

"학행일치라 함은 배운 것을 행하고 행할 수 있는 것만을 가르치자는 것입니다. 행이 없는 학문은 죽은 학문이요, 배우고도 행하지 아니하는 사람은 배우지 못한 사람과 다름이 없습니다. 우리나라 역사에도 우리 학인들이 학행일치할 때는 나라가 흥하고 문화가 빛났으며, 그렇지 못할 때는 반대로 쇠퇴하였습니다. 신라의 화랑도 문화를 보든지 최근 영정년간의 실학자들이 운(運)…."

구산 :『학회기략』의 내용이랄까, 본문의 목차는 어떤 것인지, 그 목차라도 간략하게 이야기해 주었으면 좋겠네.

구천 : 알겠습니다, 구산 선생님. 그 내용은, 1 소년시절, 2 해외유학, 3 교사로서, 4 학도로서, 5 새로운 날 - 교육행정가로서, 6 교육이념의 일단, 백박사 교육을 위하여 한국에 귀환(1927년 11월 시카고 한국학생회보 소재), 용재 백낙준 박사 연보 등으로 짜여져 있습니다. 이것이 바로『학회기략』의 속표지입니다.

구산 : 그런데, 구천은 용재 선생님을 뵙고『학회기략』한 권만을 받아가지고 곧 바로 돌아왔더란 말인가? 그러니까, 그처럼 기나긴 세월 동안 긴밀한 사제관계를 지속해온 두 분 사이에 있었을 더 많은 이야기들이….

구천 : 물론, 더 많은 다른 이야기들도 들을 수 있었습니다. 주로 용재 선생님께서는 말씀을 하시고, 저는 궁금한 점을 여쭙고, 답하시는 말씀을 경청하는 방식으로 대화가 전개되었지만. 홍 선생님께 다산의 실학사상 연구를 권장하고, 또한 연구를 도우셨다는 말씀으로부터, 제게는 홍 선생님의 뒤를 이어 다산의 경제사상을 연구해보는 것이 어떻겠느냐는 등등의 많은 이야기가 있었습니다. 그러나 홍 선생님에 대해 용재 선생님이 말씀하신 내용은 다음 기회에 녹음할 수 있도록 해주겠다고 약속하셨으니, 이후 종합해서 구산 선생님께 말씀드리기로 하겠습니다.

(『실학사상연구』2, 1991)

제4부 홍이섭 선생의 말과 글

인물로 본 한국사

대 담

사회(이종복) : 바쁜 시간에 나와주셔서 대단히 감사합니다. 오늘 선생님들께서는 고종 병자, 즉 우리나라의 개국 이후의 인물을 선고(選考)해 주시기 바랍니다.
　　　　　국사의 시대를 구분하는 문제가 학자간에 반드시 일치하지는 않겠지만 오늘은 잠시 그 문제를 떠나서 저희의 편의에 따라주시기 바랍니다.
홍이섭 : 대원군의 유신책(維新策)이라고 하지만 그것은 쇄국주의지요. 그리고 어떤 사람은 갑오경장을 가지고 끊으려고 하는데 갑오경장은 의타적이지요. 그래서 병자수호조약으로 삼으신 듯한데 여기에도 문제가 있군요. 병자수호조약 이전에 오경석(吳慶錫)·유대치(劉大致) 등이 있는데 그렇다고 이들을 앞에서 다룰 수는 없지요. 바로 그 사람들이 모두 개화사상 형성에 공이 많은 분들이니까.
유광렬 : 에- 그러나 지금 이 자리에서 별안간 개국이 아닌 개화의 시기를 규정지을 수는 없어요. 그러니까 오경석·유대치 이러한 개화사상가는 이쪽으로 넣잔 말이죠. 개화 이전에는 흥선대원군이 들어갔으니까 개화 이후로는 명성황후가 얘기되듯이.
윤병석 : 그러면 시대적으로 모든 분야에서 버젓이 내보일 수 있는 인물을 선정하면 되겠군요.
사　회 : 그럼 가지고 계신 표에 따라 명성황후부터 펴나가 주십시오.

유광렬 : 명성황후는 그 재주는 월등하다고 하나 개국하는 데 힘을 썼다고 하는 얘기는 별로 없단 말야. 그 집안만을 위해서 금강산에 가서 기도도 올리고 국재(國財)를 낭비하고……그것밖에는.
이광린 : 그래도 넣어야 되지 않겠어요? 역사상의 인물을 뽑는 것이니까.
유광렬 : 명성황후를 넣자고 하는 데 대해서는 나는……. 다만 재주가 절등해서 그 『조선정감(朝鮮政鑑)』에 볼 것 같으면 열여섯살 적인가 시집을 왔는데 시아버지인 홍선대원군에게 문안편지를 했는데 굉장히 박학하게 했단 말야. 그래 그걸 내던지면서 "차(此)는 여박사야(女博士也)"라고 이렇게 글을 잘할 수가 있느냐고 했다고 하니 그 재주는 비범해요. 그러나 일한 것은 별로 없단 말야.
홍이섭 : 그러면 명성황후는 빼고 오경석은 어때요.
사 회 : 기왕에 나온 전기전집류가 상당히 많은 사람들을 다루었으면서도 오경석이나 유대치는 대개 빠져 있단 말씀이죠. 어디서나 넣었음직한데.
일 동 : 그렇단 말야.
홍이섭 : 아마 이 당시 개화문제를 다룬다면 누구보다도 오경석을 들어야 할 겁니다. 강화도수호조약 때만 해도 많은 일을 했고 그러면서도 일본하고 친한 사람이라고 해서 세상에서 시비가 많으니까 이불 뒤집어쓰고 누웠었다고 그의 아들 오세창 씨한테 들었는데. 또 유대치는 자료가 없을 것이다 해서 빠졌어요.
윤병석 : 오경석을 넣으면 이 때까지 막연하게 개화라는 것을 꼭 일본을 통해서만 받은 것처럼 이해하고 있는 점에 대해서는 새로운 인식을 줄 것 같은데.
이광린 : 그 오경석의 영향을 받은 유홍기(대치)도 개화운동의 막후인물로 안 넣을 수 없죠. 자신에 의한 저술이 한 편도 발견되지는 않았으나 『김옥균전』, 『윤치호일기』 등에서 그에 관한 기록이 산견되는데 구한말의 개화파로 정계의 정면에서 활약하던 인물들이 모두 유대치에게서 지도를 받았다는 사실만으로도 큰 관심을 끌고 있는 인물입니다. 오히려 그러한 점에 오경경보다 유대치가 더…….

유광렬·홍이섭 : 두 분을 다 넣지요.
이광린 : 거기에 최한기(崔漢綺)가 하나 더 들어가야 하지 않을까요.
홍이섭 : 최한기도 좋지만 오경석이나 유대치처럼 곧 이어지기가 참 어렵잖아요? 그런데 인제 여기서 이런 생각이 들어요. 명성황후는 빠져도 김옥균은 어느 의미로 보든지 뺄 수는 없다고.
유광렬 : 물론 뺄 수 없지요.
홍이섭 : 그러니까 우선 김옥균을 넣어 놓고 얘기를 하셨으면 좋겠어요.
유광렬 : 김옥균은 개화기의 대표적인 인물이란 말야.
홍이섭 : 김옥균이 빠지면 역사가 뭉그러진다구요(웃음).
유광렬 : 김옥균은 넣어야돼요. 김홍집(金弘集)은 오토리(大鳥圭介)인가 하는 일본 사람을 기대며 갑오경장을 했지만 김옥균은 그래도 그렇게까지는 안하고 자기 계략을 가지고 뭣을 한 사람이란 말야. 역사적으로 그 중요한 모멘트를 만들었지. 그 다음에 인제 유길준(兪吉濬)과 김홍집, 이 둘 중에 누구를 택하라고 하면 나는 유길준을 넣고 싶단 말야. 더러는 김홍집을 개화파의 영수라고 아주 대단히 높게 평가하기도 하지만. 그리고 오세창 씨에게 "근세에 재주가 절등(絶等)한 사람을 누구를 치십니까? 김옥균을 치십니까? 김홍집을 치십니까?" 하니까 "두 분이 모두 재주가 절등한 사람들이야" 하거던. 그런데 김홍집은 특히 사무를 처리하는 데 남다른 재주가 있었던 모양이야. 그러나 이 김홍집은 그런 데는 그럴지라도 드러난 일은 유길준이지. 그 태양력 사용과 머리 깎는다는 것 하고가 드러난 게란 말이야.
홍이섭 : 그런데 유길준이 개화는 투철하게 했는데 한국 사람으로서 가져야 할 태도를 취한 것은 없지요. 그래서 우리는 유길준이란 사람은 손을 안대지요. 개화도 좋지만 자기를 망치는 개화는 사실상 곤란하지요.『서유견문』같은 데 나타난 정신을 보면 참 훌륭한데 한국사회로 볼 땐 좋은 건 아니라고 봅니다.
유광렬 : 그 죽을 뻔 했을 때에 외국병영으로 들어가 피신해서 죽지 않은 것을 탈잡는다면 탈잡을 수 있겠지만 그래도 그 기호학회를 만들고 기호학

교를 만들고 하며 일은 많이 했단 말야. 저널리즘의 영수로도 서재필을 잡느냐, 유길준을 잡느냐는 문제도 유길준은 벌써 서재필보다도 10여 년 전에 이미 『상해신보(上海新報)』에 참가를 했어요. 그러니까 유길준은 그 저널리즘으로 볼지라도……

윤병석 : 그런데 제 생각 같아선 그렇습니다. 유길준이 그 시기의 행적에 있어서 중요한 데가 있는데, 지금 인물평가를 하는 데 있어 깨끗하지 못한 사람을 따질 때에는 모르지만 그의 글이 당시에 많이 읽혔고 그게 개화에 공적을 끼친 것만은 사실이지요.

유광렬 : 사실 유길준은 일도 많이 했어요. 여하튼 1914년 죽기까지 일을 했단 말야. 그리고 한일합방하던 날 조약 그 발표하던 때에 중학교 학생들을 이끌고 항쟁시위운동을 일으키려다 억압당하고 말았지마는 그 때에 벌써 지금 있는 그 데모를 결행할 생각을 해냈단 말야(웃음). 그리고 일진회 성토문도 그가 썼지요. 그러니까 끝까지 싸운 사람예요.

홍이섭 : 그런데 유길준은 다른 것은 고사하고 일본과의 관계에서 행동한 사람이니 아주 난점이 있는데 아마 이제 우리가 유길준을 뽑는다면 『서유견문』 하나만 가지고 문제를 삼아야 될 사람이죠.

윤병석 : 그러면 유길준과 김홍집은 그런 분이라고 하는 것을 기록상으로만 얘기해 두기로 하고 김옥균이로 대표되었으니 그 다음 인물로 넘어가지요.

이광린 : 그런데 이 시기에 홍영식(洪英植)이란 분도 사람은 참 됐지요.

홍이섭 : 그러나 유길준·김홍집, 이런 사람이 들어가면 홍영식 같은 이는 빠져야죠.

윤병석 : 그리고 동학 관계에서도 한두 사람은 들어가야죠.

홍이섭 : 전봉준을 넣어야죠.

유광렬 : 최익현(崔益鉉)인 어떻게 해요.

홍이섭 : 최익현일 넣을 것 같으면 이 밑에 가서 들어갈 사람이 못 들어가요. 의병 관계에서 보면 최익현보다도 오히려 다른 사람이 많은데 유인석(柳麟錫)도 문제되고 그 이강년(李康秊)도 그렇고 또 홍범도(洪範圖)

라든지 신돌석(申乭石) 같은 사람이 나와서 굉장히 활약했는데, 본격적인 투쟁은 영남에서의 신돌석이지요. 이강년은 좀 넓게 강원도로 이쪽으로 오르내리면서 활약해서 더 문제가 되는데 신돌석을 한번 넣어봐도 좋고 또 홍범도 같은 사람은 의병운동하다가 만주로 가서 독립운동에도 계속 활약했단 말야. 그러니까 의병투쟁을 3·1운동 전후까지의 독립운동에로 연결시키는 실례를 만들어 놓은 것이 홍범도지요. 따라서 이 기회에 누구보다도 홍범도를 소개하면 어떨까요.

유광렬: 네 좋습니다.

홍이섭: 그러니까 의병만이 아니라 이 홍범도는 항일투쟁사에서도 굉장한 인물예요. 그리고 이번에는 이 때까지 다른 데서 취급하지 않았던 인물, 일제시대에 조선일보사에서 『조선명인전(朝鮮名人傳)』을 내놓고 또 요새도 자꾸 나오고 하지만 웬만한 사람은 그런대로 미뤄 두고 이번 기회에는 물론 중요한 인물을 다룰 것을 원칙으로 하되 될 수 있으면 지금까지 별로 나오지 않은 분으로서 해야지요. 가령 이준(李儁) 선생은 이 때까지 많이 했으니 이번엔 이상설(李相卨) 선생을 한번 넣어 본다는 식으로.

윤병석: 이상설 선생은 돌아가실 때까지 노령(露領)에서 독립운동을 계속했는데 대단한 분이지요.

유광렬: 그렇죠. 이상설 선생은 나중에 노령에 있으면서도 계속 독립운동을 하셨고 뿐만 아니라 아주 부지런했지요. 밤에 손님을 다 접대하고 나서 후에 러시아어 공부를 하고 또 새벽에 일어나 공부를 하는 식으로 끝까지 노력한 인물예요. 그런데 이준 열사가 책에 나오는 것은 격분해서 병환으로 돌아갔다 그 밖에는 없단 말야(웃음). 그 밖에 없는데 이준 열사를 네덜란드에서 이장(移葬)을 하고 나서 날더러 와서 비문을 써달라고 그러길래 "어떻게 쓸거냐" 했더니 배를 가르고 창자를 꺼내서 회의장에 던졌다고 써달라는 거야. "그건 안 되겠다"(웃음)고 했지. 내가 그 때 사실을 알아보기 위해서 그 당시 함께 갔던 헐버트 박사가 해방 후에 와서 위생병원에 입원을 했길래 찾아가서 "이준이 할복자

살을 했느냐"고 물으니까 "노오, 그런 일 없었다"고 아주 부인한단 말야(웃음). 그런데 아 그 사실에 없는 걸 그렇게 써 주어서 되겠느냐. 나도 그래도 아무리 못생긴 사람이라도 이것을 쓰면 나중에 누구 찬(撰)이라고 이름이 남는데, 그저 순국(殉國)했다는 정도로만 해두지, 없는 사실을 그렇게 썼으면 하는 것을 자꾸 주장한단 말야. 그래서 나도 굳이 안 되겠다고 그랬지. "난 거절이다." 그랬더니 "그러면 선생님 뜻대로 써주십시오" 그래서 그냥 병으로 순국했다고 했지.

홍이섭 : 저두요 당시에 찾아왔길래 "정신적으로 운동하기 위해서 한 것이니까 그걸 건드리면 안 된다. 가만 놓아두어야 한다"고 했지요. 아마 유 선생님한테 간 것은 그 후의 일일겁니다.

사　회 : 요새 이상설 선생의 전기를 내겠다는 연락이 왔더군요.

홍이섭 : 나도 그 연락을 받았는데 자료가 많다고 하더군요.

유광렬 : 그러면 이상설을 넣지. 그런데 그 『대한매일신보』에서도 날조의 기사를 냈단 말야. 할복해서 그 피를 뿌렸다구.

홍이섭 : 일본인의 기록에도 그렇게 나옵니다. 또 그 다음에 민영환(閔泳煥)이는 어떻게 해요.

이광린 : 민영환이도 그렇지만 안중근이는 들어가야지 않겠어요?

홍이섭 : 민영환·안중근 함께 같이 문제가 될 분이죠. 그러면 민충정공은 많이 알려졌으니 이번에는 안중근 의사로 바꾸어보죠.

유광렬 : 그 다음에 장지연(張志淵)은 어떻게 해요.

이광린 : 백암 박은식도 이 표에는 없지만 어떻게 하지요.

홍이섭 : 그러니까 이번에는 그 신문관계로는 박은식 선생을 한번 넣어보죠. 이 분은 또 일본이 침략하고 우리가 독립투쟁한 것에 대한 역사를 쓴 분이기도 하니까. 『한국통사』와 『한국독립운동지혈사』가 그것이지요. 그리고 사실은 그 때 총독부에서 부랴부랴 반도사편찬위원회를 만들고 한 게 미리 박은식 선생의 그 『통사』 『혈사』 때문에 된 거지요. 지금도 그 사업계획에 보면 "박은식 같은 사람의 망설(妄說) 때문에 우리가 조선역사를 바로잡아 놓아야겠다"고 해서 된 게 그 조선사편수

회의 기원이지요. 그러니까 이 기회에 한번 박은식 선생을 넣어보자는 것이 어떨는지.

유광렬 : 그럼 장지연 대신에 박은식을 넣고 그 다음에 주시경은?

홍이섭 : 일제시대 민족운동 가운데 정신면에서 이 국어운동이 컸는데 한글운동의 대표로 한 분 넣는 것도 좋지요. 같이 한글운동을 하다가 작고한 이윤재(李允宰)나 최현배, 김윤경 모두 주시경 문하이지요.

유광렬 : 그 때 내가 어려서 주시경 선생을 청년학우회(靑年學友會)에서 만나 보았는데 그 때 대단히 열을 내서 일어(日語)를 배웠거든. 인제 일본말을 배워야 한다는 것이지. 그 때 주시경 씨가 그러시더군. "전국에서 다 일본말을 배우더라도 나는 절대로 일본말을 안 배우고 조선말로 평생을 바치겠다." 이렇게 말씀하시더군. 그러니까 그 때 같은 청년학우회원인 박중화(朴重華) 씨가 논박을 하더군. "그래도 일본놈하고 싸우려면 일본말을 좀 알아야 싸울 수 있을 것 아니냐. 그러니까 일본말도 좀 배워야 된다"고. 그래도 주 선생은 막무가내야. 그 정도로 주시경 씨가 철저했었지.

이광린 : 그러면 넣어야죠.

윤병석 : 글은 주시경 선생이 많이 쓰셨다고 들었는데요. 독립협회 당시에도.

유광렬 : 한일합방되던 그해에 바로 『국어문전(國語文典)』을 냈어요. 그러니까 한편에서는 나라가 망하는데 한편으로는 나라의 빛을 보인 그런 양반이죠.

홍이섭 : 역시 이 시기에 거물들이 많았죠. 신채호(단재)라든가…….

윤병석 : 단재야 뺄 수 있겠습니까.

홍이섭 : 아니 단재는 요새 같은 때일수록 절대로 넣어야지요. 빼놓으면 오히려 우리가 의심을 받습니다(웃음). 저놈들이 자발적으로 식민지사관을 복구시킨다고 할 테니까(웃음). 그리고 그 다음으로 한용운은 아마 넣어야 할 거 아네요. 손병희도 넣어야 할 거고.

유광렬 : 손병희 선생 넣어야죠. 한용운은 나하고 친한 사이기도 했었지. 만해가 날 꾀느라고 "설법을 하는데 이쁜 여자들도 많이 오니까 좀 나와

봐" 하기도 했지. 그리고 정신력이 아주 강한 사람이야. 만주에 있을 때 총을 맞아 그 치료를 하는데 몽혼(曚昏)을 시켜야겠다고 하니까 "내 정신으로 내 뼈 깎아내는데 마취는 무슨 마취냐"고 호통을 치고 그냥 치료를 받은 적도 있단 말야. 한번은 내가 농을 하느라고 "아니 뭐 독립운동한다고 독립이 되나 때가 되어야지" 하니까 "저걸 말 따위라고 해. 아니 저것도 밥을 먹구 사나" 하고 격한 적도 있었지(웃음).

홍이섭 : 그러니까 여기에서는 이제는 손병희 선생하고 한용운 선생만 넣고 문화부면에서 몇 사람 넣도록 하죠.

윤병석 : 양기탁(梁起鐸) 선생은 어떻습니까.

유광렬 : 그분은 나중에 통천교(統天敎)라는 걸 했어요. 통천교를 하더니 불교에 가서는 고당암(古堂庵 : 중국 江蘇省)인가 하는 절에 가 계시다가 돌아가셨는데, 유명하긴 했지만 하신 일은 그렇게 드러나는 게 없어요. 나중에는 신선이 된다고 그랬죠.

윤병석 : 그리고 그 신민회(新民會)에도 간여하고 만주에 가서도 활약했지요.

사　회 : 그러면 양기탁·지석영(池錫永)·김윤식(金允植)은 다 빼기로 하지요.

유광렬 : 여기 이회영(李會榮)·이동녕(李東寧) 모두 내가 잘 알지. 모두 좋은 양반들이야. 그러나 다 빼도 괜찮아요.

이광린 : 그런데 기독교계에서는 별로 없습니다.

유광렬 : 기독교에서 넣자면 이승훈(李昇薰)이를 넣어야겠는데.

이광린 : 주기철(朱基徹) 목사 같은 이가 괜찮지 않을까요.

홍이섭 : 아냐, 저 기독교인을 뽑아서 넣는다면 나는 이승훈 선생을 빼고서는 없습니다.

유광렬 : 이승훈일 넣어야 해요.

홍이섭 : 그럼 이승훈 선생을 넣기로 하죠. 3·1운동에서 이 때까지 기독교인에서는 이승훈 선생을 빼놓고서는 없습니다.

유광렬 : 아무튼 그이가 말하자면 말채찍 쥐고 장돌뱅이로부터 어쨌든지 교육가로, 독립운동자로 아주 미쳤단 말야, 그러니까 그이를 기독교의 대

표로 넣지.

홍이섭 : 좋습니다. 그런데 그건 왜 그런고 하니 이상재 선생도 YMCA에 관계가 깊었지만 난 아무리 생각해도 월남 선생은 종교인이 아냐. 그분은 일을 하려면 기독교를 잡아야겠다고 해서 교인이 된 것이지 그 양반이 무슨 예수 믿겠다고 한 분이 아니란 말야. 처음부터 끝까지 그는 종교인이 아니었지요(웃음). 그런데 이승훈 선생은 확실한 종교인이지. 그 마지막에 내가 죽거든 젊은 사람들 공부하는 데 내 몸을 쓰라고 그랬죠. 그래서 일본 경찰이 막기까지 하잖았어요?

그리고 그 밖에 들어가야 할 분이 여러 분 계실 테지만 김좌진(金佐鎭) 장군을 꼭 넣어야 할 겁니다. 만주에서의 독립운동에 있어서 민족주의의 심볼이란 말야. 왜 그런고 하니 김좌진 장군을 공산당에서 죽이려고 무척 애를 썼지. 만주에서 민족주의 독립운동을 펴, 또 거기다 일본놈들의 만주침략 관계도 있고 이것이 복합이 되어 가지고 그만 민족진영의 기반이 뭉그러지게 되었어요.

유광렬 : 또 불가불 이상재 선생은 안 넣을 수 없지. 사실은 1850년에 이상재 선생이 났고 1851년에 김옥균 선생이 나셨단 말야. 그러니까 김옥균 선생이 나이도 한 살 아래고 그런데 김옥균 선생이 정치 일로 다닐 때 이상재 같은 이는 안중에도 없었을 거란 말야. 왜 그런고 하니 당시 월남 선생은 박정양(朴定陽)의 문객(門客)으로 심부름꾼 노릇이나 하고 그랬으니 아 그게 뭐야(웃음). 그렇게 알았을 거구. 그런데 이건창(李建昌)의 자서전을 볼 것 같으면 그 때 꼭 세 사람이 쫓아다니면서 얘길 했단 말야. 이건창이 하고 민영익(閔泳翊)이 하고 김옥균이 하고 셋이 다니면서 술 같이 마시고 아주 밤낮 형제같이 지냈는데 이건창이는 그래도 시인이니까 이거 시인이야 정객들 정치싸움 속에 끼어들 것 없다 하고 빼버렸구, 민영익이는 저놈은 아무리 형제같이 친하긴 하지만 수구파인데 죽여야 되겠다 하고 김옥균이가 죽이려고 했단 말야(웃음). 그러니까 이상재 정도는 그 때에는 문제거리도 되질 않았어요. 그래서 인제 이상재는 그렇게 자기를 등한히 하고 그랬으니까 김

옥균이를 보고 네가 한 것은 뭐 있느냐. 그게 그런 식으로 나간 모양인데 이상재는 우리가 뺄 수 없는 것이 그분이 민중에게 지지받은 것이라든지 나중에 활약이 많았죠. 그 중에도 YMCA를 중심으로 청년운동을 많이 해서 장례식 때에는 근 2천여 명이 상여줄을 메었지.

홍이섭 : 그리고 월남 선생은 아마 성격도 보통 사람과 전혀 달랐던 거 같아요(웃음). 김옥균 같은 사람이 일 같이 하자고 해도 오히려 월남 쪽에서 안했을 겁니다. 그래서 그런지 월남 선생에 대한 기록을 요새 몇 개 모아서 들여다보니까 보통사람이 생각할 수 없는 방법을 가지고 계셨던 것처럼 생각된단 말야. 나는 이렇게 생각하는데 이 양반은 무엇이든 뒤집어서 행동하니 말야. 그러니 그걸 누가 따라가야지. 그러니까 왜놈도 와서 쏴죽이겠다고 하구서도 나중에 장례식 때 보면 일본사람들로서 부의(賻儀)를 낸 사람도 많거든(웃음).

이광린 : 가난하게 지내시지 않았습니까.

홍이섭 : 그 양반이 조선일보 사장으로 있을 때는 월급을 받으면 깔고 앉았다가 젊은 친구들이 와서 할 일이 있다면 다 빼서 주구, 자기보다도 젊은 친구를 더 생각했지. 당시 그분하고 같이 지방여행 다니던 친구의 얘기를 들으면 이 양반이 아무데서나 막 떠든데요. 그러면 왜 이렇게 떠드시냐고 핀잔도 받고……. 그러나 전혀 개의치 않았단 말야. 또 그래야만 왜놈 밑에서 뚫고 나갈테니까.

유광렬 : 그리고 그분이 북경까지 가셨을 때 "상해에 대통령 할 인물이 없으니 선생님께서 상해로 가서 대통령이 되십쇼" 하니까 "아니 나는 대통령보다 돌아가서 청년회나 하고 있겠다"고 그런 얘기도 있지. 그리고 이상재 선생은 특히 일화가 많은데 이를테면 이전에 박정양의 수행원으로 미국에 다녀온 적이 있는데 다녀온 후 고종이 "미국 사람들이 한국을 좋아하든가" 하니까 "그것은 여기서 하기에 달린 것이올시다. 폐하께서 정치를 잘 하면 미국 사람이 한국을 좋아할 게고 정치를 잘 못하면 좋아하다가도 한국을 미워할 겁니다." 아 이렇게 말을 했단 말야. 그러니까 아주 묘한 양반이지.

홍이섭 : 그리고 이 양반은 민중 가운데서도 꼭 젊은 사람과 함께 어울렸죠.
유광렬 : 항상 젊은 사람이지. 젊은 친구들하고 그저 장난도 하고 장기도 두고.
홍이섭 : 신간회 때에는 종로경찰서 고등계 형사가 밤낮 옆방에 가서 붙어 있었지.
이광린 : 그럼 월남 선생은 문제없군요(웃음). 그럼 그 다음에 일제시대 언론인으로 내세울 만한 분으로는 어느 분이 좋을까요.
유광렬 : 언론인으로서 대표적인 인물이라고 내놓을 만한 사람이라면, 월남 선생이 조선일보 사장으로 계셨고 그 때 한번 잡았다 놓았지.
이광린 : 남궁억(南宮檍) 씨가 문제되지 않을까요?
유광렬 : 그렇지요.
홍이섭 : 남궁억 한번 넣어보죠. 전기도 있고 하니까.
사　회 : 강원도 홍천 사람이죠?
유광렬 : 글을 잘 쓰기로 하면 장덕수(張德秀)니 안재홍(安在鴻)이 훨씬 더 잘 쓰지. 하지만 정신면으로나 일반인들의 추앙으로는 남궁억이를 당할 수가 없어요. 큽니다.
사　회 : 글은 남은 게 별로 없지요. 아마.
유광렬 : 그런데 남궁억이가 그 일본하고 러시아가 한국을 나누어 먹으려고 한다는 내용의 기사를 냈다가 복역을 했었죠. 안재홍도 복역은 많이 했지만 그렇게 큰 것 때문은 아니고 「제남사건(濟南事件)의 벽상관(壁上觀)」인가 뭐 그런 것 썼다고 그랬었지. 그리고 남궁억이 또 복역을 한 건 무언고 하니 "무궁화를 심어서 우리 민족정신을 영원히 자손에게 전하자" 해가지고 그 고향 홍천에 가서 그걸 심고 있었단 말야. 그것도 굉장한 일이지.
홍이섭 : 그거 굉장한 일이죠. 그 무궁화사건이 대단한 겁니다. 그래서 그 부근에 왔다갔다 하다가 경을 친 친구도 많은데요. 그 당시에 있어 정신적으로 아주 큰 겁니다.
유광렬 : 남궁억을 기자로 넣는다면 좋지.
홍이섭 : 기자뿐이 아닙니다. 일제시대 그 양반 돌아갈 때까지의 정신적인 영향

은 절대한 분입니다. 일반사회에서도 그렇고 기독교사회에서도 그렇고 그 찬송가에도 있지 않습니까, '일하러 가세'하는 218장인가, 그리고 갑오경장 직후 내부(內部) 토목국장으로 있을 때 파고다공원도 그분이 공사한 거고 태평로길은 최초의 현대식 도로이기도 하죠.

윤병석 : 그리고 안창호도 우리가 뺄 수 없잖아요.

유광렬 : 뺄 수 없지요.

홍이섭 : 그런데 우리가 도산 선생하면 백범 선생하고 같이 넣어야 되지 않겠어요? 이 두 분은 꼭 같이 들어가야 될 겁니다. 그 도산 선생은 연해주(沿海州), 상해에서 활동하셨지만 김구 선생은 계속 상해에서 활동하셨죠. 사실 임시정부도 백범 같은 분이 빠지면 없어지거든요.

유광렬 : 내가 갔을 때에는 김구 선생이 경무국장을 했는데.

홍이섭 : 이광린 선생도 여기 계시지만 서북(西北)에서는 아무래도 도산 아녜요? 안창호·김구 이 두 분은 하여튼 넣어야 돼요.

유광렬 : 그리고 참 그 젊은 사람을 생각한 방정환(方定煥) 같은 이를 한번 넣어보면 어떨까. 어린이 운동의 선구자로 또 앞으로 어린이 운동을 위해서도 그렇고.

사 회 : 그리고 김마리아는 사회사업도 하고 한 분인데 어떨는지요.

유광렬 : 내 생각 같아서는 김마리아를 넣어야 옳다고 생각되는 것이, 김마리아는 평생을 아주 희생을 했단 말야. 그리고 자기 죽은 후에 묻지도 말고 재를 대동강 물에 띄워 달라는 유언도 하고……감옥에서 병들어 나와가지고 그렇게 고생을 하고. 나는 김마리아는 넣어주어야 옳다고 생각해요.

홍이섭 : 사회적으로는 유관순보다 오히려 김마리아가 더…….

유광렬 : 그럼 더 문제되지. 유관순은 개인적으로 저희 부모가 모두 총살을 당하니까 정신적으로 격화한 그것이지마는 사회적으로 보면 김마리아가 크단 말이지. 그리고 나중에까지도 그래도 뭘 하려고 회령·경성(鏡城)으로 쫓아다니면서 계몽하고 그랬거던. 일본사람의 탄압속에서, 그리고 나중에 죽을 때에는 그 뭡니까. 시집도 못 갔지. 자식도 없지, 그

리고 죽으면서 "나는 조국하고 혼인한 몸이다" 했지. 그 김마리아 전기를 내가 한번 읽어 보았는데 아주 그 비장하더군요.

홍이섭 : 우리나라 여성운동사를 다루려면 김마리아는 항상 낍니다. 오히려 중심이 돼야 해요.

이광린 : 그리고 김성수(金性洙) 선생, 조만식(曺晚植) 선생 이런 분은 어떻게 하나요.

홍이섭 : 그런데 현대로 내려오면 그 인물 선정의 기준을 세우기가 어렵습니다. 그러니까 이젠 너무 일선활동한 사람만 할 게 아니라 문화방면에도 일제시대 고생하면서 일한 사람들 중에서 넣도록 하는 게 좋겠죠.

유광렬 : 누굴 넣을까. 이상(李箱)은 좀 적당치 않아.

홍이섭 : 채만식·염상섭·심훈 이러한 분들 중에서 한 사람쯤, 작가 중에서 한 사람쯤 넣어보고 시인 중에서 한 사람 넣고, 가령 윤동주·이육사·이상화 그런 정도지, 사실 그 서정시인이라고는 하지만 옛날 같은 그 폭풍 속에서 그렇게 깨끗한 시를 읊고 간다는 것도 어려운 일이거든.

유광렬 : 김영랑이는 어떤가.

홍이섭 : 이상화 같은 분이 더 좋죠. 이상백(李相佰) 씨 둘째 형.

유광렬 : 또 소설가로는 누구여요.

홍이섭 : 최서해·염상섭·채만식·심훈 등을 들 수 있죠. 이 중에서 하나 뽑아보면 어떨까. 더 좋은 사람이 있으면 더욱 좋고……역사적 입장에서.

이광린 : 소설가로서는 어떤 특징이 있어야 하겠는데요. 채만식이 가장 적당하지 않습니까.

홍이섭 : 이효석 같은 이도 좋긴 한데, 그러나 생활과 활동면에서는 염상섭·채만식을 못 당하죠.

이광린 : 그리고 화가도 꽤 많은데 이 기회에 좀, 나혜석(羅蕙錫)이든가 뭐……

사 회 : 이 시기의 화가들을 주욱 살펴보게 되면 대개 이렇게 끊어집니다. 장

승업(張承業)에서 바로 이중섭(李仲燮)으로 넘어옵니다. 조선조의 마지막에 장승업이 들어가 있고 안중식(安中植) 등이 빠진 채 현대에 이르는데, 그 중간에 문제삼을 만한 사람이 있을지요.

홍이섭 : 화단(畵壇)에서는 그런 사람이 별로 없죠. 고작 본다면 그래도 안중식 문하의 이상범(李象範) 같은 이는 문제 삼을 수가 있는데.

유광렬 : 아냐 이상범보다는 이도영(李道榮)이 장승업의 직계 아녜요?

홍이섭 : 안중식이를 하나 넣으면 좋지 않을까요. 안중식은 우리 화풍(畵風)의 마지막 인물이기도 하니까.

사 회 : 그리고 양화(洋畵)를 넣게 되면 고희동(高羲東)이 적당치 않겠어요? 거기서 시작해서 그 다음에 김관호(金觀鎬)·나혜석 이렇게…….

유광렬 : 그런데 나혜석보다는 사회적으로 영향 자극을 많이 준 화가는 이중섭이란 말야.

홍이섭 : 서양화로는 우리 생각엔 김관호는 우리 화단의 초창기로선 확실히 그건 고희동보다 훨씬 앞서고 그러니까 그 김관호로 하느냐 이중섭으로 하느냐 하면 현단계로서는 우리 화단에 실은 화단뿐이 아닙니다. 사회적으로도 이중섭의 영향은 크니까 그를 넣는 게 좋겠고 지금 젊은 층에 굉장한 영향력을 주고 있죠. 그래서 우리 서양화사상에서 남을 사람 하나가 이 이중섭입니다.

유광렬 : 그럼 화가에는 안중식과 이중섭을 넣기로 하지.

홍이섭 : 나는 이걸 하나 얘기하고 싶은데, 지금 젊은 세대나 나이 먹은 사람이나 할 것 없이 그「고향의 봄」이란 노래에 대한 생각이 아주 굉장한데 그 작사자 이원수(李元壽) 씨는 지금 살아 있지만 작곡은 홍난파가 했거든요. 이제 우리에게는 회고담이지만 일제시대 어린 사람들의 정신 속에 맥맥이 흐르게 뭘 하나 넣어준 사람이 그 홍난파·이원수예요. 작사자는 아직 살아 있지만 작곡가는 작고했으니 한번 실어보면 어떨까.

일 동 : 아 홍난파……음악에서 한 분 넣는 것 좋죠.

유광렬 : 홍난파가 바이올린이나 했지. 음악은 시원치 못하지 아마.

사　회 : 그러나 지금 볼 때 연주가로서의 수준을 따질 게 아니라 그 때 그 노래가 얼마나 심금을 울려주었느냐 하는 것이 문제겠죠.
유광렬 : 홍난파, 내가 신문기자 처음 할 때 같이 있었는데.
홍이섭 : 그럼 잘 아시겠군요.
유광렬 : 참 게을러요. 게으르고 내용도 시원치 못하거든(웃음). 그런데 그 바이올린 하는 데는 아주 용하단 말야.

　　　그럼 음악가는 홍난파로 대표하고 소설가는 채만식이, 시에는 이상화, 또 그림 예술로는 이중섭이, 안중식이, 소년운동에 방정환이, 그러면 좀 다채롭지. 정치면에 다소 치우친 감이 없진 않지만 이제 이만하면 어느 정도 밸런스도 맞는 것 같고.
사　회 : 그러면 오늘의 좌담은 여기서 끝맺겠습니다. 장시간 감사합니다.

(『월간 중앙』 1973년 1월호 별책부록)

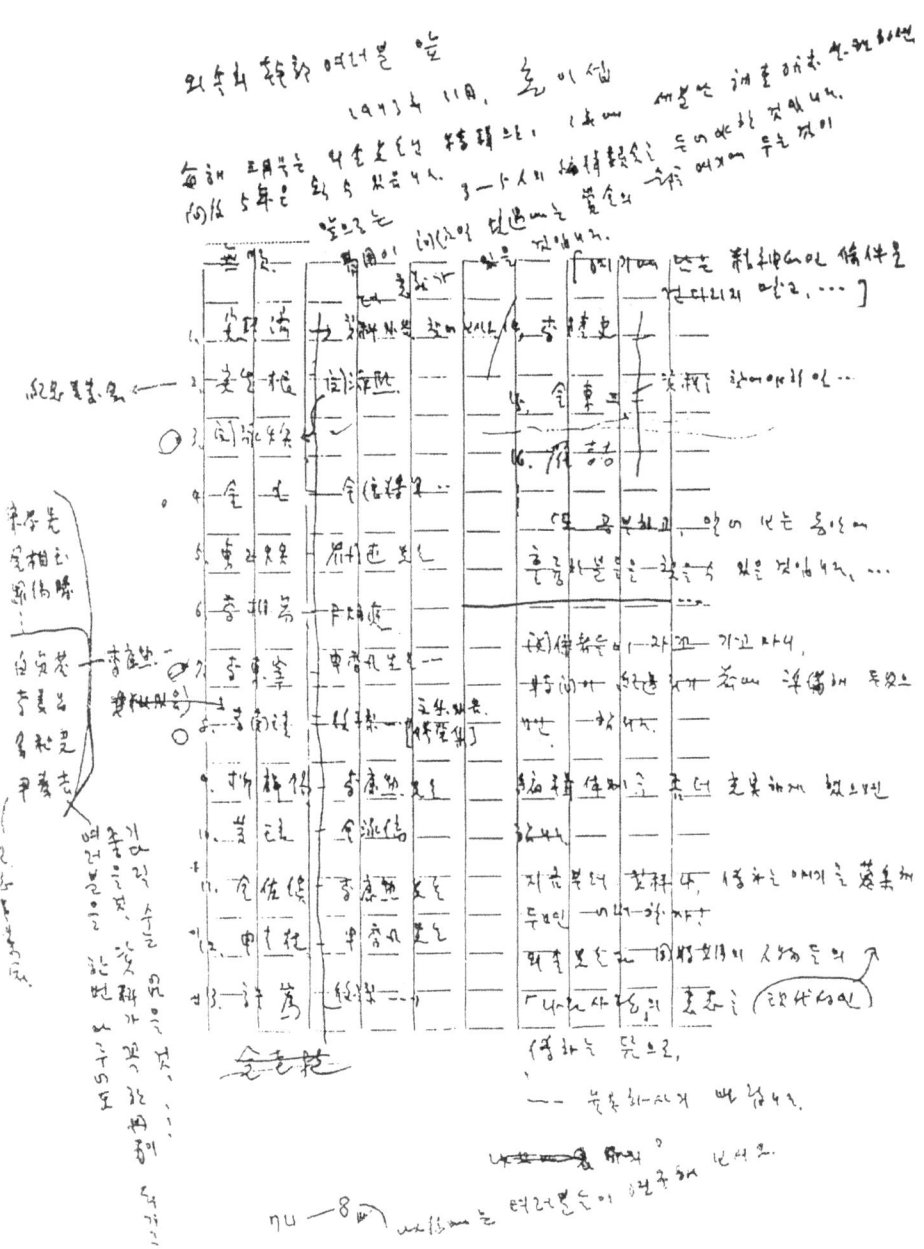

홍이섭 선생 『나라사랑』 간행계획 초안

『나라사랑』 간행계획 초안

홍 이 섭

외솔회 간부 여러분 앞

1973년 11월. 홍 이 섭

 매회 3월호는 외솔 선생님 특집으로, 1년에 세 분만 조사 연구 정리하면 향후 5년은 될 수 있습니다.
 앞으로는 3~5인의 편집위원회를 두어야 할 것입니다.
 비용이 문제일 경우에는 상금의 일부를 여기에 두는 것이 더 의의가 있을 것입니다.(여기에 남은 정신적인 조건은 건드리지 말고……)

무순(無順)
 1. 안희제(安熙濟) － 자료 있음. 찾아보시오.
 2. 안중근(安重根) － 기념사업회
 3. 민영환(閔泳煥) － 민영희(閔泳熙)
 4. 김 구(金 九) － 김 신(金 信) 장군
 5. 조정환(曺正煥) － 최범술(崔凡述) 선생
 6. 이상설(李相卨) － 윤병석(尹炳奭)
 7. 이동녕(李東寧) － 신수범(申秀凡) 선생

송학선(宋學先)
김상옥(金相玉)
나석주(羅錫疇)
……
백정기(白貞基) - 이강훈 자료 있음
이봉창(李奉昌)
김지섭(金祉燮)
윤봉길(尹奉吉) - 기념사업회
여러분을 한번 다루어도 좋을 것. 자료가 꼭 한 책이
되기를 기다릴 수는 없을 것……

8. 이남규(李南珪) - 후손 …… 문집 있음[수당집(修堂集)]
9. 유인석(柳麟錫) - 이강훈(李康勳) 선생
10. 황 현(黃 玹)
11. 김좌진(金佐鎭) - 이강훈 선생
12. 신규식(申圭植) - 신수범 선생
13. 허 위(許 爲) - 후손 ……
14. 이육사(李陸史) -
15. 김동삼(金東三) - 자료는 찾아야 할 일……
16. 나 철(羅 喆)

또 공부하고, 알아 보는 동안에 훌륭한 분들을 찾을 수 있을 것입니다.……

관계자들이 자꾸 가고 마니,
시간이 경과되기 전에 준비해 두었으면 합니다.

편집 체제를 좀 더 충실하게 했으면 합니다.
지금부터 자료나 전하는 얘기를 수집해 두면 어떠할까?

외솔 선생과 동 시기의 인물들의 현대적인 '나라사랑'의 의지를 전하는 뜻으로,……

참고하시기 바랍니다.

74 - 8 이후에는 여러분들이 연구해 보시오

(『실학사상연구』 창간호, 1990.3)

고종시대의 조선사회

홍 이 섭

1. 고종시대의 설정

　고종시대라고 한 것은 편의상 그렇게 한 것이고 앞으로 이 시대를 규정하는 일반적인 명칭을 찾아야 할 것이다. 이 시대를 흔히, '근대'라고도 하고, 우리 같은 사람은 '현대'라고도 하지만 그것이 근대이든 현대이든 어떤 논리가 있어서 그런 것이 아니고, 막연히 그렇게 부르는 데 지나지 않는다. 시대를 구분하는 데에는 여러 가지 방법이 있겠으나, 이 시대구분에서 오류를 범하는 경우를 보게 된다. 즉 시대 전체를 어떻게 규정할 것인가를 생각하지 않고, 그 시대에 일어난 중요사건을 나열하고 개설적으로 이야기하다가 그만 거기에 빠지고 만다.
　여기에서는 우선 고종시대라고 해서 잘못된 것이 없겠고, 정치적으로 보아도 고종은 그 중심인물이었으니까 그 시대를 규정하는 인물로 볼 수가 있다. 이것은 서양사의 경우에도 마찬가지여서 군주가 집권하던 시대를 기준으로 끊어 보는 예가 많이 있다.
　이 시대를 성격상으로 보면 아주 복잡하고 또 조선왕조가 망하는 시기로 전제하고 보아야 한다. 그런데 요즘 우리 역사를 적극적인 면에서 보아야 한다고 하여, 이 시대의 모든 것이 자발적·적극적으로 발전하는 방향을 취했다고 주장하는 사람도 있으나, 이것은 논리적으로 옳지 않다. 즉 1904~1905년부터 1910년에 걸쳐 대한제국이 와해되는데 당시 근대화를 했다면 적어도 이 사실만은 면할 수가 있어야 했을 터이나 반대로 나라가 망한 것이다. 다시 말하면 '근대화'란 과거 전근대적인 봉건체제에서 불합리한 것을 배제하고 전체 국민의 의사에 의해서 보다 강력한 국가로 발전하는 것을 전제로 하여야 하지만, 사실은 그렇지 못하였다. 그래서 근대화라는 말을 붙여서 그 논리를 찾아보려고 10여 년을 연구하였으나, 이것은 한국근대사의 연구에 옳지 않은 방법이었다. 또 한 가지, 이 문제를 다루는 데 있어 현재의 정치와는 관련시키지 말아야 한다는 점이다. 당장에 움직이고 있는 집권층까지 고려해서는 역사를 바로 보기 어렵기 때문이다. 어떻든 이 시기의 역사를 독자적으로 발전하는 것으로 보려고 하는 것은 그 출발부터 잘못된 것이다.

대체로 고종시대라고 하면 그가 즉위하는 시기부터 살펴야 한다. 즉위하기 전의 고종은 정치와는 아무런 관계가 없는 가난한 한 왕족으로서 동네 아이들과 뛰어놀던 개구장이 아이였기 때문이다. 고종은 10여 세에 아무런 의사도 없이 즉위하던 그 때부터 개인적으로도 비극적인 인물이 되었다. 1907년 일인들에 의해서 그는 제위(帝位)에서 물러났고 이로써 형식상 고종의 재위기간은 끝나지만 근대 정치사상에서 차지한 고종의 위치를 고려해서 그가 세상을 떠나는 1919년까지를 살펴야 한다.

고종은 결국 일인들에게 독살을 당했으나, 이 사실은 기록으로 분명하게 나타나 있지 않다. 당시의 궁중출입자의 증언 등으로 그에 관한 여러 가지 사실이 확인되었지만, 일제하였으므로 발표되지 못했다. 필자도 20세 전후해서 그런 이야기를 집안에서 들었고, 후일 고종 측근에서 일했던 사람에게 확인도 하였다. 해방 후로는 국사하는 사람들이 기록에 없다 하여 이 사실을 믿지 않으니 답답한 일이다.

1907년에서 1910년까지는 형식상 융희황제(순종)의 재위기간이다. 그런데 순종은 유순하여 정치를 할 만한 인물이 못 되었다. 서양인들의 기록에도 아주 못난, 심지어 '괴뢰'라고까지 쓰고 있다. 또 그는 재위기간 동안 거의 유폐되다시피 하고, 고종이 과거의 군주로서 뒤에서 의사표시를 하였다. 그러므로 고종시대라고 하면 1864년에서 1910년까지의 47년간으로 보아야 한다.

2. 대원군의 집정

고종시대에 나타난 사건을 크게 잘라 본다면, 먼저 대원군이 집권하면서 한 일이 무엇인가 하는 것부터 살펴보아야 한다. 그런데 이것은 아직도 일인들이 개략적으로 정리해 놓은 틀에서 벗어나지 못하고 있다. 그 대표적인 예가 『조선최근세사』와 진단학회에서 간행한 『한국사』이다. 다시 말해서 대원군이 시대적으로 어떤 입장에 서서 어떻게 일했는가, 즉 그의 생각과 행동을 규정하는 데 있어서 일인들이 규정한 대로 쫓아가고 있다는 것이다. 일인들은 대원군을 절대 쇄국주의자로 규정하고, 그렇기 때문에 조선이 망하게 되었다는 것이다. 그러나 대원군이 한 일을 뒤집어보면 쇄국정책을 강행하려고 한 것은 아니었다. 그것은 외세를 막아 국가를 방어하려고 했던 것이지, 막아서 고립하자는 의도는 아니었다. 당시 대원군은 외세를 막음으로 해서 조선이 국제사회에서 고립한다고 생각할 수 있는 사람이 못 되었다. 그는 집권하기 이전에는 술이나 마시고 떠돌아 다니던 사람이었던 것이다.

대원군이 강행한 정책을 집약해서 보면 왕권강화정책이라고 할 수 있다. 이것은 서구사회의 절대주의왕정과 비슷하지만 사회상이 다르므로 구별되어야 한다. 그는 재정면에서 국가재정 절약을 주창하였다. 이것은 조선 5백 년 간의 정치사상 집권자들의 공통적이고 일관된 생각이었다. 가까운 예로 대원군이 집정(1864년)하기 이전인 19세기 전반기의 조선조정은 재정 절약에 부심하였고 이것을 계승하여 실현하고자 한 사람이 대원군이었다. 그가 집정하기 2년 전(1862년)에 진주에서 부패정치에 항거하는 민란이 발생하였는데, 이 진주민란은 과거적인 조선사회를 새롭게 뒤집어 놓을 수 있는 사건이었다. 이 민란이 대원군으로 하여금 재정 절약정책을 강행하도록 한 요인이 되었다. 당시의 조선은 국가재정면에서 곤경에 빠져 있었으며 지방에서는 부패관리들의 농민수탈이 혹심하였다. 대원군은 바로 이런 것을 휘어잡아 개혁하고 왕권에 의해서 모든 것을 통제하려고 한 것이다. 따라서 이렇게 하자면 우선 외부의 침략세력부터 막아서 국가를 보전해야 되었고, 이것이 쇄국으로 나타나게 된 것이다. 그러므로 대원군 당시의 한국사를 연구할 때는 이 점에 유의하여 일인들의 개념을 수정해서 보아야 한다.

대원군은 이러한 정책을 10년간 이끌어 가는데 처음에는 비교적 잘 되어 나갔다. 이 무렵에 그는 경복궁 재건에 착수하였다. 동서를 막론하고 왕권강화에는 궁전의 신축이 반드시 따랐던 것을 보면 경복궁 재건도 대원군의 왕권강화책으로서 수긍이 가는 것이다. 경복궁은 임란 때 파괴되어 광해군 때에 재건하려 했으나, 당파싸움으로 실패하고 그 뒤에도 재정때문에 쉽사리 손대지 못하였던 것이다. 이것을 대원군이 착수하였지만, 그 역시 결과적으로는 초기의 정돈을 자기 손으로 뒤집어 놓는 것이 되고 말았다. 이것을 보면 당시 조선이 경제단위면에서 빈약했던 것을 알 수 있다.

결국 대원군은 왕권을 강화하면서 지나친 과대선전욕으로 인하여 재정적 곤경에 빠지게 되었고 한편으로는 반대세력이 커가게 되었다. 그는 척신(戚臣)을 위시한 반대파를 견제하지 못하고, 그 속에 말려들어 감으로써 민씨 일파가 대두하게 되었다.

3. 외세에의 저항과 내부의 갈등

이 무렵 조선을 뚫고 들어온 외세가 일본이었다. 일본의 침략은 1875년 강화의 초지진(草芝鎭) 침략에서부터 비롯되었다. 이것은 군함과 육전대(陸戰隊)를 동원한 완전한 무력침략이었다. 이 사실(史實)은 요즈음에 와서야 일인들도 대체로 인정하고 있다. 일인들은 강화에 침입한 후 우선 일본상품을 우리나라에 투입하고 정치에 관여하는 몇몇 지식층에게 도쿄 구경을 시켜주고, 그들에게 개화사상을 주입시켰다. 여기에 우리의 초기 개화주의자들이 말려 들어간 것이다.

다음으로 일인들은 궁중에 침투하여 민씨 일파로 하여금 일본식 군대훈련제도를 실시토록 종용하였다. 이와 같이 1875~76년 당시의 우리나라 사람들은 말로는 일본에 반대해 왔으나, 행동으로 반대하지는 못했다. 행동으로 반대한 최초의 것이 바로 임오군란(1882년)이었다.

임오군란을 청군(淸軍)이 진압했다고 하지만 사실은 그들이 우리나라 사람들을 무참하게 때려잡은 것이었다. 아무튼 외국군대가 자기 사회에 들어온다는 것은 절대로 비극이다. 임오군란을 계기로 청과 일본은 조선에서의 시장쟁탈전을 펴기 시작했다.

일본을 구경하고 온 초기 개화론자들은 군란의 결과 꺾여진 그들의 세력을 다시 복구하려고 했으며, 일본은 일본대로 자기 세력을 심으려고 기회를 보고 있었다. 그리하여 1884년에 갑신정변이 발발하였는데, 이것은 정변이라고 하기보다는 쿠데타로 보는 것이 타당하다. 요즈음 근대화를 주장하는 사람들 중에는 갑신정변을 중요시하여 서구이론을 끌어다 맞춰, 이것이 밑으로부터의 개혁이 아니고 위로부터의 개혁이라고 말하고 있다. 그러나 갑신정변은 아래, 위의 문제가 아니다. 일을 꾸미는 사람들이 아무 준비도 없이 부족한 것을 모두 일본에서 끌어들이려고 한 데 문제가 있다. 정변이 실패한 또 하나의 이유는 당시 서울에 주둔하고 있던 청군과 일군(日軍)의 병력 수의 차이를 들 수 있는데 이것은 임오군란 때부터의 현상이었다.

갑신정변은 개화파에서 일본세력을 끌어들여 청의 세력을 기반으로 한 친청파에 대항하려고 했던 것인 만큼, 여기에 필연적으로 청·일 간의 충돌이 일어나게 되었다. 당시 일본의 자본주의는 확고한 기반이 닦여 있지 못해서 싸움에 말려들기를 꺼려했는데, 이 추세는 1894년 갑오개혁 때까지 간다. 1884년부터 94년 사이에 일본은 자체 개혁과 정돈을 추진하였으나 우리나라는 안에서 싸움만 하고 있었다. 1894년에 동학란이 발발하자 청과 일본은 각기 우리나라에 군대를 진입시켰다. 이 때 청군은 이쪽에서 요청한 것이었고, 일군은 그들 거류민의 보호를 구실로 한 것이었다.

여기에서 청·일전쟁이 일어나고 이 싸움의 결과로 우리나라는 이미 일본에 먹힌 거나 다름없게 되었다. 당시 일본의 입장은 전쟁을 일으켜야만 청의 세력을 한국에서 몰아낼 수 있었다. 그래서 아산만에서 먼저 총을 쏜 것이 일본이었다. 결국 일본은 청을 몰아내고 우리나라 정부에 강요하여 공수동맹(攻守同盟)을 체결했다.

이 동맹에서 문제가 되는 조항은 일본군이 전략상 필요하다고 인정하는 한

국내의 토지는 마음대로 징발할 수 있다는 것이었다. 즉 당시의 위정자들은 일본군대를 다시 끌어들인 것밖에는 한 일이 없었다. 이래서 갑오년에 한국에 진주한 일본군대는 실제로 1945년 패전시까지 주둔한 셈이 되었다.

논자들은 이 갑오개혁을 두고 우리나라의 자주적인 제도개혁 운운 하지만 외국군대가 들어와서 아무데나 필요한 땅을 사용하겠다는데 어떻게 자주적일 수 있었을 것인가?

청일전쟁이 끝나는 1895년(을미년) 추석 무렵 일본은 마포강변 별장에 있던 대원군을 앞세우고 궁중으로 침입하여 민비를 시해(弑害)했다. 당시 민비는 민씨 일파와 더불어 일본세력을 막고 청의 세력을 휘어잡으려 했다. 근대사에 있어서 중요한 사적지(史蹟址)가 많은 마포강변에 이 유적지가 다 없어진 것은 애석한 일이다.

4. 대한제국의 성립과 그 해체과정

외국세력이 들어와서 세력다툼을 할 때 앞에 나선 정객들은 대부분 그 외국세력의 앞잡이가 되었는데 또 그렇게 하지 않고는 권력의 주변에 접근이 불가능하기도 했다. 민비가 시해된 이후 고종 부자는 무서워서 잠도 제대로 못 자는 형편이어서 측근에서 고종을 다른 곳으로 옮기려고 하였다. 이 때 미국측은 이권을 노리고 고종을 자기들이 보호하겠다고 나섰으나, 친러파는 고종을 러시아공관에 유폐시키고 열강의 요구대로 마구 이권을 내주었다. 이는 당시 집권층의 국제법에 대한 지식의 결여와 부패에 그 원인이 있었다. 이러한 집권층의 타락에 항거한 사람이 이상재 선생이었다.

열강들의 한반도에 대한 이권다툼은 1897년과 그 다음 해에 걸쳐 결정되었다. 그 동안 고종의 환궁(還宮)문제를 둘러싸고 일본은 러시아와 활발한 교섭을 벌였으나, 일본 뒤에는 항상 영·미가 버티고 있었다. 그리하여 1897년 고종은 환궁하여 새로 국호와 연호를 제정하고 대한제국을 선포하였다. 이와 같이 비극적인 상황에서 탄생하여 1910년에 와해된 대한제국의 해체작업의 주역을 맡은 것이 일본이었다. 일본은 대한제국을 누가 도맡느냐는 문제를 두고 대체로 1903년까지 러시아와 접촉을 계속하였다. 일본으로서는 한국에 침투하는 것이 절대목표였다. 당시의 일본 기록에서 한국을 제국의 생명선이라고 부른 것을 볼 수 있다(제국의 생명선은 그 후 점차 확대되어 만주·몽고까지 이르렀다).

1902년 일본은 영국과 극동지역에서 각자 이해관계에 문제가 생겼을 때에는 서로 협력한다는 것을 내용으로 하는 제1차 영일동맹을 체결한 바 있었다.

그런데 1903년 러시아와의 협상이 결렬되고 다음 해인 1904년 러일전쟁이 발발하자(2월 10일 선전포고) 우리 정부는 곧 국외중립을 선언하였다. 그러나 일본은 우리 정부를 강압하여 그 해 2월 23일에 한일의정서(韓日議定書)를 체결하였다. 그 의정서의 내용은 전술(前述)한 공수동맹과 비슷하여 제3국이나 내란에 의해 황실과 영토가 위협을 받을 때에는, 일본이 힘을 빌려줄 터이니 그 조건으로 편익을 보아달라는 것이었다. 전쟁은 일본측에 유리하게 전개되었다. 일본은 러시아세력을 만주로 몰아내고 8월 22일에 다음과 같은 내용의 한일협약을 체결하였다.

첫째, 일본인 재정고문을 한국정부에 두며

둘째, 일본이 추천하는 제3국인을 외교고문으로 두며

셋째, 한국정부가 이해관계를 제3국과 결정할 때에는 반드시 일본정부와 사전에 상의하여야 한다는 것 등이었다. 즉 전쟁에 승리한 일본은 국제적으로 한국에 대한 그들의 특수권익을 인정받아 한국의 재정·외교권을 완전히 박탈하자는 것이었다. 일본에서는 재정고문이 부임할 때 대한시책강요안(對韓施策綱要案)을 주는데 거기에서 완전히 한국을 해부(解剖)하고 있음을 볼 수 있다.

일본은 또 전후 두 개의 국제조약을 체결하였다. 첫째는 제2차 영일동맹으로 그 내용은 한국에 대한 일본의 특수권익을 영국이 인정한다는 것이며, 둘째는 러시아로부터 한국 독점권을 인정받은 포츠머스조약이다.

이상의 두 조약을 체결한 직후인 1905년 11월 17일 저녁부터 다음 날 새벽 2시 사이에 일본은 을사보호조약을 체결하였다. 이로써 서울에 통감부를 설치하고 초대 통감에 이토(伊藤博文)가 부임하였다. 보호조약이란 그 피보호국을 식민지로 만든다는 조약이다. 국제법상 보호조약의 성격은 조약체결 당사국에 제3국 세력의 간섭을 배제하며 피보호국의 주권은 남겨 두지만, 그 독립을 보장하지는 못한다. 이러한 보호조약은 불란서가 마다가스카르 왕국에 대해 체결한 것이 그 최초이며 그런 예가 별로 없다.

을사조약은 일본이 대한제국을 완전히 없애려는 하나의 과도기적 단계라고 할 수 있었다. 1906년 봄에 설치된 통감부는 대한제국이 망할 때(1910년 8월 22일)까지 보호정치를 하였는데, 당시 우리는 국제법 지식의 결여로 그 뜻, 즉 피보호국의 국제법상의 성격을 잘 모르고 있었다. 고종은 이러한 일본세력에서 벗어나려고 무척 노력하였다. 헤이그에 밀사를 파견한 것은 그 한 표현이었다. 이 밀사사건은 일본과 영국의 방해로 실패하였다. 일본은 이것이 을사조약에 위배된다는 구실로 고종을 위협하여 퇴위시켰다.

다음에 순종이 즉위하였으나 그는 정치를 주도할 만한 인물이 못 되었다. 이에 고종은 과거의 군주로서 뒤에서 의사표시를 하는데, 그 대표적인 예가 지방의 유생들에게 밀지(密旨)를 내려 의병의 궐기를 자극한 것이었다. 그 결과 의병활동이 대대적으로 전개되고 그 조직은 전국적인 규모가 되었다. 의병들은 주로 일인과 일진회 회원들을 때려잡았다. 기록에 1만 수천 명을 죽인 것으로 나타난다. 일본은 이런 이유 등으로 식민지 정책에 방해되는 고종을 죽이려고 하게 되었다. 당시 일인의 기록에는 고종이 권모술수에 능한 사람으로 묘사되고 있다.

1907년 일본은 정미7조약을 통해 통감부와 대한제국정부를 야합시켰다. 즉 대신은 한인으로 하되 차관 이하 국장급은 모두 일인을 앉혀 놓아 대한제국은 허울뿐이고, 사실상 일인이 지배하게 된 것이다. 이 당시의 연구를 위한 문헌·조사보고서 등은 실제 전부 일인들이 만든 것이다. 따라서 그 때 나온 문서를 가지고 연구한다는 것은 일본의 초기 식민지 정책을 연구하는 것이지, 대한제국의 근대적이고 독자적인 개혁의 면모를 보는 것이 못 된다.

일본의 통감부정치를 보면 군대는 이미 고종 퇴위 직후인 1907년 8월 초에 해산시켰으며, 곧 경찰권을 장악하고 이어 사법권을 박탈하여 감옥관리권을 손아귀에 넣었다.

1910년 이후의 일본 식민지 정책은 통감부에서 잡은 기틀을 바탕으로 총독부가 들어서서 수탈을 위한 기능을 보다 확대·강화했다고 볼 수 있다. 총독부로 개편하고 그들이 제일 먼저 착수한 것은 토지조사로서 종래 대한제국정부 하의 토지조사국을 임시토지조사국으로 개칭하였다. 그 이유는 총독부에서 단기간에 조사하여 때가 되면 이 임시기구를 해체하려고 한 것이다. 이것은 대체로 1911년에 시작되어 1918년에 끝났다. 식민지 장악에 있어 제일 중요한 것이 토지점령이었으므로, 그들은 조사결과 일부만 한인소유로 남겨두고 거의 전체를 국유화라는 구실로 박탈하였다.

이러한 토지조사를 당시의 일인들은 '토지조사사업'이라고 불렀는데, 그들은 말 하나 쓰는 데에도 한인(韓人)의 정신을 흐려 놓을 수 있도록 신중을 기했던 것이다.

요즈음 일인들이 조선문제를 다룬 책을 보면 합리적으로 생각할 줄 아는 사람은 '토지조사'라고만 쓰고 있다. 이에 반해서 우리는 거의 대부분이(심지어 문교부 발행의 참고교재까지도) '토지조사사업'이라고 쓰고 있다. 다시 한 번 강조하거니와 국사 문제를 서술하는 데 있어서 사실 자체를 우리 입장에서 민족적으로 다루는 경우 사용해서는 안 될 용어를 고치는 연구가 필요하다. 이를 위해서는 우리나라 책만으로는 안 되므로 반드시 외부의 것을 참고해야 한다. 그런데 외국의 책은 대부분 식민지를 통치하는 입장에서 쓴 것이지, 통치를 받는 입장에서 쓴 것이 아니므로 그 속에서 우리의 입장에 맞는 것을 찾아야 한다. 당시 청·일·영·미·러 등 열강들은 우리나라에 온 침략자들이지 결코 우리의 친구가 아니었다. 이 점 미국 선교사들도 예외는 아니다. 그들 가운데 과연 몇 명이나 진정으로 우리를 위해서 왔을 것인가?

5. 결어

일반적으로 역사란 그 서술에 있어서 적절한 용어(language)의 선정이 요구되지만 1876년 개항(?) 이래 고종시대의 역사는 특히 그 때의 사실(史實)을 똑바로 전할 수 있는 용어가 필요하다. 예컨대 보통 '개항'이라고 표현되는 1876년의 강화조약도 여기에 알맞는 다른 용어가 필요하며, 1910년의 '한일합방' 역시 '대한제국의 멸망'이라고 달리 표현하는 것이 좋지 않을까?

고종의 정치적 활동은 대한제국이 해체되면서(이왕가의 멸망) 일단락을 짓는다. 고종이 살아있는 한 국제적인 여론을 불러일으켜, 식민지 통치에 지장을 초래할 것으로 우려한 일본은 고종을 1919년에 독살하여 그 비극적인 최후를 마치게 하였다. 이것은 근대의 영국이 버마를 침공하였을 때 그 마지막 왕을 투옥시킨 것과 비슷하다.

고종시대를 경제적으로 보면 일본은 개항이라고 해서 그들의 상품을 투입하고 우리의 것을 싼값으로 수탈해 갔다. 또 일인들은 1904년을 전후하여 주로 전라·충청도 일대의 평야지대의 토지를 대량으로 매입하였다.

그리고 정신적으로는 개화론과 유교주의적 절약론에 입각한 비개화론이 대립 갈등하고 있었다. 그러나 초기의 외세의존적인 개화론자들은 그 반대파에 끝까지 대항하지 못했다. 대개 갑오개혁을 전후하여 그 정신이 달라졌고, 1896년 독립협회가 조직되면서부터는 친일적 개화론자들은 떨어져 나가고 자주적 개화론자들이 자주독립정신의 방향을 취하게 되었다. 즉 독자적 입장의 자주적 개화를 주장한 사람들은 대체로 독립협회에 와서 활동하였고 이를 집약적으로 나타낸 것이『독립신문』이다. 따라서『독립신문』의 정신을 유의해서 볼 필요가 있다. 그들은 '독립'이란 말(독립협회·독립신문·독립회관 등)을 쓰면서 그 속에서 국권과 민권을 주장하였다. 우리나라 사람들은 이 때(19세기말)부터 독립정신이란 말을 써왔던 것이고, 1910년까지는 그 정신에서 신문·잡지를 통해 민주주의에 관한 주장을 펴고 있는 것이다. 이를 주장한 사람들은 후일 독립운동면에서 거의 민족주의의 노선을 밟는다. 이들은 1920년대에 접어들면서 독립운동의 방법론으로 아나키즘(무정부주의)을 수용하는데 그 출발은 대체로 민주주의사상에서 비롯된 것이지만 그것은 동시에 민족주의적인 것이기도 하였다.

이상의 것을 간추려 보면 정치적으로는 내부에서 지배권력의 갈등·협잡과 수탈이 있었고, 문화적으로는 개화·근대화라고 했지만 그러한 것이 당시 우리

상황에서 어떻게 받아들여졌는가는 문제이다. 경제적으로는 외래자본주의의 침략으로 종래의 우리 경제는 완전히 파괴되었던 것이다.

흔히 당시의 우리 사회를 발달되지 못한 정체상태의 것으로 보고 있다. 이 정체적인 견해를 요즈음 와서 일부에서는 일본사람의 것으로 규정하려고 하지만, 정체사관이란 원래 코뮤니스트에 의해 인식된 것이다. 그것을 일인들이 동양사회이론에 맞추어서 구한말의 정체론을 주장하게 된 것이다. 일부 맑시스트들은 유물사관에 의한 정체이론을 가지고 조선사회를 부패와 협잡으로 망했다고 주장한 것이고, 일인들은 1910년에 조선을 위해서 합방한다는 논리를 세울 필요성에서 조선의 필연적 쇠망론을 주장했던 것이다. 다시 말하면 대한제국을 잡아먹는 것을 합리화하기 위해서 정체론을 주장한 것인데, 이것이 맑시스트이론과 서로 부합된 것이었다. 또 어느 면에서는 맑시스트들이 한국사를 과학적으로 연구한다고 한 것이 일인들의 식민지적 견해를 그대로 답습한 것이기도 하였다.

이상과 같이 고종시대는 여러 가지 복잡한 양상을 띠고 있어서 그 연구는 특히 힘들지만 이 시기의 역사를 바로 이해하면서 한국사 전체를 제대로 다루어야 한다고 나는 본다.

<부기(附記)> : 1972년 8월의 어느 날 학우 몇이서 선생님의 연구실을 방문하여 '고종시대의 조선사회'에 관하여 말씀해주십사는 부탁에 흔쾌한 응답을 받고 돌아오면서, 이 어려운 여건하에서도 우리의 뜻을 이해해 주시는 은사님을 가까이에서 뫼시고 있는 행복감에 사로 잡혔던 기억은 지금까지도 새롭다.

9월 8일 한국사회과학연구회의 주관으로 장기원기념관에서 3시간여에 걸쳐 말씀해주시니 벌써 해가 뉘엿뉘엿 저물고 있었다. 저녁을 뫼시고 싶은 우리들의 뜻에 학회 활동비에 보태 쓰라는 격려의 말씀과 교정이 나오는 대로 꼭 보시고 싶으시다는 말씀만 남기시면서 훌훌이 자리를 뜨시고 말으시었다. 선생님의 강연 녹음테이프를 정리하지 못한 게으름과 무능으로 선생님 생전에 이 정리한 글을 드리지 못한 씻을 수 없는 결례를 갖게 되었다.

지난 겨울에는 선생님의 글을 모아서 『한국근대사 － 1800～1945년』과 『한국정신사 서설』을 만드는 작업에 참여하면서도, 내내 「고종시대의 조선사회」를 빛보지 못하게 하고 있음이 죄스러웠다.
　이번에 테이프를 다시 꺼내 정리하면서도 생전에 선생님께서 직접 보시지 못하시게 된 그 송구스러움에, 그리고 선생님의 본 뜻과 거리가 있는 것이 아닌가 하는 생각에 상당히 시간만 보내게 되었다. 다행히 선생님의 친필을 보면서 작업하였던 위 두 책의 제작과정에서 얻은 것으로 이 테이프를 정리하게 되었다. 선생님께 입은 학은에 감사하는 마음으로 정리하였다. － 이융조〉

(『사회과학연구』 2, 1975)

구한말 국사교육과 민족의식

홍 이 섭

　근대정신사란 것은 무엇이냐? 이는 대체로 우리들이 식민지에서 여러 가지를 경험했던 그 시대, 즉 1905~1906년 무렵에서부터 1945년까지 약 40년간을 대상으로 하는 시기의 정신사의 일절이 될 것입니다. 이것을 우리가 좀 구체적으로 다른 말로 바꾸어 이야기한다면 그 시기에 있어서의 반(反)식민지적인 정신 — 그 때 일본 식민정책에 그대로 굴복하고, 거기에 아부하고 추종한 정신을 얘기하는 것이 아니라, 거기에 반항했던, 말하자면 그 식민지체제에 반대했던 —의 일면을 생각하는 것인데, 그 중의 일절이 될 것입니다. 그러나 제목만은 시사적인 데에 맞춰서 내걸고, 거기 맞춰서 생각하는 일부를 압축해서 소개를 드리려고 합니다. 그런데 우리가 다루는 그 대상과 또 그 각도가 있기 때문에 직접 구한말 역사교육 내용에 들어가서는 언급을 않겠습니다.

　그러면 구한말의 국사교육을 비판했던 문헌을 우선 들어봐야 할 것입니다. 1908년 무렵에 단재 신채호 선생이 당시 신문지상에 발표하신 『독사신론』이 곧 구한말 국사교육을 비판한 것입니다. 요새 와서는 단재사학에 대해서 반발을 하지 않고 있습니다. 그것은 단재사학을 이해하고 긍정하고 그 논리를 수긍해서가 아니라, 때가 이러니까 어디 가서 "아 그 단재사학은 비과학적이다" 이런 얘기를 하면 체모에 관계가 되니까, 속으로는 하고 싶어도 얘기를 못하게 되어 있어요. 이게 묘합니다. 언제든지 자기 주견에 의해서 비과학적이라고 주장하려면, 논리적으로 여러 가지 그 증거를 대고 이것은 비과학적이라고 해야 할 것입니다. 그런데 한때는 비과학적이라고 하더니, 지금은 입을 닥치고 있어요. 이것은 정신적으로 아주 위험한 정신입니다.

그런데, 단재 선생은 처음부터 상고사 연구를 한다, 고대사 연구를 한다고 출발한 분이 아니예요. 대한제국이 망해 들어갈 적에, 이 망해가는 국가를 어떻게 바로잡겠느냐 하는 데서, 정신적인 문제로 역사를 바르게 이해하는 것이 국가를 바로잡는 데 중요하다는 생각을 가지고 있었습니다. 그래서『독사신론』을 펴내기 몇 해 전에 우리나라 영웅들에 대한 전기를 소개하고, 여러 가지 단편적인 글을 쓰셨는데, 그 때 제일 초점이 된 것이 대한제국 학부(學部)에서 편찬한 국사교재였습니다.

그 당시에는 다들 그 국사교재를 그대로 사용했고, 오늘날까지 그 때 나온 그 책이 민족적으로 훌륭한 의식을 가진 걸로 생각들 하고 있습니다. 그런데 그 책들을 붙잡아 가지고 문제로 삼아, 자세하게 분석·비판한 것이 곧『독사신론』입니다. 이 자리에서는 시간 관계로 그『독사신론』내용을 말씀드리기가 어려워요. 여기서는 발해 문제까지를 다루고 있는데요, 즉 우리 고대사에서 발해사가 왜 상실이 되고 말았느냐 하는 문제까지를 다루고 있습니다. 그러니까 원래는 우리 역사 전체를 다루고 싶으셨던 모양이나 이루지를 못했어요. 그 까닭은 1908년에 이것을 발표하시고, 1910년 대한제국이 망하던 그 해 봄에 한국을 떠나셨기 때문입니다. 떠나시게 됐던 것은, 나라 망하는 꼴을 보다보다 못해서, 이제는 나라 안에서는 구국운동을 할 수가 없었고, 발 붙일 곳이 없었던 때문입니다. 발 붙인다는 것은 밥 얻어먹는 문제가 아니라, 정신적으로 동시에 행동으로서 당시의 대한제국을, 아니 대한제국이 문제가 아니라, 우리 민족과 국가를 건지기 위함이었어요. 그 때 단재 선생이 생각하신 것은 대한제국을 살리려는 것이 아니었어요. 우리 민족을 바로잡을 수 있는 어떤 국가를 아마 생각했을 것입니다. 이 분의 글을 통해서 볼 적에, 망해가고 썩어 있는 대한제국을 생각한 것은 아니었다고 여겨집니다.

그러니까 발 붙일 데가 없어 1910년 봄에 서울을 떠나셨어요. 그로부터 연해주 방면으로 가셨다가 만주로 해서 다시 북경으로 가셔서, 그곳에서 우리 역사 연구에 종사하십니다. 그러니까 단재 선생의 역사 연구란 것은 어디까지나 민족독립, 한국 사람이 몸 담고 있던 구체제의 묵어 썩어가고 있는 그 사회에 대한 혁명을 기도하신 데서 비롯되는 것입니다. 그런데 『독사신론』 속에 이런 글이 있어요. 그 때 글이 굳은 것이기 때문에 내가 쉽게 풀어서 소개를 합니다.

그 글 그대로를 보시려면, 여러분들은 요즘 나온 『신채호전집』 속에 『독사신론』이 들어가 있으니까, 그걸 갖다 보시면 됩니다. 즉 "내가 지금 각 학교 교재용 역사를 보건대, 가치있는 역사가 거의 없다" 이렇게 적으셨어요. 이 문장을 가지고 요새 그 지나친 논리적인 문장 형식에 비추어서, 됐다 혹은 안 됐다고 아마 할 수도 있을 것입니다. 그러나 그게 문제가 아닙니다. 그 글 속에 어떠한 의식이 잠재되어 있느냐는 것을 보아야죠.

제1장을 펴보면, "우리 민족이 지나(支那)민족의 일부분인 듯하며, 때로는 여진의 일부인 듯이 보이기도 한다. 또 때로는 일본족의 일부분인 듯도 하다. 아! 과연 이렇게 된다면 우리 몇 만 리의 토지가 남만북적(南蠻北狄)의 수라장이 아니었겠느냐. 과연 그런가? 아니 그럴 리가 있겠느냐" 하며, 아주 영탄조로 썼어요.

이 문장을 계속 읽어들어가 보시면 참 감회가 깊으실 줄 압니다. 여기서 이 양반이 먼저 생각한 것은 우리 역사의 주인이 되는 민족이 누구였느냐 하는 겁니다. 동시에 이 민족이 살고 있던 바탕, 즉 영토개념에서 생각하는 지리적인 의미를 아마 생각하셨던 겁니다. "이렇게 우리 역사가 흩어져 있으니, 이걸 어떻게 하겠느냐" 하고는, "오늘 민족주의로써 전국에 흐르고 있는 그 고루한 꿈을 깨우치도록 해야 할 것이며, 국가관념— 이 국가관념이란 것은 일반적인 개념으로 쓰셨어요. 대한제국을 붙잡아서 지속하게 하자는 뜻은 거의 없으셨던 것 같아요. 이 국가관념이란 것은 민족이 있으면 국가가 있다는 뜻입니다. 이런 의미로 대한제국을 생각하였던 겁니다—으로 청년들에게 새로운 정신을 갖게 하여, 지금 이 위급한 처지에 있는 국가의 명맥을 보존"케 해야겠다는 거예요. 여기서 국가라고 하는 것은 어디까지나 우리가 일반적인 개념으로 생각해야 할 것입니다. "이렇게 하는 데는 역사를 빼고는 다른 방도가 없으나 이러한 역사(그 당시의 대한제국에서 쓰고 있던 국사교재를 의미)도 역사라고 한다면 역사가 없는 것만 못하다. 잘못된 역사교재를 가지고 국민교육을 한다면 오히려 안하니만 못하다. 뚜렷이 사실을 밝히지 못한다면, 이것은 정신없는 역사다. 정신없는 역사는 정신없는 민족을 만들며, 정신없는 국가를 만들 것이니 어찌 두렵지 않느냐" 하셨어요.

단재 선생은, 우리 역사의 인식체계를 바로잡아야 된다. 이 때까지 잘못되어 온 것을 전부 비판 배제하고, 경우에 따라서는 아주 파괴적으로 배격을 하자는 뜻을 가지고 출발을 하였던 것입니다. 그리고 뚜렷이 사실을 밝히는 데는 어떠한 방법을 가지고 하면 되느냐 하는 것까지도 그 짧은 글 속에다가 표시를 해 놓으셨어요. 그 부분을 따서 소개를 하면, "본국 문헌에 속하는 조정의 기록이나 일반 야사를 수집하되, 아주 적은 재료라도 빠짐없이 모을 것이며, 우리 역사를 바로잡는 데 필요한 문헌을 망라해서, 그 문헌 속에서 감추어지고 잘못된 조그마한 사실(史實)이라도 정밀하게 따져서 뽑아내자"는 것이에요. 그리고 그러한 일을 하는 데는 "타오르는 불빛 같은 눈초리로 고금 정치·풍속 각 방면을 정확 세밀히 관찰한 뒤에 붓을 들어야 하겠다" 하고는, 이렇게 따져서 살피는 일이 아무에게나 될 것이 아니라는 것도 얘기를 하셨어요.

"이러한 일은 역사학을 전문으로 공부한, 그리고 역사학을 전공했더라도 재주가 있는 사람이라야 한다"고 하고는 '고재박학(高才博學)'이란 말을 쓰고 있어요. "역사학을 전공한 무척 재주있는 사람이라 하더라도 10여 년의 긴 세월이 걸릴 것이다. 아! 참으로 어려운 일이다"라고 답답한 심정을 이기지 못해서서 탄식조로 글을 써 놓으셨어요. 우리가 후일에 보면, 어떤 이는 단재 선생이 뭐 무단적이다, 비과학적이다 라고들 하지만, 역시 단재 선생이 남겨 놓은 글을 깡그리 체계있게 정리해서 보지 않으면 안 돼요. 오늘날 우리가 생각할 수 있는 중요한 얘기를 거의 다 해 놓으셨습니다. 그러니까 그 짧은 글에서도 잘못된 교재를 가지고 국사를 가르친다면, 이거 민족 망한다고 그랬단 말예요. 얼빠진 민족을 만드는 것, 이것은 민족 망하는 일입니다. 이거 얼마나 어려운 것이며, 무서운 일이에요.

그리고 역사를 이해하는 데는 이러이러한 방법을 갖자, 참된 안광(眼光)이 투철해야 한다고 하신 것은 요새 말로는 뚜렷한 사관을 가져야 한다는 것과 같아요. 그리고 역사기록을 다루는 데도 조정 관변기록과 민간기록 야사 등을 통털어 망라해서 이용하자는 거예요. 그런데 일제시대에는 일본사람들이 일등사료주의(一等史料主義), 정사주의(正史主義)를 가지고 교육을 했기 때문에, 야사는 정사보다 못한 걸로 생각을 했어요. 그리고 경우에 따라서는 정사에 의한 체계를 세우려고들 하고, 공부하는 데 정사에만 치중하는 경우가 있었단 말예요. 요즘에 와서는 다 그런 것은 없어지고, 야사류에 깊이 들어가서 파헤치고 있기는 합니다. 그런데 원래 그 정사란 것은 어느 때의 정사라도, 그것은 그 시대 시대의 위정자들의 조작된 역사기록에 불과합니다.

우리가 실록을 보더라도, 실록에서 골라낼 것이 있기는 한데, 대체로 흐르고 있는 줄기는 조작된 것이라는 것을 감출 수가 없습니다. 원래 분량이 많으니까 필요한 대로 따내고 보니까 그거 다 좋은 걸로 아는데, 이러한 점에서 일본사람들이 중요시하고 있던 정사, 일등사료주의를 배격을 하신 거죠. 그리고 『독사신론』을 당신이 쓰는 데에 대한 자기 변명도 아주 겸허한 태도로 하고 있습니다. "사소한 견문과 사소한 연구를 가지고 내가 어찌 제대로 된 한 사람의 학자의 저술로 이것을 생각하겠느냐, 그렇지가 않다. 나는 오늘날 우리 역사의 잘못된 것을 보고 부득불 틈을 타서 기록을 했을 뿐이다"라고, 그것도 "그저 '수감수록(隨感隨錄)' 생각나는 것을 때에 따라서 기록했을 뿐이다. 그리고 국내 동지들에게 내 의견이 이러니 어떠냐 다시 물어본다"는 것이예요. 그리고 "여러 동지들은 참된 민족 발달이 어떻다는 것을 밝혀보기 위해서 내가 하는 일에 무슨 귀한 자료가 있거든 알려주고 또 다른 의견이 있거든 얘기해달라"고 간곡히 부탁하고 있습니다. 그리고 동시에 역사에서는 무엇을 다룰 거냐? 그러니까 한 민족의 역사에서 무엇을 다룰 거냐 하는 문제에 대해 언급한 귀절은 요새도 우리가 경청해야 할 것으로 봅니다.

즉 그것은 민족이 발달한 상태를 얘기하는 것에 불과하다는 것이예요. 그리고 사건을 다루는 데도, 그 사건이 사회에 가장 이로웠던 것, 또 가다가는 가장 화를 미쳤던 것 - 그러니까 화를 미쳤다는 것은 전쟁에 패해서 피해를 받았다든가 - 그런 것을 그대로 알아보자는 것이예요. 따라서 인물을 다루는 데도 대표적인 인물, 가장 이 사회 국가 민족에 대해서 이롭게 한 사람, 참 공이 있는 사람, 그렇지 않으면 반대로 반역적인 일을 한 사람 중에서 대표적인 사람을 들어서, 우리가 알아보자는 것입니다. 그건 무엇인고 하니, 말하자면 역사의 주류에서 활동한 사람, 역사의 주류를 좌우했던 사람, 그러니까 우리 역사가 어떻게 움직여왔느냐 하는 것을 보자는 거죠. 때문에 역사에 있어서 인물을 다루는 데도 대표적인 인물을 다루게 되는 거죠. 요새는 좀 달라졌는지 모릅니다마는, 지금부터 한 10년 전에 문교부 관계 회의에서 우리 국사교재를 여러 가지로 조사한 발표를 들은 일이 있어요. 그 자리에서 재미나는 얘기를 들었어요. 우리나라 교과서에 사람 이름이 왜 그렇게 많으냐, 중 이름이 왜 그렇게 많으냐는 것이었어요. 그 보고하는 이들의 말은 무엇을 의미하는고 하니, 판단 기준이 없이 교재를 만들었다는 것입니다.

그리고 그 『신론』 내용 구성에서 그 본문에는 인종이라고 그랬는데, 요새말로 하면 아마 민족으로 생각을 해야 할 겁니다. 이것은 고대에 있어서, 채 민족으로서 구성되기 전의 단계를 다루었기 때문에 그렇게 쓰신 모양이예요. 그리고 그 지리적인 범위, 만주·요동(만주 양강 이남지역을 포함해서) 지방에 관계되는 역사기록에서 잘못된 것을 많이 지적을 해서 평을 하고 계신데, 이러한 부분이 있어요. "아! 그 망설의 대략이 위에서 본 바와 같다. 그리고 그 밖의 여러 가지 착오는 하나하나 들어서 얘기하기가 어려울 정도로 많다"는 겁니다.

그러니 이러한 교과서를 가지고 앞으로 이 사회를 맡아가지고 나갈 젊은 친구들의 머리를, 이 뇌 속을, 요새 골이 비었단 말을 하는데 그 골 속을 혼란케 해 놓으면, 앞으로 어떻게 하겠느냐 말이예요. 그러니까 이렇게 잘못된 교과서를 가지고 교육을 하면, 나라 망치지 않겠느냐는 말입니다. 그리고 그 다음에 가서 또 이런 구절이 있습니다. "근일(요새) 역사가는" ― 그러니까 한국의 역사가지요. 그 당시에는 역사가라고는 했지만, 사실은 역사가가 아닙니다. 가(家)가 되지 못하고 있던 사람들이예요. 이 점은 나중에 또 간단히 말씀드리겠습니다 ― "일본을 숭배하는 노성(奴性)이" ― 노예근성이란 일본말도 보셨겠지요. 즉 노예의 성격, 종놈의 성격 ― "더욱 성해서" ― 원문에는 우장(尤長)이라고 그랬어요 ― "우리의 신성한 역사를 모욕하니! 아! 이 나라가 장차 어느 땅에 가서 머리를 숙일 것이냐, 어느 땅에 조공을 바칠 것이냐." 이런 뜻을 적어 놓으시고 계속하여 "여러분들이여! (국사교재 다루는) 여러분들이여! 여러분들이여! 시험삼아 생각을 해보라. 역사를 편찬하는 제공(諸公)들이여! 어찌 일본 것(彼라고 했는데)을 망신스럽게도 잘못 그것만을 믿어서 우리를 속이겠느냐, 나 자신을 속이겠느냐?" 이런 말 끝에 발해사가 왜 우리 역사 인식체계에서 빠졌느냐 하는 얘기를 하고 계십니다.

그런데 단재 선생이 상고사에서 지적된 잘못을 전부 정리하고, 당신이 연구하여 바로잡아서 내놓은 것이 곧 『조선상고사』입니다. 그 『조선상고사』가 나오기 전에 『조선사연구초(朝鮮史研究草)』라고 해서 고대사에 관계되는 단편적인 몇 개의 논문을 쓰셨어요. 그것도 상고사의 기틀을 더 똑똑히 잡기 위해서입니다. 그리고 그 다음에 『조선상고문화사』라는 것을 썼는데, 그것도 『상고사』를 보충하기 위해서였습니다. 그러나 우리가 이런 분들의 글을 볼 적에, 그 시대적인 한계라는 것을 생각해야 합니다. 그것은 아무리 훌륭하고 천재라고 해도, 언제든지 자기가 사는 시대를 뛰어넘지 못하는 것이니까요. 사상이 무엇이든지, 그것의 한계성을 뛰어넘을 수 있다고 생각하고 있는 사람이 곧 현대 한국 사람인 것 같아요. 그것은 지적(?)인 면에서 무식한 소치가 아닌가 합니다. 사람의 능력이란 것은 한계가 있는데, 학문을 한다고, 머리가 뛰어나다고 해서, 오늘날의 조건을 영원히 뛰어넘을 수 있다고 하는 것은 아무래도 망상이 아니겠어요? 그러니까 단재 선생은 그런 망상은 하지 않으시고 겸손하게 당신이 당시의 조건으로 할 수 있는 가장 최대한의 노력을 아끼지 않았던 것이지요. 동시에 그 양반이 남겨놓으신 글을 보면 확실히 뛰어난 머리를 가지신 분임을 알 수 있어요. 그건 우리가 구체적으로 무어라 하기가 어렵지만, 이분의 글을 한두 번 아니라 자꾸만 되풀이해서 읽고 들어가서 씹어보면 놀라운 것이 많아요.

그 『상고사』에 적힌 것을 우리가 잘못 이해를 해서는 안 됩니다. 대체로 고구려 민족의 활동에 다소 초점을 두고 계세요. 고구려 민족의 활동 범위, 그 행동 범위를 역사적으로 추구하고 있어요. 그래서 이것을 한 마디로 말하자면, 고구려 구강(舊疆) 회복이란 문제에다가 초점을 두고 있다고 하겠는데, 그게 당시의 제국주의 국가가 식민지 약탈하던 그 의식하고 같은 것이냐 하면, 절대로 그게 아닙니다. 어째서 고구려 민족의 활동무대를 추구했느냐 하면, 그것을 가지런히 휘어잡아 들여 놓음으로써, 비로소 고대에서부터 그 때까지의 우리 역사를 민족적인 역사로 체계를 세울 수가 있었기 때문이지요. 그러니까 요즘도 국사를 민족적으로 가르쳐보자, 인식을 해보자 한다면, 역시 고대에 있어선 이 문제에 우선 부딪칠 것입니다. 뭐 사소한 여러 가지 문제를 가지고, 이것도 민족적으로 훌륭하다, 저것도 민족적으로 훌륭하다고 하지만, 그런 사소한 것들은 나중의 문제예요.

역사인식에 있어서의 시초 문제로, 그 민족의 활동범위에 대한 것부터가 이해가 되어야 할 테니까요. 그래서 단재 선생은 『삼국사기』의 편자인 김부식에 대해서 혹독하게 욕을 하다시피 하였는데, 이 『독사신론』에서는 "유독 김부식만 나무랄 도리가 없다. 그 당시의 사회실정을 우리가 생각을 해야 한다" 그랬어요. 즉 김부식이 같은 사람이 나오게 된 고려 인종 때의 역사적인 사회적 조건을 무시할 수가 없다는 거예요. 이건 딴 얘기입니다마는, 오늘 우리들이 국사교육을 다시 해야겠다, 혹은 교재를 바로잡아야겠다 하는 생각을 갖게 되는 데는, 어떠한 이유가 여기에 있어서인가를 다시 생각을 하게 됩니다. 그러니까 고친다, 새로 한다는 것보다 이미 있는 것에 대해 비판하고, 잘못된 조건을 극복해 나가는 것부터가 선결문제입니다. 이러한 점을 단재 선생에게서 새삼 배울 수가 있지 않은가 하는 생각이 듭니다.

그러면 단재 선생이 구한말 교과서 중에서는 어떤 책을 지목했느냐? 그 때 교과서가 몇 가지가 나왔어요. 나왔는데, 그 교과서는 전부 1910년에 통감부라는 것이 총독부라는 기구로 개편될 적에 일체 거둬들여서 다 태워버리고, 금서로 못보게 했던 것이예요. 그렇기 때문에 요새는 어떤고 하니, 그 책들이 구한말의 금서였으니까 이게 민족적으로 훌륭한 의식을 간직한 걸로 알고들 있으며, 그 책을 존중하고 있단 말입니다. 결코 그게 아닙니다. 바로 여기에 문제가 있어요. 여러 가지 책자가 있는데, 그 중에서 대표적인 것 하나를 예로 들어보죠. 현채(玄采)라고 하는 이가 있었는데 이이는 대한제국 학부 교과서편찬 책임자라고 할까요, 그러한 자리에 있어 가지고 우리 국사에 관한 책을 많이 내놓았어요. 내놓았는데, 내가 요전에 어디서 이이에게 관련된 얘기를 한 적이 있었어요. 그 자리에서 현채라고 하는 이가 별 게 아니다, 일 잘못했다, 뒷사람이 뭐 이러고 저러고 하는 것, 다 잘못됐다, 이런 내용의 얘기를 했어요. 회의가 파한 후에, 어떤 이하고 차를 같이 드는데 그 양반이 이런 말을 해요. "아무개가 옆에 앉았다가, 당신이 현채를 좋지 않게 얘기를 하니까, 쯧쯧 하고 혀를 차고 나가더라"고 그래요. 그래서 내가 "사실은 문제가 『동국사략』에 있다"고 그 양반한테 그랬더니, "히유! 나도 그 책이 좋은 줄로 알았었는데 문제가 있군요. 당신이 현채를 좋지 않게 얘기하니까는 혀를 차고 나간 이의 그 태도를 다 알겠다"고 그래요. 이 현채에 대해서는 요 2, 3년 전에 이화대학 대학원 학생으로 기억하는데, 현채에 대해 아주 자세하게, 아주 훌륭하게 깨끗이 조사를 해서 상당히 긴 논문으로 발표를 했어요. 그 책자가 어떻게 해서 나한테도 보내졌어요. 그 책을 잘 아끼고는 있습니다. 그런데 그걸 들여다보면, 이 학생이 어떻게 현채에 대해서 이토록 정성을 다해서 해놓을 수 있었는지 모르겠는데, 하나 아까운 것은 현채의 『동국사략』이 어떤 내용의 책이라는 것을 이 학생이 미처 모르고 있었던 점이예요.

현채의 『동국사략』 서문을 보면, 일본인 하야시라는 사람의 『조선통사』에 대해서 극구 칭찬을 하고 있어요. "내가 요새 일본인 학자 하야시의 『조선통사』를 보니까 참 훌륭하게 돼 있었다. 해박하고 성실하게 잘 썼더라. 그런데 하나 부족한 것이 있다. 그것은 우리 문화에 대한 서술이 좀 부족하다. 요새 우리나라에선 일본책을 갖다 많이 베껴가지고 뭐니뭐니 하는데, 나는 문화에 대한 것을 좀 보충을 해서 이 『동국사략』을 만드노라"라고 그랬어요. 현채란 이가 애를 무척 썼지요. 그것까지는 좋아요. 다 좋은데, 이 책이 잘못되었다는 것을 더는 여기서 설명을 안하겠습니다. 시간관계도 있고, 또 내가 고대사를 전문적으로 다루지 않는 사람이기 때문에. 그리고 여러분이 『독사신론』을 보시면 그것이 어떻다는 것을 스스로 알 수가 있습니다. 그게 교과서로 쓰여졌던 것입니다.

단재 선생이 이게 잘못됐다, 민족정신 망친다, 이런 걸로 가르치다가는 나라 망한다고 하신 책인데, 이 정도의 책까지도 일본사람이 통감부를 총독부로 개편할 적에 전부 거두어서 소각을 했어요. 우리 집에도 내가 어렸을 적에, 이 『동국사략』이라는 책이 있었어요. 서가에 꽂혀 있길래 뽑아서 한번 봤죠. 내 선고(先考)께서는 이미 돌아가셨지만, 이 양반이 내가 어렸을 적에 그것을 꺼

내보니까, "얘! 그거 너 조심해라" 그러시데요. 그 때에 나는 왜 조심하라는 것인지를 몰랐어요. 그렇다고 그 뜻을 다시 되묻지도 않고 말았는데, 나중에 알고 보니까, 그 『동국사략』이 금서였단 말이예요. 일본사람이 못보게 금지한 책이니까, 보다가 뭐 잘못될까봐, 아마 그러셨던 모양이예요. 그런 것을 보면 우리 아버지는 겁이 많은 분이었지요. 아니, 우리 집 방구석에서 보는데, 그 뭐 그렇잖아요? 우리 집에서 혹시 반일운동을 했다든지 그래서 주목을 받고 있는 집이었다면 몰라도 그렇지도 않은데 말이예요. 그래서 더 보지도 않고 그냥 지나왔는데, 이 근자에 한 10여 년 전에 자세히 들여다 보니까 하야시를 칭찬을 하긴 했지만, 그래도 그 잘못된 부분을 빼놓으면 한국 사람에게는 그래도 얼마쯤의 민족적인 자극을 줄 수 있는 거란 말이예요. 그러니까 그렇게 잘못된 책까지도 보지 못하게 때려부셨던 거란 말이예요. 우리 아버지는 그것이 겁이 나니까, 너 조심해라 한 거란 말이예요. 참 나도 어리석은 집안에서 살기는 했어요. 그러면 그 하야시의 『조선통사』라는 것은 어떻게 된 거냐? 여기에 대해서는 이제 우리처럼 식민지교육으로 머리가, 골통이 다 큰 사람은 좀 아는 듯하지만, 여기 모인 젊은 분들은 잘 모를 것 같기 때문에, 내가 얘기하기는 좀 거북합니다마는 관련된 것이기 때문에 참고삼아 간단히 말씀을 드리겠어요.

하야시의 『조선통사』가 이제 문제가 된다면, 이 문제는 잠깐 나중에 말씀드리기로 하고, 이 책이 쓰여졌던 당시 일본 안에서의 역사교육에 대해 우선 간단히 개관을 해보아야겠어요. 이 시기에 있어서의 일본사람들이 우리보다 월등 앞서 있다는 것, 인정해야지요. 한국 사람이 자칭 나만이 세계에서 제일이다! 아니! 왜? 세계에서 제일인 민족이 반세기 이상을 일본식민지로 고개를 못펴고, 먹을 것 다 빼앗기고, 찍소리만 해도 목을 잘리고, 정갱이를 채이고 하는 그런 비극을 겪었겠느냐 하는 말이예요. 그렇게 생각하고 있었던 것부터가 어딘지 역사적으로 잘못되어 있었던 것 같아요. 우리가 민족사를 바로세우는 데 있어서 이 점을 잘못하면 망발이 됩니다. 협잡이 되는 거예요. 그런데 일본사람들은 벌써 1888년, 1888년이라면 그보다 몇 해 전인 1884년 갑신년에 쿠데타 사건이 있었던 무렵인데, 이 때 일본서는 이미 도쿄제국대학의 『사학잡지』를 통해, 조선과 중국에 관한 역사관계 논문이 발표되고 있었어요. 그뿐 아니라 아시아 지역 전역에 걸친 역사 연구를 이 『사학잡지』에 발표를 하고 있었어요. 물론 논문체제라든지, 의식면에서라든지, 자료를 다루는 것이 엉성했습니다마는 그러나 당시의 우리 실정은 엉성이 아니라, 이 정도의 잡지는커녕 대학도 없었어요. 1888년, 이 때의 우리에게는 아무것도 없을 때입니다. 그 때 벌써 잡지를 대학에서 내면서 조선문제도 다루고 있었다는 것, 이것을 가지고, 어이쿠! 이 사람들이 일찍이 우리 연구를 해주었으니, 앞으로 친하게 지내야 하겠다는 그런 망상을 하기보다도 이 사람들이 어떠한 의도를 가지고 그러한 일을 했었나 하는 것부터 똑바로 궁리해 봐야 할 것입니다.

그리고 1890년, 그러니까 88년에서 3년 후에는 아마 여러분들이 근대사를 공부하는 분은 아시겠지만, 미우라 고로(三浦梧樓)라고 - 이 사람은 서울에 와서 민비 학살하는 데 주동자로 궁중에 뛰어들어가서 칼부림하던 일본군인들하고 깡패 일당을 조종하고 있었던 - 주한일본공사인데, 이 사람이 1890년에는 어디에서 무엇을 하고 있었는고 하니, 학습원(지금의 학습원 대학) 원장으로 있으면서, 거기에서 조선사 강의를 시작했어요. 그러니까, 저 사람들은 여기(조선) 들어와서 칼부림을 하기 전에 이미 준비를 단단히 하고 왔어요. 우리가 미우라라고 하면, 민비를 때려잡는 데 앞잡이였다는 것만 알지, 역사 조작하는 데 그가 선봉장이었다는 것은 생각 안하고 있거든요. 이 사람이 학습원 원장으로 있으면서 조선사 강의를 시작했어요. 그 조선사 강의를 누가 맡았는고 하니, 시라토리 구라요시(白鳥庫吉)예요.

우리나라에서는 지금도 동양사 하는 이라고 하면 시라토리를 귀신처럼 치켜모시는데, 이건 단재 선생이 이미 『독사신론』에서 "역사를 공부하는 사람이여! 저 사람들(일본인)을 너무 존경하지 말라, 그러면 망한다"는 것에 꼭 해당하는 거예요. 이 시라토리라는 사람은 일본제국이 한국을 발판으로 해서 아시아 전역에 침략정책을 펴나가는 데 학문적인 앞잡이 노릇을 한 이예요. 역사·지리 연구를 통한 앞잡이, 그러니까 이 사람이 일평생을 두고 한 작업이 무엇인고 하니, 아시아 지역의 민족이동의 역사지리적인 연구입니다. 그러나 그 내용 여하는 물론하고, 그 다루는 방법이라든지 재료를 많이 섭렵을 하는 거라든지, 구라파 말을 여러 가지를 해가지고 다루는 태도만은 훌륭했어요. 때문에 구라파에서도 인정을 했어요. 일본 학계가 구라파 학계에 나가서 비로소 국제적인 인정을 받게 된 것도 그 사람(시라토리) 때문에 그리 됐던 것입니다. 이 사람이 국제적인 인정을 받게 된 연구가 뭔고 하니, 『동호민족고(東胡民族考)』라는 거예요. 이 『동호민족고』라는 것은, 우리나라 특히 우리나라 고대사 내지 중국 쪽으로 뚫고 들어가서, 그것을 와해시켜 놓는 데 큰 공헌을 한 문헌입니다. 이 사람이 헝가리 부다페스트에서 20세기 초 이 무렵의 동양학자대회에 나가서 그것을 발표를 했어요. 그 자리에서 인정을 받았어요. 나중에 독일어 단행본으로 간행되고 중국에서도 곧 이것을 중국어로 번역하여 내 놓았습니다. 저 사람들이 그렇게 해 놓은 것은 그대로 있는 것이 아니고, 이게 국제적으로 퍼지기 때문에 앞으로 우리에게 나쁜 영향을 주었던 것을 전부 거두어서는 우리 나름대로 정리를 해야 하며, 그렇게 하는 데는 우리가 한문 정도만 가지고는 안 됩니다. 또 요새 우리나라에서 민족사관 운운하는데, 말만 가지고는 도저히 당해 내지 못해요. 그래서 우리가 오래 전부터 가만히 듣고만 있는데, 답답하기가 한이 없습니다. 구라파 말도 우리들이 제대로 능란하게 할 수 있도록 해야 할 것이구요. 이 일은 국사 공부하는 젊은 친구들이 - 이제 우리처럼 뭐 60이 다 된 것, 햇수로는 60이지, 어떤 사람들은 만으로 계산해서 아직 60이 못 됐다고 하는데, 거 뭐 그렇다고 한두 살 더 살아지는 것도 아니구요. 우리 나이로 내 나이 60입니다. 그러니까 우리도 죽을 채비나 해야지, 이제 뭐 독일어 배우고, 불어 배워서 저 사람들과 항쟁하는 준비하겠어요 - 젊은 분들이 해야 돼요. 국가에서 여기까지 생각을 해야 합니다. 일시적인 캐치프레이즈로 민족사관이니 뭐니 해서는 이건 우리들의 정신을 더 혼란에 빠뜨리는 일이예요. 다시 시라토리로 돌아가지요. 그 시라토리가 조선사 강의를 그 때부터 시작은 했습니다. 아주 치밀한 방법에 의해서 한국고대사를 와해하고 분해하는데, 이 시라토리가 전 평생 힘을 경주하고 있었던 것이예요. 이 미우라 고로가……(이후의 약간 부분 녹음 안 됨).

이게 일본학자들의 역사의식을 규정하는 거예요. 그리고 이 리스라는 사람은 여러 가지를 도쿄대학에다가 건의를 합니다. 그러니까 독일의 국수주의인 랑케를 위시한 그 당시의 강력한 독일적 민족주의의 역사이론과 정신을 일본에다 옮겨 심는데, 이 사람이 참 심부름꾼이 됐던 것입니다. 그래서 당시의 일본학자로서 중국 것을 다루든지, 조선 것을 다루든지 간에 직접 간접 이 사람의 영향을 많이 받습니다. 이 무렵의 하야시는 그 도쿄대학에서 지나사학이니, 또 무슨 지나철학이니, 한문학이니 하고, 이런 것들을 도맡아 가지고 있다가 후일에 와세다(早稻田) 대학으로 옮겨서 조선사 강의를 합니다. 그래서 좀 시간이 걸리는데, 대체로 1904년에서부터 12년 사이에 『조선통사』라는 것을 완성을 합니다. 그런데 완성단계에 있던 그 책을 구한말 학부에서 편찬에 종사하던 사람들이 그것을 이용하게 되었던 것입니다. 그러니까 이러한 정신적인 조건을 지금부터 60년 전의 구한말이나 오늘날의 우리 한국의 실정을 비교해보면 조금도 벗어난 것이 없습니다. 그 때에 일본책 베껴가지고 망했고, 오늘날도 일본책을 베끼고 있는 것을 보면, 어디가 발전이 됐다는 것인지, 나는 알 수가 없어요. 발전된 면은 있습니다마는 정신적인 기틀에 들어가서는 똑같은 것이 아닌가 하는 생각이 듭니다. 그러한 생각을 갖게 하는 비판적인 정신은, 우리가 다시 단재로 돌아가서 찾을 수가 있는 것입니다. 그러면 단재 이외에 누가 그런 일을 해 놓은 것이 있느냐? 나는 아직 찾지를 못했습니다.

이렇게 해 오던 일본사람들이 1897년에 오면, ― 우리나라는 1896년에 독립협회를 만들어 가지고 비로소 아메리칸 데모크라시를, 그것도 아주 초보적인 것을 수입하기에 바빴던 때입니다. 그리고 벌써 1897년부터는 그것도 일단 식어 들어갈 무렵입니다 ― 서양사·동양사·일본사라는 3분 체제의 역사인식 체계를 확립합니다. 그래 가지고, 주로 동양사에 대한 것을 다루는데, 거기에 서양사 하는 사람도 참여하고, 일본사 하는 사람도 참여를 해서, 동양사는 이렇게 이렇게 가르치자 하였는데, 이 때 조선 역사에 관한 것을 중국의 부용적인 것으로 다루게 되었어요. 간략하게, 중국에 예속하는 걸로 갖다 집어 넣었어요. 그러니까 벌써 조선 역사에 대한 것은 따로 뗄 것이 아니라, 중국사에다 그냥 쓸어서 묻어버리자는 거였어요. 조선사를 중국사의 한 과정에 예속된 걸로 인식을 하게 되었던 것이에요. 이렇게 해서 일본사람들이 오늘날까지도 가지고 있는 역사의 3분 체제를 확립했던 것입니다. 그런데 슬프게도 대한민국에서도 학문 내지 교육면에 있어서, 이 3분 체제를 거의 벗어나지 않고 있습니다. 앉았다고 할까요 못했다고 할까요. 못했다고 하는 편이 좀 나을 거예요. 안했다고 하면 알고도 안했으니, 이건 더 고약한 것이니까, 모르고 아마 못했다고 해석을 해야겠죠.

오늘날 대학에서 국사, 동양사, 서양사의 체제를 가지고 있다는 것은, 역사학의 입장에서 볼 때는 한국이 정신적으로 일제의 식민지체제에서 조금도 벗어나지 않았다는 것이 됩니다. 이러한 정신체제 속에서 국사교육을 한다는 데 문제가 있어요. 우선 대학에 있어서의 역사인식 체제부터 개편해야 할 것입니다. 나는 동양사 하는 선생님한테, '중국사'라는 명칭으로 바꾸어야 할 것이 아니요! 라는 얘기를 하면서, 여러 가지 양해를 구하죠. 그러나 대체로 동양사 강의하는 선생님들은, 동양사가 위대한 어떤 정신적인 체제인 줄 알고 있는 것 같아요. 이 얘기가 동양사 선생님들한테 전해져서, 내가 욕을 먹어도 괜찮아요. 방망이를 가지고 와서 나를 때려도 괜찮아요. 이것을 우리가 개혁하지 않으면 안 될 때가 온 것 같아요. 그리고 나는 내 나이로 보아서, 이제 뭐 60이 돼 가지고 무엇 또 더럽게, 어디에다 타협을 하고, 동양사·서양사·국사 하는 3분 체제를 좋다고 하겠어요. 이것은 우리들이 당연히 개혁을 해야 할 것이예요. 그러니까 국사 하고 외국사지요. 내나라 역사 하고 외국사죠. 왜 3분 체제를 지켜왔느냐? 이것은 전부가 일본교육의 잔재 속에서 헤어나지 못하고 있기 때문입니다. 그리고 하필 오늘 와서, 중등학교에서 국사교육의 일선에서 고생하는 선생님들만 가지고, 뭘 바꿔라 마라 할 게 아니예요. 학문의 본거지인 대학 자체에서 자신을 반성하고 개혁할 줄 알아야 하는데, 이것은 그대로 놓아 두고 개혁할 수가 있는가 하는 말입니다.

이러한 틀에서, 1902년으로 접어들면서 일본사람들은 황국을 기본으로 하는 사관을 세웠어요. 나는 그것을 굳이 뭐 나라 국(國)자까지 거기다 보태줄 생각은 없어요. '황제사관(皇帝史觀)'을 일본사람들이 확립한 것이 1902년이에요. 이 때는 러일전쟁을 계기로 한국을 완전히 본격적으로 잡아먹어 들어오는 1904년의 3년 전입니다. 요새도 우리나라 신문에서 '황국사관'이라는 말을 쓰는데, 이것은 우리가 바꿔야 할 것입니다. 일본사람들이 과거에 주장하던 '황국사관'을 '황국사관'이라는 말로 그대로 쓰는 것부터 우리가 삼가해야 할 것이 아닌가 합니다. 그러니까 황제의식을 기반으로 하는 사관이 대체로 이 때에 틀을 잡고 나옵니다. 하야시의 조선사라는 것은 대체로 러일전쟁이 터지기 전후해서부터 준비를 해가지고, 대한제국이 망한 그 직후에 가서『조선통사』라 하여 단책으로 정리가 되어서 나옵니다. 이 책은 우리들에게 영향을 많이 준 것입니다. 그 영향 준 것을 한 마디로 얘기를 하겠습니다. 누구 누구가 영향을 받았다 하는 얘기는 하지 않겠습니다. 그리고 우리들 각자 학문적인 입장에서 자기 반성을 해야 합니다. 학문한다는 사람은 시시각각으로 내가 조금 전까지 한 것을 반성하고, 잘못된 것이 있으면 완전히 깨 두둘겨부수고 고쳐 나가야 할 줄 알아야 하는데, 우리나라 사람은 과거에 해 놓은 것은 싹 은폐하고, 남이 뭐라 하면, 아! 그렇잖다, 이게 좋다고 하는데, 좋다고 고집하는 것은 시간이 짧습니다. 더군다나 보통의 재주를 가진 사람이, 이거 덮어놓고 내 것이 훌륭하다는 얘기를 고집하면 그게 며칠이나 가겠습니까? 그것 며칠 안 갑니다.

그런데 이 하야시의 『조선통사』를 직접 수입한 이가 있어요. 그대로 직접 수입한 이가 있어요. 이게 구한말에는 『동국사략』으로 갔지만, 1931년에 나오는 『조선역사』가 거의 이 틀입니다. 시대구분에 대한 명칭이며, 그 내용 다루는 거며. 그런데 이게 어떻게 같으냐? 나는 이렇게 된 것으로 봅니다. 즉 하야시로부터 수입한 것도 있고,『동국사략』을 통해서 간접적으로 수입한 것도 있고, 거기에다 문화라는 것을 많이 집어 넣습니다. 1931년이니까, 육당은 그 동안 본 책이 많죠. 박학하고 또 기억력이 무서운 분입니다. 육당의 기억력이란 것은 아마 보통 상상하기 어려운 정도로 아주 기막혀요. 탁 훑어보고서는 훌떡 옮겼답니다. 옮기고는 입을 다물었어요. 그리고 현채만이,『동국사략』만이 하야시의 『조선통사』를 옮긴 것이라는 얘기를 하고는, 이 양반은 자기도 했다는 얘기는 안하더군요. 이것은 1950년 무렵에 내가 부산에서 직접 육당에게서 들었기에 하는 것입니다. 나만 들었던 것도 아닙니다. 다른 이들도 좀 듣도록 기회를 만들었던 사람이 나예요, 자기가 했다는 얘기는 싹 안하더군요. 원래 작고한 이에 대해서는 뒤에 와서 얘기를 안하는 법입니다마는, 이것은 우리 민족에 관계되고, 우리 역사에 관계되는 것이니까, 요것만은 여러분들에게 말씀을 드리는 것입니다.

어떻든 하야시의 『조선통사』는 우리에게 영향을 많이 주었죠. 일제시대에 우리나라 사람 가운데 많은 이가, 또 우리 자신도 저 책을 구해가지고, 지금껏 가지고 있습니다. 오늘 여기 와서 얘기하기 위해서, 또 저 책을 다시 안 볼 수가 없었기에, 또 봤어요. 이토록 하야시의 『조선통사』라는 것이 우리들에게, 한때 여러 가지로 영향을 주었던 것입니다.

하야시라고 하는 이는 『조선통사』를 짤 적에 어떠한 것을 그 기본으로 해서 짰느냐? 깊이 들어가서 비교해서 평을 한다든지 하는 것은 시간관계로 안하겠습니다. 다만 저 책을 짜기 위해서 이용한 것이 『동국통감』하고 『고려사』하고 『국조보감』이란 것만 얘기해 둡니다. 다음에 여러분들이 혹 연구하실 적에, 한번 대조해 보시면 편하실 것입니다. 그런데, 육당이 저 『조선역사』란 책을 안 내놓았으면 또 괜찮았어요. 저것을 내놓을 적에 육당은 상당히 정신적으로 왔다갔다 한 것 같아요. 또 생각하기에 따라서는, 그이가 상당히 배짱도 있고, 대범한 면도 있으니까 정신적으로 고민을 안했다고도 할 수 있을지 몰라요. 역시 남의 정신을 책을 통해서 생각한다는 것은 가다가 망상일 수 있기도 하지만, 대체로 저 책을 보면 육당이 내가 보기에는 상당히 고민을 하지 않았는가 해요. 1931년판 144면에 가면, 이런 말이 나와요. 광무·융희년간의 문화를 얘기하는 것인데, 이 때에는 모두 정치적인 데만 집중을 해서, 문화에는 별로 볼 것이 없다는 뜻으로 얘기를 하면서, 주시경의 조선어학과 장지연·신채호의 사학에 대한 공이 적지 않다 하는 것을 얘기하고 있어요. 이 때의 육당은 일본사람 총독부하고 타협을 하고 있었지만, 속으로는 조선어학에 대해서, 그리고 주시경의 공적을 깊이 인정을 하고 있었단 말이예요. 그러니까 이 책 속에 - 간략한 책인데도 - 이것을 썼고, 또 사학에 있어서 단재를 생각하고 있었던 거란 말이예요. 사학에 있어서 신채호의 공적이 크다고 했어요. 그리고 우리가 1950년 무렵에 부산서 만났을 때에 주시경에 대한 얘기를 가끔 해요. "그 양반은 사실 조선어 가르치다가 죽은 사람이다. 어떻게나 도처로 조선어 강의를 하러 돌아다녔는지 모른다"고 하면서, 더 얘기는 안했지만, 아마 속으로 깊이 주시경에 대한 생각을 했던 것 같아요. 그리고 단재 선생에 대한 생각을 1950년, 이때에는 얘기를 안합디다마는, 『독사신론』이 1908년에 나왔는데 그 뒤 1910년,

말하자면 대한제국의 국호가 없어지던 그 해 8월 무렵에 육당이 경영하던 잡지 『소년』에다 이 단재 선생의 『독사신론』을 『국사사론(國史史論)』이라고 해서 다시 싣습디다. 실으면서 그 서두에다가, 자기가 몇 줄 써 넣기를, "이 글 쓴 사람이 밖에 나가 있기 때문에 다시 손질을 하지 못하고 싣는 것이 섭섭하다"고 했어요. 아마 쓴 이가 있었더라면, 상당히 좀 더 손질을 했을 거라 하는 생각을 했던 모양이에요. 그걸 보면, 육당은 이 무렵부터 줄곧 역사에 있어서의 단재를 인정하고 있었던 것으로 여겨집니다. 그래서 1931년에 책을 내놓을 때에도 단재를 거기서 문제를 삼았어요. 그러나 실제로는 총독부하고 타협을 했기 때문에, 입으로는 얘기를 못한 것 같아요. 그리고 또 한쪽으로는 자기도 역사가라고 하고 있었으니까, 그러한 오기 때문에 아마 더 얘기를 안한 것 같습니다. 그리고 또 하나는 다 늦게, 새삼스럽게 과거를 얘기할 게 뭐냐! 나는 나대로 할 것만 하고 가겠다는 그런 생각도 아마 있었던 것 같아요.

그런데 우리가 하나 생각할 것은 현채나 육당 최남선이, 틀은 하야시에게서 받아오면서, 거기에다가 문화에 관한 것을 집어넣은 것을 우리가 민족적으로 볼 때, 어떻게 보아야 하느냐는 것이에요. 역사라는 것은 정치·경제·군사, 이러한 면에서 우선 민족적으로 틀을 잡는 그 자체를 바로 인식을 해야 합니다. 문화라는 것은 그 다음에 오는 거예요. 그러니까 역사에 있어서 그 기틀이 되는 것이 정치·경제·군사― 군사 속에는 외교도 포함돼요. 그 둘은 같은 것입니다 ―인데, 그것들을 제쳐놓고, 문화만 가지고 얘기를 해서 그 민족의식을 바로잡을 수가 있느냐! 하면, 이건 안 되는 거예요.

문화를 만든 인간이 빠진 역사의식이 있을 수가 있어요? 여기에 바로, 해방 후 오늘날까지 우리들이 그 역사의식면에 있어서 민족적인 의식을 상실하게 된 중요한 이유가 여기에 있어요. 대학에서 '문화사'라는 것을 가르쳐요. 이런 문화사관, 문화주의적인 의식이 곧 민족의식을 구성할 수가 있느냐! 하면, 이건 민족의식을 형성하는 데 극소한 부분밖에는 차지하지 못해요. 그러니까 오늘날 우리는 조상들이 남겨놓은 훌륭한 세계적인 문화를 가졌다고 하는데, 그건 아무리 떠들어도 소용이 없습니다. 그 문화라는 것이 오늘날까지 지속되어, 발전이 되었을 적에, 그 문화가 역사적으로 민족적인 의의를 갖는 거예요. 현재 우리들이 가지고 있는 것은 우리 민족의 유산이지만, 그건 박물관적인 거예요. 골동적(骨董的)인 것에 불과한 거예요. 그 문화하고, 오늘 우리들의 문화하고 연결성이 없어요. 단절이 되었어요. 이 단절은 우리 민족이 그 동안 민족적으로, 제대로 서 오지를 못했기 때문에 온 거예요. 그러니까 역사에 있어서 인간이라는 것을 상실할 적에는, 그 의식문제를 더 논할 바가 못 돼는 거예요. 그러니까 해방 후 오늘날까지 대학에서 '문화사'를 강의해야 한다고 외마디 소리를 고래고래 지른 지도적인 사람들의 의식은 의심스러운 점이 많아요. 이들은 우선 반성을 해야 합니다.

　오늘날, 한쪽으로는 그러한 저속한 문화사관만 외치고 있으면서, 또 한쪽으로는 민족을 얘기하는 이가 있거든! 이건 앞뒤가 맞지 않습니다. 맞나, 안 맞나, 그건 여러분들이 생각을 해봐주시면 될 것입니다. 이러한 점에서 구한말 국사교육이라는 것은 아예 출발부터 잘못된 것이라 하겠어요. 그리고 그 잘못된 것을 계승해서 — 일제시대에 있어서는 이건 부득이한 일이었지만 — 거기에다 가미한 문화에 대한 인식이라는 것이 곧 민족적인 것으로서 발판을 굳힐 수가 있느냐? 이것은 안 되는 거예요. 안 된다는 것은 내가 얘기하지 않아도, 사실이 이제까지 안 됐지 않았어요? 안 됐던 거란 말예요. 그리고 그러한 사관은 지금이 아니라도 언젠가는 함몰이 돼요. 몰락할 가능성이 많습니다. 그러니까 육당은 『조선역사』를 1940년대로 접어들면서, 『고사통(故事通)』이라고 이름을 바꿉니다. 요샛말로 하면 참 이런 걸 뭐라고 하지요? 요샛말로 둔갑이란 말을 쓰는데……40년대 즉 태평양전쟁 초기에 와서 둔갑을 해서 『고사통』이 돼요. 그런데, 이 『고사통』도 과거 우리나라 학자들이, 우리 역사를 쓸 적에 『고사통』이라는 말을 쓴 일이라도 있어, 거기서 따다가 썼으면 또 괜찮아요. 이것은 도쿠가와(德川)시대의 일본학자가 쓴 책 이름을 밀수입한 것이예요. 출처를 밝히지 않고 베낀 것을 우리는 밀수입이라고 해요. 적어도 우리가 학문을 하는 데는, 내가 이것을 어디서 가져왔다는 것을 밝혀야 할 책임이 있는 것입니다. 밝혀야 할 책임이 있어요. 그 책임을 회피하는 것은 좋지 않은 행위예요. 나쁘게 얘기하면 도둑행위란 것이예요. 그걸 우리가 좀 시니컬하게 얘기한다면, 이걸 밀수입이라고 그래요. 저것은 누가 밀수입한 거다 하는 그런 얘기를 너무 할 필요가 없습니다. 그런데 여러분들에게 이것 하나만은 꼭 첨가해서 말씀드리고 싶습니다. 저 사람은 웬 책을 그렇게 많이 봤길래, 그 박학한 육당의 속을 뒤지고 있나? 할 분이 있을지 몰라요. 우리가 공부하는 거라든지, 아는 것은 육당하고 비교하면 형편없어요. 비율로 말하자면 육당이 만(萬)을 가졌다면, 아마 내가 하나 가졌다고 할까요. 그런데 육당이 책은 참 많이 본 사람입니다. 일본책도 굉장히 봤어요.

여러분, 그 『하멜 표류기』란 게 있잖아요. 『하멜 표류기』를 『청춘』이라는 잡지 십 몇 줄에 실었어요. 그런데 그 번역은 육당이 한 게 아닙니다. 내가 50년대에 육당 선생 보고, "이거 누가 번역한 것입니까"라고 물으니까, "나도 거 잘 모르겠는데 미국 유학생들이 한 것을 옮겨 놓았다"고 그래요. 그러면서 "아마 이 박사가 하지 않았나?"라고 해요. 이건 또 협잡이예요. 이 박사가 미국 가서 굶으면서, 돈 얻어가지고 운동하기가 바쁜데, 언제 『하멜 표류기』 번역을 해요? 그런 말을 한 데에는 또 이유가 있어요. 육당은 그 때 이 박사가 대통령이 되니까, 잡문을 가끔 잘 쓰는 나를 이용해서, 아마 그런 얘기가 좀 대통령에게 알려졌으면 했던 것이예요. 잡문 쓸 게 따로 있지, 아무거나 쓰나요. 그러니 협잡이예요. 그런 것 뭐 이제 와서 따질 것 없고, 좌우간 미국 유학생들이 낸 잡지에서 옮겨쓴 것, 그것도 밀수한 것만은 사실인데, 그 번역문 꼭대기에다, 육당이 하멜 표류 당시의 우리나라 기록하고, 일본 기록하고를 망라해서 해설을 썼습니다. 이것은 훌륭한 거예요. 이것만은 훌륭해요. 일본기록에서 관련된 것을 싹 몰아서 정리를 해놓았어요. 이게 후일에 또 다른 이에게 가서 밀수가 된단 말이예요. 육당의 『청춘』지에서 봤다는 말이 있어야 할 텐데, 그게 없이 슬쩍 넘어갔어요. 이것도 또 밀수인데, 내가 또 하나 본 것이 있어요. 콜롬비아 대학에 사회과학연구소인가 뭔가 있다나? 여기 서울도 왔다갔다 하는 '레지아드'라고 하는 미국 친구가 『하멜 표류기』를 번역을 했는데, 그 친구가 여기 와서, 아마 젊은 친구들을 많이 만난 모양이예요. 와서 꽤 했어요. 꽤 했는데, 그 육당이 손질을 해 놓은 『청춘』지의 서론을, 이 사람이 보고도 못본 척 했는지 몰라도, 여하간 영어로 번역하는 데도 육당의 그 서론은 확실히 문제를 삼았어야 했는데, 레지아드는 그것을 싹 뽑아버렸어요. 이건 또 미국놈의 장난이예요. 그래, 참, 우리 역사를 보면, 일본놈 장난, 한국 친구들의 장난, 요새는 미국놈들까지 끼어서 장난을 하는 통에, 이거 참으로 책 보고 앉았으면 분통이 터져 죽겠단 말이예요. 그렇다고 내가 기운이라도 있으면, 콜롬비아 대학에 가서 멱살이라도 한번 잡을 텐데, 그 기운도 없구요. 그리고 여기에는 더한 얘기가 있는데, 이 이상 더는 얘기를 안하겠습니다. 여러분들이 『고사통』을 가서 보세요. 그러면 거기에 서문에 있습니다. 이 서문이 앞으로 문제가 될 것입니다. 될 것인데, 그 서문을 문제 삼을 분이 모르기는 해도, 아마 과히 없을 것 같아요. 어쩌면 내가 준비하고 있는 『근대정신사』에서, 그 서문을 문제 삼게 될지도 몰라요. 그런데, 사람이 게으르고, 남의 뒤나 쑤시고 있기 때문에, 될지 말지 합니다마는, 생각은 그렇게 하고 있습니다. 우리들은 구한말에서부터 이제까지 하나도 제대로 찾은 것이 없습니다. 우리 국사교육을 민족적인 입장에서 한다 하는 것을 말로만 외치지 말고, 기틀을 우선 잡아야 할 것이 아닌가 합니다. 여기 모인 분은 대부분이 학교 선생님들인데, 내 얘기는 여러분들이 들을 것이 아니라, 정부에서 정책을 담당한 고위 관리들이 좀 와서 들어주고, 참고해 주었으면 합니다.

그러면 이러한 국사교육 문제라는 것은 어떻게 다룰 것이냐? 나처럼 대학에서 끙끙거리고 있는 사람이 이걸 다루어야 하느냐, 그게 아닙니다. 이건 어디까지나 우선은 정책적인 면에서 다루어져야 해요. 첫째는 민족의식이란 것이 무엇이냐 하는 것이 일반적인 입장에서 다루어져야 할 것입니다. 그런데, 작년서부터 이 때까지 1년이 되었는데도, 이것에 대한 일반론적인 문헌은 하나도 나오지 않았어요. 이런 상황은 우리들이 무슨 일을 하든, 정신적으로 가장 위험한 일이예요. 바탕없는 일을 해요. 공중에 뜬 일을 하는 것이예요. 그 다음 둘째로, 역사교육이라는 것은 어디까지나 아카데믹한 사학에 기초를 두지 않으면 아니됩니다. 그러면 그 아카데믹한 사학이란 어떤 것이냐? 이에 대한 설명을 요새 외국 학계의 역사학의 동향에서 구한다면, 그것은 사회과학적인 인식을 위해서 문헌실증의 방법을 가지고 다루게 되는 것입니다. 가장 상식적인 생각을 가지고 움직이고 있는 미국 학자들도, 요새 와서는 이 점을 깊이 고려하고 있어요. 심지어는 요즘에 나오는 학생들을 상대로 한 일반적인 역사이론의 저작 속에서도, 이 사회과학에 대한 문제를 깊이 다루고 있습니다. 이 사회과학이라는 것은 우리나라에서 지금 일부에서 하고 있는 미국 사회학과는 엄격히 구분이 되는 것입니다. 그리고 지금 대학 교양학부에서 정치·경제·법제를 두루뭉수리를 해가지고, 그걸 사회과학이라고 하는 것도 내가 얘기하는 사회과학에는 해당되지 않습니다.

이것은 여러분들이 바깥 책을 보시면 또렷이 아실 수가 있어요. 그래서 요즘 우리가 보는 것 중에서, 미국의 젊은 학자 즉 40 고 무렵의 대개 소장학자들하고, 일본에서는 대체로 노장학자들이 생각하는 견해가, 우리가 받아들일 수 있는 생각이 아닌가 합니다. 이 사회과학이라는 것을 무식한 친구들은 사회과학 즉 Marxism·Leninism이라고 생각을 하는데, 이것은 도깨비 같은 생각이에요. 사회과학을 맑스주의니, 레닌주의로만 생각을 하는 것은, 일제시대 경찰이나 검찰에서 하고 있던 착각입니다. 그러나 일제 때, 사회과학이라는 말만 하면 저놈은 빨갱이라고 그랬어요. 그 따위 무식한 사회과학이라는 것은 상상도 할 수 없는 것입니다. 그러니까 사회과학이라는 것을 우리가 달리 좀 생각을 하자는 겁니다. 그런데 그 사회과학적인 인식을 한다는 것이 어떤 이론에만 맞추어서 들어가겠다는 얘기가 아닙니다. 문헌실증적인 작업을 통해서 걸러진 것을 거기다가 다시 맞추어 정리를 하는 것입니다. 그러니까 사회과학적인 인식이라고 해서 문헌실증적인 방법을 도외시하는 것은 아니예요. 그걸 뛰어넘고 하는 것은 비약이고, 경우에 따라서는 협잡이나 조작이 될 수가 있습니다.

그러면 또 셋째 번으로, 그 아카데믹한 사학에 관련시켜 생각할 문제가 있습니다. 요새 우리나라에서는 자꾸만 집단적인 연구를 생각해요. 모두 해야 몇 명쯤 모아놓고, 세미나하고, 손들고, 결정하는데, 세상에 이런 학문이 어디 있어요. 학문은 어디까지나 정신적인 것인데, 개인의 조건은 무시하고, 손만 드는 것으로 되나요? 이건 어떤 집단에서 미리 목표를 내세우고, 손 들어라 하면, 네, 좋소 하고 손 드는 것이예요. 그것은 말이 아닙니다. 그러니까 학문은 어디까지나 개인적인 연구를 토대로 해야 해요. 그렇기 때문에 우리 역사를 민족적인 것으로 바탕을 잡아서 재정립하는 데 있어서는, 단재 선생이 생각한 것과 마찬가지로 재주있는 젊은 친구들이 힘들여 공부해 가지고서 해야 할 것이에요. 개인이라고 하더라도, 우리처럼 나이 먹은 친구는 뒤로 물러설 줄을 알고, 30, 40, 50대 전후한 주로 젊은 친구들에 의해서, 개인적인 연구가 되도록 해야 할 것이 아닌가 합니다. 이들 젊은 친구들에게 가장 기대해야 할 일입니다. 그러므로 집단적인 연구라는 것은, 그 개인적인 연구를 좀더 발전시키는 데, 전개시키는 데, 협력의 기틀을 제공해야 할 것입니다. 그러나 우리나라에서는 공동연구라는 것, 집단연구라는 것은 볼 수가 없어요. 명색이 공동연구라 해서 사람 이름을 죽 내걸은 것이 있는데, 그것은 일종의 협잡이에요. 그런데, 바깥에서 나온 걸 보면 그렇지가 않아요. 미국에서 시카고 대학하고 스탠포드 대학에서 중국사상을 공동연구한 것이 있어요. 그 공동연구는 거기에 참가한 학자들이, 다 자기 개성에 의해서 부분적으로 연구한 것을 체계에 맞추어 4권으로 엮었어요. 우리가 본 것 중에서 아시아 지역에 관계된 것으로는, 그것이 제일 개성을 살린 집단적인 연구로서 받아들일 만한 성과를 가지고 있어요. 국사에 관한 집단적인 연구라고 할 때는 우리도 그 정도 흉내는 좀 내봐야 할 것이 아닐까요? 요새 출판사에서 원고료 한 200~300원씩 주고, 열 사람 것 모아 책을 내고는 신문에다 아주 모두 훌륭한 사람이 썼다고 선전하는데, 가끔 우리도 그런 것에 값싼 원고를 팔아먹어서 이름이 나오곤 하는데, 이 점 여러분들에게 미안합니다. 그런 것은 연구가 아니지요. 돈만 1~2만 원 주면, 어서 쓰라고 재촉을 해요. 그러면, 게 가만히 있으라고, 이따 주마 주마 하다가는 한 두어 달 후에야 주는 수가 일쑤지요. 돈을 받았으니 쓰기는 해야 하는데 잘 되지는 않고, 뒤늦게 안 쓰겠다고 하기도 안 됐고, 섭섭히 여기기도 할 테니까 쓰기는 쓰지요. 그래서 단재 선생에 대한 것을 써봐라 그러면, 싫든 좋든 그 전에 썼던 것을 되베끼기라도 해서 주는 수가 있지요. 그런 것은 연구가 아닙니다. 어디까지나 출판사에서 나를 알겨가지고 값싸게 팔아먹자는 것이고, 세상 현혹하게 하는 것이지요. 집단적인 연구라는 것은 대학이라는 곳에 근거를 두어야 하는 것입니다. 그러기 위해서는 국가권력에 의해서 행정적으로 이 문제가 다루어져야 합니다. 그러한 정책에서는 아카데믹한 사학의 기반을 대학에 두어야 할 것입니다. 이것 자꾸만 바깥에 끌고 나와서는 안 됩니다. 대학에 있는 선생들이 이러한 것을 공동으로 하든지, 개인으로 하든지 하면, 그것이 곧 강의에 반영이 되어야 할 것입니다. 그래서 그 성과가 사회적으로 제시될 때에는 정책적으로 그것을 이용해야 하지요. 그렇지 않고 정부가, 그럼 앞으로 너희들 돈을 얼마 줄 테니, 언제까지 원고를 써내라 하는 식은 안 됩니다. 그것은 출판사에서 책 낼 적에, 그것도 값싼 책을 낼 때에나 하는 짓입니다. 그러니까 어디까지나 이런 일은 대학 자체에서 해야 합니다. 그렇다고 이러한 일이 아무 때나 되는 것은 아닙니다. 원칙적으로 사회경제적인 기틀을 전제한 정신적인 한 개의 구조로서 이루어져야 하는 것입니다. 이 정신적인 구조가 오늘 우리들이 목표로 하고 있는 민족적인 과제가 됩니다. 이제 오늘 얘기는 이것으로 마칠까 합니다. 나도 지금 무엇을 다루고 있는 사람인데, 그런 것은 이렇게 해야 할 게 아니냐 하기도 무엇하고, 또 그런 얘기가 나의 독단이고 망발이 되는 것도 싫어서, 더 못합니다. 그래서 이 자리에서는 다만 이렇게 해서 민족적인 과제를 수행하도록 해 보는 것이 어떻겠느냐 하는 그런 정도로 해 둡니다. 내가 시간을 너무 많이 잡은 것 같습니다. 양해해 주십시오. 그리고 여러분들의 질문, 나는 아주 잘라 말씀드리겠습니다. 지금 질문받는다고 했댔자, 얘기는 갈팡질팡할 테니까, 질문 아예 안 받겠습니다.

　　<이 글은 선생께서 돌아가시기 거지반 1년 전인 1973년 3월 31일에 국사편찬위원회 강당에서 있었던 제1회 한국사 연구발표회에서 하신 주제 발표를 옮겨 놓은 것이다. 말씀의 투와 줄기에 손질하기를 되도록 삼가하였다. 여기에 옮겨 실을 수 있도록 편의를 베풀어 준 국사편찬위원회의 후의를 고맙게 생각한다. － 이종영>

(『인문과학』 32, 1974)

식민지적 사관의 극복

― 민족의식의 확립과 관련하여 ―

홍 이 섭

서

　사관의 문제는 역사인식의 기본과제로, 역사적 사실을 어떠한 정신기반 위에서 어떠한 방향으로 다룰 것이냐의 문제인 동시에, 오늘에 있어서는 우리들의 역사의식에 대한 하나의 시련의 과제로 가로 놓여 있다. 곧 한국사관은 국가, 민족이 겪는 현실적인 시련의 극복에 있어서 의식적인 핵심을 이룬다.
　일제의 침략(1875~) 식민지적 지배기(1906~45)에 있어, '식민지 조선'의 민족사에 대한 사실의 왜곡화 내지 물질, 정신 일체의 민족적인 것의 부정·말살정책은 현재적 내지 여기서의 발전적인 요소의 배제를 기도, 강행하였었다. 여기에서 남겨진 이른바 일제의 '조선사관'이 본질적으로 어떠한 현실 조작에서 이루어졌는지를 보는 데서 비판의 기준을 찾게 될 것이다. 일제는 '식민지 조선'을 강압, 통제, 약탈하기 위하여 즉 식민지 정책을 위하여 '한국사'의 본질과 기본성격을 왜곡 또는 말살하는 방향으로 다루었다. 이러한 제국주의 식민지 정책에서 배태된 인식체계를 일반론적인 역사이론에서 논할 수는 없을 것이므로, 이러한 데서 '식민지적 사관'이라고 지칭한다. 그리고 일반적인 말단, 기술론적인 한두 가지의 과제는 식민지적 사관의 논의에서는 분리시켜 보아야 하며, 여기서 일반적인 논의를 선행시킨다든지, 이것만에 의한 가치판단은 오히려 배격되어야 할 일이다.

1. 식민지 정책에 있어서의 역사의식

일제하의 한국인으로 하여금 민족의식에 입각한 역사인식을 불가능케 한 식민지 정책 때문에 당시 일제의 침략·탄압·약탈에 대결했던 구한말의 선각지사들은 뼈저린 몸소의 경험(이라기 보다 체험)을 통하여 일제정책에 대한 생생한 대결의식을 확립하였다. 더구나 대다수의 사람들로부터 교육기회(교육을 하는, 또 교육을 받을……)를 박탈한 식민지 교육정책으로 인하여 한국인은 자기에 대한 민족적 의식기반이 되는 역사의식을 지닐 기회를 상실하였다. 뿐만 아니라, 이러한 기회상실 속에서 소수인이 받은 식민교육의 영향으로 말미암아 자기인식으로서의 한국사에 대한 인식이 거부되었었다.

일제의 침략-약탈을 목격·체험한 기록인 박은식의 『한국통사』에서는

> 국가가 쇠약해감을 강성하게 할랴며는 인민의 어리석음을 깨우쳐야 하는데, 이러한 일은 교육을 하지 않고는 안된다. 그리하여 애국지사들이 인민의 계몽교육을 위하여 진력(盡力)하고, 주창하며 신문에 붓을 들어 각성을 촉구하고, 또 연설을 통하여 격려하였다. 이 때 서북·기호·교남(嶠南)·호남·관동 등 학회와 흥사단이 있었고, 학보로 『서북학보』·『보성교우보(普成校友報)』·『대한흥학회보』·『교육월보』·『소년잡지』·『공업계』 등이 있었으며, 교육사업에는……유길준·안창호·이승훈·이동휘……등 학자들이 그 머리를 짜고 재산을 기울여 한때의 사회조류를 이루며 인심을 격려하며, 국내 소학·중학·전문학교가 3천여 군데에 설립되었다. 거의 다 민간유지가 설립·경영한 것이다. 학도들이 몰려들어 공부하여, 급속히 정신적인 면은 발전을 보이었다.……서울의 보성학교·휘문의숙·협성학교, 평양의 대성학교, 정주(定州)의 오산학교, 안주(安州)의 안흥학교는 그 대표적인 것으로 볼 만한 것이었다. 만약 이러한 학교가 몇십 년 계속 발전할 수 있었다면, 문화의 발달, 민심의 통일을 굳게 기대할 수 있었을 것이다. 그러나 청천의 벽력이 내렸으니 학회는 그 싹이 무찔렸고, 대성·오산·안흥 같은 학교는 폐쇄당하고, 그 외의 나머지 학교들도 엄중한 감시를 받고, 교과서도 한국에 관한 것이라든지

이상적인 것을 가르치려던 것은 일체 금지하였다.

정신적인 기반으로서의 자주적인 교육에 탄압을 가하며, 동시에 『황성신문』, 『제국신문』, 『대한민보』, 『대한매일신보』(매수), 『공립신보』, 『경향신문』, 『합성신보』(금지), 『소년잡지』, 『서북학회월보』, 『대한흥학회회보』, 『공업계』, 『적삼보(赤衫報)』, 『보성교우잡지』(금지) 등을 괴멸시키었을 뿐 아니라, 다량의 책자를 박탈해다가 불살라 버렸다. 그 중에서도 일제는 한국인의 한국사에 대한 의식을 무찔러 버리려고 했다.

『초등 본국역사지지』, 『중등 본국역사지지』, 『유년필독』, 『동국사략』, 『을지문덕전』, 『이순신전』, 『대한역사』, 『최면암집(崔勉庵集)』……

이와 같이 직접 한국사의 인식만을 거부·배제하려는 데 멈춘 것이 아니라, 보다 광범히, 다른 외국사에서도 '독립'이라든지, '혁명' 또는 '망국사(亡國史)' 등 한 민족이나 국가의 역사적인 전환기에 있어 의식을 새롭게 할 전기가 될 것은 일체 배제하였다. 한국사 관계 서책과 함께 소화(燒火)된 것을 몇 가지 살펴보면 『음빙실문집(飮氷室文集)』, 『월남망국사』, 『미국독립사』, 『서사건국지(瑞士建國誌)』, 『이태리독립사』, 『이태리삼걸전』, 『법국혁명사(法國革命史)』, 『파란망국사(波蘭亡國史)』 등이 있었다. 이 외에도 건국·중흥 등 국가와 민족의 발전에 관한 것, 개인적으로도 발전을 기도하는 정신적 책자는 남김없이 몰아서 불태웠다. 이와 같은 금압책은 일반적인 노래에까지 확대되어 조국에 대한 뜻이 있으면 곧 조사하여 금지시켰고, 이러한 일은 한문교과서에까지 미쳤다.

더욱 『통사(痛史)』에서는

일본의 요시다 도고(吉田東伍)는 문학박사라, 그는 조선사를 없애버리자고 주장하고, 조선사가 있으면, 일본이 조선문화의 영향을 받았다는 것이 조선사를 없애서 그 자취를 쓸어 버리는 것만 못하다……(『통사』 제3편 52장 「한인지교육소지(韓人之敎育掃之)」, 154면)

라는 것을 인용하여 일본인의 횡포에 대한 일단을 소개하였다. 이어 박은식 선생은 이러한 한국사에 대한 말살책을 『한국독립운동지혈사』에서 다시 추상화하여 다음과 같이 요약 정리하였다.

> 대개 남의 나라를 망해 놓는 놈은 반드시 먼저 그 역사를 없애고, 그 국가 민족성을 단절시키었다. 일인이 우리 민족에 대해서도 우리 역사를 망치는 데 그치지 않고, 언어, 서적, 예의문물, 윤리, 풍속 등 일체를 진멸(殄滅)할랴고 했다.

이러한 사실에 대한 논리적인 근거를 새삼스러이 식민지 정책의 어떤 일반적인 원리에서 찾아야 할 필요가 없을 것이다. 그것은 식민지 피압박민족이 일반적으로 겪은 사실이었으며, 한국은 『통사』·『혈사』에서 거시(擧示)한 대로였다.

일제의 식민지적 교육정책에서 역사의식의 말살정책으로서의 한국사교육의 배제 내지 말살책을 보여 주는 가장 표본적인 예증은 『혈사』에 역재(譯載)된 『한국의 진상』(미국인 신문기자의 상해에서의 보고)에서 잘 나타나고 있다. 여기서 보여지는 바와 같이 일제 식민지교육은 한국인을 만들려는 것이 아니다. 일본인의 충복을 만들기 위한 것으로, 그 목적을 실현하기 위하여 사용된 방법이 그렇게 주도하고 잔인한 데에는 소름마저 끼칠 정도이다. 그 비인도적이고, 불의한 것은 참으로 전무후무한 일이다. 특히 한국역사의 교육은 절대 엄금하고, 1910년(합병시)에는 한국사를 기록한 책자를 몰수하여 태워버렸고, 책사(冊肆), 개인의 집을 조직적으로 하나하나 뒤져서 한국사에 관한 기사가 있는 것이면 모조리 태워버렸다고 한다. 기자가 서울에서 목격한 사실로, 한국인이 한국사 한 권을 가지고 있었다고 해서 범죄자로 취급되고, 자기나라 역사를 읽은 죄로 20일간 구수(拘囚)당한 벌을 받은 사람이 많았다고 하며, 자기는 이렇게 처벌을 받은 사람을 직접 만나서 얘기를 하였었다고 사실에 대한 증언을 하고 있다.

그리고 지금 한국 아이들이 국사 공부를 할 수 있음은 다만 총독부에서 편찬한 일본교과서 중에 끼어 있는 얼마 안 되는 사실(史實)뿐이고, 이것도 전부 교묘히 날조한 것이라, 한국 아이들에게 자기 조국을 경멸하는 생각을 갖게 하며, 일본에 대해서 칭송 경앙(敬仰)하는 생각을 갖게 하려는 것이라고, 핵심을 찔렀다.

2. 식민지적 사관의 구축 과정

이에 대한 조선총독부 자체의 정책을 보면, 1910년 식민지정책의 확대, 강화에 있어

> 조선에 가장 적절한 신정(新政)을 행하기 위하여 먼저 취조국을 설치하고 구관제도(舊慣制度)의 조사를 시키며, 함께 조선사편찬을 계획하였다.……이 구관제도조사사업은, 1915년에 중추원이 설치되었으므로 중추원에 특히 편찬과를 두어 조선반도사의 편찬에 착수하였다. 이것이 총독부의 조선사 편찬계획의 첫 걸음이었다.(조선총독부 조선사편수회, 『조선사편수회 사업개요』, 1938년, 「총설」 1면)

여기서 '조선반도사' 편찬이라는 명목을 지시한 것은 한국사의 성격을 우선 반도사로 축소시키려고 한 것이다. 1910년에는 한국사 교과서와 함께 발전적 역사인식을 부여하는 일체의 외국사관계 서책을 몰수하였다. 일제가 규정하는 반도사적 성격은 1916년 미우라 히로유키(三浦周行 : 교토제국대학 교수), 이마니시 료(今西龍 : 동대학 강사, 후일 경성제국대학 교수), 구로사카 가쓰미(黑板勝美 : 동경제국대학 조교수) 등에 의해 작성된 「조선반도사 편찬요지」에 나타난 바와 같이 일제의 식민지적 사관의 구축이론으로서, 교묘히 한국인 자체의 자국사에 대한 의식을 왜곡・말살코자 하였다. 그 요지의 일절에서

> 조선인은 다른 식민지에 있어서의 야만 반개(半開)의 민족과 달라 독서속

문(讀書屬文)에 조금도 문명인에 뒤지지 않는다. 고래로부터 전해지는 사서(史書)도 많고, 또 새로이 저작된 것도 적지 않다. 그렇지만 전자는 독립시대의 저술로서 현대와의 관계를 결하고 공연히 독립국의 옛 꿈을 돌이켜 생각케 하는 폐단이 있다. 후자는 근대조선에 있어 청일·러일의 세력경쟁을 서술하여 조선의 향배(向背)를 설명하고, 또는 재외 조선인이 쓴 『한국통사』와 같이 사실의 진상을 밝히지 않고, 마구 망설을 강조했다. 이러한 사적(史籍)이 인심을 혼란케 하는 해독은 참 형언하기 어렵다. 그러나 이것을 절멸(絶滅)시킬 방책을 강구함은 쓸데없는 수고가 될 뿐더러 혹은 그 전파를 격려하게 될지 모른다. 오히려 구사(舊史)를 금압하는 대신에, 공명적확한 사서를 내놓는 것이 첩경이며, 또 효과가 더욱 현저할 것이다. 금압은 이러함만 못하다.(동, 4~6면)

하였음에서, '조선반도사' 편찬은, ① 한국에 전래된 한국사 문적(文籍)은 독립시대의 저작으로 한국인에게 옛 독립국에의 회상을 하게 하는 폐단이 있으며, ② 박은식 선생의 『한국통사』는 '망설(妄說)'이라고까지 폭언을 하면서, ③ 이러한 사적(史籍)은 인심을 혼란케 하는 해독이 있으므로 그 절멸책을 강구함 보다, 그에 대신하는 '조선반도사'를 편찬하여야 하겠다는 것이었다. 금압·절멸책은 통감부시대에 교육정책으로 추진되고 이어 총독부로 개편되는 1910년에, 앞서 『통사』와 『혈사』에서 본 대로 신문·잡지의 폐간·금지와 함께 사서(史書)의 소화(燒火)로 절멸책이 강행되었다. 『통사』는 상해에서 간행되어 국내외에 퍼졌으므로 이것을 수집 소화할 길은 없었다.

일제 식민지 정책에서 역사의식의 문제는 ① 독립된 민족, 국가사로서의 전통적인 과거의 한국사 인식을 근본적으로 절멸시키겠다는 것이었고, ② 일제의 침략, 지배, 탄압, 약탈의 현대사를 합리화하기 위해 '병합의 은혜'를 내세우고, 이를 위하여 『통사』 내지 일제에 항쟁한 한말 사가들의 민족적인 강렬한 역사의식에서 나온 생애와 생명을 건 역사기록 일체를 금압하며, 일제 침략자를 선인(善人)으로 위증하는 역사로 조성하려고 하였다. 일제의 이러한 정책은 한국사에 있어서 원시, 고대단계에서 1910년까지의 역사인식에 적용된 것은 물론이고, 우선 총독부는 그들의 식민지 정책을 『시정 25년사』(일제 침략이 강력히 구체화되는 1904년부터 1933년까지)와 『시정 30년사』(1904~33, 특히 1933~40년을 계승 확충)에서 과시하고 있다(통감부와 총독부의 모든 조사·보고문헌이 일제 침략을 합리화하려는 반도사관의 현실적인 전개로서 제시되었다).

그러므로 고대사에서의 만주와의 분리작업은, 일제가 한국의 국권을 박탈하게 되는 1904~1905년의 러일전쟁 후, 남만주철도의 이권을 장악함과 동시에 설립한 남만주철도주식회사 조사부에서 문헌실증적 방법을 악용하여 조작한 『만주역사지리』(2책)와 『조선역사지리』(2책)의 연구보고와 때를 같이하여 추진되었다. 이 연구를 담당한 일제에 고용된 학인(學人)의 세부사항이나 말단문제에 대한 학적 운위는 별도로 하고, 일제의 이러한 역사지리 연구가 한국사에 대한 식민지적 사관에 무엇을 가져왔는지에 초점을 맞추어야 한다.

반도사의 편찬은 상고삼한·삼국·통일 후의 신라·고려·조선·조선최근세사 등 6편과 연표 등으로 추진되었으나, 1921년 조선사편찬위원회의 설치로 중지되었다. 그러나, 총독부의 일인 고용관리들은 한국사의 본질적인 민족사로서의 인식을 말살하며, 고대부터 반도는 한(漢)과 일본의 식민지였다는 조작된 상고사 편술로부터, 일제의 침략, 식민지화의 일련의 과정을 합리화하는 1910년까지의 조선최근세사를 조선사강좌 일반사(시대사) 강의에서 제시하였다. 그리고 이를 분류사·특수사·연표 등으로 보충하였다. 일반사 강의와 연표는 『조선사대계』라고 다시 표피(表皮)만을 개장(改粧)하기도 하였다.

그러므로 만주와의 분리작업으로 한국사를 반도사로 축소하고, 다시 반도 자체가 역사적으로 한국인의 독립기반이 되지 못하고, 북로·남왜(北虜南倭)의 식민지인 것으로 보며, 또 한편 대륙 한족사회에의 부용국가(附庸國家)로 규제하기에 바빴다. 이와 동시에 한국 민족의 성격도 역사적으로 규정하는 데 결연(結緣)을 지었으므로 고려사는 이족의 침략에 굴복하는 역사로, 또 조선사(이씨조)는 사화와 당쟁, 임진왜란과 병자호란, 양란 후 명에 대한 사대적 맹종의 역사로 규정함으로써 민족사의 성격을 왜곡하였다. 사상, 문화의 연구에서도 정작 보아야 할 본질적인 면, 발전적이고 의욕적이었던 정신, 혁명적 개혁정신은 등한시하고, 창의적인 문화소산에 있어서도 과학·기술면보다, 도자(陶

磁) 등 취미적인 감상에 머물렀다. 부분적으로 개인적 연구나 개인적 심취에서 한국문화의 우수성이 높이 평가되기도 했으나, 지배적으로는 예속적 관료들에게 독점되었다. 극히 제한된 그들에 의한 학교의 강의(퍽 비생산적인)에서도 총독부의 정책으로 왜곡된 견해만이 전면에 내세워졌으며, 그 결과가 세계를 상대로 널리 유포되었다.

조선총독부 자체가

> 조선사 편찬의 목적은……학술적으로, 또 공평무사한 편년사를 편찬하는 데 있지만,……본 사업의 수행에 대하여 일부 조선 사람 사이에서는 이것을 오해하고, 또는 경시(輕視)하는 바이어서……(동, 28면)

라고 말하고 있듯이 한국인 사이에서의 경시는 당연한 것이었다. 일본인이 한국사를 어떻게 날조했던가는 이미 간행된 일인측 책자에서 명백하여졌고, 비록 널리 공포될 수는 없었지만 『한국통사』와 『한국독립운동지혈사』 및 구한말의 지사, 선각학자들의 역사적인 기록을 통해 전통적인 사서를 통한 것보다 더 많이 한국사에 대한 올바른 인식을 할 수 있었고, 또 그들이 몸소 겪고 있던 일제의 침략, 식민지 정책 및 1919년의 3·1운동의 경험을 통해 일제의 『조선사』 편찬을 달갑게 생각할 수 없었음은 당연한 일이었다.

1930년 제4회 위원회에서의 최남선(위원)과 이마니시 료(今西龍:위원)와의 질의응답에서도 『조선사』에 대한 현격한 생각의 차이를 보여, 만주를 지역적으로 분리시키려는 일인측의 교묘한 답변과 어떻게 하든 민족사적인 데에로 끌어가려는 견해의 상충이 나타났다.(동, 45~47면) 제6회 위원회(1933)에서도 최남선은 일본의 『삼정종람(三正綜覽:연표, 日曆推算)』을 신라 통일기(조선사 제2편)에 적용하는 것이 잘못임을 지적하고, 동명왕 기사에 인용된 『삼국유사』의 '석유환국(昔有桓國)'이 '환인(桓因)'으로 된 것은 후대 사람이 '국(國)' 자를 고치고 지워 '인(因)'으로 된 것이니 이러한 것은 신중히 다루어야 할 것이라고 경고했다[동, 57~69면, '국'의 '인'으로의 개찬(改竄)에 대한 연구는 문정창, 『단군조선사기연구』, 1966. 참조]. 그러나, 최남선의 문제제기는 일방적인 말에 그치고, 조선사 편수는 총독부의 정책대로 추진되어 1938년 『조선사』는 본문 35권까지 완간되었다. 여기서 사료 조작의 일단이 끝났으니, 역사적으로 저항 투쟁의식을 말살하기 위하여 한국사를 정치적 권력쟁탈의 역사로 전개시켰으며, 권력층이 이미 자기 위주로 조작해 놓은 것을 충실히 정리한 데 불과하므로, 한민족으로서는 사회의 하부구조, 민족 대중의 실제 생활면이라든지, 정신·문화면의 실제 이해는 전혀 배제되어 있다. 결국 정사(正史) 위주의 일등사료주의에 따른 편년체식 정리를 통해, 여타의 보아야 할 제 문제의 인식을 거부한 것이다.

3. 식민지의 현실적 인식

앞서 약론(略論)한 대로 일제 식민지 정책에서 이루어진 왜곡된 한국사관을 비판적으로 극복하기 위해서는 먼저 일제 식민지 정책의 이해가 전제되어야 한다. 식민지 정책은 당시에는 거의 우리들의 손에 의하여 분석·비판되기 어려웠다. 이 때문에 식민지사회는 후일 그 식민지 지배를 벗어나서도 쉽사리 식민지적 잔재-유제를 폐기·극복하기 어렵고, 점진적인 개혁에 장시간을 요하며, 때로 자유로운 작위(作爲)·사유과정에서는 동떨어진 인식착오를 범하기도 쉽다. 식민지적인 과거에 대해 향수를 갖기도 하며, 일제정책을 도리어 합리화하기도 한다. 이러한 그릇된 인식은 곧 역사의식의 결여 때문에 식민지시대를 올바로 이해하지 못한 데에 근본 원인이 있다.

식민지에 대한 기본정책은 경제적인 약탈에 있다(여기에 대하여 구미의 식민지 정책 학자들은 각양으로 자기 현실을 중심으로, 또 때에 따라 편의주의적 해석을 하지만⋯⋯). 일제가 한국침략의 발단에서부터 식량·기타 원료를 값싸게 약탈하려 했다는 것은 1876년 조약 후 이어 1945년 후퇴할 때까지 지속되었던 사실이다. 이 결과 한국인은 민족적으로 궁핍화·이농·파멸되었다. 이러한 경제적 파멸 속에서 일제와의 타협, 주구화를 통해 일부 자기자본의 형성이 있었으나, 이러한 것은 어디까지나 개인적인 데 불과했다.

일제는 자본의 침투, 이식에 있어 군사적인 협박, 침공, 정치적 음모, 협잡으로 국권의 박탈・편입・탄압(학살의 자행)을 강행하고, 이러한 식민지 지배정책에 있어서 민족적 저항 - 투쟁의식을 말살하기 위하여 '민족의식' 말살정책을 강행하였다. 우선 민족의 적극적 성격을 배제하기 위한 방법으로 우수성의 절멸에 집중하였다. 우리 문화[과학, 기술학, 무예, 사상, 문학, 예술……에서의 우월성은 고대부터 지니었고, 근세 이씨조선의 경우에도 임란후 일본에 왕래한 우리나라 통신사 일행이 일본에 가서 문화적으로 여러 면에 걸쳐 우리 우수성을 과시했었다. 통신사의 기행에서만 보아도 명백한 사실이다.『해행총재(海行摠載)』를 보시오]의 우수성의 일본에 대한 과시를 억제, 말살하기 위한 방책을 강구, 감행하였다. 여기서 우리 민족이 민족적으로 취약하다는 것을 조장하고, 본질적으로 그러하다는 것을 과장・선전하였다. 그리고 식민지 정책에의 습복(慴伏)・예속화・동화 등을 통하여 민족의식을 말살하려던 정책은 군경에 의한 무력적인 탄압과 식민지적 교육을 통하여 감행되었다. 그러나, 보다 폭넓고 전체적인, 그리고 독서 지식층을 합리적으로 속이려는 기본 방책의 하나는 역사의식의 배제 문제였다. 이러한 작업은 식민지교육에 있어 정신면에서의 골자를 이룬다. 물론 의식을 제약하고 결정하는 언어에 있어서의 일본어교육과 그 사용의 강요, 모국어 교습의 제한・감축・폐지, 사용의 억제・금지에까지 이르렀음도 역사의식 문제와 동일한 것이다.

식민지 정책에 있어서 일제가 서구의 예를 추종하여 진행한 식민지 전통문화의 조사・정리 및 그 역사적 연구 이해는 식민지 민족의 전통문화유산을 계승 선용하기 위한 것이 아니라 식민지 민족의 정신적인 제어에 그 근본 의의가 있었다. 박물관의 경영・고적조사(역사인식의 왜곡화를 실증화하는 데 목적의식을 두었다), 전통문화의 이해[주로 민간신앙 문제가 많이 다루어졌으며, 보호해야 할 것은 오히려 방임, 자연 소멸케 한 것이 많다. 현재 무형문화재로 보관・영속에 경주하고 있는 것, 무술(武術) 등……이 그러한 것이다]는 식민지 통어의 한 자료로서 정책적으로 필요한 최소한의 것이었고, 일반으로는 이러한 것은 애상적(哀傷的) 복구의식을 조장하여 실질적으로는 현실에 대해 애상적으로 만들고 취약화 하도록 하고자 했다.

과거적인 봉건제하의 문화유산을 정체적인 것으로 단정하며, 풍자적인 건강한 면은 배제 묵살하고, 체념적인 조건(이것은 사회의 퇴폐에서 기인한다기보다는 봉건제하에서는 공통적으로 볼 수 있는 것……)을 민족적으로 퇴폐적이라고 단정하며, 근대적인 작위(作爲)에의 이행을 저지하고자 하였었다. 전통에 대한 이해에 있어서는 전통적 기반으로부터의 근대적인 데로의 전개가 단절된 것으로 멸시하고 일체를 폄하하기에 급급하였다. 여기에서 배태된 '한국문화'에 대한 비판·평가부터 배제되어야 한다.

식민지적 사관은 서상(敍上) 제 문제의 정신적인 기반이며, 역사적인 논리가 되는 것이었다. 서구제국주의 선행국가의 정책을 면밀히 수용·이용한 일제의 한국사 왜곡화정책은 일제 한국침략의 역사적인 제 단계와 함께 이해하여야 할 중대한 과제임을 부정할 수 없다.

4. 식민지적 성격의 극복

식민지적 사관의 극복은 사회, 문화, 정신면에서 광범하게 잔혼을 남기고 있는 일반적인 성격의 배제와 함께 시도되어야 할 일이다. 1906년부터 1945년까지만도 40년간이 되는 일제 식민지 정책이 남겨놓은 식민지적 성격은 무기와 법망, 교육과 또 정책적인 탄압(때로는 학살), 협박, 매수 등에 의하여 이루어진 것이다. 그러한 제 방법과 정책으로 이루어진 일차적인 것은 다시 전환·재생산되고 확대되며, 침략적인 지배자로서의 식민자에 대해 피식민자는 또 습복(慴伏)·예속화하고, 모방·추종을 통해 자기를 소외하며, 식민지적인 성격을 함축한다. 이러한 상황에서 왜곡된 역사인식은 정책적인 외피(外皮)로의 제 방법에 말려 들었고, 또 거기에서 탈각하지 못하며, 때로 그것을 권위화하였다.

가. 일제정책의 비판과 일본의 '한국 연구'에 있어서의 의식방향

식민지 현실의 인식은 곧 일제정책의 비판이다. 말하자면, 오늘날의 우리들은 1945년까지의 한국이 일시기 일제의 식민지이었다는 역사적 사실을 망각하지 않고, 그 시대를 비판적으로 또렷이 보아야 할 것이다. 필자는 이 시대를 잠정적으로 '식민지시대'로 규정해 볼 것을 시론한 바 있지만(「한국 식민지시대사의 이해방법」, 『한국사의 방법』, 133~152면, 원 『동방학지』 7, 1963)

……사실대로 일제의 식민지이었던 사실(史實)을 종합적으로 따져야 할 것이다.……식민지 지배기구이었던 (전)조선총독부와 그 산하 각 기관의 공적 보고서와 관계자들의 개인적인 보고는 연구론자의 종합적인 재분석·비판을 통한 검토에 있어……(『한국사의 방법』, 133면)

각 저자의 인식방향 - 관점(사상)을 명확히 살펴보고, 보고·논저의 역사적인 조건과 거기에 흐르고 있는 목적의식과 그를 통해 볼 수 있는 사실의 적출이 긴요하다. 너무나 당연한 논리이지만, 여기서 일제 식민지하의 한국인의 민족적 동향으로서, 경제생활·교육·문화면에서 낙후된 단계에 억압된 사실과 현대에로 발전할 조건을 거부당한 빈곤에 억압된 상태, 즉 그러한 정신적 상황에서 작위(作爲)로의 민족운동을 탐색적으로 이해하게 될 것이다.(상세한 것은 박은식 선생의 『혈사』를 보시오) 이 때의 사상조류로는 민족독립을 지상의 목표로 삼은 전통적 민족진영이 있었고, 또 한편에는 코민테른의 지시에 의하여 민족독립(공산주의에서는 식민지 '민족해방'이라 했던……)과 계급혁명을 동시에 이루려고 하였던 공산진영이 있었음을 함께 이해해야 할 것이다. 다시 누언(屢言)이 되지만, (1) 정치 : 침략과정, 식민지 지배체제=통감부 - 총독부의 확립에 따른 식민지 정책의 강행, (2) 경제 : 토지조사에 의한 한국인 소유권의 박탈, 이에 따른 한국인 상호간의 소유관계의 혼란을 빚어 상호항쟁을 조장, 미작(米作) 제일주의 체제의 확립·강화, 이것을 기반으로 하는 원료의 약탈(획득이라고 하면 지나치게 순리적인 서술이라 하겠다), 상품·투자시장, 종국에는 병참기지화(아시아대륙 침략에 따른……), (3) 교육 : 언어문화의 말살, 동시에 역사의식의 배제, 한국사의 인식체계의 왜곡화, 민족적 의식의 절멸, 일본사 교육으로 대체, 이로써 한국인에게 남겨진 것은 자유의 박탈, 경제·문화적 궁핍, 낙후, 그리고 여기에 식민지적인 성격을 끼치었다. 그러나, 이러한 이해는 1930년대의 소산으로서, 민족적으로 일제에의 항쟁의식은 1910년대의 강압의 암흑기, 1920년대의 사상적 대결을 거쳐 1930년대에 와서 일단 전개된 시야에서 이해된다. 『사회과학대사전』(1933, 일본 개조사 간. 조선관계 항목에서 식민지 조선의 역사적 내지 식민지 현실의 비판적 인식), 스즈키 고헤에(鈴木小兵衛)의 『최근의 식민지정책·민족운동』(일본 자본주의 발달사 강좌, 1933), 히사마 겐이치(久間健一)의 『조선농업의 근대적 양상』(1935년 간), 『조선농정의 과제』(1943년 간), 도하다 세이이치(東畑精一)·오카와 가즈시(大川一司)의 『조선미곡경제론』(일본학술진흥회 1935년 보고, 1939년 간), 이청원의 『조선독본』(1935년 간, 식민지 조선의 사회·정치·경제의 분석에서 식민지 조선인의 생활을 현실적으로 따져 보려고 하였다), 호소카와 가로쿠(細川嘉六)의 『식민사』(1941년 간, 스즈키 고헤에의 영향과, 총독부의 『시정25년사』, 『30년사』에 의거한다), 이여성·김세용 공저의 『숫자 조선연구』(1930년대로 접어 들면서, 일제의 통계를 민족 중심의 방향에서 재정리한다. 식민지하의 조선의 동향을 숫자적인 데서 찾고 있다).

식민지시대의 이해는 이러한 제약된 제 문헌을 통해 구체적으로 일제 치하에서 한국인의 민족적인 의식·행동이 어떠하였으며, 그 정책이 한국 민족의 정상적인 생활·전개를 허용하였느냐의 여부 여하를 바로 인식할 때, 한국인의 자국사에의 인식이 식민지하에 있어 어떠한 상황에 처해있었는가가 스스로 밝혀질 것이다.

그런데, 우리들의 한국사 이해에 있어, 일본의 '한국 연구'의 의식과 그 태도는 일률적으로 악의에 찬 표현으로 나타나고 있는 것이므로 비판적인 배제만이 요구될 뿐이다.

역시 1960년대에 들어 서면서 '근대 조선'을 연구한다는 곤도 쇼이치(近藤釗一)는 일본의 '독선의식'(일본이 식민지 조선에 혜택을 주었다는 생각)과 한국의 '민족의식'을 완전히 파헤쳐 가는 것이 '조선 근대사료 연구'의 가장 큰 과제라고 하였는데, 이 말은 얼른 보면 가장 정당한 말 같고, 공평하고 냉정한 과학적인 방법같이 생각되지만, 먼저 배제되어야 할 일본인의 독선의식을 한국의

'민족의식'과 한데 섞어서 주물러 버리려고 한 데에서, 일인이 '한국 연구'에 스스로를 제약하고 있다.(필자는 「일본의 한국 연구 상황」, 『한국사의 방법』, 153~64면에서 이러한 몇 가지 사례를 소개한 일이 있다). 이러한 일례에서 보더라도 일본의 한국 연구는 일제시대의 한국사에 대한 그들의 식민지적 사관을 버리지 못하고 있다. 쓰보에 산지(坪江汕二) 같은 사람은 일제시대에 조선에 와 있던 경찰관으로서, 『조선민족 독립운동 비사』(1966년, 개정증보)에서 일제시대 일인들이 지녔던 조선 멸시감에 찬 악의의 서술을 하고 있음은 역시 같은 실례로, 일인들의 한국 연구에서 유의할 조건이 된다.

나. 민족의식의 문제

결론적으로 남아 있는 문제는 곧 '민족의식'일 것이다. 오늘 우리들에게 잔흔을 남기고 있는 식민지적인 성격을 역사인식면에서 따질 때, 즉 '식민지적 사관'을 어떻게 극복하느냐에 귀착된다.

그러면 오늘 한국사 인식에 있어 무엇이 식민지적인 것이냐? 요는 일제시대부터 8·15 이후 오늘까지의 한국인이 지니고 있는 한국사의 인식 서술을 일제시대 일인들의 '조선사' 관계 연구 소산과 비겨 보는 데서 규정될 것이다. 반도사관이나, 또 고대사를 외족침략 - 그 식민지사로 보려는 조작과 함께 일인들이 독선적인 문헌비판과 합리적 연구라고 하는 것에 의해 한국사의 사실을 위축된 반도사관으로 부정적인 결론을 내렸다든가, 특히 근세사를 사화 당쟁, 임진왜란, 병자호란으로 규정하며, 사대적으로 폄하……한 것 등이 그것이다. 바꾸어 말하면, 한국에 있어 '식민지시대 정신사'의 구조화에서, 보다 명료화될 것이며, 시야를 좁혀서 식민지시대에서 현재에 이르는 한국사의 인식사(연구사)의 구축에서 자명화될 일이다. 그리고 우리 근대의 선각지사의 사가들이 한국 민족에 대한 자기의식의 표현으로 기록한 사서를 통하여 일인의 저작과 한국인의 한국사 이해를 검토하는 데서도 밝혀질 일이다. 꼭 구명해야 할 긴한 연구과제이다.

지나간 식민지하의 한때의 오류는 시간의 경과에만 기대할 것이 아니라 정책적으로도 앞서 지적되어야 하며, 비판·지양될 문제이다. 문헌실증적인 판단으로만 객관화하여, 우리 이해를 위한 의식적인 조건을 유실해서는 안 되며, 그리고 문헌실증에 의한 몰가치성만이 역사의식의 기본정신이 될 수 없음을 재고해야 하지 않을까 한다. 한국사의 전개에 있어 우리들이 유실치 말아야 할 민족의 형성 전개와 함께 국가의 건립과 발전에 따라 민족적으로 우리들의 생이 어떻게 영위되어 왔는지를 밝히어야 할 것이다. 이에 따라 생활사에서 남기고 끼친 문화유산의 수계(受繼)문제를 또렷이 밝혀야 한다. 동시에 19세기 후반부터 자본주의 침투의 선도로서 일본 자본주의의 침략, 그 제국주의 단계에서 한국을 식민지화한 일제의 침략, 식민지 지배사는 그에 대결한 한국 민족운동과 함께 다루어질 때, 일제가 뿌려놓은 식민지적 사관에 의한 한국사의 왜곡·날조가 밝혀질 것이고, 이 위증의 배제가 곧 식민지적 사관의 제1단계의 극복이 될 것이다.

(『아세아』 1-2, 1969)

민족사학의 과제

홍 이 섭

서

민족사학이란 표제를 내걸지 않아도, 또 굳이 '국사'라고 지적하지 않고도 오히려 개념이 뚜렷한 '한국사'란 표제를 써 우리들의 역사의식을 민족사의 방향에서 심화시켜 그 전개를 한국의 사상사(보다 정신사)적 과제로 다루게 된다면 한국사학의 주체성과 자립성은 확립될 것이다.

현재(1945~1965)와 같은 국제적 분립 속에서 서로 다른(이질적이라고 하여 둘까……) 정치현실이 규제하는 데서 지니는 민족의식의 역사성은 이후 어느 때가 되면 반드시 두 개의 이질적인 의식으로만 다루어지지는 않을 것이다. 오늘날 우리들이 인식하는 한국사의 인식구조에 있어서 사학사적인 비판적 검토는 그 자체의 소임이기도 하지만, 앞으로 다가올 시간에 있어 우리가 민족·역사적 과제로 비판의 대상이 될 때 현대 한국을 얼마나 타당성있게 이해시킬 것이냐를 생각하는 것은, 시간의 영원성이라는 면에서 볼 때 그리 먼 뒷날의 과제는 아닐 것이다.

1. 한국사학의 근대적 이해

한국사학의 근대적 기점의 탐색은 한국 연구에 있어 근대사학(서구적) 방법의 선구적 적용을 어디에서 찾을 수 있느냐의 문제일 것이다. 여기에는 한국근대사가 지니는 사회적인 특질로서 외래자본주의의 침략 내지 식민지적 지배체제의 확립에서 오는 민족의식 말살정책에서의 자극에 대한 반발과 식민지 정책에서 온 역사의식의 왜곡화를 전제로 하게 된다. 여기서 근대적 방법이라 해도 왜곡화되고, 민족의식을 부정적인 방향에서 다룬 것을 부정할 수는 없다. 20년간의 한국사의 인식은 실증적 작업에 있어서 부분적으로 기초적인 면에서는 어느 정도 과학적인 성과를 얻고 있으나, 그 자체에 대한 배격적 비판이 감행되지 못한 데서 민족의 역사적인 발전의 이해를 저해하거나 또는 문헌 이해에서 불합리한 면을 노정하고 있다. 그러한 것을 권위 내지 사회적인 연관관계로서 투명하게 처리되지 못하는 데서 한국사 이해에 있어서 뚜렷이 '민족'문제를 주체적인 것으로 세우지 못했던 것이다. 이러한 제 현상이 무엇보다 식민지시대를 경과한 '민족적 비극'의 소산이었던 것을 돌이켜 생각할 때, 현대사학의 기본적인 제일의 과제가 치밀한 문헌고증에 의한 실증에 있다 하더라도, 그것이 의식의 왜곡화에서 온 형식 또는 위장이었다면 이러한 형식만에 치중하기보다는 바른 역사의식이 더욱 문제가 되는 것이다.

A. 서구인의 한 저작

이렇게 본다면 한국 이해에 있어 먼저 근대사회의 의식과 안목에서 한국의 현실을 목도하고 그 속에서 생활하며 사회·문화·정신의 비판적 인식, 당시 한국의 실재에서 얻을 수 있는 역사적 이해(이것은 문헌보다 한국인의 정치 현실에 대한 불만에서 온 비판을 통해서 얻을 수 있는……)와 조화시킨 종합화된 인식은 19세기 전반기의 서구 자본주의를 보던 안목과 역사의식을 바탕으로 한국사회의 실상을 기록으로 제시한 프랑스 신부들이 외방전교회에 보낸 서한들을 정리한 달레(Ch. Dallet)의 『한국교회사』(*Histoire de l'Eglise de Coré*, 2vols, Paris, 1874) 서론에서 살펴볼 수 있다. 여기에서 그가 말하는 한국사회에 대한 역사적 이해는 서구인의 합리적 이해만이 아니라, 한국사의 근대적 이해의 기점을 이루고 있다. 이것은 1874년 간행 직후 한국침략에 있어 한국을 이해하기 위한 문헌으로 일역이 되었고, 2차대전 후에는 미국에서 영역, 소비에트에서 러역(장차 전문 완역이 될 것. 영역은 이미 1930년대 서울에 와 있던 영국인 선교사에 의해 기도되기도 했으며 2차대전 후에도 그러한 기도가 있어 역시 장래 완역될 것이 아닌가 한다)이 된 것으로 그「서설」은 봉건제 한국사회를 이해하는 데 중요하게 이용되지만, '민족지(民族誌)'적 구조라는 이유로 왕왕 도외시되어 왔다.

B. 일본인의 연구

20세기로 접어들어 일본이 러일전쟁 후 한국에 침략적 지배기구를 세우며 만주의 이권을 장악하고 그 재력을 배경으로 한 만주의 조사 연구와 함께 한국 연구에 손을 대었다. 그런데 일본은 청 금문학파의 '고문(古文)' 부정의 연구방법의 밀수에 따른 중국문헌의 비판적 부정(소위 문헌의 고등비판)에서 한국에서도 역사적 인식보다도 문헌을 비판·부정하고, 역사적 사실을 왜곡화하여 북부의 한족사(漢族史)에 부용화하고, 남부 일부 지대의 일본에의 부용화를 반증하기에만 힘썼다. 그뿐 아니라 한국사 전체를 구조적으로 부용적 내지 퇴영적 민족사로 이해하여 쇠망의 필연성을 찾으며 식민지적 수탈을 그 사관에 직결시켰던 것이다. 이른바 일본인의 근대적 방법에 의한 한국사의 조작적 연구였다. 역사문헌 특히 왕조사적인 기록이란 후대 왕조의 고용 기록자에 의한 조작·왜곡에 의해 전왕조에 대한 후계왕조 창건의 합리화에 이바지하려 한 것이 주지의 사실인 데도, 그 조작·왜곡화의 비판적 재검토를 통해 선행적인 역사사회의 구조적 인식을 시정하지 않음에 따라 이러한 일련의 쇠망론은 결국 한국사의 주조(主潮) 인식에 소원해지고 말았다. 이러한 점에서 한국사에 대한 일제의 부용적 식민지사관은 중국측의 한국 관계 사적 제 기록에 보이는 왜곡과, 삼국사에 대한 김부식의 서술태도, 고려사에 대한 이씨조 자체의 기록의 자의적 난산(難刪), 수찬(修撰) 문신들의 착간(錯簡), 도서맹단(倒叙盲斷)의 흔적, 이어 관료적 유가들의 또한 예속적인 사관과 결연되었음은 이미 신채호 선생이 조선사총론(=한국사 방법론)에서 지적 비판한 바 있다. 이러한 신채호 선생의 사학사적 방법이 역사문헌의 비판적 검토에 애용되지 못했다 하더라도, 주조를 벗어나게 하는 조작・왜곡은 관련된 연구과제에서 개별적으로 처리된다면 해소는 시간문제였을 것이다.

그러나 해소에 앞서 일본이 강력한 한국 침략정책을 추진할 무렵에 체계화된 하야시 다이스케(林泰輔)의 『조선통사』는 이미 『동국통감』과 『국조보감』에서 왜곡된 것보다도 더욱 쇠망사로 형성하였을 뿐 아니라, 공식적으로는 현채(玄采)의 『동국사략』이 그 체제를 수용하고, 뒤이어 최남선의 『조선역사』에서도 한국사의 시대구분과 구조에 있어 하야시의 영향을 부정하기 어렵게 추종한 흔적이 보인다. 『조선역사』에서 최남선은 그의 고전 지식과 원시적 단계의 설명에서 맨체스터 학파의 문화전파설로 도장(塗裝)하였는데, 설의 출처를 제시하지 않아 독창적인 견해인 것처럼 보임으로써 『조선역사』의 서술 전 체계가 독창적인, 선구적인 것으로 보였다. 이러한 일종의 도장책에는 민족사를 정신적으로 고지(固持)하지 못할 조건을 스스로 내포하고 있었던 것 같다.

하야시의 통사 저작과 함께 이미 총독 치하의 조선 현지에서 이루어지고 있던 시라토리 구라키치(白鳥庫吉) 등에 의한 『조선사강좌』, 이어 조선사편수회의 『조선사』의 편찬을 통해 한국사 인식체계의 왜곡화 작업은 확대되었다. 해석・견해의 문제에서 보다 기본적인 데로까지 체계화를 보이게 된 것이다. 더욱 사료의 독점적 이용, 연구발표의 독단은 '한국사' 교육의 폐지와 어우러져, 한국사를 일본사와 일본사에 부대(附帶)시킨 무용화하고 극소화된 1, 2의 단편적 지식의 삽입에 불과하게 했다.

일제는 1930년대로 접어들면서 1931년 만주침략을 감행함에 따라 만주가 한(漢)민족의 영토가 아니라는 역사적인 반증을 들기 위해 만주의 역사적인 연구에 집중하였다. 침략정책을 내세우기 위한 만주사의 체계화 작업은 또한 만주지역사를 한 민족・국가사로 구축하기 위해 고구려사를 밀수하며 발해사를 중간에 삽입하고, 요(遼)・금(金)으로 청대사로써 만주사를 꾸미는가 하면, 만선사 체계 운운하는 야노(矢野仁一), 이나바(稻葉岩吉) 등은 한국사를 개조하는 제2단계 흑작질에 나섰다. 이러한 일본인의 '만선사관'의 장난은 일찍이 시라토리가 남만주철도주식회사 조사부의 '만주 역사지리'와 '조선 역사지리'를 합하여 '만선 지리역사 연구보고'로 내놓을 때에 이미 배태된 것으로, 여기서 사용된 문헌실증주의라는 고증적 방법이 한국사 연구에 있어 일본인이 처음 근대사학의 방법을 적용하였다고 하는 것이다. 이와 함께 호화로운 고고학적인 제 보고, 특히 고적도보(古跡圖譜), 특별보고를 부용사관의 반증적인 자료로 보고하고 있는데, 그에 대립된 견해를 제시하여 시정코자 한 한국측 학자가 신채호, 정인보 선생이었다.

경성제국대학의 이마니시(今西龍), 오다(小田省吾), 이나바(稻葉岩吉), 스에마쓰(末松保和) 등의 강의는 학문적으로 식민지적 부용사관의 재생산에 경주하였다. 이마니시의 『조선사의 간(栞)』의 「조선사개설」에 보이는 쇠망적인 한국사관에서의 퇴영성(退嬰性)에 의한 필연적인 쇠망이라는 논고는 거듭 고려사에도 내비치며 이러한 견해는 미시나(三品彰英)의 『조선사개설』에 계승되었다. 미시나의 개설은 이러한 점에서 일본인의 식민지적 부용사관을 총체적으로 집약화한 문헌으로서 주시할 것이다. 이와 달리 스에마쓰의 『임나흥망사』는 조선의 남부지대에 일본인이 발을 붙인 것처럼 보려는 것이요, 그가 집필한 『조선사의 길잡이』는 한국에 대한 일본의 침략적 지배를 조선사가 필연적으로 도달하게 될 사실로서 보려고 하는 것이었다. 이러한 왜곡된 사관은 일제의 정책으로서, 와타나베(渡邊勝美 : 보성전문 교수)는 근대에 있어 일본의 침략과정이 한국을 개국하는 데 기여했다고 보고, 다보하시(田保橋潔 : 경성제대 교수)는 더 치밀한 연구를 통해 사실을 밝히면서도 일본 침략정책의 골자에 가서는 흐려 버리며, 책임전가를 꾀하였고, 이어 총독정치의 일부까지 논급하였다.

C. 민족사관에 있어 정신과 행동

역시 한국인에게 새로운 역사의식을 심어 주고 그것을 심화시키며 또 행동으로 직결시키게 한 것은 1896년에 간행된 『독립신문』에서 찾게 될 것이다. 독립정신에서 민족의식을 지니게 하고 함께 민권을 주장하게 하는 데 있어 행동으로까지 이끌었던 것이다. 서재필 박사는 잠시 독립·민권의 의식을 이 땅 사람에게 이식하여 주고, 조국의 배반, 국제적인 압력으로 부득이 고국을 떠났으나 민족사관을 수립할 근대적 기반을 마련해 준 것이었다.

일본의 침략정책에 따라 한국은 국제적으로 고립화되고 1906년에는 침략적 지배기구가 확립되게 되는데 이와 동시에 한국인은 일본의 침략에 대한 항쟁을 광범히 전개하였다. 곧 의병의 투쟁인데, 이 투쟁은 민족운동의 전투 기반이었고 앞서부터 지녀 온 일본침략에 대한 반항정신과 결부되었다. 이 항쟁의 분란기(紛亂期)에서부터 식민지하에서의 전 항쟁기를 통해 민족의식의 역사적인 기반을 구축하는 작업에서는 다음의 몇 분을 보게 된다(원래는 19세기 중엽에서부터의 정신사적 구조로서 근대사상사의 주요 과제로 다루어야 할 것이나, 여기서 달리 초점만 볼 것이다).

① 장지연

사상·학문 계통으로는 양명계 유학자로서 1864~1921년 사이에 일제의 침략과 그 지배에 항거하며,『조선유교연원』과『일사유사 逸士遺事』등의 저작과 저널리스트로서 일제에 항거하며 남긴 문자는 한국근대사의 사실을 알리는 동시에 당시 그의 민족적 역사의식의 함축을 보이고 있다.『유교연원』은 한국 근세 유학사의 개척적인 체계화로, 여기서는 유가(儒家)의 한국의 역사적 현실에의 의식과 행동을 삶이라 하며,『일사유사』는 대중적인 평민의 역사적 소임을 발견코자 한 것으로, 장지연의 정신을 표현하는 두 개의 대표적 문헌이다. 19세기 후반기 이후에도 지성적인 세계는 유교적인 데 머물러 있었으나 자기시대의 인식에 있어 민족적 의식을 함축시킨 학자들도 많았다. 그 중에서도 송상도(宋相燾) 같은 이는 역시 장지연과 같은 유형이되, 역사의식면에서는 퍽 현실적으로 앞질러 있었음을 그의 평생이 걸린 유일한 저작인『기려수필(騎驢隨筆)』에 수록된 의병·독립지사들의 약전(略傳)의 현지 조사에서 볼 수 있다. 그러나 장지연이 일선에서 운동한 것과는 달리 송상도는 기록자로서의 자리에 머물렀다. 그가『기려수필』을 통해 민족운동사의 이해에 기여함은 민족의식의 역사적 전개를 통한 식민지시대 민족적 사관의 한 모습을 보여주는 것이다.

② 박은식

양명계 유가이자 저널리스트로서 근대 한국인이 민족의식과 민권의식을 갖게 하는 데 절대적인 공로자이다. 그가 남긴 『한국통사』, 『한국독립운동지혈사』는 일제 침략에 따라 쇠퇴 박탈되어 가는 조국의 운명, 역사를 상기(詳記)하기에 힘쓰고, 곧 침략자에 대한 항쟁운동을 밝혀 소개하였는데, 특히 『혈사』는 1919년 3월 1일 거족적 항쟁시위와 그 전국적인 파급 사정을 세밀히 보고하여 일제의 악독한 행악과 그에 항거하다 핍박당한 것을 여실히 전해주고 있어, 사실 자체를 통해 민족적 의식을 강조하였다. 그의 양명적 지(知)·행(行)은 그가 망명중에 『통사』와 『혈사』를 간행한 데서 보여주고 있다. 민족운동의 사실은 현재로는 ㉠ 일제의 보고, 경찰·군의 검거, 정보기관의 조사보고, 재판기록 ㉡ 제3국인의 기록, 저작 ㉢ 『통사』와 『혈사』 같은 한국인 자신의 기록을 통해 검토 추출되어야 하겠는데, 이 3자가 합칠 수 있는 부분과 그 어느 하나나 둘에서 추정할 수도 있으나 대체로는 ㉠의 기록에 의거하는 경향이다(여기에는 자료가 비교적 많이 남아 있어서……). 이러한 점에서 『통사』와 『혈사』는 의병에서 3·1운동에 이르기까지의 당사자의 사실 보고로서 민족운동사의 이해에 주도적인 소임을 한 것이었다.

③ 신채호

일경에 잡혀 1936년 여순에서 옥사할 때까지 국내에서 또 망명지에서 한국민족사의 왜곡된 인식의 시정과 민족독립의 정신을 앙양·고취하기 위하여 독립운동과 그 주도적 인물의 발굴·인식에 주력하였다. 한국사와 같이 외국사를 탐색함과 함께 구한말에는 『독사신론』을 통해, 다시 해외에 망명해서는 『조선상고사』를 저술하고 그 서설 '한국사총론'을 통하여 민족사의 방법을 제시하였다. 『조선상고문화사』, 『조선사연구초』에서는 중국적 사관에의 도전을 통해 고대사관을 전도적(轉倒的)으로 재인식하여 고구려 민족사를 문헌학 합리적으로 해석하였다. 또한 반도사적으로 위축된 민족사관의 파괴적 비판을 통해 고려사의 잘못된 인식을 불식하였다. 묘청의 북벌의식, 최영 장군의 요동출병에 이르기까지의 고려의 북벌론은 왕건의 고려 건국에서만이 아니라, 반도사적 신라사회에 반기를 든 궁예도 논리적으로 그러하여 후고구려의 의도가 왕건에게 그대로 계승된 것으로 보았다. 요동출병을 반대한 이성계의 '사대교린'책은 이씨조의 역사적 성격을 규정하였다. 이씨조 유가들의 강목(綱目)사관 - 한족 중심주의 사관에 생포·함몰됨을 통렬히 비판한 신채호의 민족사관에서는 역사적 문헌의 비판과 또 그것의 정신적 비판에서 부용적 사관 극복을 제창하였다. 이와 함께 고구려의 을지문덕, 고려의 최영, 조선의 이순신 등을 민족적 위기를 배제한 용감하고 유능한 민족적 영웅으로 보아 3장군의 전기를 따로 남겼다.

함께 정인홍(鄭仁弘)을 역사적으로 다시 보고자 한 데서 그의 민족사의 창조적 재인식 체계를 미루어 알 수 있게 한다. 단재가 옥사(獄死)함으로써 좌절되었으나, 한국사학에 끼친 민족사관의 수립과 방법론적 제시는 소화적(小華的) 자아관에 매몰된 조선시대 유교적 관료학자의 제 업적을 통렬히 논박하기에 이르러 안정복의 『동사강목』, 한치윤의 『해동역사』가 문제가 되었다.

단재사학을 보다 체계적으로 정신사적으로 전개하고자 시도한 정인보 선생의 『5천년간 조선의 얼』은 단재사학이 상고사의 체계에 머무른 것이었다.

④ 최현배의 『조선민족 갱생의 도』와 국어학

1925년에서 1930년에 걸쳐 정리·발표·출판되어 1920년 후반기의 한국인에게 널리 민족의식의 비판적 역사적 이해는 물론, 여기에 근거해 국어학을 체계적으로 전개한 최현배 선생의 『우리말본』(한국어 문법의 체계화)과 『한글갈』(정음학, 국어음운론 내지 국어학사)의 체계는 단순한 '언어 민족주의'적인 소산이 아니라 『조선민족 갱생의 도』에서 이미 구조화된 민족의식의 역사체계 속에 뿌리를 박고 있는 것으로 식민지시대의 민족사적 이해의 한 자리를 확고히 구축한 것이었다. 여기서는 서상(敍上)의 다른 문헌에서 기도한 바와는 달리 민족의식을 언어의 실상에서 추구하였다. 흔히 국어학에서만 문제되는 최현배 선생의 국어학적인 체계적 전 업적에서 민족의식의 역사적인 포착을 놓쳐서는 안될 것이다.

⑤ 유물사관적인 제 업적

이와 함께 1930년대에 있어 의식과 방법을 달리하는 맑스주의 학도들의 한국사의 인식이 문제가 된다. 이는 백남운·이청원·이북만 등 몇 사람의 업적에서 볼 수 있는 것으로 백남운 씨의『조선사회경제사』·『조선봉건사회경제사』(상)에서는, 특히 전자가 신채호·최남선 같은 이의 민족사관을 특수문화사관(문화전파설)에 의한 인식이라고 비판은 하고 있으나, 일제에의 반제적 항거의식에서 다분히 한국문화의 민족적 특수성(광휘 또는 우수성)을 민족주의사가들의 필치에 못지않게 감격적인 찬양을 하고 있다. 이청원의『조선독본』이 민족주의적인 것을 시민적 내지 파쇼화 경향으로 비난하면서도 역시 식민지 치하의 사회경제의 실태를 분석함에 있어서는, 민족적인 것을 가르기에 주력을 하여 반제국주의적 관점에서 배격·비판하고 있다. 또 이여성·김세용의『숫자 조선연구』에 있어서는 편저의 사상 경향 여하를 떠나 식민지사회 전체적인 문제를 침략적 지배수탈자로서의 일본인의 식민지 진출에 대비한 한국인의 민족적인 궁핍화 내지 낙후·정체성으로 구명하기에 이르렀던 것이다. 유물사관의 자리에서 한국을 다룬 일련의 사람들은 보다 현실적인 사회·경제의 사적 구명과 이해에 집중하였다. 이러한 사실은 해방과 더불어 대립 양분할 사상적 조건을 내포하고 있는 것이기도 하였지만, 무엇보다 한 민족의 한국사회를 두 국가로 분립시키는 데서 급속한 분리가 이루어지게 되었던 것이다.

2. 식민지시대의 이해 문제

이제까지 우리는 한국사 이해의 근대적 방법 내지 민족사관의 형성의 일단을 살펴보았고, 이와 함께 의식적으로는 왜곡화된 근대적 방법과 일제정책에 항쟁하는 민족사관 내지 유물사관적인 데 있어서도 반제적인 민족의식을 불식하지 못하고 소지하고 있었음을 보았다. 다음의 문제는 한국사학에 있어 위에서 서술한 근대사학의 입지적인 조건으로서의 식민지시대의 이해이다. 즉 현대 한국사학의 가장 긴급한 일은 식민지시대사의 인식과 그 구조화를 위한 방법의 제기일 것이다.

　먼저 시대 성격을 규정하는 명칭부터가 문제된다. '암흑기' 또는 '민족적 위기', 혹은 '민족항쟁기' 등으로 별 이론 없이 자의적으로 써 왔다(관념적인 것도 아니다). 식민지시대라는 용어는 그 시대를 규정하는 성격이 정치・경제면에서는 어디까지나 식민지적인 성격을 부정할 수 없고, 사실상 식민지 지배체제하에 있었음으로 이 규정은 역사적 성격을 잡는 데 있어서도 타당한 명칭이지만 어디까지나 제국주의 정책의 자리에서 그 관점에서의 용어인 것도 전제하여야 한다. 또 이것은 주관적 피지배적 - 피식민자의 자리에서는 저항투쟁사로 보게 되나, 저항・투쟁을 촉발하는 침략정책, 지배・식민지 정책을 보다 현실적으로 구조적으로 이해함으로써 민족적 투쟁사 - 민족운동사의 본질적인 문제가 구명되는 것이므로 상대적으로 생각하여야 할 것이다.

　그렇다면 절대적으로 식민지시대사 - 민족운동사(투쟁적으로 볼 때는 '해방투쟁사'로 형성될 것이다)로 상대적으로 보아야 한다. 현재까지 식민지시대 주로 제국주의의 식민지 정책의 본질적인 문제를 전면 또는 부분적 혹은 특수문제에 한정한 허다한 보고서와 제 연구가 있으나 이것을 이용하는 데는 여러 가지 문제를 내포한다. 사상적 인식각도, 지향하는 목표, 작성연대(시대적인 조건), 작성자의 사회의 조건(국적, 민족별, 계층, 직업 등)이 문제될 것이며, 이미 세간에 제시된 문헌과 비밀문서 또는 이루어진 문헌이 지니는 제 여건에 의한 제약을 고려하되 우리들이 그것을 다루는 경우 어디까지나 한국 민족의 전체의 자리를 좁히지 않으며, 인류사에의 연관성을 손실치 않아야 할 것이다. 이러한 조건에서 가려지는 또 파생되는 제 조건을 가장 합리적으로 다루는 데서 개개 문헌의 이용도를 최대한으로 높이며, 배제할 것을 최대한으로 확대함으로써 정선되는 문헌의 조작・왜곡화를 시정하고, 일탈 또는 가리워진 행간의 사실을 구명해야 할 것이다. 이러한 관점에서 허다한 제 문헌을 다루는 데 우선 문제삼을 몇 개의 문헌을 보더라도(오히려 이것은 입문적인 기초적 이해를 도울 것으로……) 대체로 1932년 무렵에서 해방 직후인 1947년 사이의 약 15년간의 소산을 주시하게 된다.

(1) 일본 사회사상사, 『사회과학대사전』(개조사 판), 1932

조선 관계 항목이 집필자에 따라 차이가 있다. 그 당시로는 주시할 견해의 집약화였다.

(2) 스즈키 고헤에(鈴木小兵衛), 『최근의 식민지정책·민족운동』(岩波, 일본 자본주의 발달사 강좌 소수), 1933

이 소책자는 전문 59면이나 이후의 저작에 절대한 영향을 주었다. 여기서는 일제의 식민지 정책의 본질을 찌르고, 함께 민족운동의 방향과 상황을 보고 있다. 당시 발금(發禁) 개정되어 문제가 되었었다.

(3) 도하다 세이이치(東畑精一)·오카와 가즈시(大川一司)의 『조선미곡경제론』(일본 학술진흥회 제6소위원회 보고), 1935, 1939.

당시 조선 미곡생산에 대한 일본제국주의 정책의 합리화, 조선미의 일본시장의 입장에서의 조절을 위한 것.

(4) 이청원, 『조선독본 - 조선 사회와 그 정치, 경제 생활』, 1936(일본)

전게 생략

(5) 호소카와 가로쿠(細川嘉六), 『식민사』(현대일본문명사 10), 1941

일본의 군파쇼 세력이 강하게 작용할 때의 일본제국주의 식민정책에 대한 전반적인 논의로서, '조선' 지방을 문제삼는 데 있어 주로 조선총독부의 기록에 의하여 총독부의 관점에 따르고 있으나 (2) 스즈키(鈴木)의 책자에 근거하였다.

(6) 히사마 겐이치(久間健一), 『조선농정의 과제』, 1942

이것은 주로 강압·수탈적인 식민지 지배의 초기에 있어 강압적으로 때리고 짓누르는 농사정책(일본 자본가에 의한 수탈의 뒷받침으로……)을 일본인 경험자의 입을 빌어 논의하였다. 그러나 일제 말기의 군 제일주의의 시대라 저자인 히사마 씨는 헌병대의 강압에 따라 조선총독부의 소작관 자리를 내놓고 조선농회로 옮겨 앉게까지 되었다. 식민지 정책을 사실대로 알기가 이만큼 어려웠던 점을 이 한 사례에서 볼 수 있다. 바른 이해에 개재한 난점을 배제하는 것은 그 시대를 이해하고자 하는 데에서만 문제가 됨이 아니므로 비교 검토를 위하여 일정(日政)하의 제 문헌은 사소한 지편(紙片)까지라도 수집 집결되었어야 한다. 그러나 한국의 현 상황에서는 이미 기회를 상실하였으므로 향후 미국과 일본의 제 수집과 그 지역에 보관된 일제 식민지안(植民地案)에 관한 미공개 문헌의 이용에 기대함이 크다.

⑺ A. J. Grajdanzev, *Modern Korea*, New York, 1944.
이 연구는 카이로 회담에서의 '조선'을 적당한 시기에 독립을 시킨다는 결정에 대해 독립 능력의 유무를 조사 보고한 것으로, 1906년 이후의 일본의 한국에 대한 지배 수탈, 민족적으로 독립을 위한 투쟁 등이 갈등을 이루었으나 현대 한국이 독립할 자격이 있다는 결론을 제시한 것이다. 카이로 회담에서의 국제적인 결정에 대한 실제적 보고로서 현대 한국의 정치적 전환에 기여함이 큰 중요한 문헌이나, 그라쟌제프가 본 식민지시대의 개관적인 결론에 대해서는 재비판할 여러 문제를 스스로 내포하고 있다.

⑻ 전석담·이기수·김한주 분담집필, 『일제하의 조선사회경제사』, 1947
⑵ 스즈키·⑸ 호소카와 계열에 속하는 저작으로서 해방 직후 민족적 입장에서 일제 식민지 사회경제의 비판·분석·검토 작업을 심화·확대한 것이다. 스즈키·호소카와 정도의 간략한 민족운동에 대한 소묘로서 일제하의 역사적 이해를 돕고 있다.

일본의 식민지 지배의 공개적인 선전책자가 비판적으로 다루어진 것은 1930년대였고 그것의 말기적 정리는 1940년대 전반부터 45년까지 이루어지며, 그것의 종결적인 비판 정리는 45년에서 50년을 하한으로 하고 있다. 그러나 위에서 서술한 시험적 또는 대표적 문헌의 관조(역사적·민족적)에서 ⓐ 정치적으로 국가권력의 박탈을 통한 일제의 식민지 지배정책으로 ⓑ 법적인 억압보다

ⓒ 경제적인 제한없는 약탈정책이 결과적으로 민족의 궁핍화 내지 빈곤으로 몰아넣었으며, ⓓ 정신문화에 있어 궁극적으로 민족적 말살정책을 역사적으로 구명함에 있어서 민족 대중의 정신과 행동에 있어서의 저항의 역사가 문제되는 것이었다.

이 식민지시대 이해의 지표로서 비로소 전체적인 민족운동 내지 식민지 치하의 민족의식 - 역사의식이 논의되게 되며, 이어 1920년대 이후 민족운동의 새로운 양상으로 민족진영의 조직화, 아나키즘과의 결탁, 보다 전투적인 행동화를 볼 뿐 아니라 반제적인 계급의식에 따른 농민·노동계급의 조직화의 심화를 볼 수 있다. 그리고 그 투쟁의 극대화는 코뮤니스트 진영의 민족진영과의 연합과 분리의 정책을 통해 분화되어 갔다. 또 이 대별한 두 진영의 운동의 대내적인 추이와 해외에서의 국제적 추이의 연관성의 국내에 대한 작용은 일단 45년의 해방으로 단락을 지운다. 해방 이후 역사적인 한 전환점으로 식민지적인 질곡이 지양되어야 했으나, 그 때까지 지닌 여러 문제들을 제 조건을 가리어 극복하기에 앞서 정치사회의 격동으로 인해 과거적인 조건을 가리어 볼 순간적인 여가가 없었다. 이러한 결과, 다시 여기에서 결과된 오늘의 한국 민족의 역사적 단계는 식민지시대의 역사적인 소산이기는 하나, 그 역사적 이해를 자의적으로 왜곡할 수도 없고 해서도 안 된다. 이는 두 지역으로 분단된 오늘의 두 개의 대립적인 사상의 결산으로서 현대 한국의 역사적 선행조건임에 문제가 되는 것이다.

3. 분립된 현대사의 과제

한 민족 한 국가였던 데서 단일민족이라고 하였으나, 현대 20년의 역사는 그 미래에 있어 한 민족 한 국가가 될지 또는 한 민족 두 국가로 될지의 추이 여하는 현재까지로는 국제적 정치세력에 의해 분립되었다는 그 사실에서 그러한 현실적인 조건이 절대시되고 있다. 그러한 데서 1950년의 동란도 초래되었으나, 현재는 역사적인 시간에서 보면 한국의 민족적 결정에 따를 문제이며 '현대'는 그 과도 - 진행중의 한 시기로서 미래에의 출발이고, 그 준비단계임을 재인식하여야 할 것이다. 고대에서 삼국사를 분립 항쟁 사관에서 처리할 것이냐, 군소사회 - 다(多)에서 3으로, 3국에서 단일사회로의 사회사적인 발전사관에서 볼 것이냐 하는 그 방향에 따라 우선 고대사관의 이해에 있어 각도와 인식체계를 달리하게 될 것이다. 후대에 단일 신라사회라는 관점에서 북방의 발해사회를 오히려 한국사에서 분리시킴으로써 발해사를 중국사적인 데 방치한 것과 한국사의 체계에서 열 짓지 못한 역사적인 조건을 다시 검토해야 할 문제이다. 통일신라의 반도사적인 성격에서 배태된 결과가 후삼국의 항쟁이었으며, 왕건의 정신과 활동, 이씨조의 요동출병을 부정하는 위화도회군의 시대적 성격은 격동하는 현대 한국인의 역사의식에서 망각하고 말 과거의 한 사례로서 한담의 대상이 되는 데 그쳐서는 안될 것이다. 이어 임진란 - 병자수호조규 - 을사조약 - 식민지시대 - 한일조약의 체결에 이르는 한국의 대일 접촉사, 내지 중국 대륙의 역사적 방향이 반도사의 성격을 규정해 왔던 동부아시아의 역사적 조류를 휘어잡느냐, 그 주류 밖에 서느냐로 결정지어졌던 이씨조사의 성격에 대한 국제사적인 재평가는 한국 '현대사'의 미래상을 규정하는 길잡이가 될 것이다. 그렇다면 현대 우리들의 미정리된 한국사의 단편적 이해에서 지닐 수 있는 잡다한 견해로는 현대사의 인식에 있어 방향을 잡기 어려울 것이다. 이러한 분산적 견해의 초점에서 잡아돌려야 할 것이, 중국중심주의 사관에 의해 도외시되고, 식민지시대에 있어 위장적 정책에 의해 지각(志却), 오히려 질시(嫉視)되었던 민족사관의 문제이다. 그러나 여기서 경시못할 것은 치밀하고 객관화된 합리적 실제주의 정신이다. 그러한 기반 위에서 전개될 우리 민족사관의 형성에 의해서만 현대사의 제 난제가 극복될 것이다.

결

오늘의 한국사학의 한 방법으로 근대적 이해의 출발 내지 이미 제시된 민족관의 시대적인 조건 그 방향을 검토하고, 다시 그 시대적인 조건 - 식민지시대의 역사적 성격의 이해로부터 현대 한국의 역사적 소임을 생각하고, 거기에서 다시 민족사의 미래상을 잡기 위해서는 한국사의 전 인식체계를 한국 민족의 생성과 발전적인 방향에서 재검토해야 할 것이 아닌가 한다. 그렇다면 일시적으로 분립되어 있는 현대 한국의 역사적 단계를 보다 명확히 규정해 볼 필요가 있다. 민족·민족주의 등의 개념의 논정(論定)에 있어서도 서구적 과거의 규정에 사로잡혀서는 안 될 것이다. 이제까지 긍정·부정 양면에서 국제정책의 일면에서 이용되어온 이론도 비판적으로 다시 다루어져야 한다는 데서, 이 문제는 이론과 실제면에 있어 한층 더 난제인 것이다.

(이미 수년래에 단편적으로 한두 학보, 간행된 책자들에서 언급한 것을 속되게 재론했을 뿐이고, 착간(錯簡)과 미숙함을 어떻게 배제할 것인가가 선결문제가 된다.)

『세대』, 1965년 10월호)

민족자주사관의 확립

— 한국사의 새 관점 —

홍 이 섭

민족과 역사

　어떤 한 국가의 역사를 살펴보는 데는 한 민족이 형성한 국가이건 여러 민족이 형성한 국가이건 간에 그 국가의 역사의 주인공으로 활동해 온 민족을 먼저 생각하여야 됨은 되풀이할 필요조차 없다.
　아시아 지역에 있어 한국 민족의 활동은 곧 한국사의 주류였던 것이나, 가깝게 이씨조선시대만 보더라도 역사를 알아보려는 학자들이 역사를 이해하는 테두리와 방법을 중국 것에 맞추어 보려 했고 거기서 주동적인 것을 왕실과 관료들의 행동에서 찾으려 하였다. 그러므로 『조선왕조실록』이나 『국조보감』에서 이씨조 역대군주를 중심한 왕조사를 볼 수는 있어도, 민족 또는 국가의 역사는 실록 등에 남아 있는 여러 가지 기록을 다시 새로이 해석하여야 하며 해석하는 입장을 민족 또는 국가에 두어야 할 것이다.

한국 민족의 생존

　한국사를 보는 사람이나 다루는 사람들이 흔히 그르친 것이 있었으니 곧 한국문화의 특이한 우수성에는 놀라면서 한국 민족의 생존한 내력을 제대로 보지 못한 것이다. 또 한국의 자연을 아름답다고는 하지만 이 고장에 생존해온 한국 민족의 우수한 면보다 나쁜 면을 강조하는 예가 많았고 또 좋지 못한 면을 보는 것이 어떤 사물을 바로 보는 것이며 그러한 관찰이 과학적인 것처럼 여겨왔다. 현재도 이렇게 생각하는 경향이 꽤 남아 있다. 이와 같이 한국 민족에 대한 관찰이나 이 민족이 살아온 역사의 전 과정이 이제껏 제대로 이해되지 못하였다.

이 사실을 좀더 구체적으로 말한다면 한국 사람들이 일찍이 요하·알타이 산맥·홍안령 산맥으로 선을 긋는 동쪽 지역 즉 만주벌에서 활동했고 다시 남으로 따뜻한 반도로 옮겨와서 살게 된 경로를 끊어서 한국사 하면 활동지역을 꼭 반도에만 한정지우려는 데서 한국사의 본연의 모습을 잃기 쉬웠고 어딘지 반도에만 집착하려는 소극적인 면이 지배적이었던 것처럼 보이게 되었다.

이러한 위축된 견해에서 왕왕 반도 안에 남아 있는 몇 가지 문화적인 유산만을 들고 그 자랑스러운 창조성과 아름다움만을 찬양하다가는 그 문화를 이룩한 사람이 누구였느냐 하는 반문에 어리둥절하게 되는 수가 없지 않다. 아마 오늘도 신라시대 건축 공예의 자연스럽고 균형잡힌 치밀한 아름다움에 놀라고는 있으나 신라사람들의 정신과 솜씨는, 통합 발전하던 신라사회의 정치 경제의 안정과 풍족을 기반으로 한 데서 창조적으로 이룩되었다는 생각에는 거리감을 갖고 있다.

예를 신라문화에서 보았지만 그 후 역대 사회의 모든 문화가 이와 같이 구비된 조건을 바탕으로 하고 이룩되었을 뿐 아니라 그 문화의 창조자인 한국 민족의 재주있는 솜씨와 그 치렁치렁한 자연적인 성품을 다시 새겨, 한국사의 주동이 된 이 민족의 생활에 남기고 갔다는 것을 이해하는 데서 빛나는 문화의 주인을 되찾게 될 것이다.

근대에 와서 일본제국주의의 침략으로 약탈과 예속을 강요당한 짧은 시기의 한 사실만으로 민족적으로 자기를 과소평가하는 데서 자칫하면 전 역사가 망한 민족의 역사로서 잘못 해석되기 쉬웠다. 그러나 어찌 문화만이 세계에 자랑할 수 있는 빛을 남기었느냐? 한번 다시 생각할 문제이다.

중국중심주의 정신

한국사의 이해에 있어 신중히 깊이 생각하고 다루어 보아야 할 한 문제는 흔히 무엇을 좀 안답시고 과거의 한국인의 정신이나, 또는 현재의 정신을 '사대주의'란 말을 써서 한 마디로 한국인을 후려때리는 일이다. 이렇게 말 한 마디로 후려치는 것은 남이 그래도 문제인데 저 자신이 걸핏하면 '사대주의' 때문에 망했다고 하려면, '사대주의'란 말을 둘러대기에 앞서 과연 역사적으로 이 민족이 사대주의였느냐, 그토록 외세에 종속적이었더냐 하고 한 번쯤은 따져보아야 할 일이다.

이씨왕조 창건 당시 조선이 대명관계에 내세운 외교정책의 표방이 곧 '사대'였고, 그 관계기록이 현재도 『사대문궤(事大文軌)』라는 이름을 갖고 남아 있으나, 이것은 어디까지나 의례적인 것이었고 사대에 있어 오늘 흔히 쓰는 사대주의로 망했다고 할 정도로 종속적이지는 않았다. 여기에는 일부 선비들이 유학공부에 있어 유학사상을 받아들여 배우는 데 있어 조선의 국가사회에 잘 조화시키며 비판적으로 다루었어야 할 것을 무조건 절대화한 점이 없지 않았다. 여기서 제일 문제가 되는 것은 고려말 조선초에 있어 주자학을 받아들일 때 우리나라 학자들로는 좀 이해하기 어려웠던 것을 애써 공부하면서 왕조가 바뀌게 됨에 따라 주자학을 정치의 근본사상으로 삼으며 서울에 학당과 성균관을 두고, 지방에는 향교에서 공부하고 연구하게 하였다는 점이다. 이 공부에 있어서는 먼저 『소학』과 『통감강목』을 배우게 하였다. 『소학』은 『대학』 공부를 하기 위한 첫 단계의 교과서로 중국의 유학적 수행의 초보적인 교육이라 하겠다. 여기서 중국의 성인·군자를 추앙하는 정신이 뿌리를 박았고, 『통감강목』은 흔히 『통감』이라고 하지만, 원래는 중국 송나라 때의 『자치통감』이란 역사책을 주자가 간추려서 만든 것을 송나라 때의 한민족(漢民族)들이 북방민족들에게 몰려 남으로 옮겨가자 한민족의 역사를 한민족을 중심으로 해서 가르치려고 만든 일종의 한민족사의 교과서였다. 이러한 한민족의 정신을 강조한 것은 앞서 『자치통감』에서 짙게 나타났었지만 요약된 『강목』에서는 더욱 간결히 볼 수 있었다.

조선시대는 물론 오늘까지도 『통감강목』을 읽는 이들은 그 속에 맥맥이 흐르는 한민족의 중국중심주의 정신에서 떠나 우리 민족의 살아온 전 과정을 역사적으로 어떻게 하면 한국 민족 중심으로 밝혀 볼 수 있을 것인지를 생각했어야 했다. 이씨조선시대의 유형원・이익・정약용 등 몇 사람을 빼고는 『강목』 속에서 헤어나오지를 못했다. 이 한 가지의 잘못에서, 우리 역사를 우리의 현실에서 보지를 못하고 남의 자리에서 또는 남의 틀을 빌려서 짜본 데서 역사를 바로 보지 못했다.

이어 이씨왕조가 일본제국주의 침략에 시달려 망할 무렵 우리 한국의 지사 선각적인 학자들은 과거의 그런 그릇된 사관을 통렬히 비판했으나, 일제에 망하게 되자 내 역사를 내 손으로 바로잡을 기회마저 놓쳤다.

일본제국주의 식민지 정책

여러분은 대부분 1945년 해방 후에 출생하여 식민지 통치의 욕되고 쓰라린 맛을 모르겠지만 식민지 정책이 뒷날까지 끼친 좋지 못한 여러 가지 면만은 한 번 생각하고 알아 두어야 할 일이다. 때로는 실감이 없다고 하지만 역사적인 사실로서 인식을 할 필요는 있을 것이다.

식민지에 대한 연구는 한두 가지 외에는 전부 식민지를 지배하던 나라의 학자들이 한 것으로 여기에서 식민지 통치를 받은 민족이 그 얼마나 해독을 받고 있는지는 아직 제대로 밝혀지지 않고 있다. 침략 통치를 하던 식민지 지배자들은 고작 동화정책을 논하여 어떻게 하면 피지배자들이 식민지 통치에 종속할 것인가를 들고 있을 뿐이다. 그러한 것을 민족 자주의 자리에서 가리어 밝히고 이것을 널리 세계에 알려야 할 책무를 지고 있는 사람이 곧 우리들이 아닌가 한다.

일제는 한국에 대한 식민지 정책으로 다른 제국주의국가의 약탈과 마찬가지로 민족의 정신마저 약탈・말살하였다. 정신적인 데서 먼저는 민족성이 뒤틀어져서 못되었다고 악선전하였으며, 일상 생활하는 데서 무시를 하며 욕지거리로써 정신적으로 기개를 꺾으려고 하였다. 그리고 교육에 있어 제 나라말(모국어)을 못 쓰게 하고 일본어를 가르치고 일본어 사용을 강요했다. 뿐만 아니라 교육도 극도로 제한을 하였으므로 식민지시대의 많은 사람이 어렸을 때부터 민족의식을 지닐 수 있는 민족적 기초교육을 받지 못하였으므로 고등교육을 받고 전문지식을 지닌다 해도 대개는 자기 민족의 역사·문화의 전통과 현실에 뿌리를 박지 못했고 따라서 민족의 이해관계보다 개인적인 이해관계에 치중하게 되었다. 그러므로 식민지사회의 사람들 중 민족의식이 강한 일부의 사람들을 빼고는 대체로 예속적이고, 민족적 기반없이 고등교육을 받은 무리들은 자칫하면 이기적인 데로 흐르기 쉬웠고 때로는 민족을 배반하기도 했다.

여기에 또 식민지 교육은 반드시 피지배 민족의 역사를 좋지 못하게 악의에 찬 조작을 하는 것을 중시하는데 일제는 이러한 데에도 기묘한 방법을 썼다.

일본은 16세기 이후 일본에 다녀간 유럽 사람들에게 조선을 소개할 때부터 좋지 못하게 전했던 것이다. 그리고 17세기 이후 그들이 조선 역사를 공부하는데 『고려사』(정인지 등이 편찬하여, 이씨왕조의 창건을 합리화하기 위하여 좋지 못하게 만들었다)와 서거정 등의 『동국통감』 또는 이씨조정에서 편찬한 『국조보감』을 가지고 연구를 하였다. 19세기 중엽 이후 어떻게 하면 침략을 하고, 약탈해 갈까 하는 생각에 가득찬 그들은 1904~1905년 러일전쟁에서 한국의 실권을 박탈하고 러시아에서 남만주철도의 운영을 넘겨받자, 곧 조선·만주 연구에 손을 대어 유럽 학자의 방법을 모방하여 한국사의 조작을 시작하였다. 조선총독부에서는 '조선사편수회'와 '중추원'을 두고 전자는 『조선사』 37권을 일본문으로 편찬 간행하며, 후자에서는 제도·관습 조사를 하여 식민지 정책의 한 근간을 이루었다. 여기에 곁들인 것이 '조선총독부 박물관'의 발굴 조사보고, 유물의 수집이었다. 이것을 혹여 문화정책이라고 하겠지만 전부가 치밀하게 한국사를 비틀어서 한국 민족의 역사를 망국사로서 체계를 세워 만주와의 불가분의 관계는 떼어 버리고 반도 안으로 몰아넣고 북부는 한족 사회의 식민지요 남부는 고대 일본의 식민지였다는 연구에 급급했고 민족성은 일체 나쁜 말로 형용하기에 힘썼다.

대부분 식민지 교육의 악영향에 휩쓸린 무리들은 그러한 정책과 그 성과에 추종을 하였으나 선각적인 뜻있는 학자들은 우리 민족성의 잘잘못을 가리고 한국사의 주동이 한국 민족임을 밝히고, 한국 민족의 활동지역이 후대에 있어 반도에 국한되었으나 전일에는 만주로, 화북・산동으로 출입하였음을 밝히고, 고대 한한(韓漢) 양 민족의 접촉이 요동・요서를 가르는 요하의 일선이었음을 확인하며, 왜인은 조선 남부에 아무 근거가 없었으며, 일본인이 인용하는 기록은 중국인이 자기들 중심으로 조작한 것임을 밝혔다. 그러나 일본인의 조작에 추종하는 일부의 사람이 한국 학자의 민족적 사관을 오히려 배격하는 경향 속에서 시간을 소실해왔던 것이다.

민족사관의 문제

유럽 학자들이 제시한 역사 이해의 여러 방법과 이론이 우리 한국사를 새로이 보려는 데 여러 모로 이용이 될 것이다. 한국사의 새로운 이해의 방법으로서 민족사관을 어떻게 세울 것인가를 생각할 때 유럽에 한할 것이 아니라 아시아 지역에 있어서 전통적으로 여러 방법을 제시한 중국의 역사이론도 주시하여야 할 것이다. 중국의 역사이론은 과거의 우리 학자들이 거기에 근거하였으며 또 가깝게는 조선시대의 일련의 실학파의 학자들이 중국사를 비판적으로 이해했고, 한국사도 우리의 현실에서 이해하려고 하였으므로 오늘 우리들이 그들의 견해를 바로 이해하는 데 필요한 것이다. 다시 그것을 현대에서 이해하는 데는 유럽 학자의 역사이론을 빌려 써야 할 것이나 유럽 학자의 역사이론은 일반적인 역사이론으로서 제시된 것이 아니라 각기 그들이 살고 있던 자기 사회의 당시의 현실적인 여러 가지 조건에서 이끌어 낸 것임을 잊지 말아야 한다.

우리들이 한국사를 민족적으로 새로이 보아야겠다는 것은 우리들이 살고 있는 현대 한국을 보다 민족적으로 자립시켜야 하는 데서 요청되는 문제이다.

민족사관은 앞서 말한 대로 일제의 식민지 정책에서 조작된 것을 시급히 바로잡고, 어딘지 짜여지지 못한 한국사에 있어서 이제까지 또렷하지 않았던 민족의식을 재발견하고, 엉켜있던 한국사의 주조를 바로잡아 세우고, 빛나는 문화적 유산을 남긴 주인공으로서의 좋은 민족성의 앙양을 과제로 삼아야 한다. 또한 유럽이나 아메리카의 역사에서 역사 이해를 그르침이 없이 그들의 조상들의 영웅성과 그들이 다투고 살아오는 동안에 자기의 조국 발전에 어떻게 공헌해왔는가를 얼마나 자랑스럽게 서술하고 있는지를 되새겨 알아보아야 한다는 것은 새삼스럽게 얘기 안해도 좋을 것이다. 이제까지 보아온 한국사는 마치 '빛나는 문화를 남긴 망국민족의 역사'로서 위장되어 있다.

우리 조상들이 과거에 빛나는 문화를 이룩하였다면 그들은 확실히 훌륭한 사람들이었고, 근대에 있어 일제의 침략으로 한때 망했다 해도, 그것은 당시 이 사회를 지배하던 이씨왕조의 쇠망이었다. 그 영향으로 민족적으로 고난을 겪었으나 우리의 선인들은 그에 굽히지 않고 의병으로서 항쟁했고, 선각지사들이 해내외에서 끊임없이 일제에 투쟁을 감행하여 1945년의 해방을 맞이하였던 것이다. 여기에 국제적인 결정이 작용하였다 해도 한국인이 민족적으로 일제에의 항쟁과 국제적으로 호소함이 없었다면 우리에게 해방의 날이 올 리가 없었다.

제2차대전중에도 비록 정부는 망명정부였으나 연합국의 일원으로서 아시아 전역을 침략의 말굽 아래 깔고 각처에서 불질을 하는 일제의 침략군과 투쟁하여 승리를 거둔 바가 없었다면, 국제회의에서 독립의 결정을 하지 않았을 것이다. 이와 같이 민족자립을 위해 생명을 걸고 투쟁함으로써 얻은 우리의 독립을 국제적인 결정으로만 돌리려는 정신도 우리에게서는 제거되어야 할 것이다. 1945년 해방 후 모스크바 3상회의에서 한국을 다시 신탁통치라는 명목 아래 실질적으로 외세에 의한 지배를 강요할 때 거족적인 반대로써 그것을 물리친 것은 현대 한국이 자주적인 정신을 굳세게 내세운 거대한 역사적인 한 예였다. 되돌아가 일제 식민지 지배 아래에 있어 선각지사들이 몸소 투쟁적 독립운동과 함께 민족정신을 바로잡기 위하여 우리 한국사를 민족을 주체로 해서 바로잡아 보려고 노력하였음을 눈물나게 가시밭 길을 걸어온 그분들의 역정에서 볼 수 있다.

단재 신채호 선생은 일경의 삼엄한 감시를 피하여 만주·중국으로 망명, 한때는 임시정부 의정원장으로 활동했으나 그 자리를 떠나 남북만주로 유리하면서도 한국 민족이 일찍이 우렁차게 뻗었던 지난날의 역사를 밝히기에 힘썼다.

선생님이 고국의 신문지상에 발표하여 한국사를 어디까지나 민족사로 바로잡으려고 애쓰신 결과는 『조선상고사』와 『조선상고문화사』로 남아 있다. 여기서는 일제 식민지의 앞잡이 일본인 학자나 과거의 그릇된 한국인의 한국사 서술을 비판하였으며, 앞서 백암 박은식 선생은 『한국통사』와 『한국독립운동지혈사』에서 이씨왕조의 쇠망과 민족적으로 압박을 받은 경위와 일제의 침략에 어떻게 용감하게 항쟁하였고 일제는 우리 민족에게 어떻게 잔학하고 포악했던가를 밝히셨다. 선생님이 『통사』와 『혈사』의 자료를 고리에 넣어가지고 망명의 객사를 옮겨 다니시며 정리하여 중국 상해에서 간행하여 한국 민족의 사정을 널리 세상에 알렸고 오늘 우리에게 전해져 그 때의 사실을 알려준다. 이 두 분은 식민지시대의 한국이 지니는 민족적인 극악한 조건하에서 민족적으로 지녀야 할 역사적 사명을 한국 민족에게 알리고자 하였다. 특히 신채호 선생은 이러한 정신으로 한국사 전체를 통관하시려 하였으나 일경에게 잡혀 1936년 2월 21일 만주 여순(그 때 일본의 식민지였다) 감옥에서 세상을 떠나셨으나 한국 민족사의 새로운 기틀을 뒷사람에게 마련해주셨다.

　오늘같이 급변하고 격동하는 세계에 있어 한국인이 민족적으로 자립하려면 먼저 두들겨 고쳐야 할 점은 무엇보다도 한국사를 민족사로서 새로 바꾸어 세워야 하겠다는 정신이 앞서야 한다는 것이다. 이미 가시밭 길을 파헤쳐 놓은 선각자로서 박은식·신채호 선생 두 분이 계셨음을 해방 20년이 지난 오늘까지도 사회적으로 망각하고 있다. 이는 단순히 개개인의 책무에 돌리기에 앞서 일제 식민지 정책의 소산인, 이 사회가 지닌 식민지적인 악유산을 먼저 배제하는 데서만 민족정신의 기틀이 잡히게 되고 한국사의 새로운 관점으로서의 민족사관이 세워질 것이다.

　더욱이 오늘의 한국인에게는 어떻게 하면 민족적으로 자립할 것이냐 하는 과제가 정치·경제를 위시하여 우리 생활 전면에서 문제가 되며 격동하는 국제사회에 대처하는 데에도 민족적 자립이 강하게 욕구된다. 분열상태에 있는 민족적 비극도 결말에 가서는 다 같이 민족적 자주성을 어떻게 지니느냐에 달려 있다. 외래적인 사상·과학기술·경제적인 일체의 것도 한국인이 민족적으로 이 사회의 현실에서 어떻게 다루느냐에 달려 있는 것이다. 여기에 도달하는 한 방편을 사람들은 과거나 현재에 있어 왕왕이 자기 민족의 역사적 현실에서 찾으려 했고, 또 구했던 것이다.

혁명적 비판

그럼 오늘의 한국사회가 민족 자주사관을 욕구하는 근본정신은 어디에 놓여 있는가? 더 말할 것 없이 민족적 분열과 오늘의 후진적인 조건을 극복하는 데 있어 먼저 민족적으로 자기의 생각을 세우려면 오늘의 난관을 극복하는 위대한 진보만이 욕구되는 것이다. 이 진보란 민족 전체의 단결에서만 이룩할 수 있는 것이어서 어떠한 외래적인 사상을 국제적인 정신에서 추구 실천하는 데 있는 것도 아니요, 강대 사회의 정책에 따라서만 되는 것도 아니다. 오늘 우리들은 안온히 있을 것이 아니라 민족적 발전에 필요한 대상(代償)을 치러야만 한국사회의 민족적 발전의 틀을 마련할 것이요, 여기서 거둘 수 있는 민족적 이익은 우리보다 뒷날의 후손들이 누리게 될 것이다. 이제까지의 그릇된 사관을 배격하는 데는 오직 혁명적 비판정신만이 긴한 것이다. 이것은 민족 활로를 뚫기 위한 지상의 방법이다. 이러한 데서만 한국 민족사관이 발붙일 고장을 찾을 수 있을 것이 아닌가 한다.

(『대학생과 교양』, 1966)

민족사관의 문제점

― 한국사의 체계화에의 노력 ―

홍 이 섭

한국사를 민사(民史)로 다루어 보려는 노력은 이미 여러 면에서 시도되었다고 볼 수 있으나, 그 분야의 인식을 종합적으로 체계를 세우는 작업에서 자기 몰각의 방임적인 태도로 말미암아 오인된 문헌실증의 방법과 정신을 절대시하고, 거기에서만 정당한 인식을 위한 사실의 객관화가 이루어질 것처럼 오인되어 왔었다. 문헌실증이란 제일의 방법이요, 초보적인 문제요, 기초적인 것이지만, 사실의 객관화는 또 다른 인식론적인 과제이다. 한 사회 국가의 역사를 민족의 생명의 계기(繼起) - 생활의 역사 존속을 위한 투쟁의 역사로 또는 그에서 배태·생산된 문화를 그 민족의 문화로, 그 계기 전통의 계승을 문화의 역사로 인식코자 함은 기초적인 정리 작업의 방법과는 차원을 달리하는 것으로 여기에서만 문제가 되는 것이 아니라, 이제 이러한 논의를 제기하는 우리들의 정신 자체를 문제삼아야 할 것이다.

한국사는 한국 민족의 역사일진댄(이미 신채호 선생 같은 분은 조선 연구 방법론 - 조선사 총론에서 제시한 바이지만……) 한국사에 있어 어떠한 문제를 논의의 대상으로 하고, 또는 민족적인 인식을 들고 나서는 데에서 오늘의 한국사 인식에는 허점(흔히 막연하게 사대 운운하는 중국사적인, 즉 부용적 인식에 이어 근대적 자의식에 의한 한국사 인식의 맹아가 일제 침략에 따른 한국사의 왜곡화와 그에 동조·추종함에 있어)이 있는 것이다. 물론 이러한 문제는 일찍이 연구사적 반성·비판 또는 사학사적으로 처리되어야 할 것이었으나, 거기에까지 이르지 못한 데에는 한국사학의 개척 내지 전개 도달의 수준이 먼저 문제가 되었기 때문이다.

그러나 이씨조선시대의 한국사의 서술·인식 체계와 그 태도 및 관점(이것을 정신 사상 또는 사관으로서 다루게 되겠으나)을 정리·체계화하는 데서 비판적으로 배제해야 할 것, 또는 왜곡된 것의 파괴적인 시정이 있어야 할 것이고, 이어 일제하에 있어 일본인 내지 그에 추종적인 인군(人群)의 이른바 근대적인 인식도 파괴·배제되어야 할 것이나, 이러한 작업의 사회적 정신의 조성이 이루어지지 못한 것이 해방 20년간의 한국사 인식면의 주조이었다. 다행히 일제하에서 일본인이 의식적으로 기피 또는 도외시하고 은폐하려던 부분의 새로운 개척이 가능하게 되었고 부분적으로 이루어지면서 한국사학의 새로운 방향이 제시되었으나, 또한 여기서도 역사 인식의 이념·사상 작업을 위한 방법면에 있어서는 반성할 여러 점을 자체내에 포함하고 있었다. 일제의 잔흔으로서의 식민지적 사관에 의한 한국사의 왜곡화때문에 '민족사적……' 인식의 초점을 흐리게 하는 방향은 여기서 한둘의 예만으로 논증적으로 정리·지양될 수는 없는 일이거니와, 여기에 수반되는 '민족적 의식'은 정치 사회의 정신적인 재검토에서부터 논의될 것이다. 실천 교육 정책과 학(學)으로의 역사 연구와를 별개로 분리시켜 생각하는 일부 사람의 생각도 있지만 실제에 있어서는 학적 연구의 기반 위에서, 즉 학적 연구의 성과야말로 국민·민족 교육의 기본 자료가 된다는 데서 본다면, 현재의 한국은 20년간 양자가 괴리 상태에 있었으며, 민족이란 주인공(주체)이 상실된 역사적인 파편적 사실의 그것도 근소한 잔해적 지식(이렇게 부를 수 있을지 가장 의심스러운)을 수여하는 데 머물렀고, 그것을 곧 구미의 '민족주의'라는 호칭적인 성구(成句 : 이념적인 이해보다)에 직결시키고자 하였다.

기초적으로는 사회·국가적으로 이러한 불투명한 자국사 인식에 대한 반성과 비판이 있어야 할 것이다. 그러한 작업의 지표로서 민족의 역사적 전개, 그와 함께 발달된 문화 유산에의 바른 이해를 욕구하는 데서 다시 사관 문제가 대두될 것이다.

사관 문제는 역사학에서만 논의될 것은 아니다. 물론 역사 연구의 방향을 결정하며, 사학의 기점이며, 최후에 도달할 정점의 문제이나 자료의 조작을 좌우하는 동시에 그 조작에 따라 시대적으로(또는 역사적인 제 조건의 비판적인 검토에서) 추출되는 것이어서 인식론적으로는 허다한 문제점을 지니고 있다. 물론 이것에 의해 역사 이해의 한 세계를 형성하는 데 가장 긴한 사실의 해석이 가능하게 되는 것임은 상식적인 것으로 재론할 필요는 없고, 오늘 우리 사회가 지니는 인문·사회의 제 과학의 국제적 이해의 수준에 비추어 생각할 것만은 다시 생각할 것이 아닌가 한다. 고립된 한국 사학만의 책무로의 민족사관이 논의된다면 이것은 흔히 생각하는 편향적인 고루한 생각에 빠지게 되며, 논리의 공약에서 독단에 빠질 것이다. 이러한 위험한 폐색적인 경향에서의 민족사관의 추구를 피하는 작업이 겸행되어야 할 것은 우리의 목전에서는 무엇보다 다급한 과제이다.

고증적(문헌실증)인 순수한 방법에서 얻을 수 있는 견해의 비판·해석을 통한 이해에까지 진전·지양되어야 한다는 것은 실질적으로는 논외의 일이겠으나, 뒤늦게 실증사학의 공과를 따지게 되는 작금의 한국 사회로서는 한번 생각해 볼 바다.(역시 앞서 말한 사학사적 과제이며, 현대 한국과 같이 식민지시대를 경험하고 더욱 그 시대에 직접 체험을 통해서 지닌 정신적인 이 과제는 곧 식민지시대의 정신적인 제 문제와 함께 '식민지시대 정신사' - 한국 현대 정신사로서 다루어져야 할 것이다. 아마 정신사의 일반론적인 방법은 몰라도 그와 함께 한국 식민지시대 인식 방법이 한국의 식민지적 역사적 현실을 통한 방법으로서 사실에 즉해 추출되어야 할 것이다)

일제하에 일본인에 의해 이루어진 한국사 연구의 일단의 요약·정리는 하타다(旗田巍)교수(현 일본 도쿄도립대학, 도쿄대학 교양학부의 '조선사' 강의 담당)의 『조선사』(岩波全書 154, 도쿄 암파서점 간, 1961)일 것이다.

식민지 치하의 '한국사' 인식이 어떠했는가를 전면적으로 이해하게 하고 있는데, 여기서는 사회·경제·정치(외교를 포함한)사적인 관점에서 그것도 일제하의 주로 일본문 문헌(물론 한국인의 저작으로 일본문으로 된 것, 전 조선총독부의 조사자료 정책 보고와 그 전위로서의 경성제국대학에서 내놓은 제 연구)이 이용되었으나, 그 성과에 대한 요약 수준에 그치었다. 이런 점에서 하타다 교수의 『조선사』는 일제하의 한국사 연구의 요약된 안내서로서 그 식민지적 사관(하타다 교수는 제한된 속에서 일부를 시정해 보고자 했으나)의 관점을 쉽사리 고치기 어려웠던 것 같다. 그 때문에 그의 『조선사』는 식민지적 사관을 더듬는 통로가 되며, 부분적으로는 그러한 생각의 침출을 보게도 한다. 그리고 여기서 문화에 대해서는 전면적으로 붓을 대지 않았다. 지면 관계 같았다. 어떻든 이러한 역사적 문헌은 앞으로 그 때까지의 일본인의 연구를 비판적으로 다루는 데 기본적인 문헌으로 이용될 것이며, 여기서 흔히 논의되는 '일제하의 근대적인 방법, 문헌실증주의'에 대한 비판의 줄을 당길 기점을 찾을 수 있다.

한국사 연구에 있어 문헌의 고등비판 운운하면서 위작설(僞作說)을 내세우고 방법적으로 문헌실증을 내걸고 맹단적(盲斷的)으로 필요한 부분만을 부용적 사관에서 왜곡화한 연구 성과는 역시 같은 방법에 의해서 뒤집어 엎어야 할 것이다. 그러나 문헌실증면서 민족적 의식, 사실의 바른 인식을 위한 역사적 실제를 이해하는 정신은 필요한데, 이미 일제하에 장지연·박은식·신채호·정인보·안재홍(1960년에 들어와서 같은 정신에서 한국사를 민족사로 재인식하기 위해 왜곡된 부용적·식민지적 사관 내지는 위축된 한국사의 견해를 배제하는 문헌을 제시한 몇 분이 있으나, 다른 날 이 문제를 전면적으로 다룰 때 문제삼기로 하고 여기서는 언급치 않겠음) 등 여러분이 한국사에 있어 잘못 이해된 것(역사적으로든지 당시의 현재적인 데서든지)을 판단하고 시정하며, 왜곡된 것을 배제하고, 인식되어야 할 것을 인식하기 위해 기울인 노력의 성과는 그대로 식민지시대 민족사 인식 체계의 확립을 위한 것이었고, 그 인식 체계는 그대로 민족사관의 확립이었다.

그러나 아직 이 문제가 사학사 내지 정신사적으로 또는 한국사의 연구사 과정에서 사관 확립의 한 과정으로 뚜렷이 다루어지지 못한 것은, 순수 운운하면서 직업적 사학에서 경시되고 있기 때문이다. 물론 우리가 다른 사회의 예에서 본다면 사학, 사관, 정신적인 문제가 물론 학문의 중심이 되는 아카데미에서 문제가 될 수 있는 것이지만, 그 권외에서의 참여가 거부된다든지 그 방면에서의 어떠한 성과가 문외의 것으로 처리될 것이 아닌 것은 다시 말할 필요가 없는 일이다. 인류 사상의 전개 과정을 더듬어 볼 때, 아카데미의 강연만이 그 자리가 아니었음은 두말 할 필요가 없을 것이다. 그리고 식민지 치하에 있어 일체의 제한된 사료·자료 독점에서 배제된 한국인의 제한된 제 조건과 그 제한된 자료에서나마 한국사를 한국 민족사로 시정하고자 했던 정신에는 일제에의 항쟁 의식과 역사적으로 왜곡된 견해를 새로운 민족적 발전을 위하여 올바르게 펴고자 하는 의식이 깔려 있었으며, 여기에서 한국사의 인식은 민족의 생성·발전의 역사로 포착되었다.

이 정신의 수계의 단속(斷續) 역시 식민정책에서 연유된 것이었다. 민족적 인식의 계열은 식민지적 교육체제에서는 언제나 배제되었고 억압되어 아웃사이더로 머물러, 식민지시대의 기본정신일 수는 있었으나, 실제에 있어서는 주조(主潮) 밖의 사상의 흐름이었다. 해방 이후 그러한 정신적인 조류는 오히려 국가 정책에 의하여 주조로 바뀌어졌어야 할 것이나, 식민지 교육에서 성장한 대다수의 문자 해득자나 일부 지식인은 한국사의 인식에 있어서 식민지적이었고, 부용적 위축사관에 물들어 있어서 그것을 합리화하는 실증주의의 방패가 효과적이었다.

식민지 교육에 대한 통계수치와 민족의식은 양과 질의 문제이었으나, 이것을 합리적으로 조절하는 것은 국가 정책 이외의 개인적인 학적 활동만으로는 기대키 어려웠다. 개인적인 활동의 가능성은 식민지 교육 통계로써 추정할 수 있을 것이다. 그러므로 민족사관 문제에 있어서는, 인식 체계에 있어서는 식민지적인 것을 내포하면서도 외면적·말단적으로 부분적인 데서 '민족'이란 용어를 이용하여 은폐하는 것들을 전반적으로 연구사·사학사적 정리 비판을 통해 극복함으로써 한국사 인식의 체계화를 이루는 것이 긴요하다. 무비판적으로 외형적인 방대한 형상과 권위주의적인 선전에만 추종하는 일반적인 태도는 시정하여야 할 것이다. 이러한 일은 일상 생활에 있어서의 우리의 인식 태도와 사고 방법에서도 재검토되어야 한다.

이 외곽적인 데서 내부의 인식 구조에 관해 한두 가지 논급하면, 원시·고대사에 있어 우리의 직접적 기록의 결여를 보전(補塡)하는 한문 기록인의 『사기(史記)』 조선전(朝鮮傳)에 보이는 고대 조선족과 한족의 접촉·교섭·전쟁,

『삼국지』의 동이전(東夷傳) 이후『한서』지리지나『후한서』군국지의 기록을 사실로서 전면적으로 인식하기 위해서는, 먼저 고대 조선 민족의 활동의 사실 그대로의 기록과 한족(자기 중심 생각이 강한)의 자기 입장을 고려한 기록을 분석·비판함으로써 하나의 사실이 지리적으로 중첩되지 않는 평면화를 위한 합리적 이해를 가능하게 해야 할 것이다(이러한 문제는 조선 고대사 연구에 있어 고려할 중요한 문제다. 신채호·정인보 선생과 최동 박사의 고대사 연구는 이 방면에 새로운 이정표를 세운 것이다). 이와 함께 선사적·고고학적 연구나 인류학적 연구에 있어서도 일본인은 정책적으로 전제된 조건하에서 연구를 추진하여 제한된 견해만을 옹호함으로써 만주 지역을 분리시킨 채로 반도의 고고학적 연대를 규정하고 있었다. 와세다 대학의 나오라(直良信夫)의 동관진(潼關鎭) 선사 유적에 대한 견해에 대해 후지다(藤田亮策 : 조선총독부 박물관장·경성제국대학 교수로 있던 식민지 관리)의 폭언적인 부정은 현재 우리 학자들의 발굴 조사와 연구에 의해 부정되고 있지만, 광개토대왕의 비문 해석 문제와 고대 일본 지역에의 한국 문화의 이식 등을 비롯해, 고려시대 북방 민족의 침략과 그에 대한 고려인의 민족적 항쟁이며, 다시 삼국·신라 시대의 연구, 발해사의 한국사 인식 체계에의 도입 문제, 고려 왕건 태조의 훈요십조(訓要十條)를 사상사적으로 보다 고려 정치사의 기본 이념의 지표로서 어떻게 재인식할 것이냐에서 이마니시(今西龍)의 후대 조작설을 부정하는 문제, 또한 호국사상으로의 불교사상과 풍수사상의 결탁 전개가 고려의 도참사상(圖讖思想)의 주조이었으나, 후대에 미신(속신적인 풍수설)으로만 단정되고, 이것이 이씨조선시대 위정(爲政) 지배층의 일부의 머리를 좌우했었던 것 등이 다시 밝혀져야 할 것이다.

  이러한 문제의 제기는 조선시대 일대에 있어서도 허다하지만, 일제시대 일본인 학자들이 대체로 사상사의 연구를 기피했고, 특히 다카하시(高橋亨) 같은 연구자는 '별것 없었다'는 결론을 내리기에 급급했었다. 이는 식민지 관리로서는 정책적으로 그러한 왜곡화에 협력할 것이었으나 '학적 양심'의 문제이었다. 이러한 점에서 도자 공예 연구가(열정과 감상을 통한 예술적 감흥에서의 한국을 본질적으로 인식한……)들은 '조선 민족'의 미의식·기공(技工)의 예술성을 극찬하였으나, 역시 본질적인 데서는 미흡하였다.

　정책적인 면에서 떨어져서 인식할 필요가 있는 일제의 한국사 인식에 있어서 사회경제사학도 마찬가지로 문제가 된다. 일제하에 그들이 제시한 문헌[스즈키(鈴木武雄)의 『조선의 경제』에 첨가된 문헌 소개를 참조하라 ; 「일본 사회경제사학의 발달」, 1941년 『사회경제사학』 증간호 ; 하타다(旗田巍), 『조선사』 문헌 해제 참조]에는 한국경제사의 인식에 있어 ① 정통파 경제학을 공부한 사람들은 역사적으로 한국 경제는 주로 '미분화'되었다는 결론을 내렸고, ② 식민지 관리들(조선총독부 또는 경성제대 교수)은 구한말을 부패·문란·쇠퇴 과정으로 보아 필연적인 멸망론으로 결론짓고, 그 계승 발전의 공로자인 일제의 침략·약탈의 식민지 정책을 합리화하는 데 집중하였다. ③ 일본인 중에서도 맑스주의자는 제국주의의 약탈 정책의 사실을 구명하기에 힘썼다(『신동아』 1966년 8월호 특집 '한국사의 논쟁점' 중의 188~94면의 필자 논문 참조). 이와 함께 19세기로 접어들면서 한국의 국제 관계의 전개가 자본주의 문제와 어떻게 다루어질 것인지는 곧 일본의 침략과 식민지 정책 수행 시대의 경제사적 구명에서 자명해질 것이다. 이 시기의 식민지 정책에 공여하기 위해 제시된 토지국유론이 역사적으로 다루어져 오는 데 있어서, 맑스주의 학도들의 동양적 전제봉건국가론이 우연히 같은 노선을 밟아 온 것을 어떻게 처리할 것인가는 하타다 교수의 '조선 토지제도' 연구에 대한 연구사적 비판·지시의 수용과 함께 우리에게 남아 있는 허다한 앞으로의 연구에 있어 되새겨 보아야 할 것이다.

　1945년 해방에 따라 지역적으로 정치적으로 양분된 한국의 현실은 역사 인식면에 있어서도 현재로서는 메우지 못할 간격을 지었다. 한국사의 민족사적 인식에 있어 일부 연구에 대한 공백 상태는 물론, 후일 통일 후를 상정해 본다면 이러한 간격은 대단히 많은 문제점을 가지고 있다. 즉 민족 전체의 과제라는 면에서 본다면 현재의 인식 여하는 현재에서 문제되는 것이지, 미래의 상태까지 포함하는 것은 아니다. 게다가 한국사의 민족사적 인식 체계가 문제되는 현재에 있어서 일본이나 미국과 기타 지역에서는 그들 각자의 자의적인 자기 이익의 정책을 위하여 우리 대한민국 지역에서의 제 성과와 북한의 그것을 같이 이용하고 있는데, 우리들 자신은 분립・항쟁해 오는 사이에 역사의 민족적 인식에 있어 이러한 간격을 지니고 있는 것은 첫째 우리들 자신을 이해하는 데도 비극인 것이다.

이러한 조건이 지속되는 것은 민족적으로 장래에 있어서도 역시 비극적인 일일 것이다. 현재 이러한 인식 체계가 갖고 있는 결함은 이제까지 주체적으로 자기 역사를 인식하지 못하고, 또 여기에 일제하에 왜곡된 식민지적 사관에 의하여 그릇된 견해를 지니게 된 데서 이것의 배제, 파괴적 비판이 제대로 이루어지지 못하였기 때문이다. 또 한편으로는 북한 지역의 한국사 이해의 제 작업의 성과를 모르는 데서 오는 공백감과 합치는 데서 민족사관의 수립을 위한 작업이 용이치 않으나, 공백은 공백대로 뒷날 다시 비판적으로 다룰 것으로 미루어 두더라도 현재 우리에게 지워진 일제하에서 부여된 식민지적 부용사관 내지 위축사관의 배제 작업은 이대로 독자적으로 이루어져야 할 것이다. 이는 사회경제사학만의 문제가 아니라, 한국사 전체계에서 문제가 되는 것이므로 먼저 문제삼아야 할 것이 아닌가 한다.

한국인에 의한 사회경제사 부분의 한국사 인식은 일제하에는 그 방법과 정신에 있어 맑스주의적인 것이 절대하여, 그 분야의 학도들이 남긴 저작은 계급적 의식을 강조하고, 역사적으로 그것을 발굴하는 데 힘을 경주했으나, 한편으로 식민지적 현실에서 일제에 대한 반제적 의식에서 일면 민족적 의식을 강하게 지니었다. 이러한 연구 성과로는 김세용(金世鎔)・이여성(李如星)의 『숫자조선연구』(5책)와 이청원(李淸源)의 『조선독본』(식민지 조선의 정치・경제・사회를 민족적인 데서 보았고, 민족주의적인 것은 팟쇼화로서 공격・배제하고 있다) 등이 대표적인 것이다. 이러한 사회경제사적인 제 문헌은 일제하에 있어서는 저자 자신들이 사회운동에 관련하고, 맑스주의적 방법에 의해서 '식민지 조선'을 분석하고 있으나, 민족적인 면에 초점을 두고 있었음에서 일제하의 민족적 사관 형성에 있어 역사적 소임을 감당한 것이었음은 부정할 수 없다.

(서울대 『상대신문』, 1966년 10월 8일자)

한국사관 정립의 가능성

홍 이 섭

서

주어진 소제(所題)는 '한국사관 확립' 가능성의 현실적인 검토이겠으나, 사관이란 막연한 데서 한 방향이 제시되어야 할 것이고 거기에는 이제까지의 저해의 조건을 적출·비판·지양할 것이 전제가 되어야 할 것이다.

1. 폐쇄 속의 방임

현재 한국인이 자유니 민주주의니 하지만 제도상의 민주체제로의 방향은 소기한 데 반하여 막대한 희생의 대가를 치르고 점진적으로 접근한다고 봄은 오히려 적극적인 한 편견이고, 소극적으로는 오히려 그러한 견해를 비판하고 그러한 범주에서 생각해 온 한국인의 현재의 논리를 재검토해야 할 것이다.

한국이 오늘날 지니고 있는 듯한 자유에의 이념이라든지 민주주의 운운함은 1945년 해방과 더불어 외군(外軍) 진주에 따른 것으로, 역사적으로 한국인이 지녀온 현실 사회의 전개과정에서 한국인의 필요 여하에 따라서 선택 또는 정신적 전개로써 포착된 것이 아니었다. 마찬가지로 북의 공산주의에로의 지향도 소군 진주에 따른 것으로서, 외군의 점령이 곧 두 지역에 두 의식을 부식한 것이고 보면 이를 전제로 하여 선행시대의 제 의식에 대한 비판이 있어야 했고,

거기서 소여(所與)된 자기 현실의 역사적인 검토와 인식이 욕구되는 것이다.

그러나, 북은 비판할 자료가 없는 이상 막연히 얘기할 것이 못 되므로 후일로 미루고 우선 우리가 당면한 한국 사회만을 보더라도 민주주의 - 자유라고는 외쳐도 먼저 한국사의 새로운 인식을 위한 그 전날의 일제 식민지시대 한국인의 정신적인 조건, 그 상황 또는 구조적 본질이 다루어지지도 못했다(작업을 할 수 없었기도 하지만, 안했다고 해도 과언은 아니다). 그것이 그리 쉽게 다루어질 수 없었던 사회적인 제약이 무엇보다 컸다고 하겠다. 여기에는 정신적으로 일제하에서의 자기 인식을 바로잡을 어떠한 지표가 없었던 데서 한국사의 이해에 있어서도 사관·사론에 앞서 전일에 자기 의식을 왜곡화한 견해가 지배적이었음을 새삼 오늘에 와서 변명할 여지가 없다. 민주주의를 내세우면서도 정작 한국 민족의 의식을 문제삼지 않은 것은, 왜곡된 역사적 자기 의식의 고수를 위한 아집때문이었다는 것은 부정할 수 없는 사실이다.

자기의 과거를 비판할 문헌의 자유로운 선택으로부터 자유의 정신이 체득되었어야 할 것인데, 이를 이해할 시간적인 여유도 없었지만 실질적으로 그러한 조건이 결여되었던 것이 무엇보다 오늘날의 편향성을 띠게 하였다. 과거 일제하의 모든 상황을 올바르게 인식하고, 왜곡된 바를 바로잡는 것이 '민족' 운운하는 것만으로 해결될 수 없음을 알았어야 했다.

일례를 든다면 한국사의 이해에 있어서 일제의 침략 정책과 그 결과인 식민지사회와 그 시대를 '민족의 위기'라든지 '암흑기'라는 식의 집약적으로 정리되지 못한 약설(略說)로서는 그 시대의 역사적 제 사실과 그에 따른 민족적 항쟁, 약탈·살육, 정신적 억압·말살에서 경제적으로 유멸(遊滅)·유리의 결과들을 이해할 수 없었다. 따라서 일제의 침략 과정에 있어서의 매국적인 타협, 식민지 약탈에 있어서의 그 전위적인 활동을 적출해 비판하고 그 시기의 민족적 의식, 사상·행동(항쟁)을 바로 인식하지 못했던 것이 사실이다. 항간에 떠도는 '국사' 관계의 한두 가지의 것만 보더라도 이는 명백하다.

이러한 결과는 해방 후의 이 사회가 용감하게 청산했어야 할 일제의 잔재가 남긴 제 조건을 그대로 정치 현실로서 이어받은 데서 온 것이다.

이러한 불행한 결과는 제1로 분단, 더욱이 좌우 분쟁에서, 제2는 한국인 자신의 몰지각에서 왔다. 이 몰지각은 식민지에서의 유산이었으나, 해방 전후 한 시기 한국사 이해에 종사한 일군의 학도가 힐책받을 일이었음은 새삼 논의할 바가 아니다.

이 당연한 책임을 방기했다는 점에 반성할 바가 있다. 흔히 이런 역사적 사상(事象)을 객관화하는 중에 직접 책임 당사자가 일탈하는 경우가 있는데 현대 학문에 있어서는 이 점이 망각되고 있다. 일부 권위주의자는 허명(虛名)의 위세와 변명 또는 책임 전가를 통해 학사(學史)적인 회고 반성을 회피하고 있다. 모색없는 침체 속에서 현재의 한국사학의 방향이 흐려져 있는 것도 자유없는 자유주의의 외마디 소리에서 자각·자기 의식을 지니지 못하는 소세공(小細工)적인 실증주의를 이념적 주조로 잡아, 정신적인 기반을 지니지 못하는데서 온 것이라 하겠다. 환언하면 일제시대의 식민지적인, 민족 말살적인 왜곡된 사관을 전면적으로 배격 - 파괴하는 것이 20년간 한국사학의 숙고의 과제이었으리라. 이것이 아직까지 이루어지지 못하고 있는 것은 완만히 국부적인 세공적 작업에서 안일감을 느끼고 한국 민족의 현재적인 현실과 미래할 역사적 현실을 도외시한 데서 온 것이다. 이제 그러한 도피적인 안락의자에서의 논의에서 일단의 자리를 옮기느냐 그렇게 못하느냐에 따라 한국사학의 진로와, 현재와 미래에 있어 민족적 진로가 타개되느냐 그렇지 않으면 장벽에 충돌·좌절하느냐의 여하가 결정될 것이다.

그러나, 여기서 하나의 반문이 설정될 수 있다. 민족의 진로를 타개하는 사관 확립 여하를 도외시하고도 존립하여 왔다는 사실 - 극악한 예로서 봉건제 치하에서, 혹은 식민지 치하에서부터 현재까지의 생명의 지속에 대해 운위할 것이다. 여기에는 민족의 역사적인 전개에 있어 자기 의식 없는 복종·예속의 과정에서 즉 봉건제하에서는 근대사회로의 전개가 좌절될 수밖에 없는 조건을 지니었고, 다시 외래적인 자본주의 열강의 침투 그리고 군국적 일본 자본주의 침략과 그에 이은 제국주의적 식민지 정책에 따라 결과된 그 후의 사회의 빈곤·미숙한 사회적 제 조건이 한국의 낙후성을 이루었던 것이다. 그러한 상황에서 재래(齎來)된 민주주의니 자유니 하는 것도 인류사상의 전 역사의 도정(途程)에서 비판적으로 살펴보고 자기 현실의 극복에 이바지하도록 또 그 지표가 될 어떠한 체계를 이룩할 자유로운 의지로 선택한 것이 아니며 역사적인 필연적인 단계의 소산도 아니었다. 그것은 국제적으로 또는 대내적 정책에 따라 편향적으로 제한된 정책에서 부여된 자유였다. 이러한 현실은 민족의 역사적 발전의 길을 모색하는 데서 허다한 문제를 수반하는 것이다.

　동시에 봉건적・전근대적 또는 식민지적 조건과 그에 따른 잔재 의식을 지양하고 그것들로부터 벗어나기 위해 근대적・민족적 의식에 입각한 보다 강한 배제책이 강구 실천되어야 했지만, 오히려 방임적인 자유라는 구호 아래 민족사를 왜곡하고 과학적 또는 논리적인 소산인양 경우에 따라서는 그에 뒤집어 씌운 권위주의에 이끌려 왔던 것이다.

　사실 이 권위주의란 말은 말을 빌려서 쓰자니 나온 말이고, 정당한 권위로 인정된 것도 아니었으며 정실과 파벌적인 데 이끌려 온 결과의 산물이다. 여기서 요청되는, 우선 한국사가 민족의 형성 발전의 진로에서 보아 그 얼마나 현대를 인식하고 내일을 추리하는 데에 이바지할 수 있는 인식・지식체계로 구성되어 왔는지에 대한 시급한 재검토야말로 한국 사관 수립의 첫걸음이 될 것이다.

　여기에 있어서 일체의 연루(連累)를 초탈한 허심(虛心)에서 한국 민족사의 보다 본질적인 바른 이해에 도달할 일념만이 요청된다.

2. 사학사적 반성

　한국사 인식에 있어 근대적인 연구나 자기 의식의 확립이 없이 종속적 식민지적 사관에 추종하는 형편인 데서 사학사적 이해는 상상하기도 어려운 일이지만, 고대에 있어 한학 수용에 따른 경사(經史)의 이해가 곧 중국적 역사인식과 함께 그러한 체계를 고구려・백제・신라 등 삼국이 한결같이 자각적으로 지니게 되었다고 볼 수 있는 것이다.

　고구려의 이문진(李文眞)이 600년(영양왕 11)에 『유기(留記)』 100권을 추려 『신집(新集)』 5권으로 개편하였고, 백제의 고흥(高興)이 375년(근초고왕

30)에 『백제서기』를 편찬하였고, 신라에서는 545년(진흥왕 6) 이사부(異斯夫)가 국사를 편찬하자 하고, 거칠부(居柒夫)가 편찬했다(이사부 - 이ㅅ부, 거칠부 - 이ㅅ부 동일인을 두 가지로 기록한 것 : 신채호 선생 견해)고 한 것을 보면, 삼국이 다 같이 한학을 수용 이해하는 데 따라 중국 체제의 역사기록을 동시에 남겼던 것을 알 수 있다. 단 고구려의 경우 600년에 『신집』이 나왔다 하나, 그것이 『유기』를 개편한 것이고, 광개토경영락호태왕(廣開土境永樂好太王)의 비문에서의 역사 기록을 볼 때에 백제가 375년 『백제서기』를 제작하기에 앞서 선행적인 고구려가 그러한 일을 하였음을 추측할 수 있다.

신라는 역시 후진적이었으나 진흥왕 때에 국사를 정리코자 하였으며 한자를 차용한 독특한 기술법을 이용한 이두 - 향찰계(鄕札系)의 기록이 진흥왕의 순수비문(巡狩碑文)에 보이는 점을 생각할 때, 이 때를 자기 역사의 서술의 기점으로 볼 수 있다. 그리고 8세기 초·중엽에 김대문(金大問)의 『화랑세기(花郞世記)』와 찬자(撰者) 불명의 『계림잡전(鷄林雜傳)』 등이 나와 신라사의 주류를 형성함을 뚜렷이 볼 수 있다.

이와 같이 삼국 - 신라통일기에 있어 모두 그 시대적인 조건에 따른 주조를 포착한 당해 시대의 역사 서술은 곧 당시인의 사관에서 정리한 것임에 틀림없고, 외견상 또는 체제에서 중국적인 것에 틀을 잡았다 하지만 그 의도한 바 즉 의식에 있어서는 각기 자국의 역사적 현실을 바로 보기 위한 반성의 자료였던 것이다.

이 고대적인 국가 중심의 사관은 봉건적 군주체제하에서 삼국이 공통성을 지니고 있었으나, 각각의 역사적 현실을 포착하며 자연을 통한 천명(天命)의 수계(受繼) - 이것은 원시적인 사유에서 또 그러한 조건을 지닌 중국의 유교주의적 왕도정신의 가미에서 이룩케 되었다. 삼국통일의 신라에 있어서는 말기에 와서 형성되는 삼교합일적(三敎合一的)인 화랑정신이 신라사 이해의 한 주류적인 정신으로 대두되었다.

그리고 이러한 국가 사상이 국가권력의 재편성, 봉건체제의 개편에 따라 '태조 훈요 10조'의 정신으로 일관된 475년간의 고려 왕씨의 집권체제를 형성하였으니, 고려 일대(一代)는 이제는 사라진 『고려실록』의 충실한 역사 기록의 왕조로 남았던 것이다.

　자기 역사의 기록에 충실하였던 왕씨 일문에서는 원 삼국사(구 삼국사)가 있었으나, 인종 때 김부식 등 일군의 사대적 유교주의 관료학자들에 의해 고려가 이어받게 되었던 신라 법통주의의 삼국사관의 확립을 위하여 『삼국사기』가 편찬되게 되었다. 김부식은 고려조의 성립을 합리화하는 작업으로서의 『삼국사기』 편찬에서 후진적인 신라의 역사를 가공하여 여·제(麗濟)를 보다 후진적으로 조작했으나, 이미 통일신라에 있어서도 삼국통일의 역사적 조건을 합리화하는 데서 여·제 양국사에의 손질이 있었을 것이다.

　이러한 바탕에서 정리된 오히려 맹장적(盲杖的)으로 우그려 친 『삼국사기』는 『삼국유사』로써 보완 비판될 것이다. 『삼국사기』가 삼국 건국 이전의 역사를 무찔러 버린 데 반해 『삼국유사』가 고조선, 삼한 등 삼국 이외의 가야 제국의 기록을 보다 체계있게 상술하고, 불교, 화랑의 사적(事蹟), 향가를 전해주는 점에서 『사기』와 『유사』가 어떠한 역사의식에서 이루어졌음을 알 것이다. 그러나 본래의 자기 의식을 거부한 정사인 『사기』가 차지하는 사료 인식사에서의 위치와, 배불(排佛) 내지 억불(抑佛)적인 이씨조의 관학적 유교주의 관리들 때문에 오히려 『사기』가 환생(還生)하였다. 주자학적인 강목사상에 생포된 그들로서는 왕왕히 누설(累說)한 중국 중심주의 사관에서 『삼국사기』를 통해 삼국시대를 이해했고, 그 계승자로서의 고려조와 수계(受繼) 관계가 있는 이씨왕조의 역사적인 위치를 합리화하는 데서 왕도주의의 자리에서 천명(天命)·인심이탈(人心離脫)을 쇠망사관(衰亡史觀)에서 강조하였다.

　그 후 이조 관료학인들의 저작으로 서거정의 『동국통감』이나 후일 안정복의 『동사강목』 등이 나왔으나, 『삼국사기』·『고려사』·『고려사절요』의 쇠망사론에 근거하여 왕조 교체의 합리화를 위해 쿠데타를 천명수수설(天命授受說)로 연계(連繫)하고 있을 뿐이다.

　이러한 견해·해석을 좀더 정치현실에 입각하여 따지기에는 당시 학인들의 머리가 움직이도록 되지 못하였다. 성호 이익에 이르러 역사 서술이 언제나 그 때 그때의 권력에 추세함으로써 사실을 바로 보기 어렵다 하여 '춘추(春秋)의 삼전(三傳)'을 들어 말하고, 왕조 교체에 있어 후주(後周) 세종의 비장(裨將)

조광윤(趙匡胤)이 찬탈하였음을 밝히면서 역사 서술을 바로 사실대로 하기가 어렵다고 지적한 것은 역사 서술의 본질을 찔러서 얘기했던 것이다.

이익이 현실성을 들어 얘기한 것이 이씨조 말엽의 과거적인 인식체계에서는 가장 사실을 찔러 말한 것이었으나, 역시 봉건제하에서 자기 역사를 자기의 입장에서 인식한다는 것은 불가능하였던 것이다.

이러한 중국적 역사인식의 태세와 이념은 고사하고라도 사색파쟁이 착잡할 때의 역사 서술을 보면, 그 당쟁사의 이해를 위하여 집권적인 노론층이 자기 기록을 남기었으나, 당쟁 자체의 경위를 밝힌 전저(專著)로는 오히려 소론과 남인 측에서 얼마를 제시하였다. 그 중에서도 소론의 이긍익은 『연려실기술』에서 과거의 제 기록에 의한 술이부작(述而不作)의 원칙에 의하여 사실을 객관할려고 했으나, 이조차 당시의 노론측의 탄압으로 피해를 받았다.

여기서 역사 서술의 객관화라고 해도 이익이 지적한 바와 같이 정치적인 권력의 작용을 받음을 이씨조 사학사의 대표적인 예로서 볼 수 있다.

실제 이러한 간섭 정책은 역시 이씨조 초엽부터 대체로 임진란 전까지에서도 볼 수 있다. 이수광이 『지봉유설』에서 임진란 후 역사 기록을 개인이 수장함을 탄식하며, 임란 전까지는 민가에서는 그러한 어떠한 기록도 간직하지 못하던 것이 임란 후에 그렇게 되었다고 한 데서도 알 수 있다.

이러한 민가 수장의 금지는 전기(前期) 이씨조가 역사적으로 과거의 사실이 민간에게 알려질 것에 대해 미리 금지한 것으로서 이씨조에 대한 민간의 역사적 인식을 흐리게 했던 것이다. 이수광이 다만 귀한 역사 기록이 산질(散帙)됨을 애석히 생각했다 하더라도 후일 이익이 지적한 바와 같이 대세에 대한 인식에는 역시 부족하였던 것 같다.

권력의 작용은 『조선실록』에도 전면적으로 나타나므로, 『조선실록』으로 이러한 집권 관계를 따지는 데는 상당히 세심한 분석·비판을 통한 재검토가 요구된다. 상소문에 나타난 공정을 가장한 위계적(僞計的)인 것 또한 근대사학의 안목에서 재비판되어야 할 것으로, 그러한 기록에 의한 제 연구에 있어서도 물론 이러한 점이 관조되어야 할 것이다.

이러한 비판적 검토는 당쟁 - 선조 이후의 당쟁에 한한 것이 아니라 초기 이후 전 기록이 서술된 점에서부터 다시 문제되어야 할 것이다. 실록의 기록을 당해 시대의 제 사실을 통해, 우리들이 검토·인식하는 데서만이라도 재비판되어야 할 것이다.

개인 문집도 자기 변명, 자파의 이익의 대변, 옹호 또는 적대적인 반대파에의 비난에서 공정을 위계한 예가 있으므로 재비판해야 할 것임에도 불구하고 구분없이 소중한 기록으로만 다루어짐으로써 특히 이씨조 정치사(제도사 이외)의 이해에 난관이 있다. 역시 한국사회가 근대사회로의 추이에 있어 자립적으로 이행되어 근대사회를 형성하고, 한국사에 있어 일체의 작업이 근대적으로 보다 치밀하고 객관적으로 이루어졌다면 이제 새삼스럽게 이런 초보적인 문제를 여기서 논의하지 않았을 것이다.

이와 같은 미간지(未墾地)로서의 한국사의 학사적인 조건이 식민지적 - 종속사관 이식의 온상이 되었던 것이다.

3. 식민지시대 정신

오늘날의 한국인의 자국사 인식을 제약하고 있는 조건은 식민지적 정신의 잔재일 것이다. 더욱 일제 식민지 지배 기관의 앞잡이 관료학인들의 고의 또는 악의에 찬 의식적인 왜곡화 정책에서 온 종속사관, 일체의 쇠망론이 그것이다. 이와 함께 자국사를 바로 보는 안목을 흐리게 한 것은 위장적 객관주의와 왜곡된 사료비판 — 이것을 또는 문헌의 고등비판이라 하여, 한국 사료에 있어 정신사적인 것의 응조설(贋造說)·부정, 또는 우열론의 관점에서 중국 중심의 종속 또는 모방론으로 처리하였다는 것이다.

물론 공정, 민족적 우수성, 예술·문화의 독창적 자연성과 우수성을 인정하기에 허심(虛心)했던 민간학자도 없지 않았으나, 전자의 악폐가 지백적이었으므로 그 여독이 훗날까지 꼬리를 이끌고 있으며, 식민지 치하에 있어 독자적인 자의식이 강하지 않은 인군(人群)은 대체로 그에 휩쓸리게 마련이다. 심지어는 그렇지 않다는 인군에게도 은연중 내심에 침투되어 있음을 자신조차 모르는 경우가 흔하다.

  이러한 정신적인 악조건은 해방과 함께 국가정책으로 강력히 배제되어야 했다. 이 작업은 그대로 혁명적인 투쟁으로써 감행되었어야 했고, 한국 민족의 역사적 바른 인식을 위하여 총역량을 집중했어야 하나 이러한 정책적인 행동은 현재로서도 가망이 없는 것 같다.

  이러한 것은 대한제국 학부에서 편찬한 동국사(東國史 : 현재의 국사) 교재에서부터 최남선의 『조선역사』-『고사통』-『우리 국민역사』에 이르기까지의 일련의 것과, 해방 후 총출(叢出)된 한국사의 제 문헌에 대한 학사적 검토뿐만 아니라 국민학교에서 중학교까지 한국사 교육이 현재 어떠한 방향에서 다루어지고 있는가가 검토되어야 할 것이다. 여기에서 한국 사회를 민주주의 사회로 이행하는 일과 한국인이 자국사를 민족의 생성·발전의 역사로 사실을 좀더 정확하게 과학적으로 바로 인식하도록 하여야 할 것이다. 즉 한국사를 민족의 생의 발전의 역사로 볼 것이냐, 고대에서 현재까지 위축·패망·종속의 역사로 볼 것이냐 하는 데 바른 판단을 내리도록 해 주어야 할 것이다.

  일본은 20세기로 접어들면서 1904~1905년 러시아와의 전쟁에서 영미를 등에 업고 승리를 거머쥔 결과 차지한 남만철도의 이권을 배경으로 한국과 만주 지배를 위한 전반적인 연구에 본격적으로 착수하였다. 그네들은 우선 만주와 한국의 역사적인 관계를 분리시키고, 그리고 한국사를 전체 외세에의 식민지로서 규정하는 역사·지리의 연구를 통해 고대사관을 세웠다. 이어 고려를 또한 외세 지배하의 역사로 규정하며, 고려인의 약동하는 북벌 의식과 애국적인 외적 방어의 역사를 권력의 분쟁으로 쇠망하는 역사로서 규정지었다. 이씨조는 사화와 당쟁 또는 파쟁으로 시종하는 것으로 규정하였다. 그러나 이는 이씨조의 한 성격이었을 뿐, 현실비판, 개혁, 자기의식을 세우기 위한 학술·사상·과학기술 면에서의 전면적인 노력이 이루어졌으며, 주자학파에서 양명학파에 이르는 광범한 학자들이 또한 자기 사회의 주체적 의식을 세우기에 힘썼고 독창적인 견해를 전개시켰다. 이것은 19세기 중엽 이후 침략적 외세에 항거하고, 훗날 의병을 지도한 사상의 주류를 이루었을 뿐만 아니라 살신성인의 정신에서 사지(死地)에 서서 그 정신을 솔선수범한 빛나는 의병장들의 조국에의 희생 등의 바탕이 되었던 것이다. 이 모든 것을 배제·은폐한 것이 식민지시대 종속사관의 악폐였던 것이다.

근대 한국인의 정신의 전개에 따라 일제 침략과 식민지 수탈에 항쟁하는 정신으로는 한국사를 일관된 민족사로 인식하는 것만이 한국사의 새로운 길이었고, 민족 진로에 있어 지상의 명제일 수밖에 없었다. 이것은 한국 현실이 한국인에게 부여한 역사적 선물이었다.

근대 19세기 말엽 서재필, 20세기로 접어들며 장지연, 이승만, 박은식, 신채호, 최현배, 정인보, 안재홍(최남선은 문제되나, 따로 다루어야 한다) 등이 맥맥이 1930년대 초엽에 이르기까지 민족사적인 의식을 이 사회에 씨뿌렸던 것은 식민지시대 정신사에서 한 줄기 빛이었다. 이 선구적인 여러 학인, 지사들의 역사 인식·의식은 한번은 아카데믹하게 다루어야 할 것이나, 어떠한 형용사보다 그분들이 남긴 저작, 단편적인 논문을 통해 민족사관에의 지향이 다루어져야 할 것이다.

이러한 일련의 업적이 당시에 있어서나 현재의 한국인의 정신에 끼치고 있는 바를 도외시하고, 암중모색함은 과거 유산의 간 바를 모르는 데서 오는 것이다. 또 이것을 근대사학의 방법 운운하며 배격하기에 앞서 학사적으로 다루어야 할 것이다. 우리들이 이어받을 유산도 희소하지만 그것을 학사적으로 다루기에 빈곤한 우리들로서는 먼저 방법적인 빈곤성부터 제거해야 할 것이다.

또 식민지시대 정신의 이해에 있어서는 앞서 언급한 두 갈래의 정신의 흐름과 함께 또 한 가지 역사 인식에 있어 유물사관적인 방법과 그 계열의 문헌이 식민지 치하에서 기도한 바와 소임이 어떠했는지 살펴볼 필요가 있는데, 이는 곧 반(反)식민지·반제국적인 의식의 구체적인 실증을 통한 민족의식의 착구(捉求)이었다. 김세용·이여성의 『숫자 조선연구』는 식민지 치하 민족사회의 동향, 그 사회적인 분화와 분화과정으로의 민족 경제의 파멸 과정을 밝히는 데 집중한 것으로, 이것을 통해 일제 식민지 정책의 본질을 끄집어 드러내 놓았던 것이다. 이것은 1930년대 초엽까지의 한국사회의 분석에 멈추었으나 한국현대사의 분석·비판을 통해 새로운 인식 방향을 설정하였던 것만은 부정할 수 없는 것이다.

이어 백남운의 『조선사회경제사』(원시·고대 - 삼국 신라통일기)와 『조선봉건사회경제사 상』(고려시대 봉건제의 분석)은 사회경제사적으로 한국사회를 분석한 것으로, 일제 말의 제 정세로 인해 분석이 고려 말로 중단되기는 했지만, 그 후 한국의 현실에 있어 그 인식체계는 질로서나 방법적으로나 대폭 재검토하여 해방 후 비판적인 재출발의 기점이 되고, 사회경제사적인 이해에 있어서는 이미 기념비적인 업적으로 남게 되어, 일제하의 극악한 조건하에서도 일본 관료학자들이 독점한 한국사의 인식에 새로운 도표를 설정하였던 것이다. 이 저작들은 또 한편 한국의 고대·중세 문화를 통한 민족의 광휘를 심적으로 높이는 데 있어 일률적으로 유물사관에서의 기계론적인 논증에만 그친 것은 아니었던 것이므로, 식민지시대 정신사에서 재비판되어야 할 것이다.

이와 함께 이청원의 『조선사회사독본』과 식민지시대를 다룬 『조선독본』은 식민지 치하에서의 한국사의 체계화, 특히 식민지 치하의 한국 현실을 밝히는 집중적인 작업이었다. 전자는 통사적인 거친 묘사에 그치었으나, 후자는 반제국주의의 자리에서 식민지 사회의 정치·경제를 분석하여 일제의 식민지 정책과 그것에서 결과된 민족적 질곡을 분석적으로 꿰뚫음으로써, 스즈키(鈴木小兵衛)·히사마(久間健一)·도하타(東畑精一)·호소카와(細川嘉六)의 식민지 정책에 대한 역사적 이해와 상보(相補) 재비판의 길을 남기었다. 어쨌든 식민지 치하의 민족 동향을 포착하는 데에 힘쓴 일면은 역시 『숫자 조선연구』와 함께 시사하는 바가 있는 것이다.

이러한 일련의 식민지 현대사의 이해는 1950년대로 들어와서는 고승제의 『한국경제론』에서 지나치게 극소하게 내비치고 있다. 이것은 『한국경제론』이 곧 일련의 유물사관적 반제적 이론을 이어받은 것이 아니라 1950년대 전반까지의 한국 경제구조를 논의하는 데 있어 일반론적으로 식민지적인 조건에 다소 유의했을 뿐이기 때문이다. 이 정도의 유의도 없는 데서 일반적으로 현대(해방 후) 한국 이해가 역사적으로 괴리되어 있지만, 여하튼 한국의 역사적 인식의 계속성을 부정하지는 못할 것이다.

4. 한국사학의 전개를 위하여

　물론 앞에서 언급한 바에 따라, 일본인의 식민지 정책을 위한 어용 왜곡화를 배제하기 위해서는 이른바 그들의 한국사의 근대적 연구(이것을 일반적으로 비전문가들이 흔히 과학적이라고 하며, 때로는 전문가의 계열에 속하는 사람들조차도 추종적으로 그렇게 말하기도 하나……)가 형식적이며, 위장적인 것임을 비판적으로 배격해야 할 것이다. 이러한 청산적인 연구가 정실(情實) 또는 섹트적인 데서 벗어나 감행되어야만 한국사학 진전의 한 기점이 될 것이다.

　이와 함께 외국의 고대 기록(중국 문헌에 산재 계승되어 온 것 또는 일본 것)은 물론 『삼국사기』와 『삼국유사』의 재검토가 필요하다. 또한 『고려사』·『고려사절요』에서 대할 수 있는 세종대왕과 이씨조 문신들이 이씨왕조의 확립을 위하여 여대(麗代) 사회를 필연적 쇠망론으로 파악한 역사의식의 조작, 주자학적 강목 사상에 대한 사대적인 추종, 이에 따른 이씨조 관료학자군의 한국사 전반에 대한 왜곡된 해석 등의 시정적 재검토가 병행되어야 할 것이다.

　여기서는 무엇보다 19세기 이후에 식민지시대 속에서도 강렬한 민족의식에 서서 한국사의 인식을 바로잡으려고 하던 일련의 민족주의 정신의 주조(主潮)에 서서 문헌의 정리, 분석, 비판, 재검토 작업을 하는 것이 초점적인 위치를 상실한 민족의식을 포착하는 데 가장 긴한 자세일 것이다. 그리고 이것이 19세기 이후 다양화한 역사인식의 제 이론과 20세기 전반기 내지 60년대에 이르기까지의 다양한 사회이론을 수용하는 데 있어 자의식을 견지할 수 있는 길이 될 것이다. 즉 이제까지의 잘못된 전통적인 유산과 왜곡된 사관의 악폐를 결산하는 기반으로서는, 식민지하의 민족적 정신의 현대적인 전개를 통해 한국사의 민족적 재인식의 출발점을 모색할 수 있을 것이다.

　이해의 논리, 해석의 방법으로서 부정적인 문헌비판은 식민지 치하에서 추종적인 일군에게는 매력적이었으나, 그 속에서 상실한 한국사의 주체적인 민족의 생활사는 찾을 길이 막히었다. 이러한 위장적 과학성은 허구에서의 좌절을 면치 못하게 했고, 또 그렇지 않으면 문화교류 혹은 전파설에서의 망상적 우월감과 야합의 기록에 빠지기 쉽게 되어 결과적으로 민족사에의 반역을 초래하기 일쑤이었음도 부정할 수 없는 엄존하는 사실이었다.

여기서 앞으로의 한국사학의 전개에 있어서는 다음의 것이 필요할 것이다.

① 이론적으로 구미의 제 이론 즉 인간 정신의 발달과정에 있어 역사적인 소임으로서의 정신적인 유산의 비판적 수용이 있어야 할 것이다.

그렇게 하면 굳이 편향된 하나의 이론에 따라 독자적인 한 민족의 역사를 의식적으로나 무의식적으로나 왜곡하는 것을 피하게 되며, 이제까지 그러했던 것을 배제하는 보다 타당한 방법도 구축될 것이다.

② 이와 함께 현재 시급한 것은 망실되어 가는 한국사 이해의 기본문헌의 보존문제이다.

먼저 국가기관이 간직한 일체의 역사적인 문헌의 정리, 과학적 보관은 물론 해외에서나 시중 또는 민간에서의 탐색·수집·보관에 만전을 기할 것이다. 외국에서의 예를 본다면 17세기 무렵까지는 사원 같은 데서 귀한 고간(古刊) 사본류를 마구 난로에 불쏘시개로 쓰던 영국이 오늘날은 식민제국으로 잔학한 짓은 하였으나 자국의 역사와 식민주의적 세계주의 입장에서 세계사의 이해를 위한 자료를 수집·보관하고 있다. 또한 프랑스혁명 후에 프랑스 사가들이 사료정리·연구를 통해 자기 민족사의 형성에 힘쓴 것, 근대국가를 형성한 후 일본이 90년에 가까운 시간과 막대한 비용을 들여서 『대일본사료』를 정리 간행하고 있는 점 등을 볼 때, 오늘날의 한국 형편과는 비교할 바가 아님은 다시 말할 필요조차 없을 것이다.

이러한 기초작업은 국민교육에 있어 기초교육과 대학교육을 아울러 전면적으로 재검토하는 데서 정책적인 기반이 마련되는 것이고, 그 위에 협업할 우수한 과학도·학자를 배출함으로써 비로소 기할 수 있는 적지 않은 난사(難事)이다.

이미 과거 20년간에 걸친 방임적이고 제한된 우리의 현실에서 각 개인의 희생적인 노력에 의한 얼마의 소장학자의 배출이 있으나, 손발이 묶여 있는 상황에서는 사관 운운하는 것도 외마디 소리에 불과할 뿐이니, 절대적인 발전을 기하기도 어렵다. 전게한 두 가지 일이 행해질 때 민족사관의 확립이 가능할 것이다.

겸하여 우리의 사관은 과거의 반성에서만이 아니라 현재의 보다 바른 인식과 논리적으로 연계되어야 한다. 과거에의 반성은 현실에서 유리된 채 그 시대의 인식만으로 이루어지는 것이 아니다. 또한 인식하는 인간이 자리잡고 있는 현실사회에 대한 바른 인식에서 얻어진 제 조건의 작용을 도외시할 때 우리의 사관은 안락의자에서의 독백에 그치기 쉬운 것이 되기 때문이다.

흔히 정치 현실의 비판과 역사인식은 구분해 보아야 한다지만 정치 현실의 비판없이는 역사인식의 성립도 또한 불가능한 것이다. 정치 현실에 대한 비판이 누락된 역사인식이란 복고적인 과거의 세계로 도피하는 일이 되기 쉽다는 것을 경계하여야 할 것이다.

이러한 까다로운 인식 세계에서 올바른 사관을 구축하기 위해서는 현재 한국이 지니고 있는 과거적인 또는 현재적인 불합리성과 미래를 위한 민족사의 수립에 장애를 이루는 난점(지나친 국제주의적인 정신의 작용과 식민지적 잔재), 미비점(사료 수집) 또는 빈곤성(국가·사회·개인적인 경제적 조건)의 극복이 있어야 할 것이다. 이와 함께 인류 사상사에 대한 바른 이해는 역사이해의 방법을 제시할 수 있고, 현재적 단계에 대한 이해의 기반이 되며, 내일에의 전개의 뜻을 발견하게 할 수 있다. 물론 사회이론은 다기성을 가지므로 자기 현실에서의 추상화도 겸행되어야 할 것이다.

이와 같은 이론 추구의 작업 그 자체가 자기 역사에 대한 인식과 유리된 상태에서 수용·전개될 수는 없다. 이는 1930년대까지의 역사·사회의 인식 문제를 다룬 휴스의 『의식과 사회』라든지 E. H. 카의 『위기의 20년』 등의 경우에서도 볼 수 있다. 즉, 휴스는 한갓 미국의 사학도로서 20세기 전반기의 서구사회와 미국인의 정신 방향에서 현대사의 의식을 추구한 것이고, E. H. 카는 영국인으로서 1차대전 후 20년간의 서구사회의 국제간 추이를 영국사·영국인의 역사정신에서 파헤쳐 본 것으로 규정지을 수 있다.

우리들은 그러한 서구적 세계사의 주조 밖에 서 있는 아시아, 또 그 지역의 한 식민지사회로서의 한국사회를 서구적 국제인식의 도상에서 외곽적인 점으로만 볼 것이 아니라 그 당시의 한국사회를 민족의 생의 역사의 한 과정으로 시간의 흐름 속에서 포착하고 그 속에서 외계·세계의 동향, 그것이 한국사회에 어떠한 파동을 미쳤는가에 초점을 맞추어서 휴스나 카를 보아야 할 것이다.

그에 심취하는 것까지야 방임적인 독자의 판단에 맡길 일이지만, 크로체의 자유주의적 사관이나 헤겔에서 마르크스, 엥겔스, 레닌, 웨버에 이르는 자본주의 발달, 제국주의 이론, 자본주의의 정신적 과제에서, 위트포겔의 수전농업사회 정체이론(근대화의 좌절)으로의 동양사회 이론이나, 또 근자 미국의 아시아 사회 근대화론이나, 후진국경제론에 있어 전통사회의 역사적 이해 같은 것의 논의가 '타산지석(他山之石)'은 아닐지라도 한국사의 논리에서는 재검토되고 비판적으로 다루어져야 할 것임에 틀림없는 일이다.

한국인이 오늘 민족적으로 불행한 처지에 놓여 있는 이 조건은 한국사의 전개 과정에 있어 역사적인 필연에서 온 것이 아니요, 식민지시대 정신상태에서 추출될 결과적인 소산도 아니요, 민족적으로 극복할 수 있는 가장 현실적인 것이다. 이는 주어지는 어떤 외래적인 정신 여하에 따라서 결정될 문제라기보다도 민족의 생의 역사의 한 도정(途程)에서 즉 한국사의 전 도정에서 추출될 민족의식을 확립하고, 그것을 한국사의 주조로서 내밀 수 있는 한국사의 새로운 인식체계를 세울 때에만 극복이 가능할 문제인 것이다.

(부 : 실증적으로 다루지 못하고, 일반적인 속론에 멈추고 그 몇 개의 문제를 제기한 데 불과한 것을 독자에게 사과한다)

(『정경연구』, 1966년 3월호)

역사와 교육

홍 이 섭

머리말

　우리 사회에 있어서 '역사와 교육'이란 문제가 현금(現今)같이 생각해 보아야 할 만큼 끽긴하였던 일은 없었다. 그러나 실제에 있어서는 그와 반대로 도외시되고 있는 감이 없지 않다. 여러 가지 긴요한 과제가 하도 많기 때문에 오늘에 와서는 무엇이 긴절한 문제인지 하는 데에서 혼돈을 이루고 있기 때문인 것 같다. 하지만 식민지 상태에서 벗어나 현대에 처하여 있으면서도 아직 봉건적 내지 반봉건적인 체제에서 벗어나기 위한 진통기에 있는 우리들에게는 먼저 선진사회의 과학기술과 제 사상을 받아들이어 소화시키며, 이것이 지시하는 바에 의하여 신사회로, 즉 근대적이고 민주적인 국가 사회를 이룩하기에 노력함에 있어 자체를 인식하며, 시간적으로 우리의 오늘의 위치, 더욱 현재의 세계에 있어 우리들의 위치를 구명하여야 할 것이다. 여기서 선진 사회의 제 과학이 지시하는 바를 좇아야 하겠으나, 자기의 인식으로서는 우리들이 살고 있는 국토(자연적인 제 조건), 여기에 구축된 사회, 이 사회의 성원인 우리 민족에 대한 새로운 인식이 요청될 것이다. 이러한 인식이란 물론 현시적인 그 모든 것을 통하여 이루어질 수 있으나, 현시적인 것의 적확한 이해는 역사교육을 통해 촉구되며 일단 정화될 것이다. 여기서는 일반적인 이론은 피하고 이 사회가 역사적으로 지니는 역사교육에 관하여 개관하여서 근대에 있어 우리들의 자기 인식과 그 부정적인 제 조건을 가리어 오늘의 우리들의 '역사와 교육'에 대한 일고를 시(試)하고자 한다.

　물론 이런 논의가 아직 우리들에게 없었던 것은 그만큼 이런 문제를 생각하기에 사회적으로 미숙하였음에서요, 이러한 미숙한 지반을 구축하고 있는 교육자와 역사학도 자신들의 어떠한 조건에 연유하였다고 하겠다.

　사회적으로 미숙하였다는 것은 우리들이 1945년 8월 15일 직후의 역사교육을 준비하지 않았으며, 그렇다기보다는 준비를 못하였던 것이고, 해방 후 10년간 역사교육 내지 역사과학의 연찬(研鑽)에 종사해온 일군의 교사 및 학도들이 전적으로 이 방면에 전심 진력할 학적 분위기가 조성되지 못하였다는 것에서다.

　과학으로서의 교육학에서 또는 교수면에 있어 역사교육의 의의, 임무를 구명할 어떤 조건이 부여되지 못하였음에서 개인적인 의견의 제시가 있었을 뿐이었다. 민주주의를 고창하며 신교육을 운위한다면, 일반 원리의 수용과 병행하여 이 사회와 민족의 역사 내지 현재적인 조건을 주안으로 하는 교육 시책이 강구되어야 할 것이다. 물론 각과 교육에 있어 10년 여의 세월이 경과하는 동안 다대한 성과를 거두고 있기는 하나, 역사교육의 종합적인 검토를 도마 위에 놓고 볼 때는 들어 말할 것이 없을 것이다.

　이것이 오로지 역사학도들의 전담할 바는 아니다. 아직 교육행정이 관료적인 데서 벗어나지 못하고, 미숙한 제 조건을 배제키 위한 노력이 부진함에서 오기 때문이다. '민족'이니, '민족정신'이니 하는 구호조차 냉각해가는 듯한 이즈음에는 더욱 '역사교육' 문제는 등한시되는 감이 없지 않다. 필자의 아전인수격인 소회일지는 모르나 해외에 있어 역사학의 진전, 그 교육적인 효용을 위한 노력과 연구를 통해 볼 때, 이 사회가 민족적·정치적으로 분열되고, 경제적으로 빈곤·불안 상태에서 헤매듯 사상적으로도 곤비(困憊)에 처하여 자체의 자각에도 우둔한 상태를 드러내고 있음이 비록 과거의 제 조건에서 연원한 것이라 하더라도 오늘의 우리들은 이러한 제 조건을 극복하도록 노력하여야 할 것이며, 극복하기 위한 노력의 방안이 무엇인가를 약술코자 한다.

1. 과거의 역사교육

한국의 역사교육은 과거에 있어서는 먼저 중국 역사=한족(漢族) 사회와 변강(邊疆) 민족사, 특히 한족중심사관의 이해 위에 서 있었다. 한민족의 제 기록이 제시하는 바에 의하면, 삼국 정립기의 우리들은 한학을 통해 한민족의 오경삼사(五經三史)를 위시하여 제자(諸子)를 공부하고 이해하였다 하며, 그것은 당시 이 사회의 독서 관인들의 지식이고 교양이었으며, 이것이 그들로 하여금 한민족의 이념으로서 한민족의 체제를 이식하고 그에 좇아 사회를 통제하며 질서를 지니게 하였던 것이다. 이러한 지식을 전제로 하여 삼국 사회는 각기 자기 국가를 인식하게 되었다.

여기서 삼국은 각자 국사를 편찬하게 되었다. 그러나 이러한 국사 편찬이 제왕의 학을 위한 정치의 역사이었던 점에서 중국적인 이념 속에 살고 있던 이 사회의 귀족적인 지배층이 생각하던 자기 인식의 역사라는 범주를 벗어나지 못하였던 것이었다. 그것은 신라 진흥왕 때의 다음의 사실로써도 넉넉히 짐작할 바이다.

"六年秋七月 伊湌異斯夫奏曰 國史者記君臣之善惡 示襃貶於萬代 不有修撰 後代何觀 王深然之 命大阿湌居柒夫等 廣集文士 俾之修撰"이라 하였음은 본래 한족들이 지니고 있던 역사의식, 즉 정치를 위한 역사 기록을 남기는 데 노력하였던 것을 명시하는 바이다. 물론 선진적인 고구려・백제의 역사 제 기록도 여기에서 벗어난 것은 아니었다. 그리하여 이것이 지배층의 실무에 이용은 되었을 것이나, 독서 관인층에 널리 이용되었던 흔적은 물론 없었고 될 바도 아니었다. 관료층의 양성을 위하여 중국의 경사제자서(經史諸子書)를 위주하였으므로 군주를 위한 교육에만 쓰였던 것이다. 삼국 사회의 뒤를 이은 고려 사회에서는 관념적으로 두 개의 입장에서 삼국사가 회고되었다. 하나는 김부식의 『삼국사기』요, 또 하나는 중 일연의 『삼국유사』인데, 전자는 완전히 중국적인 '왕정을 위한 정치사관'에서 조선사의 적통(嫡統)을 세우기 위하여 모든 불합리를 억제하고 한족사에 의거한 기형적인 삼국사를 찬집하였으며, 후자는 민족적인 불교 신앙에 기반을 두고 불교 신앙을 배경으로 한 민족사를 형성하기에 힘을 경주하였다. 그러나 역시 교육면에서는 중국의 경자사(經子史) 공부에 치우쳤을 뿐이다. 그러다가 고려말 조선초로 접어들면서 주자학을 국교로서 확립하고, 또 불교 신앙을 배제하게 되면서 삼국시대부터 전통을 지녀오던 불교 신앙을 배경으로 하던 민족적인 정신은 유가적인 입장에서 개체(改替)되어지게 되었다.

역사 이론 및 사관은 더욱 '한족 사회 중심주의'라는 대의명분을 주장한 주자의 『통감강목』에 국한케 되며, 한유(韓愈)의 불골표(佛骨表) 등에 의한 배불(排佛)의 이론이 주자학을 정학(正學)으로 신봉하는 경지에까지 이르러 근세 조선의 사상 고정화의 기초를 공고히 하였다. 즉, 『통감강목』이 제시하는 중국사의 적통 이념은 그것이 끼친 영향의 득실은 차치하고 5백 년 간 한자의 습득을 지식의 유일한 원천으로 여기며 살던 우리 사회의 문자 해득자 전부를 그 이념 속에 매몰시켰던 것이다. 이 고루한 질식 상태에서 일탈함을 이단이라고 억제하던 당시에 있어 교육이나 역사적인 인식(역사 공부)을 위하여 새로운 견해를 지니기는 어려웠다. 이 속에서 일부 학자들이 침체·고루한 이 사회의 정세를 비판도 하였고, 역사 이해에 있어 조선 현실의 인식을 위한 본국사(東史＝조선사)를 기준으로 한 인식을 강조하기까지에 이르렀다.

이것은 이른바 실학파의 제현(諸賢)이 이 길을 개척하였던 것이다. 다산 정약용은 그의 『경세유표』에서 '춘관수제(春官修制)'를 논함에 있어 식년시(式年試)의 준비로 2경(經) 3사(史) 1국사를 공부하게 하려고 하였었다. 그리하여 자년식(子年式)에는 김부식의 『삼국사』와 『동사집성(東史輯成)』(다산은 '東史輯成者 取中國全史 輯東史以成編者也'라 설명하고, 그 예로 '宜取韓致奫 海東繹史 刪其所宜略 增其所宜詳'이라 하였다)을 부하고, 묘년식(卯年式)에는 『고려사』와 『문헌비고』, 오년식(午年式)에는 『동국통감』과 『동문선』, 유년식(酉年式)에는 『국조보감』과 『국조명신록』을 과하고자 하였으며(『경세유표』 권15, 14~5장, 『여유당전서』), 지방 무과에 있어서는 고강(考講) 3과를 4서 2과, 3감 1과[『將鑑』, 『자치통감』, 『宋鑑』 — 다산은 주자의 책인 이 『송감』과 원·명 2사를 합하여 속통감으로 삼아 무사의 강(講)에 이바지함이 좋다 하였다], 국사 1과로 하라 하였다. 국사로는 『동국통감』과 『국조보감』을 들고 있다.(『경세유표』 권15, 32좌~33우) 식년시에 비해 간요하고 보다 근소한 양의 국사교육을 요청했던 것이다.

여기서 19세기 초에 이르러 국사교육의 유일한 설계를 보았으나, 다산의 정치적인 위치로는 실천의 가망이 없이 미정의 고본(稿本) 『경세유표』만을 후세에 남기게 되었고, 이러한 의도조차 밝혀지지 못한 채 세월은 흘렀다. 자기 인식이 불철저한 우리 근세사회는 일본의 침략정책에 따라 1894년 갑오개혁을 당하게 되었다. 이것은 길이 민족적인 욕으로 명기할 바다. 이러한 욕된 개혁기에 처하여 학제가 새로 생기면서 국사교육을 시행하게 되었다.

19세기 말엽에 이르기까지 이조 봉건사회는 정치의 부패, 군제의 파괴·문란, 경제의 위축·정체(국가재정의 문란, 농민경제의 파멸) 등 전 분야가 붕괴과정에 있었던 데다 정신적으로 자아를 몰각한 상태가 이어져 그대로 망국 멸족 상태 그것이었다. 이러한 단계에서 일본의 침략을 반격하는 일부의 봉건적이며 애국적인 이념이 자아의 인식을 촉구하는 데 이바지한 바 있었다. 이 때의 국사교육용으로 뿌려진 것이 일본인 학자 하야시(林泰輔)의 『조선통사』이었으나, 좌우간 국사 인식이 교육과정에 올랐던 것이다. 이것도 과거의 중국사의 이해를 위주로 하던 이 사회로서는 놀라운 개혁이었다.

그러나 1894년부터 1910년까지의 다단한 변천 과정, 즉 이씨조 사회의 몰락 과정에 있어 근대적인 자기 역사의 이해를 위한 국사교육은 감행되지 못하였다. 1910년은 한국이 완전히 일본의 식민지로 전락되는 해로서 이후 1945년 8월 15일을 맞이할 때까지 한국 민족에게는 민족적인 모든 것이 말살되는 기간이었다. 이 동안 일본인이 한국에 와서 통치기관인 총독부의 예속기관으로 중추원을 두고, 구관(舊慣) 제도를 조사하며 이에 관한 자료를 수집·간행하고 박물관을 두고, 유물·유적을 조사·보관하고, 조선사편찬위원회에서 다시 조선사편수회를 설치하고, 조선 사료의 수집·정리, 『조선사』(日文, 37책)를 편찬·간행하며, 동시에 경성제국대학을 두고 일부 조선사학의 강의를 하였으나, 이러한 것이 곧 한국과 그 민족을 위한 일은 아니었고, 한국사회를 억압·통치하기 위한 수단과 방편에 이바지하게 하였던 것이다.

일본 관헌은 이 사회를 식민지로 장악한 초기에는 '조선 역사'를 교과과정에 약간 삽입하였으나, 후에는 곧 이것을 말소하고 말았으며, 일본사 교육을 실시하였다. 자유 의사를 가지고 사물을 바로 보려는 일본인에게조차 견디기 어려운 위조된 황실 중심의 일본사를 교육하였다. 이러한 외세에 의한 불필요한 타문(他聞)의 무용한 역사교육을 받음으로써 오히려 무교육자보다 식민지적인 교육을 받은 사람들에게 해독이 컸었다.

이 해독을 받은 사람들 자신은 대개의 경우 자기가 피해의 대상인 것조차 인식하지 못하고 경과해 왔다. 이러는 동안 우리 민족들은 자기의 주권을 찾기 위한 운동을 전개해 왔고, 또 민족 주권의 회복을 위하여 민족정신의 앙양, 과거에 저버리게 되었던 민족정신을 찾기 위한 제반 운동을 전개하던 중에 일부 지사들은 민족사의 형성과 재발견에 힘을 경주하여 일정 부분 성과를 거두었다. 이러한 운동에 종사한 이로는 근대사학의 방법에 의하여 형극의 길인 민족사의 구축을 위하여 생애를 바친 단재 신채호 선생을 먼저 들 수 있고, 단재사학의 전개를 위하여 각기 독특한 경지를 개척한 담원 정인보, 민세 안재홍 두 선생이 있었다. 한국 민족의 주권 회복을 위한 투쟁의 역사는 백암 박은식 선생이 해외로 망명한 동지들의 협력과 권고에 의하여 편집한 『한국통사』와 『한국독립운동지혈사』가 있었다.

그러나 이 모든 성과가 민족 교육에 이바지되지 못하였다. 이와 같이 민족사의 개척・이해를 위한 노력이 있을 때, 한국사의 새로운 개척을 위하여 대두한 일파의 수삼의 학도는 변증법적 유물사관에 의한 한국사 인식에 힘쓴 바 있다. 이러한 제 인식은 현재에 와서는 우리 사회가 양분됨에 따라 새로운 분포를 보이게 되었다.

2. 해방 이후 국사학의 문제

8월 15일이란 해방을 위한, 바로 이날을 위한 충분한 준비가 있었던 것은 아니었다. 물론 해(海) 내외에서 민족해방을 위하여 혈투한 선열들의 정신은 고귀하였고, 그분들의 일본제국주의에의 부단한 항쟁은 한국을 일본의 기반(羈

絆)에서 분리시키게까지 되었고, 자립을 허여하려 하였었다. 그러나 한국인의 준비는 이에 응할 만큼 되지 못하였던 것만은 사실이다.

그리하여 1943년 11월 카이로회담에서 적당한 시기에 한국을 독립시키겠다는 결정을 하면서도 국제적으로 한국인의 독립 자치의 가능성을 재고하였으니, 이러한 것은 우리들이 모든 면에 있어 내손으로 일을 독자적으로 할 때 한번 반성해 보아야 할 바이다. 이러한 반성은 결코 자기를 폄하(貶下)하라는 것도 아니요, 선진사회에 대해 굴종하라든지 선진 국가를 사대적으로 추앙하라는 것도 아니다. 오직 이러한 사실을 반성하여 오늘의 우리들이 적확히 인식하는 데 이바지한다면, 장래 우리들의 사업 추진에 바르고 크게 도움이 될 것이다. 즉, 우리는 우리들의 역사를 바로 볼 준비를 못하였던 것이다.

물론 역사학을 전공하는 학도가 없었던 것이 아니요, 국사학을 전공한 이가 없었던 바도 아니다. 그러나 일시에 광범위하게 삼천만의 민중을 포함하는 이 사회 전체에 또 각 계층에 말살되었던 민족정신을 홍기시키며, 사회·문화·민족의 시간적인 변천 발전 과정을 통하여 오늘의 우리들의 위치를 인식·규정할 수 있을 만큼 우리들의 역사를 이해시키게까지는 못 되었다. 이렇듯 준비 없이 해방을 맞게 된 우리 이 사회는 소련이 38도 이북에 진주하고 38도 이남은 미군이 진주함에 따라 양분되게 되었으니, 이는 역사교육에 있어서도 우선 두 개의 방향을 설정하게 하였다. 이남은 미군 진주, 군정청의 설치에 따라 교육방면에 있어서는 일본인이 억압·말살하던 한국어 교육과 한국사 교육을 실시하기 위한 한국인 학자들의 활동이 개시되었다. 국사의 경우 진단학회 위원들에 의한 『국사교본』이 편찬·반포되어, 갑오개혁 이후 학부에서 국사교육을 실시한 이후 처음으로 한국인의 손으로 편찬된 교재를 펴서 국사교육을 재개하였던 것이다.

그리고 이 교재가 제시한 바의 대체의 틀이 오늘의 한국 국사교육의 테두리가 되게 되었다. 이 교재는 시대구분부터가 학생들을 가르치는 데 홍미를 잃기 쉬운 번잡한 분류에 흐르고 있었고, 전권을 통해 일관된 이념이 결여되어 있었다. 이것은 급작히 편술하기 위하여 위원 제씨가 협업을 했기 때문이었다.

이는 임시로 수응하기 위한 것이었으므로 후일 곧 폐기케 되고, 군정·과도

정부의 문교부를 통하여 다시 각 개인 저작의 국사 교재와 문교부 관리가 편찬한 국사 교재 등이 계속 간행되어 시급한 국사교육에 수급되었다. 이러한 일은 전부 과도적인 대책이었다. 그런데 이러한 일선 교육의 기반으로서의 전문학자의 연구가 국사교육면에 제공되었어야 할 것인데, 그것이 8월 15일 이전에 얼마나 축적되어 있었던가 살펴볼 일이다.

여기서 잠깐 한국 근대사학의 일모를 회고하기로 하겠다. 일본인 하야시의 『조선통사』를 제하고, 구주의 근대적인 방법에 의한 연구는 시라도리(白鳥庫吉)가 남만주철도회사의 조사부를 근거로 만주와 조선의 역사 지리를 과학적으로 연구한 것을 비롯하여 쓰다(津田左右吉)・이케우치(池内宏)・도리이(鳥居龍藏) 등에서 시작하여 이마니시(今西龍)・이나바(稻葉岩吉) 등 다수의 인사가 전 조선총독부의 제 기관을 근거로 한국사를 연구하여 업적을 남기었다. 그러한 업적은 곧 우리가 이용하고 있으며, 또 이용하여야 할 것이다.

이러한 제 연구는 우리 민족사를 구성하는 데 이용할 것이 없는 바 아니다. 그러나 한국인으로서는 한국인의 입장에서 일일이 재검토하지 않으면 안 된다. 역사는 보는 '장(場)'을 주시하지 않으면 안 된다. 보는 자리를 떠나서 초연히 볼 수는 없는 것이다. 외국인인 일본인의 관점을 그대로 답습해서는 안 될 것이다. 설령 과거의 정치적인 관계가 없었다손치더라도 일단 검토하여 여부를 판단하지 않으면 안 될 것이다.

이러한 크나큰 과제를 앞에 놓고 일본인에게서 교육받은 한국인의 저작을 살필 때도 또한 상밀한 검토가 요청된다. 일본 억제하의 제 연구이니만큼 민족정신의 문제는 재고를 요하는 것이다. 극소수의 국사학도만으로 충분한 연구를 위한 아무 대책 없이 10년을 경과한 오늘에 있어 해방 후 10년간의 노정은 아무 보호 없는 유랑인이었다. 여기서 곧 새로운 교육, 이제 새로이 출발할 국사교육은 그대로 암영 속에 잠긴 셈이었다. 일선 학도의 연구가 급속히 전개되어 생경한 원자료대로 남아 있는, 또 왜곡된 외국인의 견해의 시정을 위하여 한국사 연구의 새로운 출발이 요청되는 바다. 이러한 혁신적인 단계를 거치지 않고는 국사교육의 정로는 탐색되지 못한다.

이러한 비판적인 정신에서 구주의 근대사학의 방법에 의거하여 조선사의 방법을 사실(史實)에 즉하여 논구한 이로는 단재 신채호 선생을 빼고 아직 찾아보지 못하는 바이다(해방 후 이인영 씨의 국사 인식에 관한 논문이 없지 않다). 단재 선생은 민족 주권의 회복을 위한 민족사의 형성에 힘써 "이제 조선사를 서술하려 하매 조선 민족을 아의 단위로 잡고"서 다음의 각 조항을 세워 종전의 탕잔(蕩殘)된 민족사를 재수(再修)하기에 진력하였다. 이에 각 조항만 들어 보면,

(가) 아(我)의 생장발달의 상태를 서술의 제1요건으로 하고, 그리하여
  1. 최초 문명의 기원이 어디서 된 것,
  2. 역대 강역의 신축이 어떠하였던 것,
  3. 각 시대 사상의 변천이 어떻게 되어 온 것,
  4. 민족적 의식이 어느 때에 가장 왕성하고, 어느 때에 가장 쇠퇴한 것,
  5. 여진·선비·몽고·흉노 등이 본시 아의 동족으로 어느 때에 분리되며, 분리된 뒤에 영향이 어떠한 것,
  6. 아의 현대의 지위와 흥복(興復) 문제의 성부(成否)가 어떠할 것 등을 분서(分敍)하며,
(나) 아와의 상대자인 사린(四隣) 각족(各族)의 관계를 서술의 제2 요건으로 하고, 그리하여
  1. 아에서 분리한 흉노·선비·몽고며 아의 문화의 강보에서 자라온 일본이 아의 거실(巨室)이 되던 것이 아니 되어 있는 사실이며,
  2. 인도는 간접으로 지나(支那)는 직접으로 아가 그 문화를 수입하였는데, 어찌하여 그 수입의 분량을 따라 민족의 활기가 여위어 강토의 범위가 줄어졌나,
  3. 오늘 이후는 서구의 문화와 북구(北歐)의 사상이 세계사의 중심이 된 바, 아 조선은 그 문화·사상의 노예가 되어 소멸하고 말 것인가? 또는 그를 저작(咀嚼)하며 소화하여 신문화를 건설할 것인가
     등을 분서하여 위의 (가)·(나) 양자로 본사(本史)의 기초로 삼고,
(다) 언어·문자 등 아의 사상을 표시하는 연장의 그 이둔(利鈍)은 어떠하며

그 변화는 어떻게 되었으며,
(라) 종교가 오늘 이후에는 거의 가치없는 폐물이 되었지만 고대에는 확실히 일 민족의 존망·성쇠의 관건이었으나, 아의 신앙에 관한 추세가 어떠하였으며,
(마) 학술·기예 등 아의 천재를 발휘한 부분이 어떠하였으며,
(바) 의식주의 정황과 농상공의 발달과 전토의 분배와 화폐의 제도와 기타 경제조직 등이 어떠하였으며
(사) 인민의 천동(遷動)과 번식과, 또 강토의 신축을 따라 인구의 가감(加減)이 어떻게 된 것이며,
(아) 정치제도의 변천이며,
(자) 북벌 진취의 사상이 시대를 따라 진퇴된 것이며,
(차) 귀천·빈부 각 계급의 압제하며, 대항한 사실과 그 성쇠 소장(消長)의 대세며,
(카) 지방자치제가 태고부터 발생하여 근세에 와서는 형식만 남기고 정신이 소망(消亡)한 인과(因果)며,
(타) 자래(自來) 외력(外力)의 침입에서 받은 거대의 손실과 그 반면에 끼친 다소의 이익과,
(파) 흉노·여진 등의 일차 아와 분리한 뒤에 다시 합하지 못한 의문이며,
(하) 종고(從古) 문화상의 창작이 불소(不少)하나 매양 고립적 단편적이 되고 계속적이 되지 못한 괴인(怪因)
등을 힘써 참고하여 논열(論列)하여 위의 (다)·(라) 이하 각종 문제로 본사의 요목을 삼아 일반 독사자(讀史者)로 하여금 거의 조선 면목의 만분의 일이라도 알게 될까 하노라(신채호 저 『조선상고사』 4~6면, 이 『상고사』의 제1편 총론은 달리 별책으로 간행된 것도 있다. 『조선사연구초』, 『독사신론』 등과 어울려 볼 것이다).

하여 민족사의 근간을 새로 잡을 구상을 보였고, 『상고사』 총론에서 조선사의 범위, 조선 구사(舊史)의 결점, 구사의 득실, 사료 수집, 선택에 대한 예리한 비

판을 가하며, 민족사로서의 '조선사'(=한국사)의 새로운 인식을 위하여 "단재의 일념은 첫째 조국의 씩씩한 재건이었고, 두고두고 그 자유 독립을 꿰뚫을 날을 만들어 기다리게 하자 함이었다"(『조선상고사』 서문, 안재홍 '신 단재의 조선사 권두에 적음' 3면 참조). 그러나 국사의 이러한 신석(新釋)의 이론 및 실제적인 구상은 식민지시대에 있어서는 논의되기 어려웠다 해도 8·15의 광복을 맞이한 뒤에는 모름지기 국사학의 면에서는 한번은 논의되었어야 할 것이었다. 그러나 단재사학의 이념은 도외시되었을 뿐 아니라, 광복 후 오늘까지 방법이 비과학적이라고 단정되어 통행되어왔다. 국사학에 유념하는 학도로서 한번 독과(讀過)한 후 과연 비과학적이었던가를 살필 필요가 있다. 광복 후 민족사적 구성을 꾀하는 이론과 작품이 한둘 공개되었으나, 여기서는 '민족'이란 문자를 차용·패용(佩用)했을 뿐이지, 한국 구사(舊史)의 득실과 자기를 망각한 문자와 서술에 대한 한국과 이 민족을 주체로 하는 견지에서의 지적과 비판이 결여됨으로써 성과없는 책자로만 남게 된 것이었다.

이러한 유서(類書)는 민족사를 구성·제시하는 일에 이바지할 바가 없을 것이요, "일본인 학자의 업적을 단순한 감정으로 말살할 수는 없다는 것은 학적 태도를 가진 사람은 누구든지 시인할 것이다"라고 말하는 사람도 있는데, 학적 태도로써 일본인의 업적을 비판하여야 할 것이다. 비판없이 수용함은 단순한 말살보다 위험하다. 여부(與否)의 판단없는 학적 태도는 존립할 수 없다. 오늘의 이 사회는 이 정신이 필요하며, 특히 국사학에 있어서는 내 것의 비판·시정이 필요하다.

내 것의 비판·시정을 일찍이 감행한 학자가 단재였다. 이런 것의 비판·수용·계승이 요청되는 오늘, 이것이 조속히 행해지는 데서 오늘의 국사교육은 새로운 데로 진일보하게 될 것이다. 이 새롭다는 것은 '자기'를 망각하고 살아온 이 민족에게, 또 '자기'의 인식을 말살당해 온 우리들에게는 먼저 '자기'를 인식하고 '자기'를 주체로 삼는 이념의 세계를 가리키는 것이다.

3. 현재의 역사교육

　이와 같은 제 문제를 검토·인식하지 않는 막연한 국사교육은 곧 시정되어야 할 것이다. 물론 국사학의 새로운 전개를 꾀하며, 동시에 외국사의 지식을 수용하고 외국사의 이해를 넓혀 우리를 인식하는 데 도움이 되게 하고, 우리가 '자기' 외의 세계를 인식할 수 있게 되어야 할 것이다. 여기서 역사교육은 본국사(=한국사)와 외국사(=세계사, 종전의 동양사, 즉 중국 중심의 아시아사와 서양사, 즉 구미사)를 이원적으로 병행하는 길을 넓혀야 할 것이다. 해방 직후에는 국사(=한국사)·서양사·동양사의 3분 체제를 답습하였었는데, 이것은 과거 일본인이 지녀오던 역사 분과의 기준을 그대로 습용한 것에 지나지 않는다.

　이것을 곧 여하히 개편할 것인지는 간단한 문제가 아니다. 대체로 현재 역사학의 학문적인 연구나 역사교육에 종사하는 우리들이 일본인의 분과 이념을 지금까지 조금도 불편해 함이 없이 받아들이고 그 속에서 무의식적으로 살아왔으므로, 이러한 구체제를 바꾸기 위해서도 우선 국사교육의 의의·목적을 규명하여야 할 것이다. 이것은 다시 말할 것도 없이 먼저 우리 민족이 영위해온 생활의 노정을 바로 인식케 할 것이며, 이에서 오늘의 우리를 자각하게 하려는 것이다. 그러므로 오늘의 우리 민족이 영위하는 생활에서 필요로 하는 것에 이바지하여야 할 국사학이란 망각의 세계에서 다시 이 사회·문화·민족을 이끌어 내며, 이끌어 내진 그것을 바로 인식토록 하여야 할 것이다. 즉, 국사교육이란 이 요청에 수응하는 교육이다. 그렇다면, 십 년 간에 실시해온 국사교육이 이런 요청에 부응하여 왔던가? 부분적으로는 그렇다고 하겠지만 전적으로 수긍키 어려운 일이다.

　여기서 하나하나 예를 들어 얘기하지 않더라도 우선 현재 사용되는 교재를 들어서 볼 때, 대강 위에서 논급한 바 정도의 것도 이루어지지 못하였음을 살펴볼 수 있다. 이것은 다시 중언하는 바이지만, 의식의 불분명과 준비의 부족에서 초래된 결과이었다. 이러한 조건을 뛰어넘어야 함과 동시에 서양·동양사의 일원화를 문제삼아야 할 것이다. 물론 이 분과는 대학 입시 전까지의 과정에 한정해서 말하는 것이다.

대학에 있어서의 분과의 자립, 독립성에 대해서는 개의할 필요도 없다. 전공 분야에 있어서의 종합이라든지 세분은 각자에게 일임되어야 할 것이다. 현재 중·고등학교에서의 역사교육에서 난색을 보이는 동·서양사의 종합과 분리의 문제는 먼저 방법과 이념적으로 하나의 세계사라는 인식 대상으로 정화되어야 할 것이다. 요목이나 과정표에서 기계적으로 논의되고, 선을 가지고 난을 구획했댔자 되는 것이 아니다. 한국과 세계의 바른 인식을 위하여 또 우리들의 오늘날의 위치를 구명하는 데에 수응코자 하는 것임을 먼저 목표로 내세워야 할 것이다. 그러므로 이러한 역사교육에 종사하는 우리들이 과거에 어떠한 체제의 학문의 세계에서 성장해 왔든지, 그리고 어떠한 역사교육을 받았든지 간에 민족의 전 역사를 통해 남의 생각으로 살고, 내 역사를 몰각하고 살아온 우리 민족으로서는 과거의 모든 것을 지양하고, 오늘부터 이후 새로운 사회인, 새로운 민족적 기(氣)를 지닐 사람들의 새로운 역사 인식의 정립을 위하여 노력하여야 할 것이다.

그러므로 우리들의 과거의 관념에 개의치 말고, 새로운 체제를 구상할 것이다. 대학에서 세분한 과정을 통한 전문적인 연구에 종사할 기초 지식으로 종합된 세계사의 인식은 국사의 새로운 인식과 함께 필요 불가결한 중차대한 것이다. 이 기본적인 분과의 정리가 이루어지면 다음으로 단원 구상이 문제가 된다(단원은 곧 이론·실제·당해 과학의 학문적인 업적 등을 통합하여 논구해야 할 바다).

전문적인 학구를 위한 대학 이상의 강의가 아닐진댄, 항시 흥미를 상실하지 않는 교수 방법이 강구되어야 할 것은 역사교육에서는 더욱 끽긴한 조건이다. 물론 요목·과정에서 지시하는 내용이 또한 문제인데, 이것은 현재 우리 사회에서 대강의 요목에 따른 저작자들의 개별적인 서술이 지시하는 바가 있고, 이것을 요리할 각급 학교 교사님들의 재량에 맡겨야 할 것이다. 그러나 이것의 교육적 효과를 위해서는 실제 일선의 교사님, 지도를 받고 공부하는 학생, 저작자, 아직 이러한 저서를 감시하는 문교 행정의 담당 관리들 사이에서 심심한 토의가 있어야 할 것이라는 제언으로 멈추겠다. 여하히 논구·토의되더라도 대중적인 기반과 바른 인식을 돕는 흥미의 방편이 빠져서는 안 될 것이다.

지금 국민학교 교과과정에 있어 국사교육이란 그대로 미국식 사회생활과의 일부분이 되어 있는데, 이것은 일반적으로 향후 교육적인 가치와 효과를 위하여 깊이 생각하고 검토하여야 할 것이다. 무조건 수용이라든지 맹목적 배격은 삼가야 할 것으로서 미국식 사회생활과를 구성·이용하되, 또 일부에서는 비난·공격하고 있음을 직시하고서 받아들여야 할 것이다. 미국의 사회생활과 학습에 관계되는 책자를 읽어보면 서양사의 경우 그 교묘한 단원의 연결은 참 능숙한 솜씨라 하겠고, 거기에 담아 놓은 사실의 상식적이며 흥미있는 이해는 과거의 일본식 교육에서는 얻기 힘들었던 것으로서, 우리들의 서양사의 지식에 대해 다시 생각케 하는 점이 있을 것이다. 그러나 일관된 역사 지식으로는 단층지는 것이 있으며, 제한된 단원으로 무리한 양의 제정이 없지 않다.

좌우간 미국의 '사회생활과'의 제정은 미국 사회의 모든 역사적인 조건(다양한 민족에 의한 국민의 형성 등 잡다한 조건 때문에 이것들을 상보·제약하기 위해 일시 필요로 했던 것)에 따라 배태된 것으로, 우리가 이것을 비판적으로 수용함에 있어서는 8·15 이후 오늘까지의 이 사회의 조건, 장래할 바를 생각해야 할 것이고, 이에 따라 국민학교에서의 국사교육이 재검토되어야 할 것이다. 뿐만 아니라, 국사 인식을 위한 사회교육, 국가 공무원 시험에 있어서도 국사 인식을 여하히 요청하여야 할 것인가 하는 문제가 있다. 우리는 이러한 제 문제에 대해 한번 반성한 연후에 실천에 옮기는 태도가 왜 필요한가를 뚜렷하게 인식해야 될 줄 안다.

국사 사실에 대한 개별적인 지식의 유무만으로 모든 것이 다 되었다고 생각함은 '민족'을 알게 하는 데 무용·유해일지언정 하등의 이(利)가 없다. 이러한 제 사실들은 국사 교육의 이념·방법의 확립에 따라 좌우되며 파생될 문제이다. 여기서는 몇 가지 문제를 제기함에 그치는 의미에서 이에서 멈추며, 현금과 같이 생경한 지식의 나열로는 민족의식을 위한 교육이 되기보다는 반발적으로 염증을 일으킬 지경이므로 이것을 먼저 고려하고 제거하여야 할 것이라 함을 강조해 둘 뿐이다.

(『역사교육』1, 1956)

역사학을 공부하는 학생에게

홍 이 섭

 역사학을 공부하려는 친구들에게 어떤 말을 해준다기보다는 이제 공부를 시작하려는 나 자신의 새로운 마음의 준비와 앞서부터 오늘까지 지내오는 동안에 느껴 본 것, 생각해 본 것을 적어 상호 공부하는 데 한 조언이 될까 하여 붓을 들어본다.
 역사학을 어떻게 공부할 것인가에 대한 일반적인 것은 서구의 학자들이 손을 대어 하나의 과학으로 구성하려던 역사과학에 대한 기초적인 해설서도 있고 전공학과에는 사학개론이란 것이 있다. 근 10년래에는 우리나라에서도 사학개론이란 강의가 명패를 대학 강단에 내걸게 되어서 다소나마 일반적으로 사학입문의 방법과 연구 기술론이 운위되어 왔기에 누설(累說)을 피한다. 이와 같은 것은 그런 데서 될 이야기로 사학개론을 강의하시는 제위의 강연(講筵)에 미루기로 한다.
 우리는 좀더 가까운 예로 우리들이 우리의 역사, 요새 국사라고 하는 것 즉 조선사＝한국사를 공부하는 데 어떻게 하여야 할 것인가에 대하여 생각을 좀 가다듬어 보기로 하자.
 오늘 우리들이 우리 사회의 역사를 연구하기 위한 어떠한 연구 작업 단계에 들어가기 앞서서 우선 전공으로 공부를 할 때에 어떻게 하여야 할까? 이런 문제를 제기할 때는 곧 현재 우리나라의 일반적인 교육제도와 아울러 역사교육의 계획을 비판하여야 할 것이다. 이것은 곧 앞으로 나올 역사학도에게 주는 바 영향이 크기 때문이다. 그러나 현재 일반적인 역사교육 내지 국사교육의 비판은 미루어 두고, 우리들은 곧 국사를 공부할 터인데 어떻게 출발할 것인가? 이미 우리들이 어떻게 해서 지닌 것이든 간에 우리들이 지니고 있는 지식을 전면적으로 활용해야 할 것이다. 역사학을 운운한다고 어떠한 특정적인 지식만이 한정적으로 효용되는 것은 아니니까. 물론 전문적으로 분화된 과학의 한 분과로서 논의할 때 규정하는 어떤 국한성이 있지만 그렇다고 해서 그 한정된 것만으로 이 학문이 곧 성취되는 것은 아니다.

우리들이 국사라 하면 가장 일반적인 개설(흔히는 정치사적인 것)에서부터 입문한다. 그런 입문적인 개설서라는 것은 어떠한 한두 책자에 제한을 둘 것은 아니고, 학교 강연에서 들을 수 있는 강사의 개설이 우선 제일의적(第一義的)인 것이로되 꼭 그것에만 집착할 필요는 없다. 만약 그 강사가 자기의 것만을 청강자에게 요청하는 수도 있지만 공부하는 사람은 그 강사의 개설이란 그이의 세계관에 비친 국사의 강술이므로 청강자는 그 밖의 또는 그 이상의 것을 마음대로 택하도록 하여야 할 것이다.

또 우리는 어떤 전문적인 공부를 위하여 특수부문에의 연구에 참가하는 동시에 그것의 기초적인 지반을 위하여 통사(개설적)의 인식을 부단히 닦아가야 할 것이다. 우리들이 입문에서는 남의 책이나, 나를 가르쳐준 스승의 강연을 통해 통사의 지식을 얻게 될 것이나, 우리들이 일 개인의 학도로서 이 공부에 종사할 때는 개설적인 통사를 위하여 모든 것을 구축하도록 해야 한다. 흔히 어떤 범위를 정해두고 그 이외의 것에 대해서 천박해서는 안 된다. 학(學)으로의 공부에 있어 세분된 한 부문에 충실할 것은 물론이나, 그것이 학의 전 구조일 수는 없음에서이다. 부분은 그 전체를 구조하는 기초가 되며 전체는 부분을 이해하는 지반이기 때문이다.

국사학도로서의 출발에 있어 최종의 목적은 국사의 통사적인 인식을 자기의 전 생애를 통하여 구축하는 것이다. 즉 이 학을 통하여 학도로서의 세계관을 형성하는 것이니 속단하거나 어떤 제약에 순응하게 되면 자기의 고귀한 세계관을 이룰 학의 형성을 바라기 어려운 것이다. 자기의 현실적인 조건을 파악하고 그에 있어 불합리하며 전진을 저해하는 조건을 극복하는데 힘써야 한다.

이러한 새로운 날을 위한 극복의 정신이란 국사에 있어서는 다른 것이 아니라 곧 민족정신이다. 민족적 정신이란 무엇이냐? 이 사회에 있어서는 아직 민족적인 정신의 역사적인 인식을 위한 작업이 체계화되어 있지 못하다. 고대의 경우 원시적인 종교생활에 배태된 동방 제 이족(夷族)의 정신을 규명할 지역적인 한계를 둘러싸고 먼저 시비가 있다. 이어 불교적인 세계관과 신천(神遷) 사상의 수용, 불교의 정교일체적인 전개에 따른 중세 봉건사회 구조의 일부로서의 신앙=정신, 학(學), 경제 내지 정치의 극도의 발전은 곧 한 시기의 민족정신의 모체, 핵심체가 되었다. 이것의 변이과정에 있어서는 송학(宋學)의 수용과 그것의 국교로서의 확립 전개에 의해 선행적인 관념체와 상극되어 일시 민족정신에 불안과 위협이 초래되어 흔히 얘기하는 모화적인 사대성을 배양케 되었다. 물론 조선민족이 그 때까지 지니고 오던 전통성(이것은 시대적으로 표명되기도 하고 그렇지 않기도 하며, 이것에 대하여 의식적 혹은 무의식적이기도 하다)의 복륭(伏隆)에 따라 그 위기가 극복되어 왔으므로 시대적으로 그 주장을 이루는 외래사상이 선진적이며 고도한 것이더라도 이것이 사회적으로 소화되었는가의 여부에 따라 시대정신은 불안과 안정을 재래(齎來)하였다. 고로 모화적인 사대성이 정치적으로 형식적으로 표면에 확대되기는 하였으되 이것이 민족정신을 좌우키는 어려웠고 더욱 그 불안성이 극복되고 오히려 민족적인 정신으로 동화되게 되었던 것이다. 따라서 근 500년간의 이 사회의 윤리로서, 세계관·인생관을 담는 학의 인식방면으로서, 정치규범으로서, 경제의 정책적인 이념으로서 널리 사회 전반에 깊이 침투되어서 오히려 모화적인 사대성보다는 다시 내일을 모색하는 사회사상으로, 민족정신으로 시대성을 가졌다고 보지 않을 수 없다.

  그러나 역사는 고립된 '조선'을 방치하지 않았고 세계는 그것을 허용할 수 없었다. 여기서 이 사회는 내부적인 제 조건이 근대사회로 발전될 모든 것을 거부케 만들어왔고 여기서 민족적인 정신이란 구래적인 사상의 껍질 속에서 오로지 서구적인 모든 것을 배격케 되었다. 다시 이것이 일본의 침략기에 와서는 반동적이나마 민족적인 정신을 갖게도 했으나, 개화주의의 진보적인 정신에 자칫 대립적이며 반대적이었으니, 이러한 모순된 이념의 시대를 극복하기에는 이미 경제적이 지반이 너무나 취약하여 이 사회의 전면적인 붕괴가 나타나고 있었다.

　여기서 우리 민족정신은 시대적으로 내부적인 지반과 외부적인 제 조건을 검토해야 할 것이었으나 그러한 겨를조차 주지 않고 붕괴 몰락으로 이행하고 있었으니 완전히 자력에 의한 근대화는 커녕 식민지화를 막을 힘조차 없게 되었던 바다. 이런 점에서 더욱 근대사에 있어 이씨왕조의 변천 추이(趨移)를 통해 이 사회의 붕괴과정을 밝혀 오늘의 우리 사회의 선행적인 조건을 한번 알아보는 것이 현재의 사회 정치를 위시하여 우리 민족의 존재하는 위치를 규지(窺知)하는 한 방법이 될 것이다.

　즉 정신과 경제의 문제를 근간으로 하는 인식에서 우리 사회 변천 과정을 살피는 데 있어 학창(學窓)들로서는 외래적이며 일반적인 이론을 좀더 풍부하고 광범한 데서 구하여야 하되, 이것을 이 사회 연구의 어떤 부분을 메꾸는 데 끌고 나와서는 안 된다. 우리는 한국 연구를 주제로 하면서도 특히 '비교연구'라는 제한된 조건이 없는 한 필요치 않은 외국의 실례라든지 외국의 원리, 학설을 장황히 수용, 진열하는 수가 있으니, 이는 그 부문에 대한 일반 원리와 그 역사적 사상사적인 의식의 미숙에서 온 것이라고 보겠다.

　여기에서 우리들은 또 다른 일면을 주시하지 않으면 안 된다. 그것은 국사학의 새로운 수립에 있어 지녀야 할 방도의 문제이다. 즉 근대적인 학문은 서구의 그것을 지적하는 것이므로 국사학이라 하더라도 서구의 사회과학 지식을 흡수하여 여기에서 우리들의 학문적인 방법을 갖춰야 할 것이며, 여기서 국사학의 영역을 탐색하여 전 체계적인 인식을 욕구하고 다시 각자의 전문 분야를 발견하여야 할 것이다. 이런 준비와 발견이 있는 연후에 일 학도로서 출발해야 하는데, 자신의 욕구에서만이 아니라 사회적인 요청에서도 되어야 할 것이다. 사회적인 요청이라 하면 시비될 문제가 많을 것이나 이것은 학도의 사회적인 사명이란 데서 결정되는 것이다. 이것의 규정은 학도 자신의 지성이 판결하는 것이다. 학도의 지성이란, 자국의 역사는 결국 자기 민족의 역사이니, 이것은 시공을 초월하여 영원성을 지니는 것이다. 우리 사회는 변천이 심해서 근 백년 간의 경과만 보더라도 규준의 설정이 곤란할 정도이다. 그러나 역사란 결국 인간이 주체가 되므로 조신사에 있어서는 조선 민족이 주체가 되고, 이 민족의 생성・발전과정이며 이 민족의 생활(시원에서 현재까지)의 전 과정을 살피는 데 있어서 먼저 분화된 각 부문을 세분하여 이해함으로써 다시 문화를 인식하게 되고 여기에서 어떤 시간적 계기 및 연속성을 찾아 일관된 전통성을 설정해야 한다. 그러나 이 전통성의 설정이야말로 신중을 요하며 속단을 허(許)해서는 안 된다. 이제까지 우리 문화의 시간적인 인식에 있어서는 기초적인 연구를 통한 귀납적인 결론에서 얻은 바가 아닌 아주 표면적인 견해에서 우리 문화의 전통성을 주장하고 남의 것을 무비판적으로 받아들여 논위(論謂)되어 왔으니, 이런 예는 여러 부면의 문적(文籍)에서 흔히 지적할 수 있는 것이다. 이런 속된 안일한 방법을 불식하는 데는 근본적으로 새로운 도표를 국사학의 진로에 박는 운동이 있어야 할 것이다. 앞으로는 이런 새로운 진로의 개척을 꾀하는 데서 새로운 출발을 기할 수 있을 것이다.

여기서 선행적인 제 연구를 무비판적으로 수용해서는 안 될 것이다. 무비판적으로 수용하는 이유는 작업하는 이들이 안일한 공명심에 끌리기 때문이다. 우리들이 학에 종사하는 학인(學人)이라면 공명심이나 매명적(賣名的)인 것을 극도로 피해야 할 것이다. 문화적으로 후진적인 사회에서는 학의 성립보다 속된 공명심에 이끌리는 강도가 심하다.

작은 문제에 대한 적은 연구일지라도 학사적(學史的)으로 어떤 의의를 가져야지 그렇지 못하여 선행적인 제 연구를 보유(補遺)하거나 비판하지 못한 것을 작성한다면 그처럼 사회적으로 의의를 상실하는 일은 다시 없을 것이다.

이는 단지 국사학에서뿐이 아닐 것이요, 역사학에서뿐이 아니요, 학 전반에서 문제가 되나 특히 역사학에 있어 더 긴요할 바다. 더욱이 개척되지 않은 우리 사학에 있어 더욱 요청되는 바이다.

그런 무의의한 일을 피하기 위해서는 어떠한 방법을 취해야 하겠는가? 이것은 역시 사학만의 문제가 아니다. 다른 분야의 학사적(學史的)인 인식에서부터 문제를 찾아야 한다. 흥미와 요청을 합일시키는 초점의 발견이다. 우리들은 전반적이나 부분적인 데서 이 조건을 명기하여야 한다.

다음 우리 작업의 재료가 되는 두 가지를 면밀히 검토하여야 할 것이다. 하나는 선행적인 제 연구를 가능한 한 유루(遺漏)없이 섭렵하여 읽음으로써 학사적인 지식을 재정리하여야 한다. 이를 통해 우리들은 자연스럽게 그 개개의 연구 간의 간격을 발견케 되며 지향할 바를 찾게 되는 수가 흔히 많은 것이다.

다음으로는 원자료의 검토이다. 원자료의 직접적인 검토는 시간을 초월하여 영원히 새로운 원천이 되는 것이기 때문이다. 고갈되지 않는 새로운 견해는 원자료의 검토를 통해서만 가능하다. 이 방법을 벗어나는 경우에 흔히 우리들의 연구에 빈곤을 느끼는 것이다. 역사 자료의 기본적인 정리는 지금 우리들이 지니고 있는 전량에 비하면 거의 미정리된 상태에 있음을 생각하면 국사학의 진전을 측정키는 곤란하다.

지난한 일이지만 이 기초 연구를 감행하는 데서 의의있는 작업을 하게 될 것이다. 겸하여 원전 연구와 함께 이 사회의 학도들이 유념해야 할 또 하나의 일은 발견하여야 할 것과 발견되어야 할 자료의 탐색을 게을리해서는 안 된다는 점이다. 이러한 학도의 임무는 그리 쾌(快)한 일은 아니다. 현재의 조건으로는 불가능한 경우도 있다. 그러나 미정리 미개척의 이 사회의 국사학의 전개를 위하여 역사학을 공부하려는 우리들로서는 안일한 길보다 스스로 험난한 돌밭을 걸어갈 것을, 가시덤불 길을 걸어갈 것을, 새삼스럽게 각오할 필요가 있다. 공명심이나 안일한 심정에서 살고 싶다면 오히려 국사학의 전공을 포기함이 가당할 것이다.

참 가기 쉽지 않은 길이다. 광복 이후의 우리들에게는 하도 바삐 일본학자의 제 업적을 흡수하며 또는 비판하여 재검토를 하여야 하고, 이어 이 사회에 뿌리박힌 식민적인 성격에 대한 발본색원적인 비판 정신이 수립되어야 한다. 또한 오늘과 같이 사상적으로 저조할 때에 있어 민족적인 정신의 수립을 지도할 방향을 위해서는 역사를 과거의 사실로서만 보는 속류적인 사관을 떠나, 여기적(餘技的)이며 지엽적이며 세공적(細工的)인 연구에서 벗어나 시야를 넓힌, 이 사회를 해명할 기본적이며 규모가 큰 제 문제의 연구를 감행하도록 하여야 할 것이다. 국가, 사회, 학교 기관에서는 국사학도로 하여금 이를 감행할 제 조건을 조성해주기를 바란다. 내일의 새로운 건설을 위하여 여러분들과 같이 이런 길을 가고 싶다는 심정을 토로키 위하여 일문(一文)을 초(抄)한 바이다.

(『사상계』, 1955년 6월호)

『조선과학사』 서문

홍 이 섭

1. 과학사의 방법

　우리 조선 사학의 과학적인 수립을 위한 방법은 곧 특수사의 일부문인 과학사에도 적용된다. 즉 조선사의 연구는 과거에 있어서의 역사적 사회적 발전의 변천 과정을 구체적 현실적으로 구명함과 함께 그 실천적인 동향을 이론화함으로써 임무로 삼게 된다. 여기서 인류사의 보편적인 방법을 요구한다면, 그것의 정당한 파악의 이론은 과학의 역사적 사회적 발전의 변천 과정을 구명함에 욕구된다. 그러나 과학사에 있어서도 단순한 사실의 병렬적인 진열만으로는 그 구체적인 현실성을 실상(失喪)케 되므로 과학의 발전과 변천에 기축이 되는 민중의 생활과 사회구성의 발전 도정을 주시하여야 한다.
　그러면 과학사의 범주는 어떠한가? 여기서는 자연과학을 이름이나, 진정한 의미의 과학사의 구성은 기술사와 함께 이루어지므로 그 관계를 2분해서 전기에는 인간의 경험인 기술이 과학의 기초를 이루었으나, 후기에는 과학의 기술에의 응용이 기본적인 것으로 되었다. 말하자면, 먼저 인간은 과학적 기초를 갖지 않고, 자기의 생산활동에 있어서의 그 원리를 경험적으로 발견하고, 후에 자기의 생산적 실천에 과학적 기초를 두었을 뿐더러, 주로 자연과학의 우연한 기초상에서 생산상의 문제를 해결했던 것이다.
　인간은 도구를 만드는 동물이라 함에서 본다면 그 도구는 자연을 소재로 하는 이상, 그 제작은 자연법칙에 좇으며, 거기에서 자연을 정복케 된다. 이것이 경험적으로 발생되어, 그것이 곧 자연과학의 기초가 되므로 우리 과학사의 서술에 있어서도 자연에 대한 해석=자연과학사와 그 법칙을 부여한 도구의 제작, 즉 생산 제 관계=기술사의 부문을 조화함으로써 비로소 정당한 과학사의 전모를 방불케 할 것이다.

  소위 과학과 기술의 발전 단계는 먼저 말한 바와 같이 기술에서 과학에의 시대와 과학에서 기술에의 시대로 2분하겠으나, 보다 더 구체적이고 현실적인 사회의 역사적 발전의 변천 단계를 기준으로 삼을 수 있으니, 과학사는 사회의 변천과 함께 진전해 온 인류 생활사의 근저를 이루는 것으로 그것을 인류의 자연 해석의 제 단계와 상호 대응함에서 그 본질적인 성격을 규정할 수 있을 것이다. 그리이스에 이어 지중해 세계를 제패한 로마인은 그리이스의 과학을 발전시키었다기보다 그것의 실제 응용에 있어 로마인의 과학은 이루어졌다. 이것은 그리이스 사회와 로마 사회를 이해한다면, 즉 로마인은 그리이스의 과학을 발전시킨 것이 아니라, 오히려 그것의 분배와 전파에서 그 의의를 찾게 된다.

2. 조선과학사의 연구대상과 그 범주

  일반 과학사에서 본 조선과학의 역사적 발전의 변천 과정을 규시함이야말로 제일의적 지표일 것이다. 따라서 조선 사람의 과거의 생활사에 있어 과학하는 면과 기술의 진화를 알지 않으면 안 된다. 그 과학기술의 변천・발달을 이해함에는 그 가운데서도 특히 그것의 현실적인 요인과 사회・경제와의 연관에서 종합적 전체적으로 보아 정치 형태 내지 관념 형태와의 상호 연관성까지도 구명해야 한다.

  이런 점에서 우리는 조선의 과학과 기술을 무조건으로 광휘만을 낼 필요도 없거니와, 과거에 있어 어떤 의도하에서 당연히 과학적인 가치를 부여하여야 할 것을 무조건으로 말살하려던 것도 배격하고 정당한 비판으로써 이해하도록 하여야 한다. 우리는 부분적인 특수성보다도 보다 일반적인 '생활사=과학・기술의 역사'를 인식의 대상으로 삼을 것이다.

따라서 원시사회의 기술에서 구명할 만한 과학의 제 면모를 우선 영세한 고문헌과 수집된 유물에 좇아 복원시킬 수 있을 것이다. 다음에 오는 고대 사회-고구려·백제·신라의 각자의 발전 내지 통일에 따른 과학·기술의 변천은 출토 유물인 침묵 자료와 역시 영세한 문헌에 의해, 또 중국과학사와 일본과학사에서의 자료의 상보(相補)로써 구성할 수 있다. 그 후 고려 봉건사회는 먼저 통일된 신라의 그것을 계승하고, 더욱이 당시의 외국 문화의 수입에 따라 발전시켰던 것이다. 그리하여 고려사회에서 전화(轉化)된 이조 봉건사회의 과학은 소위 세종조 대를 중심으로 관료적·왕권적인 궁정 과학의 편성을 보이고, 그 후 영·정 2대의 군주에 의한 청조(淸朝) 문화의 수입에 따른 궁정 과학의 재정비와 실사구시학파(실증학파·실학파)의 실증적인 학풍의 발흥에 따른 서구적(연경을 통한 것)인 과학사상의 유입을 보았다.

그러나 이조 봉건사회의 최후의 절대적 왕정주의자 이하응(李昰應) 대원군에 의해 모든 것은 국제적인 연관성에서 유리되고 고립화됐다. 다단한 전환기인 근대적 개방에 의해 수축(修築)하려던 서구적인 교육, 즉 구한국 시대의 극히 단시일의 신학문의 수립에의 정열은 이미 역사적·정치적 기조가 없는 것으로 되고 말았다. 이어 온 것은 한일의 강제적인 통합인 일본의 침략으로서 이조사회는 해체됐으므로 그의 봉건적인 과학은 지양되고 말았다. 여기서 말하자면, 우리들의 연구대상은 현대 과학사의 선행적인 과제로서의 '고전 과학사'의 기도에 불외(不外)한다.

동양적 봉건사회의 일원이었던 조선사회가 가진 과학은 유럽사회의 그것과는 현격한 차가 있었으며, 충분히 이론적인 체계도 갖추지 못하고, 그 진로는 사회적으로 제약을 받고는 있었지만, 전혀 자연과학에의 진로가 막히었었다든지 자연과학의 생성을 못 본 것은 아니다. 자연과학의 특수 부문에 있어서는 유럽의 근대 자연과학의 선구이었던 빛나는 업적도 남기고 있다.

봉건적인 권력과 그 사회구조로써 신분적인 제약이 있어 과학의 시민적인 발전을 억제한 점이 있었고, 또 중국에의 예속적인 관계로써 그에 종속됨에서 일부 과학의 정체도 있었으며, 유학적인 관념에서 비실용적·비현실적인 가례론(家禮論)의 방대한 이론적 성과는 오히려 당파의 투쟁과 함께 초래되었을 뿐이고, 우리 과학지식의 발달에는 기여함이 없었다.

　이러한 상태에서 조선과학의 연구는 소재와 자료는 풍부하나, 그것은 한갓 고전적인 자료에 그치고, 이론적인 전개가 없음에서 과학으로는 정체를 보이고 있었다. 우리는 자료의 수집, 그 체계화에서 이론적 전개를 구명하여야 할 것이다.

　그러나 아직 우리 사학계(근대적인 문화에 접촉한 우리들은 곧 식민지의 노예적인 신분에 종속해 있었으므로 학계라고 운위할 수도 없지만, 미숙한 식민지적인 그것을 구태여 확언한다면)에는 과학사의 전저(專著)가 없다. 오직 조선 사학의 몇 개의 저작들에서 과학사 연구에 원용(援用)할 수 있는 것을 추출함에서 소재의 판단을 도울 것이다.

(『조선과학사』, 1946)

『정약용의 정치·경제사상 연구』 서문

홍 이 섭

　이 소저(小著)를 발표함에 있어 저자의 개인적인 얘기를 부기하여 둠이, 자신의 비망(備忘)적인 기념이 될 것이며, 동학(同學)의 인사들에게도 혹여 다산학을 이해하는 데 일조(一條)의 안내가 되지 않을까 한다.
　정약용의 학 - 사상에 대한 어렴풋한 흥취를 지니기는 1936년 그의 서세(逝世) 백 년 기념 행사가 있을 때 신문·잡지에서 훤전(喧傳)된 때이었으나, 당시 수중에 광무년간에 활인(活印)한 절략본(節略本)『목민심서』만이 있었을 뿐으로, 어디다 손을 대어야 좋을지 몰랐다. 일본 총독 치하의 교육제에서는 학교 강의 시간에서는 한 마디의 귀띔도 없었으므로, 신문에서 오려 둔 단편적인 기사에서 어렴풋이 훌륭한 학자임을 알았고, 그 후 미비한 소저를 제작할 때 역시 훌륭하다는 생각은 하였으나 이해할 기연(機緣)을 못 갖고, "까마득한 날에 하늘이 처음 열리고 어데 닭 우는 소리 들렸으랴!"(이 육사의 시「광야」에서) 하듯, 하늘이 열릴 때를 바라고 있었다. 1945년 "큰 강물이 비로소 길을 열었다"(「광야」에서). 이후 생각은 하여 보았으나, 다산학을 이해하기에는 자신의 지식이 너무 결여되었음에서 후일에 미루어 보기로 하였다. 다시 1950~53년의 동란과 함께 한국사를 이해하려고 생각해 온 일 학도(一學徒)로서의 감회의 구구함을 금하지 못하고, 1953년 이후 한국 근세사상 이해에 유념하여 오면서 다산학에 대한 조사를 해보려고는 하여도 우선 『여유당전서』를 구득키 어려웠으나, 1954년 완질을 수중에 넣게 되어, 시문집 - 경서·상례(喪禮) 연구 - 정법(政法:『흠흠신서』를 제외한)류를 독과(讀過)하는 데서 습유(拾遺)

한 얼마의 초기(抄記)를 형식적으로 체계세우고자 한 것이, 이제 이루어진 무고(蕪稿)이다. 그러므로 지리·음악·의약에 관한 부분을 전혀 제외한『여유당전서』의 부분적인 약해(略解)가 된 셈이다.

여기서는 주로『경세유표』와『목민심서』의 형성 과정과 그 기본적인 이념을 가리어 봄에서, 국가재정 확립과 농민경제의 안정책을 강구하는 데 있어 제도·기구의 법제사적 내지 현실적인 비판, 이에서 추출되는 개혁안과 방책을 거의 피상적으로 통관(通觀)하였고, 농민경제 안정에 있어 권귀(權貴)·수령·이서(吏胥)의 협잡, 또 토호와 일반민의 협잡을 배제하려고 분석 비판함과, 그것을 배제하기 위한 행정 관리 방안을 적출 소개하는 약해(略解)를 이루어 놓게 되었다.

"지금 눈 내리고 매화 향기 홀로 아득하니 내 여기 가난한 노래의 씨를 뿌려라"(「광야」에서) 하듯 고고히 살고 간 정약용의 학과 사상을 세간에 소개하는 데는 너무도 미미한 이 소저에는 기대키 어려우나, 앞으로 정약용을 이해하는 데 노방(路傍)의 한 표석(標石)이 되어진다면 다행으로 생각하여, 희졸(稀拙)함을 불구하고 유심(有心)의 인사에게 묻는 바이다.

비교 논고할 참고 문헌을 구득키 어려운 데서 지지하게 끌어 온 것이다. ─ 여기에는 개인적인 지식·재정·사회적인 제 여건이 문제가 되겠지만…… ─ 이 사이에 있어 정약용을 이해하는 방법도 여러 가지로 강구해 보았다. 이러한 방법적인 검토에서부터 이 작은 연구가 하루 바삐 재검토되어야 할 것이다. 원고를 인쇄에 넘기고 생각이 달라지는 것을 억제하기 괴로웠다. 그러나 모든 것을 체념하고 책자로 묶어 놓으며, 정약용을 이해하는 데 요청되는 방법을 다음과 같이 도식화해 보겠다.

한국 근세 사회의 기초적인 제 이해에서 특히 사상·경제의 역사적인 또 법제사적인 견해를 토대로 구축되어야 할 것은 물론, 사상적인 데서는 중국 경학 내지 우리 근세 학인의 중국 경서 이해사(특히 한국 현실에 입각한 비판적인 것)와 함께 읽어야 한다.

한당(漢唐) - 송·원·명 - 청의 경학의 이해, 이것은 가장 긴요한 기초적인 일이 된다. 송학 - 주자학의 본질적인 이해, 그러나 양명사상(陽明思想)을 계수

(繼受)하는 명청시대 학자들의 사상, 특히 황종희(黃宗羲)·고염무(顧炎武)·이탁오(李卓吾 : 오히려 이탁오를 비판하지만), 또 청대 실증적인 학자는 물론 더욱 평생을 상서학(尙書學)에 이바지한 염약거(閻若璩)를 보아야 하며, 다시 한역(漢譯)된 서학서(자연과학서는 물론 서교서도)를 통해 정약용의 사상적인 일면을 추리하기도 하여야 한다. 집중적으로 정치·경제를 논하였음에서 중국의 정치 또는 경제사와 그 사상적인 이해에서 한국의 그것을 보도록 하여야 하며, 그것을 기반으로 하는 정약용의 학·사상의 인식이 요청된다. 이것의 비교를 위하여 서구적인 이해 역시 불면(不免)의 여건이 된다. 봉건적인 것의 인식 비판에서 봉건적인 데로의 복구적인 것과 근대적인 데로의 지향이 착잡한 한국 근세 사상사 상의 그를 주시하는 데서 또한 근세 사상사의 포착 또한 불가결한 과제이었다.

속단할 수 없는 학적 논증에 있어 복잡 다기한 정약용의 사상에는 양명적인 것과 서학적인 것이 표면상 말살되었으나(사회적으로 금압되었으므로) 내저(內底)를 흐르고 있는 정신의 본체는 오히려 부정되는 그것에 접근하는 눈치를 보이고 있으며, 이것의 기반은 유가(儒家)의 사상을 외피로 하는 한비(韓非)의 법, 관자(管子)의 재경(財經)의 원리이었다. 이러한 데서 정약용이 도달한 일점(一點)이 황종희의 『명이대방록』에 보이는 생각이 아니었던가 하게 된다.

그의 개혁적 의욕과 전 학문을 일찍이 일본인 학자 아사미(淺見倫太郞)는 그의 『조선법제사고(朝鮮法制史稿)』에서 "반도에 있어 이조 최후의 학자로서 정약용을 지닌 것을 표장(表章)할 만하다"(248면) 하며, "이조말 확실히 한 사람의 정약용을 낸 것은 반도의 행복이었고, 왕국의 불행이었다"(248면)고 하듯 이씨조 봉건제 사회의 정치경제사상에 있어 거의 절대한 자리를 차지하였었다.

이제 그를 알아보고자 한 작업이 뜻대로 안 된 것을 부끄러이 생각하며, 그가 생존하던 시대에 못지않게 조국 운명에 불안을 느끼는 오늘에 그의 사상을 살피게 된 인연에 우연이 있지는 않은가 하지만, 그 때부터 오늘까지 그가 우려하던 바는 그대로 이 사회의 진운을 가로막아 왔다.

끝으로의 소감은 개인적으로는 그가 우려한 바를 체계화한 연구로 새로이 이루어 놓을 것과, 그가 우려한 조국 강토에 '이중민생(以重民生) 이존국법(以尊國法)'의 생각이 굳건히 자리잡고 전개되기를 바라며, 그의 생각을 현대적으로 이해하는 데서 평탄치 않은 우리들의 진로에 새로운 길이 있게 하자는 것이다. 지나친 실용주의 생각에서 적어 놓은 몇 줄의 서문과 아울러 본론을 독자 제언(諸彦)은 이러한 자리에서 읽어 준다면 다행일까 한다. 일체 미비와 와오(譌誤)에 대해 또는 견해의 차에 있어 교시 있기를 앙탁(仰託)하는 바이다.

1959년 12월 24일 밤
(『정약용의 정치·경제사상 연구』, 1959)

홍이섭 선생의 연보

1914년   12월 6일 서울특별시 종로구 사직동에서 부친 홍병선(洪秉璇) 님과 모친 박성녀(朴姓女) 님의 장남으로 태어났다. 부친 홍병선 목사는 한국 기독교계의 지도적 인사였다. 그리고 덴마크식 농업입국을 창도하여 후진 한국의 농촌부흥운동에 힘쓴 선구자였다. 한편 선교활동과 농촌운동에 관련되는 10권의 저서를 펴내는 동시에 『Y.M.C.A.역사』(미간)와 같은 역사서를 집필하기도 하였다.

1934년   3월 배재고등보통학교를 졸업하였다. 민족교육의 본거지인 배재고등보통학교 재학중에 한글학의 태두인 환산 이윤재와 호암 문일평의 영향을 받아 한국 역사 내지 국학에 관심을 가지고 열심히 공부하게 되었던 것으로 보인다.

1938년   3월 연희전문학교 문과를 졸업하였다. 재학중에 위당 정인보, 용재 백낙준, 외솔 최현배 및 교외의 호암과 같은 국학의 선각에게 사사하면서 그들의 학문과 정신을 지표로 학구에 정진하였다. 그리고 신백수·이시우·조풍연·장서언·정현웅·최영해 등 연전 재학생들과 문학 동인 그룹 '삼사문학' 동인지 제2집부터 참여, 작품활동을 함으로써 문학 방면에도 재능을 보였다.

1938년   4월 서울기독청년회학교 교사가 되어 교육자로서의 첫발을 딛었다.

1940년   6월 김기하(金基夏) 님의 2녀 김정익(金貞益) 여사와 결혼, 이듬

	해에 장남 재영(회사 경영)이 태어났다.
1942년	한국과학사의 체계화를 시도한「조선과학사」를『조광』지에 연재, 전인미답의 한국과학사 영역을 개척하였다.
1943년	『조광』지 9권 4호에「인도에 구법(求法)한 신라승의 전기 잡초(雜鈔)」를 발표하였다.
1944년	일본 도쿄 삼성출판사에서『조선과학사』가 일어판으로 간행되었다.
1946년	5월 2남 재성(서울대학교 불어불문학과 교수)이 태어났다. 이 해에『조선과학사』를 국역으로 재판하고,「유화(柳訛)의 '여대산릉고(麗代山陵考)'와 M. Tchang의 '양대제릉고(梁代諸陵考 : Tombeau des Liang)'」및「한·러 교섭 잡화」등의 논문을 발표하였다.
1947년	2월 국학대학 교수.「제정 아라사의 대한정책과 영국인의 극동 여행의 진의(眞意)」,「조선과 서구교섭의 발단 – 특히 16세기 교통에 휘하여」등의 논문을 발표하였다.
1948년	9월 동국대학교 강사.「조선과 서반아 교섭의 일착」,「아메리카의 극동정책」등의 논문을 발표하였다.
1949년	3월 고려대학교 문과대학 교수에 재직하면서, 일제 식민지 사학에 영향을 받았던 국내 사학의 왜곡된 식민지 사관을 비판하고 단재·백암·위당·호암 등의 맥락을 잇는 민족사학의 사관을 수립하는 데 힘썼다. 4월 서울특별시 문화위원회 학술부 위원.「육당 최남선의 일면」을 발표하였다.
1950년	「비숍 여사의『한국과 그 이웃 나라』」를 발표하였다.
1951년	7월 해군본부 전사편찬실 편수관으로 한국해양사를 연구하고, 10월 서울대학교 상과대학에 출강하였다.
1952년	4월 항도 부산에서 창립한 역사학회의 초대 회장이 되었다. 이 해 용재 백낙준 박사 교육계 종사 25주년을 기념하기 위해 '정묘회(丁卯會)'를 조직하여 백 박사 전기『학회기략(學誨記畧)』을 저술하

	였다. 4월 고시위원회 보통고시 위원. 6월 서울대학교 미술대학 강사.「서구인의 조선 발견 관계사」,「Gores 시고」등의 논문을 발표하였다.
1953년	4월 연세대학교 문과대학 교수. 10월 서울대학교 문리과대학 강사. 이 해에「6·25사변의 사적 고찰」및「역사교육의 동향」등의 논문을 발표하였다.
1954년	1월 3남 재익(독일에서 사업)이 태어나고, 4월 고려대학교 문과대 강사. 이 해에「조선 천주교 사료에 취(就)하여」,「다산 선생의 학문과 사상」및「다산학의 현실성」등의 논문을 발표하였다.
1955년	6월 문교부 국사편찬위원회 위원.『한국해양사』의 저술, 간행에 편찬위원으로 참여하였다.「민족 수난과 3·1운동」,「한국 기독교사 연구 소고」등의 논문을 발표하였다.
1956년	4월부터 10년 동안 UNESCO 한국위원회 위원으로 활동하였다. 6월 국민사상연구원 전문위원회 위원.「정헌 이가환의 시문습유」및「역사와 교육」등의 논문을 발표하였다.
1957년	「이중환의 사회경제론」,「실학의 이념적 일모」등의 논문을 발표하였다.
1958년	사법고등고시 위원. 4월 연세대학교 문과대학 사학과 과장.「근대 한국의 문명사적 위치」,「한국 근대사상의 기독교」등의 논문을 발표하였다.
1959년	행정고등고시 위원. 12월 그 동안 연구해 온 논문들을 종합 정리하여『정약용의 정치·경제사상 연구』를 간행하였다. 이 책은 조선 후기 실학사상의 최고봉인 다산 정약용을 경세학의 면에서 처음으로 분석 종합하여 이 방면의 연구에 길이 남을 이정표를 세운 것이라고 평가된다.
1960년	7월 연세대학교 문과대학 학장. 이 해「4월 혁명의 사적 의의」,「단재사학의 이념」및「한국적 사회 형성의 이념」등의 논문을 발표하였다.

1961년	1월 숙명여자대학교 문과대학 교수 및 숙명여자대학교 대학원 원장. 「구한말 외교사의 일절(一節)」, 「근대사의 회고와 한국의 진로」 등의 논문을 발표하였다.
1962년	7월 연세대학교 문과대학 교수 및 문과대학 학장. 「서구사상에 감염된 민족 문화」, 「단재 신채호」, 「위당 정인보」 등의 논문을 발표하였다.
1963년	「한국 실학파의 교육철학」, 「한국 식민지시대사의 이해 방법」, 「조선후기에 있어서의 사회적 변동 — 외국관계와 천주교 신앙문제」 등의 논문을 발표하였다.
1964년	「한국의 후진성과 역사의식의 결여」, 「한국동란의 민족사적 검토」, 「일본 침략정책의 분석」, 「민족문화에 도전하는 양키문화」, 「한국 식민지시대 정신사의 과제」 등의 논문을 발표하였다.
1965년	3월 연세대학교 부설 동방학연구소 소장. 민족문화추진위원회 이사. 서울 Y.M.C.A 이사. 민족문화협의회 위원. 「신유교난(辛酉教難)에 있어 신문(訊問)상황」, 「한국외교사」, 「삼국유사 '고조선'조의 한 시론」, 「한국 사상의 전통」, 「지성인의 전통적 역할」 등의 논문을 발표하였다.
1966년	9월 『정약용의 정치·경제사상 연구』로 연세대학교 대학원에서 문학박사 학위 받음. 「만주원류고론(滿洲源流考論)」, 「민족 자주사관의 확립」, 「역사에 나타난 민중세력」, 「한국 민족주의의 역사적 성격」 및 「민족사관의 문제점」 등의 논문을 발표하였다.
1967년	3월 연세대학교 대학원 사학과 주임교수. 9월 대한민국 학술원 회원. 12월 한국사연구회 부회장. 「북한의 국사관」, 「1920년대 식민지 치하의 정신·사상과 사회」, 「사학자로서의 위당」 및 「민족사의 비애와 영광」 등의 논문을 발표하였다.
1968년	3월 사학 관계의 논문들을 모아 단행본 『한국사의 방법』을 펴냈다. 「수호조약 이후의 반일세력」, 「백제사의 성격과 그 문화적 특질」 및 「한국근대사에 있어 일본의 침략 문제」 등의 논문을 발표하였다.

1969년	문화공보부 문화재보존위원회 위원. 4월 원호처 독립운동사편찬위원회 위원. 「한국 근대 주요 논저 개관」, 「식민지적 사관의 극복」 및 「황현의 역사의식」, 「3·1운동의 사상사적 위치」 등의 논문을 발표하였다.
1970년	3월 서울대학교 문리과대학 강사. 8월 재단법인 '외솔회'를 창립, 초대 이사장이 되었다. 외솔회를 통해 나라 사랑의 정신을 펴기 위한 여러 가지 사업을 추진하였다. 근대 한국의 애국자·독립지사들의 업적을 정리하기 위해 『나라사랑』을 계간으로 발행하는 계획을 수립, 추진해 나갔다. 이 해에 손보기·김철준 님과 함께 영문 한국사 *The History of Korea*를 공저로 간행하고, 「일제 식민지시대의 역사적 성격」, 「한국 식민지시대 정신사 서설」 및 「한국 현대 정신사의 과제」 등의 논문을 발표하였다.
1971년	3월 연세대학교 대학원 사학과 주임교수. 11월 세종대왕 기념사업회 상임이사가 되고, 세종대왕의 성덕과 위업을 추모, 선양하기 위해 『세종대왕』을 펴냈다. 「대한제국의 종말」, 「'조선민족 갱생의 도' — 그 정신사적 추구」 및 「한국사에 있어 20세기 전반기의 규정문제」 등의 논문을 발표하였다.
1972년	「1920년대 식민지적 현실 — 민족적 궁핍 속의 최서해」, 「한국 독립운동사의 한 과제」 등의 논문을 발표하였다.
1973년	3월 연세대학교 출판부장. 영문 논문집 『*Korea's Self-Identity*』를 연세대학교 출판부에서 간행하고, 「채만식의 탁류 — 근대사의 한 과제로서의 식민지의 궁핍화」 및 「한용운의 민족정신」 등의 논문을 발표하였다.
1974년	3월 4일 급환으로 자택에서 별세. 6일 연세대학교 문과대학장 엄수, 김포 장릉공원묘지에 안장하였다.
1975년	2월 유고의 일부를 정리하여 연세대학교 출판부에서 『한국근대사』 및 『한국정신사 서설』을 간행하였다.

저서

『조선과학사』, 1944(日文, 도쿄, 三省出版社). 『조선과학사』, 1946(국역재판, 서울, 정음사).
『세계사와 대조한 조선사 도해표』, 1946(서울, 정음사).
『학회기략(學誨記畧)』, 1952(서울).
『한국해양사』, 1955(서울, 해군본부 전사편찬실).
『정약용의 정치·경제사상 연구』, 1959(한국연구도서관).
『한국사의 방법』, 1968(탐구신서 35, 서울, 탐구당).
The History of Korea(Sohn, Kim and Hong), 1970(Korea National Commission for UNESCO, Seoul, Korea).
『세종대왕 전기』, 1971(세종대왕 기념사업회).
Korea's Self-Identity, 1973(Yonsei University Press).
『한국근대사』, 1975(대학문고 1, 연세대학교 출판부).
『한국정신사 서설』, 1975(대학문고 2, 연세대학교 출판부).

이상의 11권의 저서 이외에도 논문·논설·서문·서평·수상·시 등 600여 편의 글을 발표하였다. 연세대학교 출판부는 홍 선생님의 저서와 논문·논설 등을 수집 정리하여 『홍이섭전집』 11권을 간행할 계획을 세우고, 그 중 다음의 6권이 1994년에 출간되었다. 1.『과학사·해양사』, 2.『실학』, 3.『서학·기독교』, 4.『사상사·정신사』, 5.『외교사·교섭사』, 6.『한국근·현대사』.

제5부 무악실학회

홍이섭 선생의 제자들
'무악실학회' 구성

　사학과 출신 동문들이 모여 무악실학회를 구성, 지난 3월 『실학사상연구』라는 학술지를 내놓고 지난 4월 7일 장릉 홍이섭 선생의 묘소에 이 책을 바쳤다.
　이번에 학술지를 펴낸 무악실학회는 '연무회(延無會)'라는 이름으로 1985년 12월 홍이섭 선생의 제자 8명이 모여 조직하였으며 그 후 1988년 2월 무악실학회(毋岳實學會)로 명칭을 바꾸었다.

이들은 "선생님을 추모하면서 회원 상호간의 친목을 도모하고, 학문을 토론하는 자리를 마련"하는 데 그 목적이 있었다며 홍이섭 선생의 학문전통을 계승하는 뜻으로 학술지『실학사상연구』를 펴내기로 뜻을 모았다.

　학술지는 1년에 1책씩 펴내는 것을 원칙으로 실학 외에 한국사 전 분야에 관한 논문을 수록키로 했다.

　지난 4월 7일 홍 선생의 가르침을 받았던 원유한(동국대 교수) 동문을 비롯하여 열 명의 제자와 선생의 삼 형제가 선생의 묘소에 꽃을 바치며 간단한 의식을 치르면서 스승에게 그간의 경과보고를 하였다. 쌀쌀한 봄비가 내리는 것도 아랑곳하지 않고 모여든 제자들은 다시 연남동에 모여 지난 학창시절을 회고하며 서로 스승에 대한 그리움을 나누었다.

　무악실학회는 앞으로도 계속 한국사 전 분야에 관해 의견을 나눌 것이며 홍이섭 선생에게 수학한 것을 인연으로 하여 인간관계·학술관계를 넓혀 나갈 것이다.

활 동

◇ 1985년 12월 28일
* 장소 : 원유한 교수 연구실
* 참석자 : 원유한, 윤종영, 박상환, 김정의, 이상태, 강병식, 윤석효, 박희현
* '연무회' 조직 : 회장 원유한, 총무 박희현

◇ 1986년 1월 11~12일
* 장소 : 이천 설봉호텔
* 친목대회

◇ 1986년 5월 23일
* 발표(초빙강사) :「구한말 관서지방 유학자의 사상적 전회」(이광린)

* 이광린 선생 『한국 개화사의 제 문제』 출판기념

◇ 1987년 2월 6일
* 발표 : 「조선시대의 사고지(史庫址)」(이상태)

◇ 1988년 2월 6일
* 발표 : 「현채(玄采)의 자강(自强)교육에 관한 일고찰」(강세구)
* '연무회'를 '무악실학회(毋岳實學會)'로 바꿈
* 학술지 『실학사상연구』 간행 계획
* 윤종영 연구관에게 승진기념패와 기념품 전달
* 김양수 및 한창균 교수에게 박사학위 취득 기념패와 기념품 전달

◇ 1988년 7월 16일
* 발표 : 「가야발전사에 대한 연구」(윤석효)
* 윤석효 교수에게 박사학위 취득 기념패 전달

◇ 1988년 12월 22일
* 친목대회

◇ 1989년 3월 18일
* 이광린 교수 정년기념 모임(기념패 전달)

◇ 1990년 1월 16일
* 이상태 연구관에게 승진 기념패 전달
* 학술지 『실학사상연구』 간행에 따른 토의

◇ 1990년 3월 4일
* 『실학사상연구』 창간호 간행

『실학사상연구』 창간호를 홍이섭 선생님 산소에 봉정하고…(왼쪽부터 장지남, 홍재성, 김정의, 원유한, 홍재익, 홍순영, 윤종영, 이상태, 한창균, 앞의 왼쪽부터 홍재영, 김양수, 신양선)

◇ 1990년 4월 7일
* 『실학사상연구』 창간호를 홍이섭 선생님 산소에 봉정

◇ 1990년 8월 18일
* 발표 : 「안정복의 국방론 : 『동사강목』의 사론을 중심으로」(강세구)

◇ 1990년 12월 14일
* 무악실학회 회칙 제정

◇ 1991년 3월 4일
* 『실학사상연구』 2집 간행

◇ 1991년 7월 27일
* 발표 :「실학자들의 상업론 발전」(원유한)

◇ 1991년 12월 28일
* 발표 :「일제하 서울(경성부)의 토지소유실태 연구」(강병식)
　　　　「조선시대 지도 연구」(이상태)
　　　　「한국소년운동사 연구」(김정의)

◇ 1992년 3월 4일
*『실학사상연구』3집 간행

◇ 1992년 3월 14일
* 발표 :「초기(1945~50년)의 북한 고고학」(한창균)

◇ 1992년 5월 1일
* '무악실학회 총서' 제1집으로『한국소년운동사』(김정의 교수) 간행

◇ 1992년 9월 19일
* 발표 :「멕시코 기행」(윤종영)
　　　　「몽골 기행」(정명호・한창균)
* 임원개선 : 회장 박상환, 총무 박희현

◇ 1992년 12월 26일
* 발표 :「연암 박지원과 환재 박규수의 화폐경제론 비교 검토」(원유한)

◇ 1993년 3월 4일
*『실학사상연구』4집 간행

◇ 1993년 3월 6일
* 발표 : 「안정복의 마한 정통론에 관한 일고찰」(강세구)
* 간사진 선임 : 연구간사 윤석효, 편집간사 한창균

◇ 1993년 12월 11일
* 발표 : 「동사강목 연구」(강세구)
         「홍이섭 선생의 역사학」(원유한)

◇ 1994년 3월 26일
* 발표 : 「조선후기의 중인 문제」(김양수)

◇ 1994년 4월
* '무악실학회총서' 2집으로 『한국석등양식』(정명호 교수) 간행

◇ 1994년 7월
* '무악실학회총서' 3집으로 『일제시대 서울의 토지 연구』(강병식 교수)
         간행

◇ 1994년 9월 10일
* 발표 : 「조선후기 박문수의 화폐경제론」(원유한)
* 임원개선 : 회장 정명호, 총무 박희현

◇ 1994년 11월
* '무악실학회총서' 4집으로 『동사강목 연구』(강세구 박사) 간행

◇ 1994년 12월 27일
* 발표 : 「조선전기 화폐사의 위치」(원유한)
         「옥기장(玉器匠)에 대한 조사」(정명호)

◇ 1995년 4월 1일
* 발표 :「조선후기 서적정책 연구」(신양선)

◇ 1995년 8월
* 『실학사상연구』 5·6합집을 백낙준 박사 탄생 100주년 기념호로 간행

◇ 1995년 9월 7일
* 동작동 국립묘지 백낙준 박사 산소에서『실학사상연구』 5·6합집 봉정식

『실학사상연구』 창간호를 펴내면서

원 유 한

  홍이섭 선생님(1914~1974) 16주기를 맞이하여 우리 '무악실학회' 회원 일동은 지난날의 학은을 감사하며, 그에 보답하기 위한 작은 정성으로 학회지 『실학사상연구』 창간호를 펴내게 되었다.
  지난 1985년 12월 홍 선생님의 가르침을 받았던 문생 8명이 모여 '연무회(延無會)'를 만들었다. 모임을 만든 뜻은, 선생님을 추모하면서 회원 상호간의 친목을 도모하고, 학문을 토론하는 자리를 마련하자는 데 있었다. 그로부터 2년 여가 지난 1988년 2월에 모임 명칭을 '무악실학회'로 바꾸고, 학회지 『실학사상연구』를 펴내기로 뜻을 모았다. 모임의 명칭이나 학회지의 제호(題號)를 실학과 관련시켜 지었던 것은, 실학 연구에도 큰 업적을 남기신 홍 선생님의 학풍 내지 학문 전통을 계승해 보겠다는 외람된 생각에서였다.
  우리 학회는 앞으로 『실학사상연구』를 1년에 1책씩 펴내는 것을 원칙으로 정하였다. 또한 학회지의 제호를 『실학사상연구』라고 했지만, 실학 문제를 다룬 논문뿐만 아니라 한국사 전 분야에 관한 논문을 수록키로 하였다. 그리고 지금까지 홍 선생님을 추모하는 뜻에서 쓴 글은 물론, 선생님의 인간상과 학문을 이해하는 데 도움이 되는 자료를 발굴, 조사하여 수록키로 하였다.
  학회지의 제호 『실학사상연구』는 용재 백낙준 선생님(1895~1985)이 1972년 1월 필자에게 주신 서한문에서 집자한 것이다. 백 선생님은 홍 선생님의 은사였다는 사실과 그 서한문의 내용이 후학에게 실학 연구를 격려하는 것이었다는 점에서도, 선생님의 휘호를 학회지의 제호로 정한 것은 뜻이 있다 할 것이다.

　시작이 반이라는 속담이 있다. 그리하여 우리 회원들은 뜻과 정열만으로 『실학사상연구』를 펴내기로 결심할 수 있었다. 또한 '원어협곡 이성천지해(源於峽谷 而成川至海)'라는 문구가 있는 것을 알고 있다. 그러하기에 우리들은 미래의 꿈만을 향해 오늘의 미숙을 무릅쓰고 학회지를 펴낼 용기를 가질 수 있었다. 그리고 오로지…….

1990년 3월 4일

『무악실학회총서』 창간호를 펴내면서

원 유 한

구산 : 세월이 빠르게 흐르는 물과 같아서, 어언간 홍이섭 선생 18주기를 맞게 되는군, 그래. 듣자하니, 무악실학회는 홍 선생 18주기를 맞아 추모사업으로 총서를 간행하기로 했다지? 그러니까, 홍 선생 16주기를 맞아서 지난 1990년에 학회지『실학사상연구』를 창간했던 것처럼.

구천 : 뭘 그처럼 거창하게 추모사업이라고까지야 할 수 있겠습니까만……. 저희 무악실학회 회원 일동은 홍 선생님 18주기를 맞아서 지난날의 크나큰 학은에 보답하는 작은 정성으로『무악실학회총서』를 펴내기로 뜻을 모았습니다. 그리하여 이번에 김정의 교수의 저작『한국소년운동사』를 총서 제1집으로 간행하게 되었답니다.

구산 : 보람된 일을 시작하고 있다는 생각이 드는군. 그런데『한국소년운동사』를『무악실학회총서』제1집으로 펴내는 것을 보면, 총서의 명칭처럼 그 내용을 실학 연구업적에만 한정하지는 않을 계획인가 보군.

구천 : 그렇습니다. 학회지『실학사상연구』의 편집방침이 그러하듯이 한국 역사 내지 한국학 분야 전반에 걸친 연구업적을『무악실학회총서』로 간행할 계획입니다. 그리고 총서는 1년에 1책씩 펴내는 것을 원칙으로 삼고 있다는 점도 말씀드립니다.

구산 : 그러나 머지 않은 장래에 무악실학회 회원들의 훌륭한 연구업적이 많이 나와서 1년에 총서를 몇 책씩 간행하게 될 때가 오리라고 믿고 있다네. 이 늙은이의 지나친 욕심이라 탓할런지 모르겠네만,『실학사상연구』와

『무악실학회총서』의 간행에 뒤이어서, 앞으로 문고본(文庫本) 체재의 책을 하나쯤 더 펴냈으면 하는데……. 그러니까, 관심있는 모든 이들이 가볍게, 아니 쉽게 읽을 수 있는 문고본을 펴내게 되었으면 좋겠단 말일세. 문고본의 명칭이랄까 제호는 『실학문고』라 해도 좋을 것 같고.

구천 : '뜻이 있는 곳에 길이 있다'고 하지 않습니까. 그러니 오로지…….

구산 : "그러니 오로지……" 어찌하겠다는 말인가? 회원 일동은 '원어협곡 이성천지해(源於峽谷 而成川至海)'라는 무악실학회의 이상이랄까, 목표를 향해 뚜벅뚜벅 황소걸음으로 걸어갈 뿐이라는 말이겠지. 쉬지 않고…….

구천 : 선생님께서 저희 학회 발전을 위해 베풀어주시는 그처럼 깊은 관심과 자상한 배려에 늘 감사 감격하고 있답니다. 배전의 지도와 편달을 부탁드립니다.

　끝으로 역저『한국소년운동사』를 집필하느라 땀 흘린 김정의 교수께 감사하고, 총서의 출판을 도와준 민족문화사 신준호 사장께도 고마움의 뜻을 전하고자 합니다.

1992년 4월 30일

『무악실학회총서』 제2집을 펴내면서

원 유 한

구산 : "여호와는 나의 목자이시니 내가 부족함이 없으리로다. 그가 나를 푸른 풀밭에 눕게 하시며 잔잔한 물가로 인도하시는도다.……" 이처럼 「시편」 23장을 읊조리는 내 마음을 구천은 헤아릴 수 있을런지?

구천 : 아마도, 팔순을 눈 앞에 둔 구산 선생님 마음 속 깊은 곳에 잠겨 있는 종교 지향 의식의 발로라 생각할 수 있을 것 같습니다. 그러니까, 인생 연륜이 더해감에 따라 더욱 소중하게 생각되고, 또한 인간 모두의 내면 깊숙히 잠재되어 있다는 종교 지향 의식의 발로라 생각할 수 있다는 것입니다. 그리고 금년에 고 홍이섭 선생님 20주기를 맞게 된다는 사실이 선생님으로 하여금 세월의 덧없음과 인생의 무상함을 보다 절실히 느끼시게 했을 것으로 짐작되기도 하구요.

구산 : 구천의 말을 듣고 보니, 역시 '이심전심(以心傳心)'이란 낱말의 뜻을 새삼 음미해 보게 되는군 그래.
　　　이왕 종교에 관한 이야기가 나왔으니 하는 말인데, 일찍이 홍이섭 박사도 개신교 목사 집안에 태어나서 개신교 계통 학교 교육을 받고, 또한 타계할 때까지 주로 개신교 계통 대학 교단에서 한국사의 연구와 교육에 힘썼던 분이 아니었는가. 그리하여, 이러한 개신교적 배경은 그의 인생은 물론 역사학에 적지 않은 영향을 주었던 것으로 알고 있네만.

구천 : 그렇습니다, 구산 선생님. 홍 선생님의 인생관이나 역사의식의 밑바탕에는 개신교 정신이 농도 짙게 깔려 있다는 사실을 쉽게 확인할 수 있으니

제5부 무악실학회

까요. 이 점에 관해서는 선생님과 상세한 말씀을 나눌 기회가 있으리라 믿습니다. 사실, 오늘 제가 선생님을 모시고 말씀드리고자 했던 것은……

구산 : 구천이 말하지 않아도 떠도는 소문을 들어 대강은 짐작하고 있다네. 그러니까, 무악실학회는 홍이섭 박사 20주기를 맞아 기념총서를 펴내게 되었다는 사실을 말하려 했던 것이겠지.

구천 : 그렇습니다. 우보 정명호 교수의 노작 『한국석등양식』을 『무악실학회총서』 제2집으로 펴내게 되었다는 사실을 뵙고 말씀드릴 예정이었답니다. 선생님도 익히 알고 계시겠지만, 정 박사는 우보(牛步)처럼 쉬지 않고 묵묵히 학구에 정진해온 성실한 학자로 알려져 있잖습니까. 그가 오랫동안 애써 이룩한 연구업적을 묶어 『한국석등양식』이란 저서로 출간하게 되는 것이랍니다.

구산 : 우선, 훌륭한 연구업적을 낸 정 박사에게 위로와 감사의 뜻을 전하고, 또한 그 같은 역작을 홍 박사 20주기를 기념하는 총서로 출간하게 됨을 축하, 축하하는 바일세.

구천 : 전적으로 동감입니다. 아울러 며칠 후 오늘과 똑같은 이유로 선생님을 다시 모시게 되리라는 사실을 미리 말씀드려 둡니다. 끝으로 어려운 여건 속에서 총서 간행을 도와준 민족문화사 신준호 사장께 감사의 뜻을 전합니다.

1994년 3월 4일

『무악실학회총서』 제3집을 펴내면서

원 유 한

구천 : 제가 오늘 구산 선생님을 뵙고 드릴 말씀은, 고 홍이섭 선생님 20주기를 기념해서『무악실학회총서』제3집으로 강병식 교수의 저서『일제시대 서울의 토지 연구』를 펴내기로 되어 있다는 사실입니다.

구산 : 그렇다면, 홍 박사 20주기를 기념해서『무악실학회총서』를 두 책이나 간행하게 된다는 말인가? 그러니까, 그 제2집으로 정명호 교수의『한국석등양식』과 제3집인 강 교수의……

구천 : 그렇습니다. 그런데 계획이 잘 풀려 나간다면, 기념 총서로 한 책이 더 간행될 수 있을 것 같습니다. 이 사실에 대해서는 적당한 시기에 선생님께 자세히 말씀드릴 기회가 있을 것입니다.

　　선생님도 익히 알고 계시지만, 일제가 강행한 토지조사사업에 관한 고찰은 식민지 경제수탈정책의 본질을 구명하는 데 있어서 긴요한 연구작업이지 않습니까. 강 교수는 지금까지 토지조사사업에 관한 학계의 연구 작업에서 미흡하게 다뤄진 서울(京城府)지역 토지조사사업을 분석 고찰했답니다. 새로운 자료를 발굴하고 많은 통계표를 작성하는 등…….

구산 : 이야기를 듣고 보니, 대견하고 기쁜 일이 아닐 수 없군, 그래. 개척적 연구업적을 내느라 애쓴 강 박사에게 격려와 축하를 보내는 것이 마땅하리라 생각하네.

　　돌이켜 생각해 보면, 홍이섭 박사도 일제 식민통치시기의 비극적 역사

현실에 깊은 관심을 가지고, 그 시대 역사를 구명하는 데 주목할 만한 많은 연구업적을 낸 분이 아닌가. 이 같은 홍 박사의 일제시대 역사에 대한 관심과 학구열은 현재로부터 가까운 시기의 역사를 중요시하는 그의 역사가로서의 강렬한 현실의식에서 비롯된 것이었는지도 모르지. 어찌 보면, 그의 생애 전반기에 겪은 가혹한 일제 식민통치에 대한 절실한 체험에서 비롯되었다고 생각할 수 있을 것 같기도 하고.

구천 : 그리고, 일제시대 역사에 대한 홍 선생님의 관심과 학구 활동이 추구한 궁극적인 목적은 식민사관을 극복하고 민족사관을 확립하는 데 있었다 할 수 있을 것입니다. 그리하여, 흔히 "홍이섭 선생님은 민족사학 전통을 계승하여 일생 동안 식민사관을 극복하고 올바른 주체적 민족사관을 확립하는 데 힘을 기울였다"고 말하게 되는 것이 아닌가 생각됩니다.

구산 : 그러니까, '올바른 주체적 민족사관'이란 편협하거나 폐쇄·배타적이며 보수적 경향을 띤 민족사관이 아니고, 합리·보편적이며 진보적인 민족사관을 의미하는 것이겠지.

구천 : 저 역시 그렇게 생각하고 있습니다. 또한, 홍 선생님은 일본사학의 영향을 받은 문헌고증사학에 저항하고, 그 한계를 극복하기 위해 일제에 의해 굴절되지 않은 서구의 진보적 역사의식을 개신교 선교사들이나 미국에서 역사학을 공부한 용재 백낙준 박사님을 통해 수용, 당신의 역사인식 방법을 새롭게 할 수 있었던 것입니다. 이로써 홍 선생님은 역사학자로서 학문적으로나 역사의식면에서 볼 때 궁색하지 않았기 때문에 대개의 경우 선생님의 견해와 주장은 신념에 차 있고 설득력이 있었던 것으로 생각됩니다. 그리고……

구산 : 여보게 구천. 가만히 듣자하니 이야기가 매우 길어질 것 같네. 어려운 형편을 무릅쓰고 총서 간행을 도와준 민족문화사 신준호 사장께 감사의 뜻을 전하고, 이쯤에서 이야기를 끝내기로 하세나.

1994년 3월 4일

『무악실학회총서』 제4집을 펴내면서

원 유 한

구천 : 선생님을 뵙고 드릴 말씀이 있어서 찾아왔습니다.『무악실학회총서』제4집으로 화우(華牛) 강세구 박사의『동사강목 연구』가 곧 출간된다는 사실을……

구산 : 그렇다면, 무악실학회가 고 홍이섭 선생 20주기 기념사업으로 추진한 총서 간행계획이 이제 모두 끝나게 되었다는 말이겠지. 그러니까, 총서 제2집『한국석등양식』(정명호 교수)과 제3집『일제시대 서울의 토지 연구』(강병식 교수)에 이어서, 그 제4집『동사강목 연구』가 곧 간행되게 되었다는 것이군 그래. 먼저, 집필하느라 땀 흘린 강 박사에게 위로와 치하를 보내야 할 것 같네. 또한, 무악실학회가 강 박사의 노작을 기념 총서로 펴내게 된 사실을 축하하고 기뻐해야 할 것 같고.

구천 : 그리고, 화우가 만학 등 어려운 여건을 극복하고 이룩한『동사강목 연구』는, 그 취급 범위의 포괄성이나 내용면에서 볼 때, 종래 이 분야 연구 수준을 한 단계 높인 역작이라 할 것입니다. 그리하여, 이 업적은 앞으로 학계의 실학 연구에 기여하게 될 것이고, 또한 그가 실학을 계속 연구해 나가는 데 하나의 디딤돌이 되리라고 믿습니다.

구산 : 뿐만 아니라, 강 박사의『동사강목 연구』가 홍 선생 기념총서로 출간된다는 사실은, 그 내용이 홍 박사가 크나큰 연구업적을 남긴 실학 분야와 관련되는 것이기에 의미가 더욱 크다 할 것일세.

구천 : 저 역시 그렇게 생각하고 있습니다. 그리고, 선생님이 말씀하신 것처럼,

홍이섭 선생님의 실학에 관한 연구업적이 학계에서 높이 평가되고 있다는 사실을 새삼 강조해서 말씀드리고 싶습니다. 이와 같은 사실은 고 천관우(1925~91) 선생의 다음과 같은 평론을 통해서도 짐작할 수 있을 것입니다.

"항상 자랑으로 여기시던 선생(홍이섭)의 선사(先師) 위당, 호암과 같은 분들에 의하여 시작된 전전의 실학 연구를 전후의 것으로 연결시켜, 아니 연결이라기보다 전후에 이것을 재출발시켜 실학사상사를 전후 한국사학 최대의 수확의 하나로 성장케 하는 중대한 사명을 선생께서 몸소 감당하신 것이다."

천관우 선생은 1950년대 초에 참신한 논문「반계 유형원 연구」를 발표해 학계의 주목을 받았고, 그 이후 꾸준히 실학 관계 연구업적을 낸 사학자요, 언론인이었다는 점은 익히 알고 계실 줄 압니다.

그리고, 홍 선생님이 실학은 물론 서학 및 기독교 등 사상사 부문에 대해 관심을 가지고 연구 활동을 계속하시는 과정에 은사 백낙준 선생님(1895~1985)의 격려와 도움이 있었다는 사실도 간과할 수 없을 것 같고요.

구산 : 흔히, 홍 박사의 역사 연구는, 고증을 통해 과거의 역사적 사실을 밝히는 데도 힘썼지만, 그 역사 사실의 배경이랄까, 밑바탕에 깔려 있는 사상 내지 정신을 밝혀내는 데 보다 중요한 목표를 두고 있었다 하더니…. 그래서인지, 홍 선생의 한국사상사 연구업적은 고 박종홍(1903~76) 박사에 의해서 높이 평가되고 있었다는 사실을 찾아볼 수 있다네. 즉, 한국 철학계의 석학이었던 박 박사는 한국사상사 연구에 있어서 홍 선생의 폭넓은 통찰과 예리한 분석력을 높이 평가하면서, 자신과의 학문적인 관계와 홍 선생의 위치를 다음과 같이 논평하였던 것일세.

"이 방면(서학)에 있어서도 홍 박사는 훌륭한 선구자요 개척자였고, 나에게는 고마운 안내자 구실을 해 준 셈이다.……홍 박사가 즐겨 밝히려고 한 한국사상가들의 역사적 계보 속에 훌륭한 그의 자리를 차지하였다고 해도 지나친 말은 아닐 성싶다."

그리고…….

구천 : 말씀을 끝까지 경청하지 못하는 점, 몹시 죄송스럽게 생각합니다. 이제, 천관우 선생의 논평을 통해 홍 선생님의 역사학자로서의 역할이랄까, 위상을 돌이켜 생각해보는 것으로써, 이야기를 마치는 것이 어떠실런지요?

"전후의 한국사학계에서 공동의 관심사가 된 여러 중요한 문제의 대부분이 선생(홍이섭)의 계발에서 이루어졌으며, 혹은 선생께서 손수 개척하신 것이었음을 새삼스럽게 돌이켜보는 것이다."

1994년 8월 10일

『백낙준 박사 탄생 100주년 기념호』를 펴내면서

원 유 한

구산 : 금년으로 벌써 용재 백낙준 선생(1895~1985) 탄신 100주년과, 또한 10주기를 맞게 되니 참으로 세월이 빠르다는 것을 새삼 느끼지 않을 수 없군. 이 뜻깊은 해를 맞아 무악실학회에서는 선생의 학덕을 기리는 추모행사를 준비하고 있다는 소문을 들은 것 같은데……. 회원 대다수가 선생의 학은(學恩)을 입은 제자들이고 보면 어떤 형태로든 추모행사를 준비하는 것은 지극히 당연한 일로 생각되네만, 또한 무악실학회에서 펴내는 『실학사상연구』의 제자(題字)가 바로 후진의 실학 연구를 격려하시는 선생의 친필 서간문에서 집자(集字)한 것이라는 점에서도…….

구천 : 과장된 소문을 전해 들으신 것 같습니다. 사실 이렇다 하게 내세울 추모행사를 계획한 것은 없습니다. 다만 회원 일동이 용재 선생님의 학은에 보답하는 뜻에서 『실학사상연구』 5·6합집을 기념호로 펴내기로 한 것뿐입니다.

구산 : 사실 뜻깊은 일이기는 하지만, 넉넉지 못한 학회 형편에 힘겨운 일을 한다는 생각이 드는군 그래. 회원들 모두에게 치하의 말을 보내야만 할 것 같네.

　　　구천도 익히 알고 있다시피, 용재 선생은 일찍부터 실학에 깊은 관심을 가지고 실학사상을 연구하셨다네. 선생은 미수(米壽)를 3년 앞둔 노경(老境)에도 '실학사상을 체계화하는 것이 여생의 꿈'이라고 하셨을 만큼 실학사상에 대한 연구의욕이랄까, 학구열이 강하셨더라네. 또한 후진의 실학 연구를 돕고 제반 실학 연구 여건을 조성하는 등 학계의 실학사상 연구활동을 활성화시키기 위해 꾸준히, 그리고 적극적으로 노력하셨던 것이고.

구천 : 용재 선생님이 그처럼 실학사상에 깊은 관심을 가지고 연구에 강한 의욕 내지 집념을 보이신 데는 지극히 현실적이고 투철한 목표의식이 깔려 있었던 것으로 짐작됩니다. 우선 선생님은 실학사상으로부터 근대화가 절실히 요구되는 한국 현실에 적합한 사회개혁 논리를 찾아내시려는 데 목적이 있었던 것 같습니다. 또한 실학사상을 연세대학의 교육이념으로 삼거나 학풍으로 가꾸어 주체적 민족교육을 실현하려는 데도 목적이 있었던 것으로 보입니다.

이처럼 선생님이 실학사상 연구의 중요한 목적을 실학사상의 현실 적용 내지 현재적 활용에서 찾으신 것은 '학행일치'를 강조하는 선생님 교육철학의 실천적 의지와 일맥상통하는 것으로 보입니다. 또한 선생님은 실학사상의 근대 지향적 성격과 민족주의 지향적 성격에 대한 투철한 역사적 인식 위에 실학사상으로부터 근대적 사회개혁 논리와 주체적 민족교육 이념을 모색하셨으리라는 점도 짚고 넘어가야 할 것입니다.

구산 : 뿐만 아니라, 용재 선생은 '용재'라는 당신의 호를 다산 정약용(1762~1836)의 저서에서 얻어냈다는 다음 기록에서 엿볼 수 있듯이, 이상적 생활철학 내지 인생관을 실학사상으로부터 찾아내려 했던 것으로 생각되네.

"실학자 정약용의 저서에서 얻어낸 용재란 말이 '바꾸지 않으며, 보통이며, 실용적으로 응용해서 쓴다'는 뜻이며, 용렬하다는 뜻도 포함되듯이, 그의 일생은 평범한 듯하면서도 비범한 신념과 구도(求道)의 삶으로 일관했다."(『조선일보』, 1985년 1월 15일자)

이렇듯 선생은 실학자들 중 특히 다산의 실학에 깊은 관심을 가지고 당신 나름으로 연구를 하는 한편, 후학의 다산 실학 연구를 돕는 데 힘쓰셨던 것이라네. 후학들 중 홍이섭 박사의 실학사상 연구에 주목, 다산 실학을 중심으로 한 홍 박사의 실학사상 연구에 기대를 걸고 직·간접적으로 도와주셨다는 것일세. 그런데 1974년에 홍 박사가 돌연히 타계하자 적지 않은 심리적 충격을 받으셨다는 이야기를 후일담으로 들었던 기억이 나네. 실학 연구 등 큰 업적을 낼 것으로 기대했던 사랑하는 제자가, 자신의 업적을 정력적으로 집대성할 시기에 너무나 허망하게 세상을 떠났으니…….

구천 : 선생님 춘추 팔순이 넘어서도 당신의 실학론을 펴시는 중에 독백처럼 이런 말씀을 종종 하셨습니다. "지금 지난날을 돌아다 볼 때 학문적 업적을 더 내지 못한 것이 가장 후회가 된다"고. 그리고 선생님은 기력이 부쳐서 실학사상을 마음껏 연구할 수 없는 당신의 입장을 몹시 안타까워하시는 한편, 지난날 대학총장 등 공직에 있을 때 실학의 현실 적용 내지 현재적 활용을 위해 시도한 당신의 노력이 미흡했던 것 같다는 자성(?)의 말씀을 하기도 하셨답니다.

구산 : 그 같은 용재 선생의 입장 내지 말씀은 대학총장·문교부장관 등 공직을 두루 거치시느라 학구에 전념할 수 없었기 때문에, 내면의식 깊숙히 억제되어온 강한 학구 지향적 의지랄까, 실학 지향적 집념이 공직을 떠나 비교적 한가해진 노년기에 표출된 것으로 이해할 수도 있겠지.

지금 선생의 생애를 실학 문제와 관련시켜서 생각해 볼 때, 대개 이런 말을 할 수 있을 것 같네. 그러니까 선생이 중국·미국 유학을 마치고 1927년 연전 교수로 부임한 이후부터 1960년 연세대 총장직에서 물러나기까지 30여 년 동안에는 대체로 실학사상을 직·간접적으로 연구 개발하는 동시에, 실학을 당신의 생활철학, 대학교육 이념 및 사회개혁 논리에 반영시키려 하는 등 실학을 현실에 적용 내지 활용하는 일에 힘쓰셨다 할 것일세. 그리고 대학총장 등 공직을 물러난 이후부터 1985년 타계하실 무렵까지는 비교적 한가한 일상 속에 지난날 소홀히 할 수밖에 없었던 실학사상의 연구 내지 정리에 강한 의욕을 보이는 한편, 대학내 실학사상 연구의 활성화에 기여하셨던 것이라네.

구천 : 그리하여 용재 선생님은 한국 실학사상사에서 볼 때, 실학사상을 오늘의 가치기준 위에 탐구하여 현대화하는 데 기여한 실학 연구 학자 내지 실학 사상가였을 뿐만 아니라, 현대화한 당신의 실학사상을 현실에 적용 내지 활용하는 데도 힘쓰신 실학 운동가로 이해되어야 할 것 같다는 생각을 가지게 된답니다.

    흔히 용재 선생님을 정치·사회·교육·종교 등 여러 면에서 현대 한국사에 큰 자취를 남긴 한 시대의 거목, 또는 선각자라고 합니다. 그 이유는 선생님이 연세대총장·문교부장관·대한교육연합회장·참의원의 장 등 그분이 맡았던 공직과 역할은 곧 한국현대사와 그대로 포개지는 것이기 때문이지요. 이런 관점에서 볼 때, 선생님은 선각자로서의 제반 역할을 수행하는 과정에서 실학사상이 투영된 당신의 생활철학·대학 교육 이념·사회개혁 논리를 실현시켜보려는 의욕을 가지셨을 것이고, 또한 그러한 의욕이 어떤 형태로든 반영되었으리란 점을 짐작할 수 있을 것 같습니다. 이로써 용재 선생님이 실학사상사에서 실학 연구 학자 내지 실학 사상가로서, 또는 실학 운동가로서 점하는 위치는 새롭게 평가 인식되어야 하리라는 생각을 하게 된답니다.

구산 : 이야기가 좀 다른 방향으로 흐르는 감이 있네만, 구천은 용재 선생 탄신 100주년과 10주기를 맞는 1995년도가 바로 조국 광복 50주년이 되는 해라는 점을 유의하고 있겠지. 광복 기념행사 중에 일제 식민통치의 잔재를 청산한다는 명분으로 구 조선총독부 건물 첨탑을 베어내고, 또한 기독교계에서는 광복 희년(禧年)으로 의미를 부여하여 성대한 기념행사를 치르고 있기도 한 바로 이 해를…….

구천 : 그렇습니다. 금년으로 조국 광복 50주년과, 또한 광복 희년을 맞게 된답니다. 세속의 말로 10년이면 강산이 변한다고 했는데, 강산의 변화를 다섯번째 맞게 되는 금년에는 분단의 민족사가 통일의 민족사로 전환하는 획기적 변화가 일어나기를 기원해 봅니다. 그리고…….

구산 : 그리고, 조국 광복 50년 만에 맞는 금년, 그러니까 광복 희년에는 "희년에 종을 풀어 주고 빚도 탕감해 주며 땅 잡힌 것도 되돌려준다"는 성경

의 말씀처럼, 분단사의 굴레를 벗기는 절대자의 역사하심이 있기를 기원한다는 것이겠고.

구천 : 그리하여, 저는 만일 용재 선생님이 생존해 계시다면, 금년에 맞는 광복 50주년과 또한 광복 희년의 역사적 의미를 어떻게 생각하셨을 것인가, 이런 생각을 하면서 풋내기 역사학도인 제가 어설프게 읽어 본「통일의 노래」를 읽어 드리겠습니다.

통일의 노래

백록담 맑은 물 세월속에 잦아 들고
검바위 억센 기상 찬비 맞아 여위는데
북녘 찾는 나그네 눈길 구름속을 헤매이네.
　　　　　(한라산에서, 분단현실)

천지 물 비구름 되어 만경 들에 내려앉고
성산포(城山浦)에 돋은 해는 두만강 물 데우는데
한피 나눈 남남 북녀 길 험하다 머뭇대랴.
　　　　　(백두산에서, 통일의지)

사랑이 총 검 녹여 밭가는 쟁기 되고
돈과 이념 모질어도 사랑 앞에 거품되니
사랑으로 하나 되어 잘린 국토 이어 보세.
　　　　　(은평교회서, 통일방법)

백두산 용암 흘러 육대주에 등불 되고
한라산 바람 불어 오대양에 봄이 되니
배달겨레 설악에 올라 세계 평화 노래하자.
　　　　　(설악산에서, 통일완수)

구산 선생님께 제가 감히 읽어드린 어설픈 「통일의 노래」는 식견이 메마른 제가 1986년부터 작년까지 한라산·백두산·설악산을 오를 때마다 제 나름으로는 절실하게 느꼈던 소감이랄까, 생각을 두고 두고 정리해본 것입니다. 글의 품새를 보지 마시고 그저 글에 담긴 뜻이나……그것마저도 지극히 미숙하고 보잘 것이 없는 것일 테지만.

구산 : 내가 「통일의 노래」를 듣고 평해야 할 내용까지 구천이 미리 말해 놓으니 별로 덧붙일 말이 없을 것 같은데……다만 자신의 미숙함을 깨우치고 있다면 더욱 쉬지 말고 열심히 노력하라는 말이나 해 둘까. 구천이 즐겨 쓰는 '원어협곡 이성천지해(源於峽谷 而成川至海)'라는 글귀에 담긴 뜻을 곱씹으면서…….

그리고 오늘 용재 선생에 대한 추모의 말씀은 이쯤에서 끝내는 것이 좋을 것 같다는 생각이 드는데, 미진한 이야기를 나눌 기회는 다음에 얼마든지 있을 테니까. 구천이 괜찮다면 그러하다는 말일세.

구천 : 그러면, 끝으로 이번에 용재 선생님 추모호로 펴내는 『실학사상연구』 5·6합집의 출판 비용을 전담한 무악실학회 회장 정명호 교수께 감사하고, 또한 잡지가 나오기까지 여러 모로 도움을 준 도서출판 혜안 오일주 사장께도 감사의 뜻을 전하고 싶습니다.

1995. 3.

백낙준 박사 탄생 100주년 기념논문집 봉정식

9월 7일 오후 4시 동작동 국립묘지내 백낙준 박사 묘소에서 무악실학회 주최로 '백낙준 박사 탄생 100주년 기념논문집 봉정식'이 열렸다.

무악실학회는 홍이섭 선생에게 가르침을 받은 사학과 동문들을 중심으로 형

사진 : 기념논문집을 봉정하고…(뒤의 왼쪽부터 이미란, 서인원, 윤석효, 원유한, 정명호, 김정의, 정영희, 강세구, 강신엽, 앞의 왼쪽부터 김형자, 신양선, 천화숙, 이상태, 김양수, 박희현)

성된 모임. 80년 '연무회(延無會)'라는 이름으로 모여 홍이섭 선생을 추모하면서 회원 상호간의 친목을 도모하고, 학문적 교류를 유지해 온 이 모임은 88년 모임명칭을 지금의 무악실학회로 바꾸고 90년부터 학회지『실학사상연구』를 발행해왔다.

　이번에 봉정된 논문집은『실학사상연구』5·6합본으로 용재 백낙준 박사의 학문과 뜻을 기리기 위한 기념호로 발행됐다.

　식순에 의해 백낙준 박사의 약력 및 업적을 소개한 정명호 회장(사학. 60졸. 동국대 교수)은 "기념논문집을 펴낼 수 있도록 도와주신 회원들과 그 밖의 분들께 감사한다"고 인사한 후, "앞으로도 연세 국학의 뜻을 계승하고 연구하는 일은 계속될 것"이라고 밝혔다.

　이어서 천화숙 동문(사학. 66졸. 경원대 교수)이 대표로 논문집을 봉정하고 원유한 동문(사학. 61졸. 동국대 교수)이 백낙준 박사의 나라사랑의 정신을 기리는 시「통일의 노래」를 낭송한 후, 참석한 인사들이 연세 교가를 제창하면서 이날 행사를 마쳤다.

(『연세동문회보』, 1995년 10월 1일자)

한국 실학사상 발전 이해를 위한 일 시론

― 실학자의 화폐경제사상 발전을 중심으로 ―

원 유 한

1. 머리말

구산 : 여보게, 구천. 지금까지 우리 서로가 이렇다 할 특별한 목적없이도 때때로 만나 많은 이야기를 흉허물없이 나누며 지낸 세월이 벌써 20년 가까이 된 것 같지. 돌이켜 생각해 보면, 우리가 구산에 올라 술 마시며 잡다한 인생사를 이야기했던 것이 엊그제 일인 듯 싶은데, 어느덧 세월이 흐르고 흘러 구천은 이순(耳順)에, 또한 나는 팔순의 노경에 접어들다니 ……. 우리는 아무리 자주 만나도 그저 만나서 기뻤고 화제가 궁하다 해도 지루하지 않았으며 헤어질 때면 언제나 섭섭해서 다시 만나기를 기약했었는데, 그러한 우리의 만남이 앞으로 얼마나 더 계속될 수 있을런지…….

구천 : 선생님께서 너무나 감상적인 말씀을 하신다는 생각이 듭니다. 그러한 문제는 절대자의 소관으로 미뤄 둘 사항이라고 생각합니다. 그리고 선생님이 저와 만나 말씀을 나누는 것이 기쁘셔서 불러만 주신다면, 언제 어디서라도 곧바로 선생님께 달려올 것입니다. 뿐만 아니라 저는 앞으로 지난날보다 더욱 자주 선생님을 모시고 선생님으로부터 참된 인생의 길과 학문하는 방법을 배울 작정이랍니다.

구산 : 구천의 말처럼 앞으로 우리가 만나 이야기할 수 있는 시간이 얼마나 되

겠는지, 그 시간의 길고 짧음을 결정하는 일은 절대자의 소관 사항으로 돌리고, 다만 구천과 나는 더욱 자주 만나 즐겁고 진지한 이야기를 많이 나눌 수 있도록 최선을 다하기로 하세. 그렇다면, 구천이 날 찾아와서 만나게 되었으니 한번 이야기판을 벌려보아야 하지 않겠나. 돌이켜 지난날을 생각해보면, 우리가 만나서 나눈 이야기 내용 중에는 구천이 연구하고 있는 한국 화폐사와 실학 문제가 큰 비중을 차지했던 것으로 기억되는데……. 오늘은 한국 실학사상 발전을 이해하기 위한 하나의 시론으로 실학자의 화폐경제사상 발전에 관해 이야기를 나누어 보는 것이 좋을 것 같다는 생각이 드는데.

구천 : 참으로 구산 선생님은 저의 마음 속을 꿰뚫어 보고 계시다는 생각이 듭니다. 사실상 저는 최근 몇 년 전부터 지난날에 열심히 노력했어야 할 실학 연구에 너무나 게을리했다는 자책을 받아 왔습니다. 이러한 자책은 일찍부터 제게 실학자들의 화폐경제론 내지 실학사상 연구를 지도 편달해 주셨던 홍이섭 선생님(1914~74)의 21주기와, 기회 있을 때마다 실학 연구를 격려해 주셨던 용재 백낙준 선생님(1895~1985) 10주기를 맞게 되는 금년에 들어서면서 더욱 절실히 느끼게 된답니다. 이같이 절실한 자책을 감당하기 어려워서 선생님의 교시와 편달을 받고자 해서 오늘 선생님을 찾아뵙게 된 것이랍니다.

구산 : 뭘, 그처럼 자책을 할 필요까지야 있겠나만……. 정녕 구천의 생각이 그렇다고 한다면 두 분 선생님을 추모하는 동시에 앞으로 지금까지 게을리했던 실학 연구에 더욱 힘쓰겠다고 다짐하는 뜻으로 오늘 이 자리에서는 실학에 관한 이야기를 나눠 보는 것이 좋겠다는 생각이 드는군. 그러니까, 위에서 말했듯이 「한국 실학사상 발전 이해를 위한 일 시론 - 실학자의 화폐경제사상 발전을 중심으로」를 주제로 삼아 이야기를 나누어 보자, 그 말일세.

구천 : 선생님 말씀처럼 실학자들의 화폐경제론 발전을 정리 종합하여 실학사상의 발전 내지 그 역사적 위치를 살펴보는 것이 좋을 것 같습니다.

선생님도 익히 알고 계시다시피, 봉건 조선정부는 17세기 초부터 그 당시 사회경제적 발전에 대응하는 한편 전란으로 거의 파탄에 직면한 국가 경제의 재건을 위해 일찍이 고려시대와 조선전기에 거듭 시도한 화폐(동전) 유통정책을 적극 추진했습니다. 이로써 쌀이나 베 등 물품화폐 및 칭량은화(秤量銀貨)가 유통계를 지배하는 봉건 조선사회에 명목화폐인 동전이 점차 유통 보급되었던 것입니다. 특히 1670년대 말부터 상평통보(동전)가 유일한 법화로 국내 각 지방으로 유통 보급되고, 각 계층의 화폐가치 인식은 심화되었던 것이랍니다.

구산 : 그같이 점차 확대보급된 화폐경제는 봉건 조선사회의 성리학 중심 가치체계와 농업 중심 생산양식의 해체 내지 근대 지향을 촉진하게 되었다는 것이겠고.

구천 : 그렇습니다, 선생님. 그리하여 저는 일찍부터 조선후기 화폐경제사에 관한 연구작업을 계속하고, 같은 연구작업의 일부로서 실학자, 관료 및 농촌지식인 등 각계 지식계층의 화폐경제론을 서로 비교 고찰해왔습니다. 최근에는 실학자들의 화폐경제사상 내지 조선후기 화폐경제사상 발전에 대한 역사적 인식을 위해 초기 개화사상가의 화폐경제사상을 살펴보기도 하였습니다.

구산 : 그 같은 실학자 등 지식계층의 화폐경제론에 대한 분석 고찰은 조선후기 실학 내지 실학사상 발전 이해를 위한 일 시론이 될 수도 있겠군, 그래. 그러한 문제의식을 가지고 구천이 지난날 어느 학회에서 발표했다는 내용을 정리해 보면 좋을 것 같다는 생각이 드네.

구천 : 지난번 제가 학술회의(1989. 10. 19~20, 단국대학교 동양학연구소 주최)에서 발표한 내용은 앞에서 지적한 바 실학자를 비롯한 각계 지식인들의 화폐경제론에 관한 연구결과를 토대로 하여 조선후기 대표적 실학자 반계(磻溪) 유형원(柳馨遠 : 1622~73), 성호(星湖) 이익(李瀷 : 1681~1763), 다산(茶山) 정약용(丁若鏞 : 1762~1836) 및 초기 개화사상가 구당(矩堂) 유길준(兪吉濬 : 1856~1914) 등으로 연결되는 그들의 화폐경제사상 발전을 종합 정리한 것이랍니다. 그러면 다음에서는 우선 화폐론의 발전을 살펴보기로 하겠습니다.

2. 화폐론의 발전

　　반계는 봉건 조선정부가 동전 유통정책을 적극 추진한 17세기 중엽을 배경으로 자신의 화폐경제론을 구상 제시하였습니다. 그는 화폐, 즉 동전은 나라를 부유하게 하고 백성을 넉넉하게 하는 것으로서 토지와 함께 민생의 근본이 되는 것이라고 인식하였습니다. 그리하여 쌀이나 베 등 물품화폐와 칭량은화 유통체제를 극복하고 명목화폐인 동전을 법화로 주조 유통시킬 것을 적극 주장하였답니다. 이 같은 반계의 화폐관 내지 화폐론은 대체로 그가 학문적으로나 사상적으로 영향을 받은 이이(李珥:1536~84), 조헌(趙憲:1544~92), 이수광(李睟光:1563~1629), 김육(金堉:1580~1658) 등 선배 학자들 뿐 아니라, 이덕형(李德馨:1561~1613), 김신국(金藎國:1573~1657), 김기종(金起宗:1585~1635), 허적(許積:1610~80) 등 고급관료들의 화폐론과도 본질적으로 공통성을 가진다 할 것입니다.

구산: 계속해서, 반계의 학문적 내지 사상적 영향을 적지 않게 받은 성호의 화폐론에 관해 이야기해 주기 바라네.

구천: 성호는 반계가 타계하고 8년이 지난 1681년(숙종 7)에 태어났습니다. 그는 1670년대 말 이래 확대 발전된 화폐경제가 봉건 조선사회의 가치체계와 생산양식의 해체를 촉진하게 되자, 그에 대한 보수적 반동으로 동전 유통 금지가 시도된 시대에 살았답니다. 그리하여 동전은 '백해무일익(百害無一益)'하다고 주장한 데서 단적으로 나타나 있듯이, 성호의 화폐론은 극히 비판적 내지 부정적인 것이었습니다.

구산: 그렇다면 성호의 화폐관은 거의 같은 시대의 화폐경제 발전을 배경으로 하여 형성된 영조(英祖:1694~1776), 실학자 정상기(鄭尙驥:1678~1752) 및 농촌지식인 이일장(李日章:?~?) 등의 화폐론과 정도의 차이가 있을 뿐 본질적으로 성격을 같이하는 것으로 보아야 하겠군, 그래. 성호의 화폐론이 그렇다고 한다면, 그의 영향을 받았다고 보는 다산의 화폐론은 어떠한 것이었는지.

구천 : 다산은 성호가 타계하기 1년 전인 1762년(영조 38)에 태어났습니다. 그는 동전 유통 금지가 시도된 시기, 그러니까 성호가 경험한 시대와는 달리 동전 유통을 전제로 화폐정책 내지 화폐제도의 개선 개혁이 모색된 시기의 화폐경제발전을 경험했던 것입니다. 다산의 화폐론은 '동전통용이 편리하다는 사람은 많고 불편하다는 사람은 한둘이다'라고 하는 시대를 배경으로 형성되었기 때문에, 화폐는 나라의 큰 보배요 민생에 반드시 필요한 것이라고 평가 인식하였답니다. 이 같은 화폐관을 기반으로 하여 그는 진보적 화폐정책 내지 화폐제도의 개혁론을 구상 제시할 수 있었던 것이지요. 즉, 다산은 화폐정책의 합리화를 위한 상설 조폐기관인 '전환서(典圜署)'의 설치 운용론과 근대 금·은본위제도를 연상케 하는 화폐제도 개혁론을 구상 제시하였답니다.

구산 : 그렇다면, 조선후기 화폐경제 발전과정에서 볼 때 다산의 화폐론은 그와 거의 같은 단계의 화폐경제 발전을 경험한 우정규(禹禎圭 : 1718~91), 박지원(朴趾源 : 1737~1805) 및 박제가(朴齊家 : 1750~1805) 등의 그것에 비해 진보성에서 앞섰다고 말해야 할 것 같군, 그래.

구천 : 그렇습니다, 선생님. 그런데 화폐론의 진보성에서 볼 때, 다산의 화폐론과 수준이 비등한 것으로는 관료학자 서영보(徐榮輔 : 1759~1816)와 실학자 이규경(李圭景 : 1788~?) 등의 화폐론을 들 수 있을 것 같습니다. 계속해서, 다산에 이어 초기 개화사상가 구당 유길준의 화폐론을 말씀드리기로 하겠습니다.

　구당은 다산이 타계하고 19년이 지난 1856년(철종 7)에 태어나서 일제 식민통치 초기인 1914년에 세상을 떠났습니다. 구당은 일찍이 반계·다산 등을 통해 수용된 서양화폐에 관한 지식을 역사적 유산으로 물려받았으리라 짐작됩니다. 이와 함께 일본과 서양에 유학가서 얻은 견문과 지식을 참고 활용하여, 서양 근대 금본위제도 수용론을 구상 제시하였답니다. 그는 두 차례에 걸쳐 금본위제도 수용론을 구상 제시했는데, 제1차의 것은 대체로 1860년대부터 80년대에 이르는 시기를, 또한 제2차의 그것은 1890년대부터 20세기 초에 이르는 시기를 배경으로 형성되었던 것이지요.

구산 : 여보게, 구천. 수고스럽더라도 구당의 화폐론에 관해서는 좀더 상세하게 설명을 해주면 고맙겠네. 처음 들어보는 내용이라서 그러한지…….

구천 : 알겠습니다, 선생님. 그러니까 구당의 제1차 금본위제도 수용론, 즉 화폐제도 개혁론은 상평통보 유통체제인 전근대적 화폐제도가 극도로 문란해지고, 또한 개항 이후 청·일과는 물론 구미 여러 나라와의 무역이 급진전되는 상황에 대응, 금본위제도 수용이 시도되고 있던 시대를 배경으로 형성된 것입니다. 일부 학자들은 구당의 제1차 금본위제도 수용론이 형성된 1880년대 화폐제도의 근대화 정책을 다산이 구상 제시한 진보적 화폐론의 실현으로 보기도 한답니다.

그리고 금본위제도 수용을 골자로 하는 구당의 제2차 화폐제도 개혁론은, 정부당국이 백동화 인플레이션을 유발한 은본위제도의 폐단을 극복하는 동시에 일본측의 화폐권 침해를 막기 위해 금본위제도의 실시를 적극 시도하던 시대를 배경으로 형성되었답니다. 이 같은 금본위제도 수용론은 구당과 비슷한 시기의 개화사상가, 관료, 언론인, 국내거주 외국인, 그리고 사회단체 등의 주장과도 거의 일치되는 것이었습니다.

구산 : 이로써 구당이 한국 역사상 최초로 서양 근대 금본위제도 수용론을 그처럼 구체적이고 체계적으로 구상 제시했다는 사실의 의미는 결코 적게 평가될 수 없다고 하겠군, 그래.

구천 : 뿐만 아니라, 구당의 화폐제도 개혁론이 가지는 현실대응력 내지 실제성도 평가할 만하다는 것이지요. 그 이유는 우연의 일치일런지는 몰라도 구당이 구상 제시한 금본위제도가 그 당시 정부가 도입 실시하고자 했던 근대 화폐제도와 거의 일치되는 것이었기 때문입니다.

요컨대, 이상에서 그들의 생존 시기가 대개 조선후기 및 그 말기, 그러니까 한국 근세 후기 및 근대를 포괄하는 실학자 반계·성호·다산과 개화사상가 구당 등의 화폐론이 발전하는 과정을 대강 살펴본 셈입니다. 이로써 대체로 17세기 초부터 20세기 초에 이르는 시기에 물품화폐 및 칭량은화 유통체제를 극복하고 전근대적 명목화폐인 동전(상평통보)을 법화로 유통 보급하며, 뒤이어 동전의 유통체제를 극복하고 근대 금본위제도의 수용을 추구하는 화폐경제사상의 발전을 대강 파악할 수 있을 것 같습니다.

구산 : 그러니까, 좀더 자세하게 말해 보자면……. 반계가 경험한 시기에는 쌀이나 베 등 물품화폐와 칭량은화 유통체제를 극복하고 전근대적 명목화폐인 동전의 유통 보급이 시도되었다는 말이겠지. 또한 성호의 화폐론이 형성된 시기에는 동전의 유통보급으로 화폐경제가 확대 발전됨에 따라 봉건 조선사회의 중세적 가치체계와 생산양식의 해체가 촉진되고, 이에 대응해 동전 유통 금지가 시도되었다는 것이겠고……. 그리고 다산의 시기에는 동전 유통 금지를 시도한 봉건 조선사회의 보수적 반동이 한계를 드러내자 동전 유통을 전제로 하고 화폐제도 내지 화폐정책의 개선·개혁이 모색되었는데, 이 과정에서 근대 금본위제도를 연상케 하는 진보적 화폐제도 개혁론이 구상 제시되었다는 말씀이겠고.

구천 : 초기 개화사상가 구당의 시기에 이르러서는 다산의 시기에 모색되었던 것으로 보이는 근대 금본위제도 수용론이 구상 제시되어, 마침내 19세기 말 내지 20세기 초에는 명실상부한 진보적 근대 금본위제도가 도입 실시될 수 있었던 것이랍니다.

3. 상업론의 발전

구산 : 앞에서 반계·성호·다산 및 구당 등 실학자와 개화사상가의 화폐론이 어떻게 변화 발전되었는지, 자상하게 이야기해 주어 대단히 감사하게 생각하네. 계속해서 그들의 화폐론과 밀접한 관계를 가지는 상업론이 어떻게 발전되고 있는지……. 간단 간단하게 이야기해 주면 고맙겠네.

구천 : 상업과 화폐와의 관계는 매우 밀접한 것으로 인식하여 흔히 표리 관계나 상호보완 관계라고 합니다. 그리하여 흔히 '상품화폐경제'라는 복합어를 사용하는 데서 단적으로 나타나 있듯이 상업과 화폐를 동질적인

역사 현상으로 평가 인식하기도 하는 것이지요. 사실상 17세기 이후 상업과 화폐경제는 봉건 조선사회의 성리학 중심 가치체계와 농업 중심 생산양식의 해체 내지 근대 지향을 촉진하는 데 있어 동질적인 역사적 기능을 담당 수행하기도 했구요.

구산 : 앞머리의 이야기가 너무 장황하다는 느낌이 있으니……. 이제 본론으로 들어갔으면 하네만.

구천 : 그러면 반계의 상업론으로부터 말씀을 드리기로 하겠습니다. 반계는 동전 유통 보급을 위한 한 가지 방법으로서 동전을 매개로 하는 상업거래를 활성화시키자는 주장을 했습니다. 그는 이 같은 상업거래의 활성화를 증진시키기 위해 서울과 지방의 번화한 도회지에 상설점포를 설치 운용할 것을 주장하는 등 일정한 한계가 있기는 하나 상업진흥론을 구상 제시하였답니다. 사실상 그의 상업진흥론은 화폐유통 보급 방법론으로서의 중요성뿐만 아니라 정기장시에 크게 의존하는 그 당시 상업계가 가지는 한계를 극복하는 방안으로서도 중요한 의미가 있는 것입니다.

구산 : 반계의 상업론에는 일정한 한계가 있다고 말했던 것 같은데……. 그 한계란 상업이 본업인 농업을 해롭게 하지 않는 범위내에서 상업이 발전되어야 한다고 한 점을 말하는 것이겠지.

구천 : 그렇습니다. 그처럼 반계의 상업론에는 일정한 한계가 있으나 그의 상업진흥론은 양란 이후 전환기적 변화가 일고 있는 역사적 상황 속에서 조선초기 이래의 일관된 중농억말정책에 대한 일종의 진보적 대응론으로서의 성격을 띤 것이었다는 점을 부언해 두어야 할 것 같습니다.

구산 : 구천의 이야기대로라면 반계의 상업진흥론은 그와 거의 같은 시기의 상품·화폐경제 발전을 경험한 김육의 그것과도 본질적으로 일맥상통하는 것으로 볼 수 있다는 생각이 드는군, 그래. 계속해서 성호의 상업론을 이야기해 주기를 바라네.

구천 : 성호는 반계와는 달리 동전 유통 금지론과 함께 상업제한론을 구상 제시하였답니다. 대체로 성호가 상업을 보는 시각에는 상업을 농업과 관련시켜 보는 시각과 화폐유통과 관련시켜서 보는 시각이 있습니다. 즉

그는 상업이 본업인 농업을 해롭게 한다는 관점에서 상업 제한을 주장했고 화폐유통은 상업발전을 촉진시킨다는 관점에서 동전 유통 금지론을 구상 제시하였습니다. 그리하여 성호는 동전 유통을 금지하고 종래의 물품화폐나 칭량은화 유통체제로 되돌아갈 것을 주장했듯이, 대체로 국지적 상권이 극복된 상황에서 보편화된 도고적(都賈的) 상업체제로부터 종래의 국지적 상업에서 관행된 부등가교역 단계로 되돌아갈 것을 주장하였답니다. 그리고 성호는 청나라와의 통상무역에 대해서도 비판 내지 부정적 입장을 취하고 있었구요.

구산 : 그렇다면 구천이 말하는 성호의 상업제한론은 양란 이후 봉건 조선사회의 중세적 가치체계와 생산양식의 해체과정에서 생성 발전되고 있던 변화 수용적인 제반 진보적 추세에 대한 보수반동적 성격을 띤 것으로도 생각할 수 있겠군.

구천 : 선생님도 짐작하고 계시리라 생각됩니다만 성호에서 다산으로 넘어가기 전에 특징적이랄까, 주목되는 실학자들의 상업진흥론으로서 건너 뛰고 넘어갈 수 없는 것이 있습니다. 유수원(柳壽垣 : 1694~1755)과 박제가 등의 파격적이라 할 상업진흥론이 바로 그것이지요.

　이들 두 실학자들은 상품·화폐경제 발전에 대해 성호 시대에 일어난 보수반동의 역사적 한계를 깨닫고, 농업 중심의 중세적 생산양식이 가지는 취약성을 보완하는 방법으로서 각기 상업제일주의와 통상입국론을 구상 제시하였습니다. 이들이 화폐유통구조 개선론과 함께 제시한 파격적인 상업진흥론은, 어찌 보면 상업을 농업에 우선하는 듯한 상업진흥론으로 볼 수 있으며, 상품·화폐경제 발전을 억제하려는 종래의 보수반동에 대한 진보적 현실대응론으로서의 성격을 띤 것이라 할 수도 있을 것입니다. 사실상 아직까지는 유수원이나 박제가 등과 같은 시기에 활약한 각계 지식인들 중 그들과 대등하다 할까 비슷한 진보적 상업진흥론을 구상 제시한 사람은 찾아볼 수 없는 것 같습니다. 이런 점을 미루어 볼 때 그들의 파격적인 상업진흥론은 그 당시의 전성기 실학사상에서 특히 강조된 이용후생론의 실천 방법론으로 수용된 북학론의 강한

구산 : 계속해서 구천이 이야기하게 될 다산의 상업론에 이르러서는 농업과 상업의 관계를 대립갈등하는 상층관계로 보기보다는 상호보완적 관계로서 농주상종적(農主商從的) 균형 위에 양립될 수 있다고 보았다던데······. 그러니까 다산은 봉건 조선정부가 전통적으로 강조해온 바 중농억말적 상업인식론이 주목하리만큼 극복된 상업론을 구상 제시했다는 말이겠지.

구천 : 그렇게 볼 수도 있을 것 같습니다. 다산이 진보적 화폐제도 개혁론과 함께 구상 제시한 농주상종적 농상양립론은 성호의 상업제한론과 유수원·박제가 등의 파격적인 상업진흥론을 절충 보완하여 반계의 상업진흥론을 확대 발전시킨 것으로 볼 수 있을 것입니다. 다산은 대외통상론을 적극적으로 주장하지는 않았던 것으로 보이나 그의 화폐론에 투영된 부분을 미루어 볼 때, 중국·일본과의 무역거래뿐만 아니라 당시 새롭게 접근해 온 서양과의 무역거래의 필요성도 의식하고 있었던 것같습니다.

　실학사상이 개화사상으로, 또한 실학자들의 상업론이 개화사상가의 그것으로 계승 발전된다는 시각에서 초기 개화사상가 구당의 상업론을 살펴보면, 구당의 상업론에서는 다산이 주장한 바 농주상종적 농상양립론의 단계는 극복된 것으로 짐작된답니다. 이 같은 사실은 구당이 다음과 같이 국가 경제면에서 상업이 차지하는 위치를 중요시하고 있다는 점을 통해 짐작할 수 있을 것입니다. "상고(商賈 : 상업) 이것은 또한 국가의 대본(大本)이 되는 것이다. 국가와 상업과의 관계가 중차대함은 농업과의 관계에 뒤지지 않는다. 정부가 부요(富饒)해지고 백성이 번성하게 되는 것은 사실상 상업이 아니고는 이루기 어렵다." 그리하여 그는 나라에서 상인 내지 상업을 보호 육성시켜야 한다면서 상업은 '국가의 대정(大政)'이라 할 수 있다고 하였습니다.

　구당은 국내상업을 중요시하였지만 해외통상의 중요성은 더욱 강조하였답니다. 다른 나라와의 통상을 전쟁에 비유하면서 다음과 같이 그 중요성을 강조하고 있지요. "전쟁은 난시의 상업이라 할 것이고 상업은 평시의 전쟁이라 할 수 있다. 상업은 물자로 하는 전쟁이고 전쟁은 무기로 하는 상업이라 하겠지만 승부를 내어 이해를 다투기는 마찬가지다."

구산 : 그러니까 구당은 농업을 주로 하고 상업을 종으로 보는 상업관을 가지고 있던 다산보다는 진일보한 상업관을, 즉 국가 경제면에서 농업과 상업을 대등한 비중으로 생각하는 상업관을 가지게 되었다는 것이군, 그래. 또한 그러한 상업관을 기반으로 하여 상업진흥론을 구상 제시하게 되었는데, 그 상업진흥론에서는 국내상업의 진흥은 물론 문호를 개방하고 해외통상거래에 적극 대응할 필요성을 강조했다는 것이고…….

구천 : 아주 적절한 내용을 매우 정확하게 말씀해주셨습니다. 한 마디 말씀을 덧붙일 것이 있다면……. 다산은 농주상종적 균형 위에 농업과 상업이 양립될 수 있다고 보는 상업관을 기반으로 해서 근대 금본위제도를 연상케 하는 진보적 화폐제도 개혁론을 구상 제시했고, 구당은 국가 경제면에서 점하는 농업과 상업의 비중이 대등하다고 보는 상업관을 기반으로 해서 서양 근대 금본위제도 수용론을 구상 제시했다는 사실을 덧붙이고 싶다는 말씀입니다.

  요컨대, 이상에서 그들의 생존시기가 대체로 한국 근세 후기와 근대를 포괄하는 실학자 반계·성호·다산과 개화사상가 구당 등의 상업론이 변화 발전하는 과정을 대강 살펴본 셈입니다. 이로써 전통적으로 중농억말론이 지배적인 봉건 조선사회에서 17세기 이후 상업의 중요성이 점차 인식되어 상업진흥론이 실학자나 개화사상가 등 지식계층에 의해 구상 제시되고 있다는 사실을 알 수 있습니다.

구산 : 앞뒤가 잘 맞지 않는 이야기가 될런지 모르겠네만……. 이상 상업론에 관한 구천의 이야기를 들으면서, 나는 이런 생각을 해보게 되었다네. 그러니까, 한국 근세 후기에 있어 상업진흥의 필요성을 주장하는 진보적 상업론의 생성 발전과정은, 곧 근대 지향적 상업이 중세적인 중농억말적 생산양식의 보수적 반동을 극복해 나가는 역사 발전과정으로 이해될 수도 있을 것 같다는…….

4. 조세금납화론의 발전

구천 : 다음에서는 실학자나 개화사상가 등의 조세금납화론이 어떻게 발전되고 있는지를 말씀드리기로 하겠습니다. 그들의 조세금납화론의 발전 내용은 바로 그들의 화폐경제론 내지 화폐경제사상의 발전 수준을 가늠하는 중요한 척도가 되기 때문입니다.

구산 : 그 같은 구천의 조세금납화론에 대한 인식태도랄까, 견해에 전적으로 동감하는 바일세. 사실 화폐경제 발전과 밀접한 관계가 있는 조세금납화 현상은 중세사회가 근대사회로 이행하는 역사 발전을 이해하는 데 있어 중요한 척도랄까, 지표가 되는 것이니 말일세.

구천 : 일찍이 반계는 화폐유통보급론을 골자로 하는 그의 화폐론에서 종래의 화폐유통정책이 실패를 거듭하게 된 중요한 원인이 전세(田稅)와 같은 비중이 큰 조세수입이 금납화되지 못하는 데 있다고 조세물납제의 모순과 폐단을 지적 비판하였습니다. 그리하여 반계는 동전의 유통 보급방법으로 쌀이나 베로 징수하는 전세를 점차 동전으로 징수할 것을 주장했습니다. 그는 전세를 쌀과 동전을 일정한 비율로 섞어서 징수할 뿐만 아니라 궁중의 경비를 비롯해서 관리의 녹봉 등 제반 국가 경비도 역시 쌀과 동전을 섞어서 지급할 것을 주장하였습니다.

구산 : 사실상 반계가 경험한 17세기 중엽에는 봉건 조선정부가 동전을 법화로 유통 보급시키기 위해 화폐정책을 추진하는 과정에서 부분적인 것이기는 하나 조세금납화가 시도되었던 것으로 알고 있네. 물론 정확한 지식은 아니지만. 그리고 그 당시의 국가 화폐정책 운용을 주관한 김육도 동전의 유통 보급방법으로서 조세의 점진적인 금납화가 필요하다는 것을 인식했고, 또한 실제로 대동전을 비롯해 부분적이나마 조세의 금납화 조치를 시도한 일이 있었던 것으로 알고 있는데…….

구천 : 정확히 알고 계신 것입니다. 그러니까 앞에서도 말씀드린 것처럼 반계가 조세금납화를 점차적으로 실시할 것을 주장했던 바 그의 조세금납화론도 바로 김육이 동전 유통 보급방법으로 조세금납화를 부분적으로 시도

한 시기의 실제적 경험을 토대로 구상 제시된 것이랍니다.

구산 : 반계의 조세금납화론에 관해서는 이 정도로 끝내기로 하고, 계속해서 성호의 조세금납화 문제에 관한 인식 태도랄까, 인식 수준은 어떠한 것이었는지……. 그 점에 관해 이야기를 들어보기로 하세.

구천 : 지금까지 앞에서 말씀드린 반계의 화폐론이나 조세금납화론은 한국 근세 후기 화폐경제 발전과정에서 볼 때 화폐(동전)유통보급기(17세기 초~90년대 말)를 배경으로 구상 제시된 것이랍니다. 그러나 성호는 반계와는 달리 동전유통에 대한 반동기(18세기 초~40년대 초)를 배경으로 구상 체계화된 그의 동전유통금지론에서 조세금납화론을 반대하고 있답니다. 그 당시 부분적으로 실시되고 있는 조세금납화 조치로 인한 농민의 피해가 심각하기 때문에 그러한 폐단을 극복하기 위해서는 동전 유통 자체를 금지해야 한다는 것이었습니다. 이러한 성호의 생각은 같은 시기의 영조는 물론 일부 관료들과 농촌지식인의 생각과 본질적으로 공통되는 것이랍니다. 또한 그 당시 봉건정부에 의해 부분적으로 시행된 조세금납화 조치를 종래의 물납화로 환원시키려는 조치가 시도된 일도 있었구요.

구산 : 그러나 앞에서 지적했듯이 진보적 화폐제도 개혁론이나 상업론을 구상 제시한 다산에 이르러서는 조세금납화를 매우 긍정적으로 보았던 것 같던데……. 그러니까 다산은 그의 진보적 화폐제도 개혁론에서 조세를 화폐로 징수하는 것이 편리하고 수취체제를 객관 합리적으로 운용하는 데 큰 도움이 된다고 생각하는 등 조세금납화의 필요성이랄까, 중요성을 인식하고 있었다던데…….

구천 : 그렇습니다. 선생님이 말씀하신 것처럼 진보적 조세 징수제도로서의 조세금납화제도는 다산의 단계에 이르러서는 성호의 시기에 문제가 되었던 조세금납화에 대한 저항을 어느 정도 극복하고 부분적이지만 어느 정도의 정착 단계에 들어섰던 것으로 보입니다. 이 같은 사실은 18세기 20년대 말에 부분적으로 시도되는 조세금납 조치를 종래의 물납제로 되돌리려는 봉건정부의 시대역행적 조치가 곧 중단되지 않을 수 없었고,

또한 호조·선혜청 등 주요 재정 관리 관청의 연간 수입지출의 화폐화 비율이 점점 증가되는 추세를 보아서도 알 수 있는 것입니다. 그러므로 성호 시대 이후의 실학자를 비롯한 대다수 지식계층은 조세의 부분적 금납화 조치에 대해 반론을 제기하는 경우가 흔치 않았던 것으로 보입니다.

구산 : 말꼬리를 잡고 늘어지는 것 같아서 좀 미안하다는 생각이 드네만. 구천이 이야기를 하는 중에 대다수 지식계층은 조세의 부분적 금납화 조치에 반론을 제기하는 경우가 흔치 않았던 것으로 보인다고 했는데……. 그렇다면 조세금납화 조치를 비판 내지 부정적으로 평가하는 일부 지식계층은 있었다는 말인지.

구천 : 그렇습니다. 그 대표적인 인물이 실학자 이규경이라 할 수 있을 것입니다. 그는 봉건정부가 조세의 일부분을 동전으로 징수하기 때문에 정부에 바칠 동전을 마련하기 위해 곡식을 헐값으로 팔지 않을 수 없게 된다는 것이고, 이로 인해 농민은 많은 경제적 손실을 보게 되는 반면 말업인 상업이 발달하게 된다는 것이었답니다.

구산 : 그리하여 그는 정부당국은 조세금납화를 강행하지 말고 농민들의 희망에 따라 현물로 징수해야 한다는 것이었겠군, 그래. 일찍이 성호가 조세금납화 조치를 반대하였던 것처럼.

구천 : 그런 방향으로도 이해할 수 있을 것 같습니다. 좀 더 구체적으로 말씀을 드려 보자면 이야기가 길어질 것 같아 결론만을 간략히……. 그러니까 이규경은 성호의 조세금납화 반대론을 자기 중심의 비판없이 수용하고 있었던 것으로 보입니다. 그리하여 성호 시대에 비해 조세금납화의 요구가 증진된 19세기 전반에 적합하도록 자기 중심의 조세금납화론을 정리 제시하지 못했던 것으로 짐작됩니다. 어찌 보면 이러한 점이 이규경의 학문 내지 실학사상이 가지는 한계성으로 지적될 수 있을런지도 모르겠습니다.

구산 : 그렇기 때문에 조세금납화의 필요성이랄까, 중요성을 강조한 다산 이후 시대의 사회경제 발전을 경험했으면서도 다산보다 보수적 조세금납화론

을 주장했다, 그 말이겠지. 어쨌든 이규경의 조세금납화 반대론에 관해서는 이 정도로 이야기를 끝내는 것이 좋을 것 같다는 생각이 드네. 이규경의 조세금납화 반대론, 즉 조세물납론으로의 복귀론은 그 시대의 지배적 조세징수 방법론으로 평가될 수 없는 것이었다는 점에서 더욱 그렇게 생각된다 하겠네.

구천 : 개화사상가 구당에 이르러서야 비로서 조세의 전면적 금납화를 골자로 하는 조세제도 개혁론이 구상 제시되었습니다. 그는 조세금납화를 전면적으로 실시할 것을 주장하는 이유를 다음과 같이 말하고 있습니다. "……마땅히 세법을 경정(更定)하여 허다한 명목의 물납세를 폐지하고 모두 동전으로 바치게 하면 국가의 세수는 종래보다 배로 증가될 것이며, 민중에게 이로울 것이다.……무릇 모든 세과(稅課)를 동전으로 바치는 것을 허락하게 되면 민중과 나라에 이로움이 적지 않을 것이다." 또한 구당은 조세금납화를 효율적으로 실시하기 위해서는 전근대적 화폐인 상평통보의 유통을 중단하고 국내 전역에 사용하기 편리한 화폐의 통용, 즉 근대 금본위제도를 실시해야 된다는 것이었답니다.

요컨대 앞에서도 지적했듯이 일찍이 반계는 전근대적 상평통보의 유통 보급방법으로서 부분적으로 조세를 금납화할 필요성을 주장하였습니다. 그러나 성호는 화폐 유통 금지를 위한 한 가지 방법으로서 그 당시 부분적으로 실시된 조세금납화를 중단하고, 종래의 조세물납제로 되돌아갈 것을 주장하였습니다. 그 이후 다산은 근대 금본위제도를 연상케 하는 진보적 화폐제도 개혁론을 구상 제시하는 동시에 조세금납화는 물납제의 모순과 폐단을 극복하는 등 조세수취의 객관·합리화를 위해 필요하다고 주장하였답니다. 그리고 개화사상가 구당에 이르러서는 마침내 조세의 전면적 금납화를 주장하면서, 그에 상응하는 화폐제도로서 근대 금본위제도 수용방안을 구상 제시하였던 것이랍니다.

5. 서양화폐 인식론의 발전

구산 : 다음에서는 실학자와 개화사상가 등의 화폐론과 밀접한 관련을 가지면서 제기되는 그들의 서양화폐 인식론의 발전을 살펴볼 필요가 있을 것 같은데…….

구천 : 그러시다면 반계로부터 다산을 거쳐 구당에 이르는 실학자와 개화사상가 등의 서양화폐에 대한 인식이 어떻게 발전되는지 대강 말씀드려 보기로 하겠습니다. 그러니까 그들이 서양화폐에 관한 지식이랄까, 정보를 각자의 화폐론을 구상 제시하는 데 어떻게 참고 활용하고 있는가를 간략히 말씀드리겠습니다.

구산 : 구천은 내가 왜 이 문제를 중요시하고 있는지, 그 이유를 짐작하고 있겠지. 그러니까, 실학자와 개화사상가 등이 서양화폐에 관한 지식이나 정보를 수용하여 그들 화폐론의 질적 수준을 높이는 데 참고 활용하게 되었다는 점에, 그 중요한 이유가 있다는 것을…….

구천 : 알고 있습니다, 선생님. 그런 관점에서 볼 때 반계는 친히 그 당시 우리 땅에 표류되어온 서양인(네덜란드인)을 찾아가서 서양에서는 은전을 사용하고 있다는 사실을 탐문하여 자신의 화폐론을 구상 체계화하는 데 참고 활용하였습니다. 이 같은 사실은 반계가 한국 역사상 처음으로 중국 중심의 동양권을 벗어나서 서양의 화폐에 관한 소식을 탐문하여 자신의 화폐제도 개혁론을 구상 체계화하는 데 참고 활용했다는 점에서 중요한 의미를 가진다 할 것입니다.

구산 : 요컨대 반계는 서양화폐에 관한 지식 내지 정보를 그 당시 물품화폐 및 칭량은화 유통체제를 극복하고 명목화폐인 동전의 유통보급론을 구상 체계화하는 과정에 참고 활용했다는 데 의미가 있다 하겠군, 그래. 더구나 이 같은 사실은 반계가 실학의 학문적 체계를 이룬 것으로 보는 한국 근세 후기 실학사상의 형성배경 내지 실학사상의 성격을 이해하는 데 중요한 시사를 준다 할 것일세. 이 점에 관해서는 지난날 언젠가 구천과 내가 이야기를 나눈 적이 있었던 것으로 기억되는데……. 반계의 경우

가 그러했다고 한다면 성호의 서양화폐에 대한 관심이랄까, 그에 관한 정보를 얻기 위해 어떠한 의욕을 보였는지가 궁금하군, 그래.

구천 : 선생님이 그 같은 점을 궁금하게 생각하시는 것은 지극히 당연한 일이라 생각하고 있습니다. 그러나 앞에서 거듭 지적했듯이 성호는 화폐유통에 대한 보수반동으로 동전 유통을 금지하고 종래의 물품화폐 유통체제로 되돌아갈 것을 주장했기 때문에, 보다 앞선 서양의 화폐제도에 이렇다 할 관심을 가지지 않았던 것으로 짐작됩니다. 그리고 박지원·박제가 등 북학파 실학자들은 성호와는 달리, 화폐유통을 전제로 화폐제도 내지 화폐정책의 개선 개혁을 주장했고, 또한 중국 사행길을 통해 서양화폐에 관한 지식 내지 정보에 접했을 것으로 짐작되나 그들의 화폐론에서 서양화폐에 관한 흔적은 찾아볼 수 없습니다. 다만 박지원은 중국의 칭량은화제도를 본따서 은화를 법화로 주조 유통시키자는 화폐제도 개혁론을 구상 제시하는 단계에 머물고 있답니다.

구산 : 북학파 실학자들이 그 같은 입장이랄까, 태도를 취하게 된 동기 내지 배경을 어떻게 설명해야 할 것인가? 아마도 중국의 문물제도를 선망하고 그것의 수용에만 지나치게 집착하고 있었기 때문에 서양의 화폐 문제에까지 관심이 미치지 못했으리라는 데 원인이 있었을런지도 모르지. 그렇다고 한다면 화폐 유통 문제에 대해서 기본적으로 박지원이나 박제가 등과 거의 비슷한 입장에 있던 다산의 서양화폐에 대한 태도랄까, 생각은 어떠한 것이었는지, 계속해서 이야기를 해주면 고맙겠네.

구천 : 앞에서도 말씀드렸듯이 다산은 근대 금본위제도를 연상케 하는 화폐제도 개혁론을 구상 제시했던 것입니다. 그러니까 다산은 금·은·동전을 주조 유통시키되 각기 대·중·소전으로 체재·중량·액면가치가 서로 다른 9종의 금·은·동전을 주조 유통시키자는 것이었습니다. 반계는 말씀드렸듯이 서양의 화폐에 관한 소식을 탐문하여 전근대적 중국화폐제도를 본따서 동전을 주조유통하자는 자기 주장의 논리적 근거로 활용했던 것입니다. 그러나 다산은 중국 또는 필리핀·유구·안남 등 동남아시아 여러 나라와의 통상거래에 금·은·동전을 사용하고, 서양에서

는 은전이 사용된다는 소식을 전해들을 수 있었습니다. 그리고 그 같은 소식이랄까, 정보를 근대 금본위제도를 연상케 하는 진보적 화폐제도 개혁론을 구상 체계화하는 데 참고 활용하기에 이르렀던 것입니다.

구산 : 그런데 다산은 소액 동전과는 달리 운송이 편리한 고액 동전이나 금·은전이 대상(大商)들이나 원거리 교역에 필요하다는 점을 강조했던 것으로 알고 있는데……. 그 같은 사실을 미루어 이런 점을 추측할 수 있을 듯 싶은데. 그러니까 다산의 금·은전 및 고액 동전의 주조 유통론은, 주로 칭량은화를 결제수단으로 사용하는 청·일 중심의 교역범위가 서양의 금·은·동전을 결재수단으로 하는 동남아시아 및 중국 남부지방으로까지 확대될 필요성이 느껴지는 시대에 형성되었으리라는 사실을 짐작할 수 있다는 말일세.

구천 : 그렇습니다. 그러한 선생님의 말씀에 동감을 하면서, 계속해서 개화사상가 구당의 경우로 이야기를 진전시켜 나가겠습니다. 구당은 앞에서 여러 차례에 걸쳐 지적했듯이 일찍이 반계·다산 등 실학자들이 수용한 서양화폐에 관한 지식 내지 정보를 역사적 유산으로 물려받아 그것을 자신의 화폐론 구상 체계화에 참고 활용했으리라는 점을 짐작할 수 있을 것입니다.

구산 : 그 같은 추론은 실학사상이 개화사상으로 계승 발전했다는 학계의 일반론에 근거해서는 물론, 그의 화폐론이 실학사상에 근거하고 있다는 기록을 통해서도 가능하리라고 보네. 이야기가 좀 애매모호하게 들릴런지는 모르지만…….

구천 : 선생님 말씀에 동감입니다. 선생님 말씀을 경청하느라 중단되었던 저의 이야기를 계속하자면……. 또한 구당은 다산이 구상 제시한 진보적 화폐제도 개혁론의 부분적 실현으로 보는 1880년대의 화폐제도 근대화정책을 실제로 경험할 수 있었답니다. 그리고 그는 일본 및 미국에 파견되는 사절단에 수행하거나 또는 유학하면서 서양 근대 화폐제도에 관한 견문과 지식을 쌓을 수 있었던 것입니다. 그러니까 구당은 이상과 같은 근대 화폐제도에 관한 지식과 견문을 토대로 삼아 화폐제도의 근대화를

필요로 하는 시대적 요청에 대응해서 서양 근대 금본위제도 수용을 위한 화폐제도 개혁론을 구상 제시하게 되었던 것입니다. 그리고 그가 추구한 목표, 즉 근대 금본위제도의 실시는 마침내 20세기 초 주권이 상실되는 역사적 상황에서 실현될 수 있었던 것이랍니다.

구산 : 실학자들이나 개화사상가들의 서양화폐에 대한 인식 내지 이해 수준의 변화 발전을 설명하는 구천의 이야기를 가만히 들으면서 허황하다할까, 잡다한 여러 가지 생각을 하게 되는군, 그래.

구천 : 죄송합니다. 제가 체계적이고 논리적으로 설득력있게 말씀을 드리지 못해서 그런 것 같습니다. 기탄없이, 아니 허심탄회하게 미숙한 점을 지적 비판하여 주시면 적지 않은 도움이 되리라 믿습니다.

구산 : 전혀 그런 뜻으로 한 말이 아니라네. 구천의 이야기를 들으면서 이런 생각을 해 보았다는 것일세. 그러니까, 양란을 전후해서 서학 내지 천주교라는 서양의 이질적인 사상체계 내지 가치체계가 봉건 조선사회에 유입 보급되고, 이것은 그 당시 전통적인 성리학 중심 가치체계에 충격을 주어 성리학적 가치체계의 해체를 촉진하는 요인으로 기능하게 되었다는 것은 지극히 상식적인 이야기가 아닌가? 그런데 구천의 이야기를 들어보면 서학 또는 천주교의 유입 시기와 거의 같은 때에 서양화폐에 관한 소식이 소극적이기는 하나 실학자 등에게 수용되어 그들 화폐론의 진보적 변화 발전에 영향을 주고 있다는 것이 아닌가. 이들에 의해 수용된 서양화폐에 관한 소식 내지 정보는 그것이 간접적이거나 소극적이기는 하지만 17세기 초 이래의 화폐경제 발전에 진보적 영향을 주어 물품화폐 유통체제로부터 전근대적 명목화폐인 동전 유통체제를 거쳐, 서양 근대 금본위제도를 도입 실시하는 단계에 이른다는 것이 아닌가.

6. 맺음말

구산 : 지금까지 많은 이야기를 나누었으니 이쯤에서 맺음말로 들어가는 것이

어떨런지. 이야기를 비교적 적게 한 내가 이같이 지루하고 시장끼를 느끼는데, 하물며 많은 이야기를 하느라 애쓴 구천이야 오죽하겠는가. 이제부터는 맺음말로 지금까지의 이야기, 아니 대담 내용을 요약 정리하는 것이 좋을 것 같은데. 그리고 나서 '필동면옥' 부근에 있는 내장탕집에 들러서…….

구천 : 진로 소주를 곁들여서 내장탕 한 그릇 걸쭉하게 잡수시자 그런 말씀이시겠지요. 참으로 귀가 번쩍 뜨이는 반가운 말씀을 하십니다. 그리고 얼큰한 기분이 되어 녹음방초 우거진 남산길을 산책한다면, 금상첨화가 이 아니고 또 어디 있겠습니까. 서둘러서 오늘 이야기를 간단 간단히 끝맺음하는 것이 좋겠습니다.

　알려져 있다시피 조선왕조 초기의 경국대전적 사회질서는 16세기 사림의 등장을 계기로 하여 변질되기 시작하지요. 이 같은 전통 사회질서의 변질 추세는 16세기 말의 왜란과 그에 뒤이은 호란을 겪으면서 가속화되었습니다. 민족적 시련으로서의 양란은 조선전기의 중세적 사회질서 해체를 촉진하는 동시에 제반 사회적 모순을 자각, 반성하는 계기가 되었던 것입니다. 이같이 조선전기의 중세적인 경국대전적 사회질서의 해체가 촉진되는 전환기의 역사적 상황에 대처해서 정치 · 경제 · 사회 · 문화 · 대외관계 등 여러 분야에 걸쳐 폭넓은 제도적 개혁이 이루어졌습니다. 그리고…….

구산 : 그리고 대체로 양란 이후, 그러니까 조선후기에 시도된 제반 제도적 개혁을 뒷받침한 의식 속에는 중세적인 경국대전적 사회질서로 되돌아가려는 보수의식과 반봉건적 사회변화를 수용하려는 진보의식이 복합되어 있다는 것이겠고……. 이로써 양란 이후 조선후기 역사는 보수적 추세와 진보적 추세가 대립 갈등을 거듭하는 중에 진보적 추세가 점차 역사적 위치를 확대시켜 나가는 과정의 역사로 보아야 한다는 것이겠고……. 다시 말해서 조선후기는 중세적 사회질서가 해체되고 근대적 사회질서가 싹트는 역사 발전 과정으로 이해되어야 할 것이라는 것이겠지.

구천 : 그렇습니다, 선생님. 하시는 말씀을 들으면서 역시 저는 선생님의 손바

닫 안을 벗어날 수 없다는 생각을 다시 한 번 해보게 되었습니다.

　제가 계속해서 말씀을 드리자면……. 그리하여 조선후기의 어떤 역사적 사실에 있어서도 중세적 사회질서를 유지보존시키려는 보수적 성격을 띤 것이냐, 아니면 근대를 지향하는 진보적 성격을 띤 것이냐의 여부가 그 사실을 역사적으로 평가 인식하는 데 중요한 가치척도가 되어야 할 것입니다.

구산 : 그 같은 문제의식에서 중세사회가 해체되고 근대사회의 싹이 트는 조선후기 역사발전 추세를 이해하려는 데 오늘 이야기의 궁극적인 목표가 있다는 것이고……. 그 같은 목표에 접근하기 위해 제반 중세적 사회질서 해체과정에서 생성 발전된 실학사상의 발전을 살펴보려 했다는 것이겠고……. 근대 지향적인 실학사상의 발전을 실학자와 개화사상가 등의 화폐경제론을 중심으로 살펴보려 했다는 것이겠고……. 결국 그들의 화폐경제론의 발전을 화폐경제론과 밀접한 관련을 맺고 있는 화폐론의 발전은 물론 상업론의 발전, 조세금납화론의 발전 및 서양화폐 인식론의 발전 등의 측면에서 살펴보았다는 것이 아닌가?

구천 : 그렇습니다. 다음에서 반계·성호·다산 및 구당의 화폐경제론 발전을 요약 정리해보기로 하겠습니다.

　먼저 반계의 화폐경제론을 정리하겠습니다. 그는 자연경제하의 쌀이나 베 등 물품화폐 및 칭량은화 유통체제를 극복하고 명목화폐인 동전을 법화로 주조 유통할 것을 주장하였습니다. 화폐 유통 보급방법으로 상설점포의 설치 운용을 주장하는 등 본업인 농업을 저해하지 않는 범위내에서 그 당시 지배적인 조세물납제도를 점진적으로 금납화할 것을 주장하였습니다. 한국 역사상 최초로 서양화폐에 대한 새로운 정보를 수집하여 자신의 화폐경제론, 즉 화폐유통보급론을 구상 체계화하는 데 참고 활용하였습니다. 이상의 사실들을 종합해볼 때 화폐유통보급기(17세기 초~90년대 말)를 배경으로 형성된 반계의 화폐경제론에는 변화수용적 진보의식은 비교적 뚜렷이 나타나 있는 데 비해 주체적 민족의식의 표출은 미약한 것으로 보입니다. 요컨대 반계의 화폐경제론은 양란 이후 조선후기의 중세적인 제반 사회질서에 본질적 변화가 일어나는 전환기적 상황하에서, 왕조 초기 이래 상품·화폐경제 발전을 제약한 중농억말정책에 대한 일종의 진보적 대응론으로서의 성격을 띤 것이라 하겠습니다.

성호의 화폐경제론을 정리해 보겠습니다. 그는 화폐경제 발전으로 봉건 조선사회의 성리학 중심 가치체계와 농업 중심 생산양식의 해체가 촉진된다는 이유로 동전 유통을 금지하고 종래의 물품화폐 내지 칭량은화 유통체제로 되돌아갈 것을 주장했습니다. 화폐경제 발전으로 증진된 국내상업 발달은 본업인 농업 내지 농촌사회에 심각한 폐해가 되고 대청(對淸)무역은 국가에 크나큰 경제적 손실을 가져온다 하여 상업제한론을 구상 제시하였답니다. 화폐가 유통 보급됨에 따라 부분적으로 시행되는 조세금납화 조치는 그 실시과정에서 농민들이 피해를 입게 된다는 점을 이유로 들어서 조세물납제도와 함께 물품화폐제도로 되돌아갈 것을 주장했습니다. 그리하여 성호는 화폐제도를 개선 개혁할 목적으로 서양화폐에 대한 새로운 정보를 수집할 필요성을 느끼지 않았던 것으로 보입니다. 과거 복귀적 내지 보수적인 성호의 화폐경제론에서는 진보의식은 찾아보기 어려우나 농도 짙은 주체적 민족의식은 확인할 수 있답니다. 요컨대 화폐유통에 대한 반동기(18세기 초~40년대 초)를 배경으로 형성된 성호의 화폐경제론은 상품·화폐경제가 확대 발전됨에 따라서 봉건 조선사회의 성리학 중심 가치체계와 농업 중심 생산양식의 해체가 촉진되는 역사적 상황에 대처한 보수반동적인 현실대응론이라 할 것입니다.

다음으로, 다산의 화폐경제론을 정리해 보기로 하겠습니다. 그는 상평통보(동전)만을 법화로 사용하는 단순 소박한 전근대적 화폐제도의 한계를 극복하기 위해 근대 금본위제도를 연상케 하는 화폐제도 개혁론을 구상 제시하였습니다. 그는 성호의 상업제한론과 유수원 및 박제가 등의 파격적이라 할 상업진흥론을 절충 보완하여 반계의 상업진흥론을 확대 발전시킨 농주상종적(農主商從的) 농상양립론을, 그리고 청·일 등 동양권을 벗어난 대외무역의 확대 발전론을 구상 제시하였답니다. 그 당시 부분적으로 실시되고 있는 조세금납제도를 편리하다고 하는 등 조세 징수제도의 객관·합리화를 위해서 조세금납화는 필요하다고 주장하였습니다. 서양의 근대 화폐에 대한 새로운 정보를 수용하여 앞에서 지적한 바 진보적 화폐제도개혁론을 구상 체계화하는 데 참고 활용하였습니다. 다산의 화폐경제론에는 근대 지향적 진보의식과 함께 민족주의 지향적 주체의식이 농도 짙게 깔려 있다는 점을 주목해야 할 것입니다. 요컨대 화폐경제 확대발전기(1740년대~1860년대)를 배경으로 형성된 다산의 화폐경제론은 양란 이후 급진전된 제반 중세적 사회질서의 해체 과정에서 성장된 진보적 추세를 거부할 수 없는 역사적 현실로 인식하고, 그 같은 상황에 대처하기 위해 구상 제시한 근대 지향적 현실대응론의 하나로 볼 수 있을 것입니다.

끝으로 구당의 화폐경제론을 정리해 보기로 하겠습니다. 구당은 한국 개화기에 제고된 민족주의 지향의식과 근대화 지향의식을 기반으로 하여 서양 근대 금본위제도 수용을 골자로 한 화폐제도 개혁론을 두 차례에 걸쳐 구상 제시하였습니다. 국가 경제면에서 그 비중을 볼 때 농업과 상업은 대등하다고 보는 진보적 상업관을 기반으로 하여 국내상업을 진흥시킴은 물론 대외통상을 적극 활성화시켜 부국강병을 이룩해야 한다고 주장하였답니다. 조세징수를 전면적으로 금납화시킬 것을 주장하고, 이 같은 조세금납화제도를 효율적이고 합리적으로 실시하기 위해서는 근대 금본위제도의 도입 실시가 필요하다는 점을 강조하였습니다. 그는 역사적 유산으로 이어받은 다산 등 실학자들의 서양화폐 인식론과 국내외에서 얻은 서양 근대 화폐제도에 대한 견문 및 지식을 금본위제도 수용론을 구상 체계화하는 데 참고 활용하였습니다. 그리고 구당의 근대 금본위제도 수용론을 골자로 하는 화폐경제론에는 개화기 역사의식의 기반이 된 민족주의 지향의식과 근대화 지향의식이 농도 짙게 깔려 있음을 확인할 수 있답니다. 요컨대, 한국 화폐사 발달과정에서 볼 때 근대 화폐제도 수용기(1860년대~20세기 초)를 배경으로 형성된 구당의 화폐경제론은, 밖으로 제국주의의 침략으로부터 국가 민족을 보위하는 한편, 안으로 봉건질서를 청산하고 근대사회를 건설하기 위해 국가의 제반 개화정책이 적극 추진되고 있는 시기에 하나의 응급한 현실 대응 방안으로 구상 제시된 것이라 할 것입니다. 구당의 화폐경제론은 반계·성호·다산 등 실학자들의 화폐경제론과는 달리, 근대 화폐제도 수용을 목표로 하는 개화기의 화폐정책 운용에 직접·간접적으로 반영되었다는 점에서 그 역사적 의미는 보다 높이 평가되어야 할 것입니다. 그리고 …….

구산 : 이야기를 하는 중에 끼어들어서 미안하게 생각하네. 간략히 요약 정리한 다던 맺음말이 지나치게 길어진다는 생각이 들고, 또한 구천이 하고자 하는 이야기도 거의 끝난 것 같다는 생각이 들기도 해서 그랬으니, 너그러이 양해하여 주기를 바라네. 그리고 내가 과연 구천이 맺음말로 정리한 이야기의 내용을 제대로 이해 파악하고 있는지, 확신이 서지를 않는다네. 그래서 구천으로부터 들은 이야기 내용을 내가 다시 한 번 정리해 보겠으니, 들어 본 후에 보충해 주기 바라네.

그러니까, 개화사상가의 화폐경제론으로 계승 발전된 조선후기 실학자들의 화폐경제론의 발전을 보자면……. 반계는 화폐(동전) 유통 보급기(17세기 초~90년대 말)를 배경으로 구상 제시한 자신의 화폐경제론에서, 쌀이나 베 등 물품화폐 및 칭량은화 유통체제를 극복하고 전근대적 명목화폐인 동전을 법화로 주조 유통시킬 것을 주장했다는 것이고……. 성호는 화폐 유통에 대한 반동기(18세기 초~40년대 초)를 배경으로 구상 제시한 자신의 화폐경제론에서, 화폐 유통 보급으로 봉건 조선사회의 중세적 가치체계와 생산양식의 해체 내지 근대 지향이 촉진되자 그에 대한 보수반동으로 동전 유통을 금지하는 한편 종래의 물품화폐 및 칭량은화 유통체제로 되돌아갈 것을 주장했다는 것이고……. 다산은 화폐경제 확대 발전기(1740년대~1860년대)를 배경으로 구상 제시한 자신의 화폐경제론에서, 동전(상평통보)만이 유일한 법화로 사용되는 단순 소박한 전근대적 화폐유통체제를 극복하고 9종의 금·은·동전을 법화로 사용할 것을 제의하는 등, 근대 금·은본위제도를 연상케 하는 진보적 화폐제도의 실시를 주장했다는 것이고……. 그리고 초기 개화사상가 구당은 근대 화폐제도 수용기(1860년대~1910년대)를 배경으로 구상 제시한 자신의 화폐경제론에서, 다산의 단계에 모색된 흔적이 엿보이는 서양 근대 금·은본위제도 수용을 골자로 하는 진보적 화폐제도 개혁론의 실시를 주장했고, 또한 그는 금·은본위제도의 수용을 목표로 하는 개화기의 화폐 근대화정책 추진과정에 직접·간접적으로 참여했다는 것이 아닌가.

구천 : 선생님이 간략하고 요령있게 아주 썩 잘 요약 정리하셨다고 생각합니다. 굳이 몇 마디 덧붙이라 하신다면……. 그러니까, 이상 실학자와 개화사상가 등의 화폐경제론 발전을 통해 실학자들의 화폐경제사상 내지 실학사상이 그 시대의 사상사 발전과정에서 점하는 역사적 의미랄까, 위치를 보다 본질적으로 이해하는 데 도움이 될 것이라는 점입니다. 바꾸어 말씀드리자면, 실학자와 개화사상가 등의 화폐경제론이 그들 각자가 생존한 시기의 역사적 산물이라는 시각에서 볼 때, 실학자와 개화사상가의 화폐경제사상 발전에 대한 인식은 중세사회가 근대사회로 이행하는 조선후기의 실학사상 발전 내지 사상사 발전을 본질적으로 이해하는 데 도움이 될 것이라는 것이지요. 그 이유는 거듭 지적했듯이 조선후기에 있어 화폐경제의 확대발전은 봉건 조선사회의 중세적 가치체계와 생산양식의 해체 내지 근대 지향을 촉진한 중요한 역사적 요인이 되었기 때문이라 할 것입니다.

구산 : 내가 미처 생각하지 못했던 점을 보완, 설명해주어 몹시 고맙게 생각하네. 미진한 이야기는 이 다음 다시 만나는 기회가 있을 때 계속하기로 하는 것이 어떨런지. 그러니까, 충분한 시간을 가지고 맛있는 음식을 먹고 좋은 술을 마시면서 이야기를 나누어 보자 그런 말일세. 그러나 이 자리에서 구천으로부터 한 가지 사실만 더 들어보았으면 하는 것이 있다네. 다름 아니라, 오늘날 실학 연구계에서 연구시각이나 방법론, 또한 실학사상의 역사적 평가에 있어 극복해야 될 문제점들이 적지 않을 것

으로 짐작되는데, 그 중 중요하다고 생각되는 한 가지 사실만을 이야기 해 달라는 말일세. 그러니까 평소 구천이 생각하고 있던 문제점을 아주 가벼운 마음으로 허심탄회하게 털어놓아 보라는 것이라네.

구천 : 선생님의 그 같은 요청에 제가 어떤 말씀을 드려야 할런지 확신이 서지를 않습니다. 그렇다 해도 말씀을 드려야만 한다면, 이런 점을 지적할 수 있을 것 같습니다. 이야기가 앞에서 드렸던 것과 중복되는 부분이 있고 또한 조금은 장황해지기도 하겠습니다만…….

　조선후기 실학사상을 이해하고자 할 때 기본적으로 두 가지 시각에서 접근할 수 있을 것입니다. 그 두 가지 시각 중 하나는 실학사상이 진보적인 몇몇 실학자들의 창작물이라 보는 시각이고, 다른 하나는 실학자들 각자가 발붙이고 살며 견문 체험한 시대의 역사적 산물이라 보는 시각이라 할 수 있습니다. 그런데 지금까지의 실학사상 연구경향을 보면 대체로 실학사상을 역사적 산물로 보는 시각보다는 진보적 실학자들의 창작물로 보는 시각에 치우쳐 있다는 생각을 가지게 됩니다.

　이처럼 실학사상을 진보적 실학자들의 창작물로 보는 시각에 치우쳐서 이해하고자 할 때, 실학사상이 보수적 당로자들에 의해 수용되지 못했다는 점을 이유로 들어 흔히 실학사상의 역사적 위치는 당시 사회사상의 부수적 존재로 축소 인식되게 마련입니다. 이러한 점에서 실학사상을 역사적 산물로 보는 시각에서 보다 객관적이고 심층적으로 분석 고찰되어야 할 것 같다는 생각을 가지게 된답니다. 이 같은 분석 고찰을 통해 실학사상의 본질이 더욱 철저하게 이해될 수 있고, 또한 사회사상으로서의 실학사상이 점하는 역사적 위치가 보다 확대 인식될 수 있다고 생각하기 때문입니다.

　실학사상을 역사적 산물로 보는 시각에서 이해하고자 할 때 그 형성 배경에 대한 철저한 고찰이 필요하다고 봅니다. 이를 위해서는 먼저 실학사상을 흔히 실학자들과 상대적 입장에 있다고 보는 당로자들의 사상과 비교 고찰할 필요가 있을 것입니다. 당로자들의 정치적 경륜 내지 사회사상은 국가 정치 운영에 직·간접적으로 반영되어 그 당시 사회사상 발전에 적지 않은 영향을 주게 되고, 이 같은 사회사상의 발전은 실학사상의 중요한 형성 배경이 되었을 것으로 보이기 때문입니다. 저는 이와 같은 문제의식에서 일찍부터 조선후기 실학사상의 본질 및 그 역사적 위치를 보다 객관적이고 심층적으로 이해하기 위해 각 실학자들의 화폐경제론을 그들 상호간 또는 국왕이나 관료 등 당로자들의 화폐경제론과 비교 고찰하는 작업을 계속하여 왔습니다.

이처럼 실학사상을 역사적 산물로 보는 시각에서 극히 제한된 분야이기는 하지만 실학자들의 화폐경제론을 같은 시기의 관료 등 당로자들의 그것과 비교 고찰한 결과 부분적 차이가 있을 뿐 본질적으로 일맥상통되는 점을 확인할 수 있었습니다. 이로써 실학사상을 역사적 산물로 보는 시각에서 실학자들의 정치·경제·사회사상 등 실학사상 전반을 그 당시 당로자들의 그것과 비교 고찰하는 연구작업이 활발히 이루어질 때, 오늘날 우리 학계가 당면한 실학사상 연구시각과 방법론상의 한계를 극복하는 동시에 실학사상의 본질이 더욱 철저하게 구명되고, 그 역사적 위치가 보다 확대 인식될 수 있으리라고 보는 것입니다.

구산: 그러니까 구천이 실학사상의 역사적 위치가 확대 인식될 수 있다고 한 말은 실학사상이 소수 진보적인 학자들의 창작물로서 그 당시 사회사조의 부수적 존재에 지나지 않는 것이 아니라, 당로자들을 비롯한 대다수 지식계층에 거의 일반화된 역사적 존재로 이해되어야 한다는 말처럼 들리기도 하는데……. 사실상 나는 실학사상에 관해 거의 문외한에 가까우면서도 가끔은 구천과 비슷한 생각을 해보는 때가 있다네. 그러니까, 조선후기의 실학사상은 아마도 진보적인 관료의 발상에서 생성되어 일부 보수적 당로자들을 제외한 대다수 관료들, 즉 실용·실제성과 객관·합리성이 요구되는 대다수 관료들의 의식이랄까, 사상 속에서 성장 발전된 것으로 보아야 할 것 같다는 생각을 해보게 된다는 것일세. 그래야만 오늘날 우리 학계가 당면한 실학사상 연구시각과 방법론상의 한계를 극복하고 실학사상의 본질 내지 역사적 위치가 보다 객관적이고 철저히 평가 인식될 수 있을 것이라는 생각도 해보았다네. 이왕 내친 김에 무식

한 말을 한 마디 더해보자면……. 그러니까, 지금까지 학계에서 실학자로 거론되고 있는 대부분의 인물들이 고급관료직을 거쳤다는 점에 보다 깊은 관심을 가지면서 실학자의 범주 내지 실학사상의 본질을 이해하여야 될 것 같다는 졸견을 제시하고 싶단 말일세.

　끝으로 한 가지만 더 부탁하겠네. 그것은 다름이 아니고, 구천이 지금까지 실학사상에 관해 연구 발표한 논문들을 소개해주었으면 좋겠다는 말일세. 일찍이 구천의 실학사상 연구를 격려 편달해주셨던 선생님들, 그러니까 지금은 하늘나라에 계실 홍이섭·백낙준 두 분 은사님께 그 동안의 연구결과랄까, 연구실적을 보고드린다는 뜻으로, 그렇게 하는 것이 좋을 것 같아서 하는 말일세.

─구천은 구산 선생님을 모시고 내장탕집으로 들어간다. 양구(兩龜)는 냉방이 제대로 되지 않은 실내로 들어서자마자 먼저 빙빙 돌아가는 대형 선풍기 앞에 서서 흐르는 땀을 들인다. 이윽고 한적한 식탁에 자리잡고 앉아 얼큰한 내장탕을 식사 겸 안주삼아 소주 두 병을 기분좋게 비운다. 양구는 내장탕으로 시장기를 끄고 소주로 갈증을 풀자 그럴 수 없이 행복한 얼굴이 되어 남산 산책길로 접어든다. 남산에 오르는 숲속 오솔길을 한동안 숨차게 걷고, 산 중허리를 가로지르는 아스팔트길을 지나서 가파른 돌계단을 허위 허위 올라간다. 짙푸른 숲속길을 벗어나 산정상을 향한 아스팔트길을 다시 걷고, 팔각정 못미쳐 우뚝 서 있는 남산 회전타워에 승강기를 타고 올라간다. 구산 선생님은 오늘 처음으로 회전타워에 올라 오신단다. 회전타워에 들어서 자리를 잡자마자 두리번거리며 하시는 선생님의 말씀을 들어보소. "그러니까, 지금 우리가 남산 회전타워에 올라와 있단 말이지. 한 곳에 가만히 앉아 있어도 서울 장안 동서남북의 풍광을 두루 구경, 아니 훤히 내려다 볼 수 있다는……. 코 밑으로 내려다 보이는 푸른 숲의 싱그러움, 북적이는 도심을 헤치고 한가로이 흐르는 한강의 의연함, 강 건너 아파트 숲을 지나 저멀리 구름에 쌓인 산줄기 너머에는 제물포가 있다던가. 말로만 듣다 이제 막상 올라와 보니 과연 남산 회전타워는 장안의 명소임에 틀림없다는 생각이 드

는군, 그래."

　한동안 말없이 유리창을 통해 장안의 풍물을 구경하시다가 동대문이 맞바라다 보일 쯤해서 구천에게 눈길을 돌려 이야기를 하자신다. 모처럼 한가롭게 이 같은 명소에 왔으니 입가심으로 시원한 맥주나 몇 잔 마시면서 잠시 한담을 나누어 보자시는 것이다. 그러니까, 앞에서 구천과 나눴던 실학사상에 관해 아직도 미진한 이야기가 있으면 계속해 보시자는 것이다. 사실상 당신께서는 다산의 실학사상에 관해 구천과 나누고 싶은 이야기가 남아 있다는 말씀이시다. 그러니까, 흔히 실학을 집대성했다고 하는 다산 실학사상의 본질은 무엇이고, 또한 조선후기 실학사상 내지 사상사 발전과정에 점하는 위치는 어떠한 것인지에 대해 이야기를 나누자신다. 뿐만 아니라 오늘날 우리학계의 실학사상 연구현황은 어떠하며, 실학사상 연구 목적·시각·방법과, 평가·인식태도 등에 문제점은 없는가를 아주 가벼운 기분이랄까, 별 부담없이 이야기를 나누어 보았으면 좋겠다는 말씀이시다. 구천은 대단히 중요한 문제점을 제기하셨고, 또한 마땅히 깊이있고 폭넓게 토론되어야 할 중요한 문제라는 점에 공감을 표시한다. 그러나 그처럼 무거운 문제를 가지고 이야기를 나누기에는 장소와 계제가 적절치 않다는 이유로 선생님의 제의에 선뜻 동의하려 하지 않는다. 그렇다고 선생님의 제의를 받아들이지 않을 수도 없는 것이 구천의 입장이다. 그리하여 대개의 경우에 그러했듯이 반 시간 동안만 토론을 하고, 앞으로 보다 적당한 다른 기회에 계속해서 이야기를 나누기로 마침내 타협(?)이 이루어지는 모양이다. 반 시간 동안 무슨 내용이 어떤 방향으로 이야기가 진전될 것인지. 부득이한 일로 자리를 떠야 할 형편이라서 양구(兩龜)간에 오고가는 이야기를 들을 수 없는 것이 유감이다. 이다음 어느 날 양구를 만나게 되면 궁금증을 풀어보는 수밖에 별 도리가 없지 않겠는가.-

실학사상 관계 논문

1. 원유한,「金堉과 동전」,『사학회지』8, 1965.
2. _____,「農圃子 鄭尙驥의 화폐정책론」,『編史』2, 1969.
3. _____,「반계 유형원의 긍정적 화폐론」,『유홍렬박사 회갑기념논총』, 1970.
4. _____,「성호 이익의 부정적 화폐론 - 이조사회 해체과정의 일측면적 고찰」,『역사학보』48, 1970.
5. _____,「다산 정약용의 발전적 화폐론」,『역사교육』14, 1971.
6. _____,「조선후기 화폐유통구조 개선론의 일면 - 柳壽垣의 현실적 화폐론을 중심으로」,『역사학보』56, 1972.
7. _____,「18세기 전반기 농촌유생 李日章의 화폐사상」『한국학보』4, 1976.
8. _____,「許積과 상평통보」,『화폐계』1978년 3월호.
9. _____,「攀巖 蔡濟恭論」,『화폐계』1978년 8월호.
10. _____,「연암 박지원의 사회경제사상의 성격 - 그의 화폐사상을 중심으로」,『홍대논총』10, 1979.
11. _____,「반계와 서양인과의 대화」,『화폐계』1979년 8월호.
12. _____,「이수광의 국부론」,『화폐계』1979년 10월호.
13. _____,「성호 이익의 묘소 답사기」,『화폐계』1979년 12월호.
14. _____,「潛谷 金堉의 화폐경제사상」,『홍대논총』11, 1980.
15. _____,「실학자의 화폐사상 발전에 대한 고찰 - 금·은화의 통용론을 중심으로」,『동방학지』23·24, 1980.
16. _____,「봉건 조선사회의 화폐유통에 대한 반동의 한계성 - 영조의 동전통용 금지 시도의 실패를 중심으로」,『홍대논총』12, 1980.
17. _____,「'묄렌돌프'의 근대 화폐제 수용론」,『화폐계』1980년 12월-1981년 1월호.

18. _____,「조선시대 화폐사 시기구분론」,『홍대논총』 13, 1981.
19. _____,「실학자의 화폐경제론」,『동방학지』 26, 1981.
20. _____,「반계 유형원의 상업진흥론」,『홍대논총』 15, 1983.
21. _____,「耳溪 洪良浩의 화폐론」,『홍대논총』 16, 1984.
22. _____,「실학자 禹禎圭의 화폐경제론」,『홍대사학』 2, 1985.
23. _____,「조선후기 실학자의 광업론 연구 - 다산 정약용의 광업국영론을 중심으로」,『한국근대 사회경제사연구』(유원동박사 화갑기념논총), 1985.
24. _____,「조선후기 관료학자 徐榮輔의 화폐경제론 - 다산 정약용의 화폐론과 비교 검토」,『동방학지』 54・55・56, 1987.
25. _____,「葵亭 申厚載의 화폐경제론」,『화폐계』 1987년 11-12월호.
26. _____,「醉石室 禹夏永의 화폐경제론」,『한국사학논총』(최영희선생 화갑기념), 1987.
27. _____,「성호 이익의 상업제한론」,『인문과학』 59, 1988.
28. _____,「조선후기 농촌지식인의 광업론 - 취석실 우하영의 광업론을 중심으로」,『한국사학논총』(손보기박사 정년기념논총), 1988.
29. _____,「관료학자 金蓋國의 화폐경제론」,『조선시대사연구』(차문섭교수 화갑기념논총), 1989.
30. _____,「矩堂 兪吉濬의 화폐사상」,『한국근대사논총』(윤병석교수 화갑기념), 1990.
31. _____,「한국 근세 후기 실학자의 화폐경제론 발전에 대한 고찰 - 실학사상발전 이해를 위한 시론」,『동국역사교육』 2, 1990.
32. _____,「오주 이규경의 화폐경제론」,『동양학』 21, 1991.
33. _____,「오주 이규경의 상업론」,『실학사상연구』 3, 1992.
34. _____,「한국 근세 후기 고급관료 金履陽의 화폐제개혁론」,『사학논총』(김창수교수 화갑기념논총), 1992.
35. _____,「조선후기 실학자의 화폐경제사상 발전에 대한 일고찰 - 燕巖과 瓛齋의 화폐경제론 비교 검토」,『동방학지』 77・78, 1993.

36. _____, 「정유 박제가의 화폐론」, 『역사학논총』(남도영박사 고희기념논총), 1993.
37. _____, 「耆隱 朴文秀의 화폐경제론 – 실학자의 화폐경제론과 비교 검토」, 『실학사상연구』 5·6, 1995.
38. You-Han Won, On the Monetary theory of Hyung-Won Yu, *Journal of Social Sciences and Humanities,* 33, 1970.
39. _____, Socio-economic thought of Kim Yuk, *Korea Journal,* 6-2, 1975.

원유한
1935년 출생
연세대학교 문과대학 사학과 졸업
연세대학교 대학원 사학과 졸업(문학박사)
국사편찬위원회 편사연구관, 수도여자사범대학 교수, 홍익대학교 교수
현, 동국대학교 교수
저 서 : 『조선후기 화폐사 연구』·『조선후기 화폐유통사 연구』외 다수

冊岳史川 제1집
홍이섭의 삶과 역사학
원유한 엮음

초판 1쇄 인쇄 · 1995년 12월 22일
초판 1쇄 발행 · 1995년 12월 29일

발행처 · 도서출판 혜안
발행인 · 오일주
등록번호 · 제21 - 471호
등록일자 · 1993년 7월 30일
137 - 030 서울 서초구 잠원동 43 - 4
전화 · 511 - 8651, 8652
팩시밀리 · 511 - 8650

값 12,000원
ISBN 89 - 85905 - 17 - 1 03900